द्वाभा

[बिसरे-बिखरे व्याख्यान एवं आलेख]

द्वाभा

[बिसरे–बिखरे व्याख्यान एवं आलेख]

नामवर सिंह

संकलन–सम्पादन
विजय प्रकाश सिंह

राजकमल प्रकाशन

ISBN : 978-93-88183-22-2

मूल्य : ₹895

पहला संस्करण : 2018
दूसरा संस्करण : 2024

प्रकाशक : राजकमल प्रकाशन प्रा.लि.
1-बी, नेताजी सुभाष मार्ग, दरियागंज
नई दिल्ली-110 002
शाखाएँ : अशोक राजपथ, साइंस कॉलेज के सामने, पटना-800 006
पहली मंजिल, दरबारी बिल्डिंग, महात्मा गांधी मार्ग, प्रयागराज-211 001
1, अनमोल सोराबजी संतुक लेन, धोबी तलाव, मरीन लाइंस, मुम्बई-400 002
वेबसाइट : www.rajkamalprakashan.com
ई-मेल : info@rajkamalprakashan.com

मुद्रक : विकास कंप्यूटर एंड प्रिंटर्स
ट्रॉनिका सिटी-201 102

DWABHA
by Namwar Singh
Compilation editing by Vijay Prakash Singh

‘क्षरं प्रधानममृताक्षरं हरः
क्षरात्मनावीशते देव एकः’

—यजुर्वेद

[इसका अर्थ है कि जो क्षर है, वह प्रकृति संजात है और क्षय प्राप्त होते-होते समाप्त हो जाता है। किन्तु जो अक्षर है, वह अमृत है, उसका नाश नहीं होता।]

अपनी बात

साहित्य के संसार में पिताजी का अब तक एक लम्बा सफर रहा है, जो कई मायनों में आनेवाली पीढ़ी के ऊबड़-खाबड़ रास्तों में एक मशाल की तरह भी है। साहित्य की दुनिया के मन और मिजाज को पिताजी ने एक लम्बे समय तक प्रभावित किया है। इस बात को कुछ इस तरह से भी कहा जा सकता है :

वो हैं अमीर निज़ामे-जहां बनाते हैं
मैं हूँ फकीर मिजाजे-जहां बदलता हूँ

ऐसा लगता है कि सरस्वती-पुत्र (माँ का नाम बागेश्वरी देवी) होने का कुछ ऐसा असर हुआ कि संघर्ष के लम्बे रास्ते के बीच ही पिताजी ने बहुत कुछ साध लिया था, विशेष तौर पर वाणी को साधने में उनसे कोई चूक हुई दिखाई नहीं पड़ती। इसका प्रभाव इस रूप में भी दिखा कि वाचक परम्परा को अपनाते हुए वे लिखने से अधिक बोलने को तरजीह देने लगे। इस सन्दर्भ में उनकी पुस्तक 'नामवर सिंह : संकलित निबन्ध' से उनके कोलकाता में दिये गए एक भाषण से कुछ वाक्य उद्धृत करना चाहूँगा—'...पिछले कुछ वर्षों से देश में जा-जाकर संवाद करता हूँ। जब मैं बोलता हूँ तो मेरे मुँह से केवल मैं नहीं, हमारे समय की बौद्धिक उपस्थिति बोलती है, जिसमें आप सब शामिल हैं...जो सुनते हैं, जो पढ़ते हैं। वे धन्य हैं जो अमर होने के लिए लिखते हैं, पर मैं मर-मरकर बोलना चाहता हूँ।' (नामवर सिंह : संकलित निबन्ध, भूमिका, नेशनल बुक ट्रस्ट, पृ. 16)

ध्यानस्थ होकर लिखी गई किताबों के अतिरिक्त उनके व्याख्यानों, लेखों, साक्षात्कारों आदि की कई किताबें प्रकाशित हो चुकी हैं। अब तक की प्रकाशित उनकी सभी पुस्तकें एक प्रकार से एक मननशील बौद्धिक आलोचक का महत्त्वपूर्ण सफर है। यह पुस्तक भी उसी श्रृंखला में उनके समय-समय पर विभिन्न पत्र-पत्रिकाओं, पुस्तकों में प्रकाशित व्याख्यानों एवं आलेखों का संकलन है। पुस्तक

के पहले खंड में विभिन्न विषयों पर समय-समय पर दिए गये व्याख्यानों को संकलित किया गया है तथा दूसरे खंड में मूल रूप से विशिष्ट साहित्यकार-व्यक्तित्वों पर आधारित आलेख व व्याख्यान दिये गए हैं।

पुस्तकें आज भी पिताजी के लिए ऊर्जा का एक बहुत बड़ा स्रोत हैं। पुस्तकों के प्रति लगाव और उनकी पढ़ने की लालसा को देखकर लगता है कि उनकी आत्मा पुस्तकों में ही बसती है। स्वर्गीय लाला लाजपत राय के शब्द मुझे याद आ रहे हैं कि 'मैं पुस्तकों का नरक में भी स्वागत करूँगा। इनमें वह शक्ति है जो नरक को स्वर्ग बनाने की क्षमता रखती है।'

पिताजी की 66 साल पहले लिखी पुस्तक 'बकलम खुद' में भूमिका पर लिखे व्यंग्य-लेख के इस वाक्य से मुझे इस पुस्तक के लिए अपनी बात लिखने का बल मिला—'...जिद देखकर वे बोले—तब आप स्वयं लिखिए।—मैंने कहा—उसके लिए तो बहुत पढ़ना पड़ेगा, क्योंकि कोई भी लेखक अपनी भूमिका हल्की नहीं लिखना चाहता है।—कहा—पुस्तक में चाहे कुछ न हो परन्तु भूमिका में वह सब कुछ रहता है, जो स्वयं पुस्तक में भी नहीं रहता।' (प्रारम्भिक रचनाएँ, भूमिका, पृ. 171)

मैं कलम का साधक नहीं हूँ। पिताजी की मनोभूमि और विचार-भूमि पर पहुँचकर कुछ कह पाऊँ, यह सम्भव ही नहीं है और उचित भी नहीं। जो कुछ कहना है, यह पुस्तक स्वयं कहेगी। मेरी भूमिका केवल संकलनकर्ता की है। इस क्रम में मैं उन सभी पत्र-पत्रिकाओं और प्रस्तुतकर्ताओं का आभारी हूँ, जहाँ से मुझे यह सारी सामग्री उपलब्ध हुई। इस पुस्तक के प्रकाशन के लिए राजकमल प्रकाशन और श्री अशोक महेश्वरी का आभार व्यक्त करता हूँ।

अन्त में प्रिय पल्लव, रचना सिंह तथा निर्मला सिंह का भी आभार व्यक्त करता हूँ, जिन्होंने पुस्तक को इसकी अन्तिम परिणति तक पहुँचाने में महत्त्वपूर्ण भूमिका निभाई।

—विजय प्रकाश सिंह

अनुक्रम

अपनी बात 7

खंड-I

सांस्कृतिक बहुलतावाद का विमर्श 13
उपनिवेशवादी स्वच्छन्दतावाद और आधुनिकता की चुनौतियाँ 25
भारतीय भाषाओं की अस्मिता और संकट 40
अनुवाद और संवाद 49
कहानी का इतिहास 53
हिन्दी कहानी की कहानी 61
भारतीय सौन्दर्यशास्त्र और लालित्य 74
कविता एक खेल है 82
पाठक का प्रतिनिधि होता है आलोचक 85
प्रगतिशील साहित्य आन्दोलन के पचास वर्ष 90
प्रगतिशीलता और आधुनिकता-1 101
प्रगतिशीलता और आधुनिकता-2 111
संगठन की मोहताज नहीं प्रगतिशीलता 114
जन-जन के घाव भरेगी कम्यूनिस्ट पार्टी 117
बीसवीं सदी : जैसी मैंने देखी 122
'नवगीत के नये प्रतिमान' से गीतकाव्य का दायरा बढ़ा है 134
विविधता में एकता 140

खंड-II

प्रेम-भक्ति का सागर : मीरा 157
रहीम की उद्यत भावभूमि 164
सन्त तुकाराम और भक्ति परम्परा 167

ग़ालिब : हिन्दी में 172
प्रेमचन्द और स्वतंत्रता-संग्राम 181
प्रेमचन्द की दलित चेतना के सुपाठ की जरूरत 185
राहुल सांकृत्यायन : एक महान जीवन-यात्रा का अन्त 190
आज के कलमघसीटू दौर में गद्य 193
सज्जाद ज़हीर और प्रगतिशील आन्दोलन 201
उपन्यासकार हजारीप्रसाद द्विवेदी 210
रहस्यवाद का सामाजिक आधार और महादेवी की कविता 219
त्रिलोचन का अनूठापन 228
हरिशंकर परसाई : एक अविस्मरणीय चरित-नायक 231
श्रीलाल शुक्ल : 'कस्मै देवाय...' का 'क' 234
चन्द्रशेखर : आधुनिक मित्रलाभ 240
विष्णुकान्त शास्त्री : तोहि मोहि नाते अनेक 246
यादों में यादव 252
विश्व में रिक्त व्यक्ति का स्थान नहीं भर सकता स्वयं दिगंत 254
मार्कंडेय : ऐसा स्वाभिमान कम लोगों में होता है 258
उन्हें चाँद चाहिए 263
दुष्यन्त कुमार : रचनावली से झाँकता व्यक्तित्व 266
कैमरे की आँख से देखता कवि : कुबेर दत्त 270

खंड-I

सांस्कृतिक बहुलतावाद का विमर्श

मैं जिस विषय पर आपसे कुछ कहने का साहस जुटा पा रहा हूँ, वह विषय डॉ. राजेन्द्र प्रसाद को भी प्रिय था। उनका एक निबन्ध प्रसंगवश 'भारतीय संस्कृति' शीर्षक पढ़ने के बाद उसमें व्यक्त किए हुए विचारों में एक प्रकाश का कण मिला और मैंने उनके उस प्रिय विषय से सम्बद्ध ही अपना विषय चुना, शायद आपके लिए भी दिलचस्प हो। भारतीय संस्कृति के सम्बन्ध में उन्होंने जो कहा है, वे बहुत कुछ आपके, हमारे, सबके मन में पहले से मौजूद हैं—भावना के स्तर पर, विचार के स्तर पर। जलवायु का असर इनसान के रहन-सहन, खान-पान, वेश-भूषा, शरीर और मस्तिष्क पर पड़ता है, तो उसका जीता-जागता सबूत भारत में बसनेवाले भिन्न-भिन्न प्रदेश के लोग देते हैं। इसी तरह मुख्य-मुख्य भाषाएँ भी कई प्रचलित हैं और बोलियों की तो कोई गिनती ही नहीं। भिन्न-भिन्न धर्मों को माननेवाले भी यहाँ पाए जाते हैं और जिस तरह यहाँ की बोलियों की गिनती आसान नहीं, उसी तरह यहाँ भिन्न-भिन्न धर्मों और सम्प्रदायों की भी गिनती आसान नहीं। इन विभिन्नताओं को देखकर अगर अपरिचित आदमी घबराकर कहे कि यह एक देश नहीं, अनेक देशों का एक समूह है; यह एक जाति नहीं, अनेक जातियों का समूह है, जो गहराई में नहीं जाता, विभिन्नता ही देखने में आएगी, पर विचार करके देखा जाए तो इन विभिन्नताओं की वजह में एक ऐसी समता और एकता फैली हुई है जो अन्य विभिन्नताओं को ठीक उसी तरह पिरो लेती है, और पिरोकर एक सुन्दर समूह बना देती है जैसे रेशमी धागा भिन्न-भिन्न प्रकार की और विभिन्न रंगों की सुन्दर मणियों तथा फूलों को पिरोकर एक सुन्दर हार तैयार कर देता है, जिसकी प्रत्येक मणि या फूल दूसरों से न तो अलग है और न हो सकता है। यह 'भारतीय संस्कृति' शीर्षक निबन्ध राष्ट्रीय शैक्षिक अनुसन्धान एवं प्रशिक्षण परिषद् द्वारा तैयार की हुई हाई स्कूल की पाठ्यपुस्तक में है। इनमें जिन शब्दों का प्रयोग किया गया है और सीधी-सादी भाषा में जो बात कही गई है, उसमें महत्त्वपूर्ण एकता के साथ 'समता' शब्द है। इस देश में अनेक भाषाएँ हैं, अनेक जातियाँ हैं, अनेक धर्म हैं, अनेक उपजातियाँ हैं, संस्कृतियाँ हैं। इस विविधता और बहुलता को सभी स्वीकार करते हैं, क्योंकि यह वास्तविक है, सच है। इसमें

शताब्दियों के साथ-साथ रहने के कारण सम्बन्ध सूत्र भी हैं। ये भी पहचानते और मानते हैं, लेकिन उनके बीच केवल एकता का ही सम्बन्ध नहीं है। राजेन्द्र बाबू ने कहा—कोई भाषा छोटी नहीं है, कोई धर्म छोटा नहीं है। उसी तरह से कोई भाषा बड़ी नहीं है, कोई धर्म बड़ा नहीं है, कोई संस्कृति खोटी नहीं है, कोई संस्कृति खरी नहीं है। ये भाव राजेन्द्र बाबू सहज भाव से उसमें व्यक्त कर चुके हैं। इसलिए भिन्नता में एकता की व्याख्या करते हुए या सम्भवत: उससे आगे बढ़कर वे समता की बात करते हैं और साथ ही अन्त में, जहाँ उन्होंने कहा कि मणि या फूल दूसरों से न तो अलग है और न हो सकता है। यह अलग न होना और इस अलगाव के विपरीत मत रखते हुए, उन्होंने एक और भी इशारा किया है। मुझे लगा कि देशरत्न राजेन्द्र बाबू जो उस दौर के राष्ट्र निर्माताओं में से थे, और स्वाधीन भारत के प्रथम राष्ट्रपति थे ही, यह एक प्रस्थान बिन्दु है जहाँ से हम आज संस्कृति की चर्चा कर सकते हैं। आपको शायद लगे कि भिन्नता में एकता अथवा विविधता में एकता के मंत्र का उल्लेख अपने व्याख्यान के विषय में न करके मैंने सांस्कृतिक बहुलता शब्द को ही क्यों रखा है? एकता पर क्यों नहीं ध्यान दिया या जोर दिया? शायद आपका ध्यान इस पर गया हो!

जिस दौर से हम गुजर रहे हैं, उस दौर में इस समय खतरा स्वयं संस्कृति पर है और आप जानते हैं कि संस्कृति एकवचन शब्द नहीं है, संस्कृतियाँ होती हैं और इसलिए संस्कृति हमेशा बहुवचन होती है। सभ्यताएँ दो-चार होंगी, लेकिन संस्कृतियाँ सैकड़ों होती हैं। इसलिए ऐसे दौर में जहाँ संस्कृति की बहुलता को संकट हो और तमाम संस्कृतियों की बहुलता पर पटेला चलाते हुए समतल करने का प्रयास किया जा रहा हो, ऐसे माहौल में उस सांस्कृतिक बहुलता को नष्ट होते हुए देखकर स्वभावत: चिन्ता होती है, और फिर विचार के लिए आवश्यक स्रोत ढूँढ़ने पड़ते हैं और संस्कृतियों की बहुलता इस देश में स्वयं सांस्कृतिक राष्ट्रवाद संकट का कारण है। और देश के बाहर भी संकट है और वह सांस्कृतिक संकट है, इस दौर में विश्व बाजार के चलते एक ऐसी संस्कृति उदित हुई है जिससे भी सांस्कृतिक विविधता और बहुलता को खतरा है अर्थात् सांस्कृतिक विविधता को खतरा भारत में है, सांस्कृतिक विविधता को खतरा भारत के बाहर है। विचार करने की जरूरत है कि समस्या क्या है और क्या इसका समाधान या समुचित समाधान सम्भव है? चूँकि संस्कृति की कोई चर्चा ऐतिहासिक सन्दर्भ के बिना नहीं हो सकती है। मैं इस विषय पर सोचते हुए सहसा इस विविधता और एकता को सबसे पहले इस देश के जिस कवि ने वाणी दी, सम्भवत: रवीन्द्रनाथ ठाकुर की प्रसिद्ध कविता 'भारत तीर्थ' ने। यह 1910 में लिखी गई थी। 1910 इसलिए महत्त्वपूर्ण है कि इसी के आसपास उस राष्ट्रगान की रचना हुई जिसे हम आम तौर से राष्ट्रीय पर्वों और समारोहों पर गाते हैं। यह वही वर्ष है जब उन्होंने

'गोरा' नाम का उपन्यास लिखा था, और 'भारत तीर्थ' नाम की प्रसिद्ध कविता, जहाँ आरम्भ किया है कि :

हे मोर चित्त पुण्य तीर्थे जागो रे धीरे
एई भारतेर महामानवेर सागर तीरे

से कविता आरम्भ होती है। बड़ी उदात्त भूमि पर भारत को उन्होंने महामानव सागर कहा था :

एशो हे आर्य, एशो अनार्य, हिन्दू-मुसलमान,
एशो-एशो आज तुमि इंग्राज, एशो-एशो ख्रिष्टान,
एशो ब्राह्मण, शुचि करि मन, धरो हात सबाकार,
एशो हे पतित, करो अपनीत, सब अपमान भार,
मार अभिषेके, एशो-एशो त्वरा,
मंगलघट हयनि जे भरा,
सबार परशे पवित्र करा, तीर्थ नीरे
आजि भारतेर महामानवेर सागर तीरे।

अनुवाद करने की जरूरत नहीं है। ये हिन्दी पढ़नेवाले लोग भी अच्छी तरह समझते हैं। इस कविता में जिस तथ्य की ओर आर्य-अनार्य, हिन्दू-मुसलमान, क्रिस्तान—सभी लोगों को ध्यान देने को कहा गया है, शायद आश्चर्य हो, इसमें अंग्रेज को भी बुलाया गया है—'इंग्राज'। इन तमाम लोगों को। उसके साथ ही ब्राह्मण से भी कहा गया है। जो स्वयं अपने को पवित्र समझता है, उसको भी कहा गया है कि तुम अपना मन पवित्र करके, शुचि करके, सबका हाथ पकड़ो और वे जो दलित या पतित समझे जाते हैं, वे अपने सारे अपमान का भार उतार करके आएँ और जब तक सबके स्पर्श से वह जल पवित्र नहीं होगा, और वह पवित्र जल मंगल घट में जब तक भरा नहीं जाएगा, तब तक यह अर्चना पूरी नहीं होगी।

मित्रो, इस गीत को कई बार मैंने पढ़ा है। बहुल और एक, दोनों की चर्चा की गई है। और रवीन्द्रनाथ बहुलता के साथ एक और एकता पर निरन्तर अपने जीवन भर बल देते रहे हैं बल्कि वे विश्व मानव की एकता की कल्पना किया करते थे। 1910 के आसपास की पृष्ठभूमि है बंग-भंग की, और धार्मिक बहुसंख्यक और अल्पसंख्यक के आधार पर बंगाल का विभाजन किया गया था और उसके लिए स्वदेशी आन्दोलन चला था। उस विभाजन की पृष्ठभूमि में, बहुलता में, उस एक विशेष प्रकार की एकता की बात कही गई थी। स्वाधीनता-संग्राम के दौर के अनेक कथनों, वक्तव्यों और हमारे मनीषियों की पुनर्व्याख्या आज की जा रही है। भय है कि यहाँ भी उसकी गुंजाइश निकाली जा सकती है :

हेथाये आर्य, हेथाये अनार्य, हेथाये द्रविड़ चीन,
शक, हूण दल, पठान, मुगल, एक देहे होलो तीन

ये सब एक देश में लीन हो गए थे। इसलिए जिस एकता की परिकल्पना उभरती है इस पूरी कविता से, कोशिश की जाएगी कि जितनी विविधताएँ हैं, वे सब की सब, जैसे शक, हूण, द्रविड़, चीन—सभी भारत में आकर एक देह में लीन हो गए, उसी तरह से आगे भी जिस एकता की कल्पना की जा रही है, वहाँ लीन होने की बात या विलीन होने की बात—सम्पूर्ण अस्तित्व को उस एक में विलीन कर लिया जाए, यह अर्थ निकालकर कुछ लोग, जो एकता का अर्थ 'एकरूपता' करते हैं—वे रवीन्द्रनाथ के इस 'भारत तीर्थ' गीत से भी अर्थ निकाल सकते हैं। इसलिए मैंने कहा कि ध्यान रखने की बात है कि रवीन्द्रनाथ ने इन तमाम चीजों का प्रयोग अतीत के उस इतिहास के सन्दर्भ में किया है जहाँ ऐतिहासिक प्रक्रिया में शक और हूण की तरह अनेक जातियाँ इस देश में आईं और आपस में घुल-मिलकर वे इतनी अभिन्न हो गईं कि आज उनको अलगाना कठिन है कि वे किस वंश-परम्परा की हैं। विश्वकवि रवीन्द्रनाथ ठाकुर की इस कविता के सन्दर्भ में, इसी परम्परा को आगे बढ़ाते हुए मेरे गुरुदेव, आचार्य हजारीप्रसाद द्विवेदी, जो उसी विश्व भारती शान्ति निकेतन में थे, वहीं रहते हुए उन्होंने एक और उपन्यास लिखा था—'बाणभट्ट की आत्मकथा', जो 1946 में छपा था। वहाँ एक बड़ा भारी प्रश्न था कि : पहले राष्ट्र को मुक्त कर लिया जाए, इसके बाद जात-पात का भेद दूर करेंगे, धार्मिक भेदभाव को दूर करेंगे। स्त्री और पुरुष के बीच जो सम्बन्ध है, उसको दूर करेंगे। बड़ा सत्य है—राष्ट्र की मुक्ति। बाकी सत्य जितने हैं, वे भी सत्य हैं लेकिन वे छोटे सत्य हैं और यह द्वन्द्व था महाकवि जयशंकर प्रसाद की प्रसिद्ध कहानी 'पुरस्कार' का जिसमें वैयक्तिक प्रेम और राष्ट्र प्रेम के बीच द्वन्द्व है और उसमें चरित्रनायक को दिखाया गया है कि राष्ट्र के लिए वह अपने प्रेम का बलिदान कर देता है। गुरुदेव के इस उपन्यास को आप लोगों में से भी कई लोगों ने पढ़ा होगा। अचानक इन शब्दों पर और ध्यान देने की बात है कि बाणभट्ट से निऊनिया ने पूछा, 'मैं पूछती हूँ आर्य, क्या छोटा सत्य बड़े सत्य का विरोधी होता है ? मेरी ही शपथ खाकर तुम सत्य-सत्य कहो। मेरा कौन-सा ऐसा पाप-चरित्र है जिसके कारण मैं निदारुण दुःख की भट्ठी में आजीवन जलती रही ? तुम इस छोटे से सत्य के साथ, राष्ट्र जीवन के बड़े सत्य को अविरोधी पा रहे हो। क्या वृहत्तर सत्य के नाम पर मिथ्या का तांडव नहीं चल रहा है ?'

बाणभट्ट ने लिखा है कि 'मैं इस प्रश्न का कोई प्रयोजन नहीं समझ सका।' सहज भाव से उत्तर दिया—सत्य अविरोधी होता है, ऐसा ही तो सुना है। किन्तु बाणभट्ट के मन में निऊनिया का यह प्रश्न गूँजता रहा कि क्या छोटा सत्य बड़े सत्य का विरोधी नहीं होता ? ऐसा ही तो देख रहा हूँ। सामान्य मनुष्य जिस कार्य के लिए लांछित होता है, उसी कार्य के लिए बड़े लोग सम्मानित होते हैं। और बाणभट्ट कहते हैं—मनुष्य के सामाजिक सम्बन्धों की जड़ में ही कहीं बहुत बड़ा दोष रह

गया है। निश्चय ही कोई बड़ा असत्य समाज में सत्य के नाम पर घर बना बैठा है। जब भारत स्वतंत्र नहीं हुआ था, हजारीप्रसाद द्विवेदी ने एक स्त्री के सत्य को लेकर एक प्रश्न उठाया था—राष्ट्र के सामने। राष्ट्र की एकता, तो उसी राष्ट्र में नागरिक एक स्त्री भी तो है। क्या उसका दु:ख सत्य नहीं है ? राष्ट्र की मुक्ति से क्या उसका दु:ख दूर हो जाएगा ? यही वह प्रश्न है जो 'बाणभट्ट की आत्मकथा' में द्विवेदी जी उठाते हैं और जिसे कहूँ, रवीन्द्रनाथ के 'भारत तीर्थ' के गीत को एक कदम और आगे ले जाकर वे उस प्रश्न के बिन्दु पर खड़ा करते हैं जो आज हमारे सामने मौजूद है। भिन्नता में एकता की बात हम बरसों से सुनते चले आ रहे हैं—आजादी की लड़ाई के पहले भी और आजादी मिलने के बाद भी। और आज जिस बिन्दु पर हम हैं, उसमें एक ओर ऐसे बहुत से प्रश्न हैं जिन प्रश्नों को स्वाधीनता-संग्राम के जमाने में चुप करा दिया गया था। याद है आपको, गांधी और डॉक्टर अम्बेडकर के बीच जो पूना पैक्ट हुआ ? पैक्ट के सम्बन्ध में अम्बेडकर ने यही कहा था न कि दलित की समस्या पहले सुलझाओ और दूसरी ओर पहली बुनियादी समस्या यह कि अंग्रेज यहाँ से चले जाएँ। ऐसी बहुत-सी समस्याओं के ब्यौरे में नहीं जाना चाहता, क्योंकि हमारे यहाँ अजीब तरह से इतिहास लिखा गया है। अजीब तरह से कह रहा हूँ कि उपनिवेशवादी दौर का इतिहास, 19वीं शताब्दी का खास तौर से, वह इतिहास लिखते समय के पहले दौर को, जब सती प्रथा बन्द कराई गई थी तो हम कहते हैं कि वह समाज-सुधार था। लेकिन वह बड़ा कदम नहीं था। राजा राममोहन राय वगैरह ने आजादी की माँग नहीं की थी। उन्होंने तो समाज को सुधारने की बात कही थी, यानी राजनीतिक चेतना का, राष्ट्रीय चेतना का स्तर नीचे था। 19वीं शताब्दी के उत्तरार्द्ध में भी धीरे-धीरे सुगबुगाहट शुरू हुई और कुछ लोग स्वदेशी की बात करने लगे—आर्थिक मामलों में। आगे बढ़ करके कुछ लोगों ने कहा, खास तौर से 1885 से, जब इंडियन नेशनल कांग्रेस कायम हुई। उस समय तक हालत यह थी कि हम पूर्ण स्वतंत्रता की माँग नहीं कर रहे थे। इतिहास में बताया जाता है कि आरम्भ में राष्ट्रीय चेतना समाज-सुधार के रूप में थी, धीरे-धीरे सांस्कृतिक जागरण के रूप में आई। आगे चलकर वह राष्ट्रीय जागरण के रूप में विकसित हुई और फिर राष्ट्र-मुक्ति की हम बात करने लगे।

यह कौन-सा इतिहास है ? इस इतिहास के पढ़ने का नतीजा यह हुआ कि फिर राष्ट्रीय-मुक्ति हो जाने के बाद जो समाज-सुधार वाले कार्यक्रम थे, वे कहाँ चले गए ? राष्ट्र की मुक्ति तो समग्रत: हुआ करती है। वह सामाजिक भी होती है, आर्थिक भी होती है, सांस्कृतिक भी होती है और राजनीतिक भी होती है। वे लोग जो समाज-सुधार की बात कर रहे थे, जानते थे कि जब तक सामाजिक बुराइयाँ, कुरीतियाँ दूर नहीं होंगी, चाहे वे मसले धार्मिक ही क्यों न हों, समाज में सुधार नहीं होगा। उर्दू में जिसे कहना चाहिए, कि सारे मसलों को हम लोगों ने मुल्तवी किया,

या कालीन के नीचे डालते गए। निश्चय ही कोई बड़ा असत्य समाज में सत्य के नाम पर घर बना बैठा है। जब आजादी मिल गई तब तो कोई बहाना नहीं था, फिर आप वे सारे प्रोग्राम लागू करते। फिर राजा राममोहन राय ने जिस सती प्रथा बन्द कराने की बात कही थी, वह सती वाला कांड क्यों इतने दिनों के बाद आजाद हिन्दुस्तान में हुआ? जिन दलितों को हमने उस समय कहा कि आजादी मिलेगी, तो दलितों की समस्या भी हल हो जाएगी। जो पूना पैक्ट हुआ था, वह वादा निभाने में इतनी देर क्यों हुई कि आज दलितों का आन्दोलन भी शुरू हो गया है? स्त्री-मुक्ति के बारे में 19वीं शताब्दी में पंडित रमा बाई ने या अनेक महिलाओं ने उस दौर में जो कुछ लिखा है, वे सारी-की-सारी चीजें उस समय समाज-सुधार मात्र हैं। असल चीज तो राष्ट्रीय-मुक्ति है। जो प्रश्न 'बाणभट्ट की आत्मकथा' में उठाया गया था कि छोटा सत्य और बड़ा सत्य—राष्ट्र की मुक्ति या राष्ट्र का विकास एक ओर, और दूसरी ओर जो राष्ट्र के टुकड़े हैं—चाहे वे धार्मिक अल्पसंख्यक हों, जाति से अल्पसंख्यक हों, भाषा की दृष्टि से अल्पसंख्यक हों, दलित हों, आदिवासी हों, स्त्री हों, ईसाई हों, मुसलमान हों—इन सारे लोगों के अस्तित्व का जो सवाल है, उसका राष्ट्र के विकास से क्या रिश्ता हो?

इस देश में जवाहरलाल नेहरू विश्वविद्यालय में एक समय एक कार्यशाला हुई। जो हमारे संविधान की आठवीं अनुसूची है, उस पर विचार किया गया था कि भारत में अब भी ऐसी अनेक भाषाएँ हैं जिनका अपना राज्य भी अब है। पूर्वोत्तर प्रदेश की अनेक भाषाएँ हैं। संथाली है, मुंडाली है, कई भाषाएँ हैं। बड़ी समृद्ध परम्परा उनकी है—भाषायी परम्परा, साहित्यिक परम्परा। और उनको स्थान आठवीं अनुसूची में नहीं मिला है। दुनिया के भाषाविज्ञानी और नृ-विज्ञानी अनुभव कर रहे हैं कि दुनिया की कई भाषाएँ इस बीच मर गई हैं। 19वीं शताब्दी में जिन भाषाओं की लिपि थी, उन्हें बोलनेवाले थे, अब उनको कोई बोलनेवाला नहीं है, क्योंकि वे लिखी नहीं गईं और न सुरक्षित रखी गईं। क्या हम चाहते हैं कि भारत में भी यही स्थिति हो?

ग्रियर्सन के 'लिंग्विस्टिक सर्वे ऑफ इंडिया' में कुछ ऐसी भाषाएँ भी दी गई हैं जिनको बोलनेवाला एक आदमी था। मेरा खयाल है कि उस भाषा को बोलनेवाला आज कोई आदमी नहीं होगा। इसलिए जिस संस्कृति की बात हम करते हैं, उस संस्कृति की बुनियाद है भाषा और सांस्कृतिक बहुलता। और जब हम बात करते हैं तो भाषा उस बहुलता की एक महत्त्वपूर्ण इकाई है। इस बहुलता की रक्षा होगी कि नहीं? मैं स्वयं, हिन्दी भाषा से मेरा सम्बन्ध है। लिखना, पढ़ना, पढ़ाना, जो सम्पर्क भाषा के रूप में, राजभाषा के रूप में मान्य है, उसके एक अदना विद्यार्थी की हैसियत और चूँकि मेरी भाषा है, उसके नाते मैं अनुभव करता हूँ कि हिन्दुस्तान में सांस्कृतिक रक्षा के लिए पहली जरूरत है कि जिनको हम बोली कहते हैं,

आदिवासी बोलियाँ कहते हैं, आज उन भाषाओं को बचा के रखना है क्योंकि हर भाषा के साथ शताब्दियों की संस्कृतियाँ छिपी हुई हैं। एक भाषा मरती है तो उसके साथ ऐसे लोगों की हजारों साल की स्मृतियाँ मर जाती हैं। उनके साथ संस्कार मर जाते हैं। उनका साहित्य मरता है, रहन-सहन मरता है। इसलिए यह बड़ा सत्य कि राष्ट्र भाषा को बचाने के लिए, सम्पर्क भाषा कायम रखने के लिए—चाहे वह जो भी भाषा हो, उसकी बलिवेदी पर हम किसी, चाहे वह छोटी ही सही, उसकी बलि हम क्यों चढ़ाएँ?

इस सन्दर्भ में, द्विवेदी जी की इस बात को याद रखते हुए लगा कि अब इस दौर में भिन्नता में एकता का नारा कारगर नहीं हो सकता है। इस नारे के चलते अब तक जो कुछ हुआ है, उसमें भिन्नता साधना थी, और एकता साध्य था। आप जानते हैं कि साध्य की बलिवेदी पर साधन की बलि चढ़ा देना एक आम बात है। यही वजह है कि आजकल यह नारा कम सुनाई पड़ता है। अगले वक्तों के वे लोग थे जो कि भिन्नता में एकता की बात करते थे। रवीन्द्रनाथ करते थे, गांधीजी करते थे, जवाहरलाल नेहरू करते थे, उस दौर के साहित्यकार करते थे। आजकल भिन्नता में एकता का नारा सुनाई नहीं पड़ता कहीं, और यह नहीं सुनाई पड़ता तो बहुत बुरा भी नहीं है क्योंकि अब उस रूप में एकजुट करने का जो अस्त्र होना चाहिए, मंत्र होना चाहिए, वह नहीं रह गया है। और जब वह मंत्र नहीं रह गया है तो इसके फलस्वरूप आज के जमाने में जो बहुल संस्कृतियाँ हैं, उनके बीच और जो एकता का केन्द्र है—एक और अनेक, केन्द्र और परिधि—उनके बीच का रिश्ता बदल गया है।

अब वे दिन गए जब अपने देश में अनेक भाषाओं के होने, अनेक धर्मों के होने, अनेक क्षेत्रीय संस्कृतियों के होने से भोजन की विविधता, वस्त्र की विविधता, रंगारंग पर गर्व किया करते थे। अब ये चीजें गणतंत्र दिवस पर, परेड की शोभा-यात्रा मात्र रह गई हैं यानी प्रदर्शन की वस्तु रह गई हैं। अब उन्हीं इलाकों में जब लोग सिर उठाने लगे हैं तो ऐसा लगता है कि बहुलता खतरनाक हो गई है। शेर की तरह से, जैसे जंगल में रहनेवाले लोग खतरनाक हो जाते हैं। उनसे आप डरने लगते हैं। ये जो विविधताएँ हैं, ये हमारे लिए चुनौती बन गई हैं कि हम क्या करें इनका? कभी हम जिन्हें अपनी समृद्धि का परिचायक समझते थे, आज हमारे लिए वे चुनौती मालूम होने लगी हैं कि इनका क्या करें, कैसे प्रबन्धन किया जाए, क्योंकि इनमें कहीं आतंकवादी, उग्रतावादी लोग भी दिखाई पड़ेंगे। वे अपनी अस्मिता के लिए, अपने अस्तित्व के लिए संघर्ष करते दिखाई पड़ेंगे। स्वतंत्र राज्य की माँग करनेवाले दिखाई पड़ेंगे। प्रतिनिधित्व का अधिकार विशेष माँगेंगे। इस सन्दर्भ में कुछ ही वर्ष पहले ये घटनाएँ ज्यादा-से-ज्यादा उग्र हुई हैं, इस शताब्दी के अन्तिम दशक में लगभग 1990-91 के आसपास से।

1991 में इकोनॉमिकल पॉलिटिकल वीकली में प्रो. ज्ञानेन्द्र पांडे का एक लेख छपा था : 'इन डिफेन्स ऑफ दी फ्रेगमेंट'। फ्रेगमेंट माने टुकड़ा। टुकड़े की हिमायत करते हुए उसके पक्ष में। ये टुकड़े किसी के लिए तो जिगर के टुकड़े हो सकते हैं लेकिन ये टुकड़े हैं राष्ट्र के, जिनसे राष्ट्र भरा-पूरा बना है, समृद्ध हुआ है।

ज्ञानेन्द्र पांडे ने यह दिखाने की कोशिश की है कि आज जिस एकता को हम स्वाभाविक, बहुत-से लोग, समझते हैं—हमारे सामने बड़ी पुरानी, रूपकों की भाषा में सोचने की आदत है—देह और आत्मा के रूप में सोचते हैं, क्योंकि राष्ट्र की एक आत्मा है जिसके सामने देह जो है, वह एक गौण-सी चीज है। इसलिए बहुलता शरीर है। महत्त्वपूर्ण चीज तो आत्मा है जो राष्ट्र की आत्मा नाम की चीज होती है। उस आत्मा के सम्मुख ये जो विविधताएँ, बहुलताएँ—फ्रेगमेंट जो टुकड़े हैं, टुकड़े-टुकड़े ही हैं। इसलिए अखंड भारत में खंड के लिए कोई जगह नहीं है। बहुत पहले लिखी गई हिन्दी कविता की एक पंक्ति है—जब ऊधव गोपियों से बहस करते हुए बार-बार कहते हैं कि कृष्ण में तुम अपने को लीन कर दो, यही चरम लक्ष्य तुम्हारा होना चाहिए, तो गोपियाँ ऊधव से कहती हैं :

जइहैं बन बिगरिन बारिधता बारिध की
बूँदता बिलइहैं, बूँद विवस विचारी की

यदि बूँद समुद्र में मिल जाए, तो समुद्र का कुछ बनेगा, न बिगड़ेगा। एक बूँद अगर समुद्र में मिल गई तो समुद्र का क्या होना है? यदि नहीं मिली तो उसका क्या घाटा है? लेकिन बूँद की बूँदता समाप्त हो जाएगी।

'जइहैं बन बिगरिन बारिधता बारिध की, बूँदता बिलइहैं बूँद विवस विचारी की'—ये टुकड़े यदि मिल भी जाएँगे तो उसका क्या होना है? कुएँ में एक लोटा दूध डालना है, तो गाँव के एक आदमी ने सोचा कि यदि मैं दूध नहीं डालूँगा और बाकी लोग तो डालेंगे ही, तो क्या बिगड़ जाएगा कुएँ का? इसलिए ऐसी स्थिति में राष्ट्र के टुकड़े पचास वर्षों तक इन्तजार करने के बाद ठीक है, मुक्ति हो गई है, अब तो आप कुछ कीजिए। और उन टुकड़ों में अब स्त्रियाँ प्रतिनिधित्व माँग रही हैं, दलित प्रतिनिधित्व माँग रहे हैं तो कहा जा रहा है कि ये सत्ता के लोभी हैं। जो सत्ता में बैठे हैं, वे सत्ता के लोभी नहीं हैं? वे देश का कल्याण कर रहे हैं और ये जो माँग रहे हैं, सत्ता माँग रहे हैं और आप जो स्वयं बैठे हुए हैं, आपको न तो सत्ता से कोई लोभ है और न सत्ता से कोई लगाव है। इसलिए जब खंड अपने अधिकार माँगता है, अपनी पहचान चाहता है, अपने अस्तित्व की रक्षा चाहता है, तब वह पराया ही नहीं, राष्ट्रद्रोही माना जाता है।

आतंकवाद पर कुछ समाजशास्त्रियों ने अध्ययन किया है और एडवर्ट सईद ने बहुत अच्छा एक लेख लिखा है। गहराई से उसका अध्ययन होना चाहिए कि उस आतंकवाद के मूल में वे कौन लोग हैं, कौन जनसमुदाय हैं? और आतंक का सहारा

क्यों लेना पड़ा है उनको ? वे कौन लोग हैं—इतने खूँखार, भयानक, जो किसी देश के लिए तथा दुनिया के लिए खतरनाक हैं ?

'इन डिफेन्स ऑफ दी फ्रेगमेंट' में टुकड़े के पक्ष में लिखने की जरूरत एक इतिहासकार को इसलिए पड़ी कि सारा इतिहास—खास तौर से राष्ट्रवादी इतिहास—जो लिखा जा रहा है, वह राष्ट्रीय आत्मा, राष्ट्रीय एकता के नाम पर। सब कुछ को आत्मसात् करके, उन टुकड़ों के इतिहास को 'सबाल्टर्न स्टडीज' के नाम से कुछ लोग लिखते हुए दिखाई पड़ रहे हैं।

यह प्रक्रिया जो राष्ट्र के अन्दर है—सांस्कृतिक राष्ट्रवाद और सांस्कृतिक बहुलतावाद, वे एक ही सिक्के के दो पहलू हैं। दोनों के बीच द्वन्द्वात्मक सम्बन्ध है, एक की प्रतिक्रिया में दूसरा है, ये चीज इशारा करती हैं। भारत से बाहर चल करके हम लोग देखें, सांस्कृतिक बहुलता के लिए संघर्ष उचित है। लेकिन इस बहुलता की रक्षा में कुछ विचारधाराओं के रूप में और विशेष प्रकार की विचारधारा या आइडियोलॉजी जिसे कहते हैं, उस आइडियोलॉजी में 'सांस्कृतिक बहुलतावाद' नाम की चीज कायम की गई, जहाँ बाकी तमाम चीजें पीछे पड़ गईं। अमेरिका से एक 'जरनल' निकलता है—डेडलस। उसका एक विशेष अंक निकला है, जिसका शीर्षक है—'डाइवरसिटी'। जिसने अपने यहाँ रेड इंडियन्स को खत्म किया, उसकी न भाषा बची है, न संस्कृति बची है। जिन लोगों ने काले लोगों को दूसरे दर्जे का नागरिक बना रखा है, अचानक वे लोग एक साँस में 'ग्लोबल विलेज' की बात कर रहे हैं। सारी दुनिया विश्व-ग्राम है, 'वसुधैव कुटुम्बकम्'—हम लोग कभी कहते रहे होंगे, हाइजैक कर लिया उसको इन लोगों ने, और अब 'ग्लोबल विलेज' की वे बात कर रहे हैं। एक ओर ग्लोबल विलेज, एक ओर विश्व बाजार, भू-मंडलीकरण और दूसरी ओर ये लोग विविधता की बात कर रहे हैं। ये क्या मामला है ?

रघुवीर सहाय की एक कविता है :

प्रभु, ये तुम्हारी दया नहीं तो और क्या है
कि इन दोनों में कोई सम्बन्ध नहीं है !

सौभाग्य या संयोग कहिए कि उस 'जरनल' में पहला लेख अमर्त्य सेन का है और अमर्त्य सेन के उस लेख का जरूर मैं हवाला देना चाहूँगा। यह दिलचस्प है इस मामले में, जो शीर्षक अमर्त्य सेन ने दिया है। अमर्त्य सेन वही हैं जो प्रो. क्षितिमोहन सेन, जो विश्व भारती में थे, हमारे गुरुदेव के साथ थे, उनकी बेटी के बेटे हैं और विश्व भारती में उनकी शिक्षा हुई है। रवीन्द्र की इस पूरी परम्परा से परिचित हैं अमर्त्य सेन—एक विश्वविख्यात अर्थशास्त्री होने के साथ। उनके निबन्ध का शीर्षक है : 'भारतीय परम्पराएँ और पाश्चात्य कल्पना'। याद रखें, इंडियन ट्रेडिशंस बहुवचन में है। हमारे यहाँ बड़ी बेहिचक, बेलाग, बेलौस तरीके से ये बड़े-बड़े लोग—ऊँची कुर्सियों पर बैठे हुए 'भारतीय परम्परा, भारतीय परम्परा'

कहते हैं, जैसे परम्परा एक ही है! इतने विशाल देश में, जिसका हजारों साल का इतिहास हो और इतना बड़ा भू-भाग हो, उसमें क्या एक ही परम्परा रही होगी? जिस देश में कहा जाता है कि 'नैकोमुनिर यस्य मतिर्भिन्ना!' ऐसा कोई मुनि नहीं है जिसका मत भिन्न न हो। वह मुनि कैसा जो दूसरों की हाँ-में-हाँ मिलाता हो? भिन्न होना ही चाहिए। कभी-कभी भिन्नता के लिए भी भिन्न होना चाहिए ऐसे देश में। चूँकि 'डाइवरसिटी' नाम के विशेष अंक में छपा हुआ पहला ही लेख है। भारत की ओर से आया है। और यह कि 'भारतीय परम्पराएँ'! मैंने जब 'दूसरी परम्परा' नाम का लेख लिखा तो कहा कि परम्परा दूसरी होती है, तीसरी होती है, चौथी होती है। कौन उनको समझाए कि दूसरा माने 'अन्य' है! यहाँ, हिन्दी में दूसरा अन्यवाचक सर्वनाम भी हुआ करता है, केवल संख्यावाचक नहीं हुआ करता है। इतनी तो हिन्दी जानते हैं लोग। परम्पराएँ होती हैं। उसमें दिलचस्प बात जो कही है अमर्त्य सेन ने—शुरू ही करते हैं वे कि मैं केवल भारतीय समाज और उसकी बौद्धिक परम्पराओं की जो विशेषता है, उसी पर केन्द्रित अपने को रखना चाहता हूँ, क्योंकि प्रारम्भिक विविधताएँ जिनको 'एलीमेंट्री डाइवरसिटीज' कहते हैं, अब ये एलीमेंट्री साधारण भी अर्थ दे सकती हैं और प्रारम्भिक अर्थ भी दे सकती हैं। जो एलीमेंट्री विविधताएँ हैं, जो विशेषता है भारत की, उसी के बारे में कहना चाहता हूँ। पश्चिमी समाचार-पत्रों में भारत का जिक्र मुख्यत: हिन्दू देश के रूप में किया जाता है, लेकिन यह मुख्यत: हिन्दू देश दुनिया का तीसरा सबसे बड़ा मुस्लिम देश भी है, जिसमें लगभग ग्यारह करोड़ मुसलमान रहते हैं। इसे भूल जाते हैं। और यह है परम्पराओं की विविधता की ओर इशारा करना। पश्चिम के लोग 'हिन्दू इंडिया, हिन्दू पीरियड, हिन्दू कल्चर' कहते रहे और बहुत दिनों तक हम लोग, पश्चिम ने हमारी जो छवि बनाई है, उसी छवि को स्वीकार करके तोते की तरह दोहराते हैं कि हाँ, हम हिन्दू हैं। किस अर्थ में वे हिन्दू कह रहे हैं और किस अर्थ में हम अपनी छवि स्वीकार कर रहे हैं? बहुत खतरनाक होता है जब गैर आपकी जो छवि बनाए, वही छवि आप अपनी मान लें, बगैर देखे हुए कि आपकी आत्मछवि क्या है। इस लेख में प्रो. अमर्त्य सेन ने यही दिखाने की कोशिश की है कि पश्चिम की नजरों में हमारी एक छवि है।

इसलिए यह जो मैं कहना चाहता हूँ—'मल्टी कल्चरिज्म', सांस्कृतिक बहुलतावाद और मल्टी नेशनल एजेन्सीज या मल्टी नेशनल कैपिटलिज्म-बहुराष्ट्रीय पूँजीवाद और सांस्कृतिक बहुलतावाद—ये दोनों एक ही विचारधारा के, एक ही पहलू के सिक्के हैं। और विचित्र विडम्बना है कि हमारे यहाँ के स्वदेशी लोग उस विचारधारा को इस तरह अपना रहे हैं।

इसलिए शमे-नज़र और ख़याल के अंजुम तारे तो हैं ही लेकिन ये जिगर के दो दाग़ हैं, जितने ये भी चिराग़ हैं हमारे लिए।

फ़ैज़ का वह शेर याद आता है :

शमे–नज़र ख़याल के अंजुम जिगर के दाग़
जितने चिराग़ हैं तेरी महफ़िल से आए हैं।

और यह तेरा कौन है, इसे साफ शब्दों में बताने की जरूरत नहीं है। यह आइडियोलॉजी, यह विचारधारा बहुराष्ट्रीय कम्पनियों के साथ आ रही है और मैं अन्त में कहना चाहता हूँ कि सांस्कृतिक राष्ट्रवाद से हमारे देश की सांस्कृतिक बहुलता को जितना खतरा है, उतना ही, बल्कि उससे ज्यादा खतरा है—उस बहुराष्ट्रीय पूँजीवाद से बननेवाली बाजार की संस्कृति से, जिसे उपभोक्ता संस्कृति भी कहते हैं। उस संस्कृति के चलते हमारी सांस्कृतिक बहुलता को बहुत बड़ा खतरा है। हमें ही नहीं, खास तौर से तीसरी दुनिया के देशों को। खतरा इसलिए ज्यादा है कि ऊपर से विविधता, सतह पर विविधता और मूल तत्त्व उसका एकरूपता का है। आप अच्छी तरह जानते हैं कि बहुराष्ट्रीय पूँजीवाद, कुल मिला करके माल ही बेच रहा है। माल एक, ब्रांड अलग–अलग। एथेनिक ब्रांड नाम से भी मिलेंगे आपको। सतह पर बहुलता है, विविधता है। किसी रेस्त्राँ में चले जाइए, तरह–तरह के एथनिक फूड आपको मिलेंगे, डिशेज मिलेंगी। सारी विविधता है। लेकिन कुल मिलाकर आप देखें तो ये बहुराष्ट्रीय कम्पनियाँ माल बेच रही हैं, ब्रांड अलग–अलग नाम देकर अर्थात् यह जो विरोधाभास दिखाई पड़ रहा है, विश्व–ग्राम और सांस्कृतिक बहुलता, दोनों एक साथ रह सकते हैं क्योंकि दोनों में गहरा सम्बन्ध है। ये सारी–की–सारी चीजें सांस्कृतिक बहुलता को एक 'माल' में, एक 'ब्रांड' में बदल देंगी और उसके बाद ये भाषायी, सांस्कृतिक खान–पान, आदि–आदि। दुनिया के एकध्रुवीय हो जाने के बाद, लगभग इस नये विश्व में, मैं तो यहाँ तक कहता हूँ कि सांस्कृतिक बहुलतावाद की जो विचारधारा है, जो संस्कृति पर जोर देती है—यह भी इस मामले में खतरनाक है और हमारे मित्र अशोक वाजपेयी तो संस्कृति के अलावा और कुछ सुनते ही नहीं हैं। अमेरिका के सारे विचारक इस समय 'कल्चर स्टडीज' कर रहे हैं। इसलिए उनके मानसिक क्षितिज में से यह बात उस क्षितिज में नहीं आती कि पूँजीवाद खत्म हो सकता है। हम लोगों ने जैसे चुपचाप स्वीकार कर लिया है कि 21वीं शताब्दी भी पूँजीवाद की होगी, बहुराष्ट्रीय पूँजीवाद की होगी। पूँजीवाद कभी खत्म नहीं होगा, इसलिए आओ, संस्कृति की चर्चा करें। पूँजीवाद बेदाग रहे, बचा रहे, और हम लोग संस्कृति की बहुलता की रक्षा करने में लगे रहें।

'संस्कृति' बहुत अच्छा, प्यारा शब्द है। इसमें हमारी आत्मा है, खून–पसीना है—मामूली लोगों का, अभिजन या बड़े लोगों का नहीं, जिन्होंने इस हमारी संस्कृति को, रंगारंग संस्कृति को विविध रंगों में, धर्मों में, भाषाओं में, कलाकृतियों में बनाया है, सँवारा है। कभी–कभी सांस्कृतिक लड़ाई भी राजनीतिक लड़ाई हो

जाती है और अच्छे-अच्छों को पता नहीं चलता। बाद में मालूम होता है। नमक जो है, वह कभी-कभी बारूद से ज्यादा विस्फोटक होता है। यह हिन्दुस्तान नहीं जानता तो कौन जानता है ? गांधी जी ने यह किया था। इसलिए भ्रम में न रहें लोग, सांस्कृतिक राष्ट्रवाद वाले, कि वे ही संस्कृति करना जानते हैं। ये जो टुकड़े हैं हमारी संस्कृति के, जो हाशिए पर पड़े हुए हैं, जो परिधि पर हैं, इन्हीं से ही सांस्कृतिक क्रान्ति की शुरुआत होगी; जो इस देश में सांस्कृतिक राष्ट्रवाद के नाम पर एकरूपता कायम करनेवालों के खिलाफ एक बहुत बड़ा जलजला होगा, और शायद यह फैले तो तीसरी दुनिया से निकल करके बहुराष्ट्रीय पूँजीवाद को भी चुनौती देगा, जो बड़े मजे में विश्व-ग्राम बनाकर बहुलता की रक्षा करता हुआ दिखाई पड़ रहा है।

[साभार : साहित्य वार्षिकी, नया ज्ञानोदय, 2015]

उपनिवेशवादी स्वच्छन्दतावाद और आधुनिकता की चुनौतियाँ

मुझे खुशी है कि दिल्ली विश्वविद्यालय के जर्मनिक एंड रोमन्स स्टडीज विभाग ने आज के समय में स्वच्छन्दतावाद पर परिचर्चा आरम्भ की है। मैं आपका ध्यान इस ओर दिलाना चाहता हूँ कि जिस रूप में आधुनिकता पर वाद-विवाद हमारे देश में हो रहा है, विशेष रूप से उत्तर-आधुनिकता के दायरे में, इस विचार-विमर्श में मुख्य रूप से सामयिक मुद्दों से जुड़े लोग, राजनीतिशास्त्र, समाजशास्त्र, दर्शनशास्त्र से जुड़े बौद्धिक लोग भाग ले रहे हैं। आश्चर्य की बात है कि इस संवाद में स्वच्छन्दतावाद को कोई जगह नहीं दी गई है।

हाल ही में मैंने जावेद आलम की पुस्तक 'इंडिया लिविंग विद मॉडर्निटी' पढ़ी। जावेद की यह एक बहुत अच्छी किताब है। इसमें विस्तारपूर्वक बंकिम-केन्द्रित चर्चा की गई है। गांधी को भी शामिल किया गया है, लेकिन इस पुस्तक में रवीन्द्रनाथ टैगोर का उल्लेख नहीं किया गया है और न ही आधुनिकता की सारी बहस में कहीं भी स्वच्छन्दतावाद का जिक्र है। दरअसल आज के बौद्धिक वर्ग के अनुसार आधुनिकता में स्वच्छन्दतावाद के लिए कोई जगह नहीं है।

1966 में मैं 'आलोचना' पत्रिका के साथ जुड़ा। उसका तीसरा अंक, जो अक्टूबर-दिसम्बर, 1966 में आया था, मैंने उसमें स्वच्छन्दतावाद और आधुनिकता को लेकर चर्चा चलाई थी। शायद यह वही समय था जब छात्र और युवा-आन्दोलनों का उदय हुआ था। नक्सलबाड़ी आन्दोलन शुरू हो चुका था। कविता के क्षेत्र में इलियट और पाउंड की आधुनिक कविता की परम्परा की 'नई कविता' का कमोबेश अन्त हो चुका था। इस सन्दर्भ में 'स्वच्छन्दतावाद बनाम आधुनिकता' पर 'आलोचना' में चर्चा शुरू हुई और डॉ. रामविलास शर्मा से मैंने उसकी शुरुआत करवाई। रामविलास जी को मैंने इसलिए चुना क्योंकि वह आधुनिक कविता के पहले संग्रह 'तार सप्तक'—जो 1943 में आया था और अज्ञेय द्वारा सम्पादित था—के कवियों में से एक थे। रामविलास शर्मा अंग्रेजी के प्राध्यापक और मार्क्सवादी आलोचक भी थे। इस तरह 'स्वच्छन्दतावाद बनाम आधुनिकता' की यह बहस 1966 में शुरू हुई।

इस बहस में मुरली मनोहर प्रसाद सिंह भी शामिल थे। उसमें बहुत सारे लोग, जैसे गिरिजाकुमार माथुर जो 'तार सप्तक' के ही एक कवि थे, भारतभूषण अग्रवाल और श्रीकान्त वर्मा भी शामिल थे जिनको लोग शायद यहाँ न जानते हों। मैं विस्तार में नहीं जाना चाहता कि उस चर्चा के दौरान क्या तथ्य निकलकर आए या क्या स्थापनाएँ दी गईं, सिर्फ इसका जिक्र कर रहा हूँ।

इससे पहले 1962 में इस विषय पर 'दी न्यू लेफ्ट रिव्यू' (अंक 16, 17, 18) में बहस चली थी। इस बहस में स्टैनले मिशेल (Stanley Mitchell) के कुछ विचार शामिल थे। ये वे ही स्टैनले मिशेल हैं जिन्होंने वाल्टर बेंजामिन के लेखन पर 'अंडरस्टैंडिंग ब्रेख़्त' शीर्षक पुस्तक सम्पादित की थी। इस सारी चर्चा से भी ऐसा लगा था कि अंग्रेजी बौद्धिकों के बीच स्वच्छन्दतावाद को लेकर एक नई सोच और रुचि है।

जब 1966 में 'आलोचना' का अंक आया तब एक नया राजनीतिक वातावरण था। राज्यों में गैर-कांग्रेसी सरकारों ने सत्ता सँभाल ली थी। पहली बार कुछ बदलाव आया था। यह नेहरू-युग के बाद का दौर था। जिस तरह का उत्साह युवाओं में भरा था, उसका उदाहरण कुछ हद तक नक्सलबाड़ी आन्दोलन में देखा जा सकता है। कविता और बाकी के साहित्य में भी इसी तरह का उत्साह मिलता है। इस समय की दो मुख्य घटनाएँ भी याद रखनी चाहिए : भारत-चीन सीमा-विवाद और भारत-पाकिस्तान युद्ध। जिस तरह का उग्र राष्ट्रवाद हम आज देख रहे हैं, वह उस समय कुछ मिली-जुली सरकारों में जनसंघ के शामिल होने से राजनीतिक मंच पर प्रकट हुआ था।

यह वह राजनीतिक वातावरण था जिसमें हम मानते हैं कि साहित्य के क्षेत्र में आधुनिकतावाद कमोबेश खत्म हो चुका था। इस सन्दर्भ में हम विकल्प के रूप में अपनी साहित्यिक विरासत या पुरानी परम्पराओं के बारे में सोच रहे थे। इसलिए अच्छा लग रहा है कि फिर आधुनिकता पर चर्चा के सन्दर्भ में स्वच्छन्दतावाद पर चर्चा हो रही है। क्या रोमांटिक आधुनिकतावाद जैसा कुछ है या हो सकता है? आधुनिकतावाद के बहुत सारे रूपों में स्वच्छन्दतावाद का क्या स्थान है? क्या स्वच्छन्दतावाद का आधुनिकतावाद से कोई सम्बन्ध है?—इन सारी बातों की मैं यहाँ चर्चा करना चाहता हूँ।

आधुनिकता पर वाद-विवाद में हमारे बौद्धिक 19वीं सदी और स्वतंत्रता-पूर्व 20वीं सदी को एक हद तक चर्चा में ले आते हैं—राजा राममोहन राय से लेकर बंकिम, इकबाल और गांधी के सारे आन्दोलन तक। यह आश्चर्यजनक है कि यह सब आधुनिकता पर वाद-विवाद का हिस्सा है जबकि संस्कृति और साहित्य का क्षेत्र लगभग पूरी तरह गायब है। इस बात को रेखांकित करने की जरूरत है कि क्या आधुनिकता पर सारा वाद-विवाद यूरोपीय सन्दर्भ को ध्यान में रखकर किया जा रहा है या भारत का भी इसमें कोई स्थान है?

आज इस आधुनिकता पर खूब हमले हो रहे हैं। आधुनिकता-विरोध की लहर चल रही है। इस लहर को स्वच्छन्दतावाद विरोधी लहर से जोड़ा जा सकता है या नहीं—इस प्रश्न ने मेरी दिलचस्पी को जगाया और मेरा ध्यान खींचा और यही वह प्रस्थान-बिन्दु है जिससे मैं आगे बढ़ूँगा।

ऐसा देखने में आया है कि आज हम बहुत-सी वस्तुओं को एकवचन में ही समझते हैं, क्योंकि एकवचन और बहुवचन में अन्तर समाप्त हो गया है। आधुनिकता को एकवचनीय अवधारणा की तरह देखा जा रहा है और स्वच्छन्दतावाद के साथ भी ऐसा ही है। हमने दोनों अवधारणाओं को स्थिर कर दिया है मानो स्वच्छन्दतावाद इस जगह है और आधुनिकतावाद इस जगह और सारी चर्चा इसी दायरे में हो रही है। आधुनिकतावाद और स्वच्छन्दतावाद बहुवचन हो सकते हैं। बल्कि, स्वच्छन्दतावाद और आधुनिकतावाद बहुवचन ही हैं। इस तथ्य को फिर से देखने की जरूरत है। यहाँ प्रश्न यह उठता है कि रोमांटिक आधुनिक है या यह आधुनिक था? क्या यह सम्भव है कि हम अपनी विरासत के साथ फिर से सम्बन्ध स्थापित करें और इस चर्चा में इसकी क्या भूमिका हो सकती है, इसे देखें?

इस सम्बन्ध में मैं आपका ध्यान वाद-विवाद के तीसरे दौर की ओर दिलाना चाहता हूँ। 1985 में मार्शल बर्मन ने अपनी चर्चित पुस्तक 'ऑल दैट इज सोलिड मेल्ट्स इन्टू एयर' प्रकाशित की थी। आधुनिकता और आधुनिकतावाद को 'फोकस' करने के लिए इस पुस्तक में मार्क्स का एक पैराग्राफ लिया गया था। फिर से 'दी न्यू लेफ्ट रिव्यू' ने इस पुस्तक की ओर ध्यान खींचा और पेरी एंडरसन ने फिर इस पर एक लेख 'आधुनिकता और क्रान्ति' शीर्षक से लिखा। आधुनिकता और क्रान्ति का आपस में सम्बन्ध हो सकता है, यह भारत में हुए 'डिबेट' में 'रिफ्लेक्ट' नहीं हुआ जिसका जिक्र मैंने अभी किया है। बहुत ही बनावटी, पूरी तरह अमूर्त दार्शनिक भाषा इस 'डिबेट' की विशेषता रही।

आधुनिकता के बहुत-से ऐसे पद हैं जिन पर चर्चा होनी चाहिए, लेकिन दुर्भाग्य से इस देश की चर्चाओं (debate) में उनको जगह नहीं मिली। शायद जर्मनिक एंड रोमन्स स्टडीज विभाग द्वारा करवाई जा रही यह चर्चा उन क्षेत्रों पर कुछ प्रकाश डाल सके।

मैं फिर कुछ प्रश्न उठाना चाहता हूँ, विशेष रूप से भारत में रोमांटिक आन्दोलन के सन्दर्भ में। भारतीय साहित्य में कोई एक स्वच्छन्दतावाद नहीं था। यूरोपीय साहित्य की तरह यहाँ कोई एक स्वच्छन्दतावाद नहीं था। बांग्ला, हिन्दी, उर्दू, पंजाबी, मराठी और मलयालम में अलग-अलग स्वच्छन्दतावाद थे। यह ठीक है कि यहाँ एक समान भारतीय सन्दर्भ है जिसे हम उपनिवेशवाद कहते हैं। कुछ चीजें सच में 'कॉमन' हैं, लेकिन स्थानीय कमियों और ऐतिहासिक विकास से सम्बन्धित अन्तर भी है। लेकिन एक आदमी ऐसा है जो समूचे भारतीय स्वच्छन्दतावाद का

प्रतिनिधित्व करता है। जिसने समूचे भारतीय स्वच्छन्दतावाद को प्रभावित और प्रेरित किया, वे हैं—रवीन्द्रनाथ टैगोर। मैं विशेष रूप से उनके सैद्धान्तिकी और साहित्यिक कर्म का जिक्र करना चाहता हूँ। यह जरूरी क्यों है ? बंगाली बौद्धिक वर्ग अपने बंगला जातीयता के लगाव के लिए जाना जाता है। लेकिन उन्होंने भी—चाहे वह पार्थ चटर्जी हों या आशीष नन्दी—राष्ट्रवाद के सन्दर्भ में टैगोर पर अभी एक पुस्तक लिखी है, लेकिन रवीन्द्रनाथ को आधुनिकता की चर्चा में कहीं भी शामिल नहीं करते हैं।

बंकिम को लेकर एक पूरी जमात खड़ी हुई और एक यूनिवर्सिटी भी विकसित हो गई। अचानक बंकिम बहुत प्रसिद्ध हो गए—भारतीय जनता पार्टी के लिए भी और उन बौद्धिकों के लिए भी, जो अपने-आपको भारतीय जनता पार्टी से भी ज्यादा 'सोफिस्टीकेटेड' समझते हैं। इसलिए मैंने विशेष रूप से रवीन्द्रनाथ टैगोर का जिक्र किया। जिस तरह स्वच्छन्दतावाद पर विश्वस्तर पर कोई भी चर्चा शेली के बिना अधूरी है, पुश्किन के बिना अधूरी है, उसी तरह रवीन्द्रनाथ टैगोर के बिना भी अधूरी है।

जहाँ तक 'स्वच्छन्दतावाद' और 'आधुनिकतावाद' पद का सम्बन्ध है, सबसे बड़ी मुश्किल 'आधुनिकता' और 'आधुनिकतावाद' से सम्बन्धित है। पेरी एंडरसन का तर्क सही है जब वह आधुनिकता को 'इम्प्टिएस्ट कल्चरल कैटगरी' कहते हैं। 'गॉथिक' (Gothic) स्पष्ट तौर पर पारिभाषित है। इसी तरह 'बारोक' (baroque), 'क्लासिसिज्म' (classicism), 'मैनेरिज्म' (mannerism)। यहाँ तक कि 'रोमांटिसिज्म' सब तरह की 'डाइवरसिटी' के होते हुए भी अच्छी तरह से पारिभाषित है। इसकी तुलना में आधुनिकता एक खाली चौखटा है जिसमें कोई भी अर्थ भरा जा सकता है। इसी कारण आधुनिकता और आधुनिक को उसी रूप में पारिभाषित किया जाता है जैसाकि कोई चाहता है। कैसे आधुनिक, आधुनिकता और आधुनिकतावाद को समझा जाए, इसके बारे में मैं यहाँ बात करना चाहूँगा।

जब रवीन्द्रनाथ टैगोर ने कविता लिखनी शुरू की, वह अभी उन्नीसवीं सदी ही थी। मैं यहाँ स्पष्ट करना चाहता हूँ कि भारतीय सन्दर्भ में स्वच्छन्दतावाद को आम तौर पर बीसवीं सदी की घटना समझा जाता है। हिन्दी साहित्य में स्वच्छन्दतावाद का सम्बन्ध 1920 से 1936-38 के समय या आजादी के संघर्ष के समय—जो गांधी के सत्याग्रह से प्रमुख रूप से शुरू हुआ—से जोड़ा जाता है या माना जाता है। अगर ऐतिहासिक रिकॉर्ड को सीधा रखें और आप रवीन्द्रनाथ को ध्यान में रखें तो स्वच्छन्दतावाद भारत में पहले ही 19वीं सदी के अन्तिम दशकों में शुरू हो चुका था। स्वच्छन्दतावाद उस समय की रवीन्द्रनाथ टैगोर की सारी कविताओं से शुरू हुआ। पहली प्रसिद्ध कविता 'निर्झरेर स्वप्नो भांगा' 1882 में लिखी गई जो 'प्रभात संगीत' पुस्तक में प्रकाशित हुई। बहुत-से लोग सोचते हैं कि सूर्य का उदय तभी हुआ जब उनकी आँख खुली। इसलिए बहुत-सी भारतीय भाषाओं में स्वच्छन्दतावाद

के सूर्य का उदय गांधी के आने के साथ 1920 के आसपास ही माना जाता है। रवीन्द्रनाथ के लिए 'प्रभात संगीत' 19वीं सदी में 1882 में ही आ चुका था। इस समय तक गांधी भारत के आसपास भी नहीं थे। लोकमान्य तिलक भी पास नहीं थे। 'प्रभात संगीत' में पहली बार आजादी के आह्वान 'निर्झरेर स्वप्नो भांगा' के 'भांग भांग भांग कारा' के शब्दों में सुनाई पड़े।

स्वच्छन्दतावाद में रोमांटिक कल्पना (विचार) में प्रात: या सन्ध्या के दृश्य अक्सर रहते हैं। पूरा सूरज रोमांटिक नहीं हो सकता और न ही रात का पूरा कालापन ही रोमांटिक हो सकता है। कुछ अँधेरा, कुछ उजाला चाहे वह सन्ध्या का धुँधलका हो या प्रभात का, इसे रोमांटिक समझा जाता है। जो लोग स्वच्छन्दतावाद के बारे में कुछ और नहीं जानते। वे इन धुँधलके दृश्यों से इन्हें पहचानते हैं। 'प्रभात संगीत' में सुबह और शाम के ये धुँधलके दृश्य पहली बार सामने आए। इस संग्रह में बहुत सारे ऐसे दृश्य हैं और बहुत सारी कविताएँ शाम पर हैं। जिस 'दु:समय' कविता से इसकी शुरुआत होती है, वह एक चर्चित कविता है।

स्वच्छन्दतावाद कुछ और चीजों के लिए भी जाना जाता है। हमने कल्पना के उड़ान की बात की। कल्पना और स्वच्छन्दतावाद का आपस में नजदीकी सम्बन्ध है। रवीन्द्रनाथ के एक काव्य संग्रह का नाम ही 'कल्पना' है। यह पुस्तक 19वीं सदी में आई—1883 के आसपास। इसमें उनकी प्रसिद्ध कविता 'सोनार तारी' या 'सुनहरी नाव' शामिल है। नाव एक ओर 'रोमांटिक इमेज' है जो दुनियाभर की रोमांटिक कविता में मदमस्त नाव (drunken boat) के रूप में मिलती है।

मैं यहाँ फिर से दुहराना चाहता हूँ कि कोई यह पूछ सकता है कि स्वच्छन्दतावाद आधुनिक है या नहीं? लेकिन भारत में स्वच्छन्दतावाद 19वीं सदी के अन्तिम दशकों में शुरू हुआ, न कि 20वीं सदी के शुरू में या इसके दूसरे दशक में। मैंने 19वीं सदी का अन्तिम दशक इसलिए कहा क्योंकि अगर हम उस समय के इंग्लैंड को देखें, उस समय इंग्लैंड में स्वच्छन्दतावाद की क्या दशा थी? स्वच्छन्दतावादी कवि वड्र्सवर्थ की मृत्यु इसी समय के आसपास या कुछ समय पहले हुई थी। टेनिसन प्रतिष्ठित कवि थे और यह स्वच्छन्दतावाद का अन्त उसकी शाम थी। स्वच्छन्दतावाद का महान दौर जो ब्लेक (Blake) के साथ शुरू हुआ और जिसमें शेली, कीट्स, वॉयरन शामिल थे, समाप्त हो गया। ये सभी खत्म हो चुके थे। लोग कहते हैं कि ब्रिटिश साम्राज्य में सूरज कभी अस्त नहीं होता। शायद वह कोई दूसरा सूरज होगा। जब स्वच्छन्दतावाद का सूरज इंग्लैंड में छिप रहा था या छिप चुका था, उसी समय भारत में इसका उदय हो रहा था। इन दो तथ्यों को ध्यान में रखने की जरूरत है।

जब स्वच्छन्दतावाद का इंग्लैंड में अन्त हो रहा था, उस समय टेनिसन प्रतिष्ठित कवि थे। उनका प्रभाव दूर तक फैला हुआ था। यहाँ तक कि भारत में भी 'गोल्डेन

ट्रेजरी' के पाठकों ने टेनिसन की कविता 'इन मेमोरियम' पढ़ रखी थी। ऐसे समय में रवीन्द्रनाथ टैगोर एक उपनिवेश में पैदा हुए और 'भांग भांग भांग कारा' जैसी कविता लिखी जो शेली की याद दिलाती है। यह टेनिसन की याद नहीं दिलाती, न ही इसके बाद के वर्ड्सवर्थ के समय की। यह पहली बात है जिसका मैं उल्लेख करना चाहता हूँ।

दूसरी बात जो मैं रवीन्द्रनाथ के सम्बन्ध में कहना चाहता हूँ कि उन्होंने डब्ल्यू.बी. यीट्स पर लेख लिखा जिसके अन्त में 'बंगाब्द' का उल्लेख है। 'बंगाब्द' बंगला का 1310 साल है जो फसल कटने के आधार पर गिना जाता है। इसमें 593 साल जोड़ने से हमें अंग्रेजी साल मिल जाएगा। 'कवि यीट्स' शीर्षक लेख 20वीं सदी के शुरू में लिखा गया था। रवीन्द्रनाथ ने कभी भी टी.एस. इलियट पर नहीं लिखा जबकि उन्होंने उसे पढ़ा था और कई जगहों पर उल्लेख भी किया है। लोग कह सकते हैं कि उन्होंने यीट्स पर इसलिए लिखा, क्योंकि उन्होंने रवीन्द्रनाथ को नोबल पुरस्कार दिलाया था या शायद इसलिए कि उन्होंने 'गीतांजलि' पर एक कविता लिखी थी। पर यह यीट्स पर निबन्ध लिखने और इलियट पर न लिखने का कारण नहीं है। आखिर उन्होंने यीट्स पर क्यों लिखा?

इलियट-यीट्स दोनों में से कौन महान कवि है, यह विवाद भारत में बहुत बाद में दिल्ली विश्वविद्यालय में शुरू हुआ। अगर मुझे ठीक याद है तो प्रतिपाल चन्द राजन, जो यीट्स के प्रशंसक बन गए थे और उन्होंने यीट्स पर एक पुस्तक भी लिखी थी, इस चर्चा में शामिल थे।

रवीन्द्रनाथ ने उस समय यीट्स पर निबन्ध लिखा जब इलियट को आधुनिक कवियों में सबसे महान समझा जाता था। अगर आप ध्यान से निबन्ध देखें तो इसमें आयरलैंड और आयरिश स्वतंत्रता-संग्राम मुद्दे पर ध्यान केन्द्रित किया गया है जिसमें मार्क्स और एंगल की भी गहरी रुचि थी। स्वतंत्रता-संग्राम के दौरान भारत में भी आयरलैंड के प्रति गहरी रुचि थी। अगर कोई उस समय की पत्रिकाओं को देखे तो वह देख सकता है कि आयरिश स्वतंत्रता-संग्राम के नायकों के बारे में कितना लिखा गया है। रवीन्द्रनाथ ने लिखा है कि यीट्स की कविता आयरिश मानसिक स्वतंत्रता की अभिव्यक्ति है। इंग्लैंड के खिलाफ उनकी स्वतंत्रता की लड़ाई है जिसने आयरलैंड पर अत्याचार कर उसे गुलाम बना रखा है। यीट्स ने आयरलैंड की पौराणिक कथाओं और मिथकों का व्यवहार किया है—चाहे उनमें से कुछ को अन्धविश्वास माना जाता है, परन्तु यीट्स ने इनका प्रयोग कविता लिखने के लिए किया है जो किसी अन्य अंग्रेजी कवि ने नहीं किया। रवीन्द्रनाथ ने ऐसी कविता को आधुनिक कविता कहा है। यह आधुनिक कविता है, क्योंकि आयरलैंड जैसे उपनिवेश में यह आयरिश लोगों की आजादी की अभिलाषा, अभिव्यक्ति की स्वतंत्रता को दर्शाती है। ऐसे समय में जब राजनीतिक संघर्ष के

लिए बहुत कम जगह थी तब एक सांस्कृतिक क्रान्ति हुई थी और कविता ने इस क्रान्ति के माध्यम के रूप में काम किया। यीट्स ने अपनी कविता, कला के माध्यम से आयरलैंड की आत्मा को अभिव्यक्ति दी। इसीलिए रवीन्द्रनाथ ने उन्हें आधुनिक कहा। यीट्स के शुरुआती दौर की उनके टॉवर कविता लिखने से पहले की अंग्रेजी कविता के बारे में रवीन्द्रनाथ लिखते हैं : 'मुझे पुराने अंग्रेजी साहित्य से बहुत प्रसन्नता मिलती है। इसने न सिर्फ मुझे सौन्दर्यबोधक प्रसन्नता दी है बल्कि ज्ञानोदय भी दिया है। परन्तु आज मैं एक बन्द यूरोप पर दुःख महसूस करता हूँ, विशेष रूप से आधुनिक अंग्रेजी साहित्य में।'

वह लिखते हैं कि यह अंग्रेजी साहित्य संकुचित मानसिकता का है। यह रूढ़िवादी है। ऐसे समय में जब इलियट की कविता विद्रोह और क्रान्ति की प्रतीक समझी जाती थी, रवीन्द्रनाथ की नजर में यह रूढ़िवादी है। संकुचित मानसिकता की है, जबकि यीट्स स्वतंत्रता के कवि हैं। 19वीं सदी के अन्त और 20वीं सदी के शुरू में जिस अंग्रेजी कविता को आधुनिक समझा जाता था, रवीन्द्रनाथ टैगोर का उसके प्रति यह नजरिया था। यीट्स के सम्बन्ध में उन्होंने 'स्वदेशिकता' पद का प्रयोग किया। मुरली मनोहर जोशी की स्वदेशिकता नहीं बल्कि गांधी की स्वदेशिकता। रवीन्द्रनाथ के अनुसार, यीट्स ने आयरिश राष्ट्र और राष्ट्रवाद को, उसकी प्राचीन परम्पराओं, मिथकों, पौराणिक कथाओं, लोककथाओं और समूची संस्कृति को अभिव्यक्ति दी है। यही कारण है कि रवीन्द्रनाथ टैगोर यीट्स को आधुनिक मानते हैं।

यहाँ से रवीन्द्रनाथ ने आधुनिकता और आधुनिकतावाद में अन्तर किया। इसलिए स्वच्छन्दतावाद ने शुरू से ही भारत में आधुनिकता और आधुनिकतावाद में अन्तर किया है। असल में उन्होंने दो तरह के आधुनिकतावाद में अन्तर किया : आयरिश कवि डब्ल्यू.बी. यीट्स के आधुनिकतावाद में और अमेरिका से लौटे अंग्रेजी कवि टी.एस. इलियट के आधुनिकतावाद में। रवीन्द्रनाथ ने यह इसलिए लिखा क्योंकि यीट्स को पढ़ते हुए उन्हें अपने देश, अपनी स्वतंत्रता और अपने संघर्षों की याद आई। मैंने यह इसलिए कहा क्योंकि भारत एक स्तर पर अपने और आयरलैंड में सम्बन्ध देखता है।

आज जब जर्मनिक एंड रोमन्स स्टडीज विभाग ने स्वच्छन्दतावाद पर यह परिचर्चा शुरू की है तो मुझे भी कुछ हद तक जर्मन रोमांसवाद के साथ सम्बन्ध दिख रहा है। सच कहूँ तो, स्वच्छन्दतावादी दर्शन या वह दर्शन जो स्वच्छन्दतावादी आन्दोलन के साथ शुरू हुआ, इसकी गहरी जड़ें जर्मनी में ही मिलती हैं। यह न सिर्फ श्लेगेल बन्धुओं (Schlegel brothers) में मिलती है, बल्कि कांट और हेगेल में भी। कहना चाहिए इस स्वच्छन्दतावाद की कुछ झलक, चाहे आलोचना के रूप में ही, कार्ल मार्क्स में भी मिलती है, जैसाकि मार्शल बर्मन (Marshall Berman)

की पुस्तक 'ऑल दैट इज सोलिड मेल्ट्स इंटू एयर' में बताया गया है कि आधुनिकता का आधुनिकीकरण से भी सम्बन्ध है और अगर आधुनिकीकरण का पूँजीवाद से कुछ भी सम्बन्ध है तो जिस व्यक्ति ने 'दास कैपिटल' लिखी, वह भी पक्के तौर पर इस आधुनिकता का हिस्सा है। स्वच्छन्दतावादी दर्शन भाव की कुछ झलक हेन (Heine), शिलर (Schiller) और यहाँ तक कि गोयथे (Goethe) जैसे कवियों में भी दिखाई पड़ती है। लेकिन 18वीं सदी के अन्त और 19वीं सदी के शुरू में जर्मन स्वच्छन्दतावाद और भारतीय स्वच्छन्दतावाद किस तरह से सम्बन्धित थे?

स्वच्छन्दतावादी आन्दोलन जर्मनी में उस समय शुरू हुआ, जब फ्रांस में क्रान्ति हो चुकी थी और नेपोलियन ने जर्मनी को हरा दिया था। जर्मनी उपनिवेश नहीं था, लेकिन यूरोप में यह जर्मनी का काला दौर था। मार्क्स और एंगेल ने भी इसके बारे में लिखा है। एक तरफ फ्रांस में क्रान्ति हो रही थी और दूसरी ओर जर्मनी अँधेरे में डूबा हुआ था। इसी सन्दर्भ में यह कहा गया है कि मिनेर्वा (सरस्वती) का उल्लू सिर्फ अँधेरे में अपने पंख फैलाता है। इस जर्मनी में पिछड़ेपन और सामन्तवाद की जड़ें अभी भी मजबूत थीं और पूँजीवाद और औद्योगिकीकरण की प्रक्रिया का अभी उतना विकास नहीं हुआ था जितना इंग्लैंड और फ्रांस में हो चुका था, जबकि नीदरलैंड में ऐसा हो रहा था। इस पिछड़े हुए जर्मनी में, जैसाकि मैदाम दे स्टेल (Madame de Stael) लिखते हैं : 'जर्मन सौन्दर्यशास्त्र के माध्यम से राजनीति में शामिल हुए थे जबकि सीधे राजनीति में शामिल होने की न ही उनके पास जगह थी और न ही सम्भावना।' कांट और हेगेल राजनीति में शामिल नहीं थे। उनकी तन्मयता सौन्दर्य में थी। श्लेगेल, शिलर और गोयथे भी राजनीति में 'एस्थेटिक' के माध्यम से ही शामिल थे।

भारत में भी उन्नीसवीं सदी के अन्त और बीसवीं सदी के शुरू में राजनीति भारतीय राष्ट्रीय कांग्रेस की स्थापना करने, साल में एक बार मीटिंग करने, माँगों की पिटीशन तैयार करने और वायसराय को इसे देने तक सीमित थी। भारत में कोई बड़ा आन्दोलन नहीं हो रहा था। जागीरदारी अभी भी कायम थी। दरअसल 1857 के संग्राम के बाद अंग्रेजों ने जागीरदारी को खत्म करने की जगह उन राजकुमारों को फिर से स्थापित किया, जो 1857 के संग्राम में आगे थे। जागीरदारी व्यवस्था लॉर्ड कर्नवालिस के द्वारा पुन: स्थापित की गई। नवाब का शासन बंगाल में जारी रहा। यह एक नये तरह की जागीरदारी व्यवस्था थी। यहाँ तक कि जब अंग्रेजों ने एक के बाद सभी भारतीय रियासतों को हरा दिया तो आधे से ज्यादा जागीरदारी शासन के अधीन था। रियासत और नई जागीरदारी व्यवस्था के कारण सामन्ती वर्ग सत्ता की चरम सीमा तक पहुँच गया। इस सामन्ती भारत में बौद्धिक वर्ग की स्थिति बहुत कमजोर थी—कुछ हद तक जर्मनी की तरह, जबकि जर्मनी

के पड़ोस में क्रान्ति हो चुकी थी। उस समय भारतीय बौद्धिकों की दशा शायद जर्मन बौद्धिकों की तरह ही थी—विशेषकर बंगाल के बौद्धिकों की दशा। यह इसलिए था क्योंकि बंगला रेनेसाँ के कारण बंगाल की चेतना अन्य जगहों की तुलना में अधिक जाग्रत थी।

जर्मन बौद्धिकों की सबसे बड़ी विडम्बना यह थी कि न तो वह पुरानी जागीरदारी को स्वीकार कर सकते थे और न ही विकल्प के तौर पर फ्रांस की क्रान्ति को। वे न तो पूँजीवादी व्यवस्था को और न ही जागीरदारी व्यवस्था को स्वीकार कर सकते थे। पूँजीवाद और जागीरदारी को मिलाने से एक अजीब तरह की नई परिस्थिति पैदा हो रही थी, लेकिन सबसे महत्त्वपूर्ण तथ्य यह है कि वे फ्रांस की क्रान्ति द्वारा पैदा चुनौतियों को स्वीकार नहीं कर सकते थे। इस दौरान एक विशेष तरह के जर्मन स्वच्छन्दतावाद का जन्म हुआ जिसने अपना राजनीतिक संघर्ष सौन्दर्य के माध्यम से शुरू किया। इसलिए इसकी सारी दुविधाएँ रवीन्द्रनाथ के उस दौर के समान थीं जब वे 'सोनार तारी' लिख रहे थे। निरुद्देश्य यात्रा कोथाये आमा के निये जाबे रे—स्वप्न सुन्दरी ? यात्रा की मंजिल का पता नहीं है क्योंकि दूर-दूर तक औपनिवेशिक क्षितिज का अन्त दिखाई नहीं देता था। इसका कोई विकल्प नहीं था।

स्वच्छन्दतावाद का जन्म ऐसे संकटकाल में हुआ जिसे पेरी एंडरसन ने भी अपने निबन्ध में तीन तर्कों द्वारा दिखाने की कोशिश की है। शेली के समय की इंग्लैंड की हालत कुछ हद तक जर्मनी से बेहतर और अलग थी। इसमें अर्द्ध-रईस, अर्द्ध-औद्योगिक पूँजीवाद और मजदूर आन्दोलन का उदय हो रहा था। लेकिन यह स्थिति पुनरुत्थानशील न थी। कोई बड़ा मजदूर आन्दोलन उन दिनों दिखाई नहीं दिया। अंग्रेजी स्वच्छन्दतावाद ऐसे वातावरण में उत्पन्न हुआ। जर्मन स्वच्छन्दतावाद का जन्म इससे बदतर वातावरण में हुआ। अगर आप दुनिया के दूसरे हिस्सों में देखें तो पुश्किन के उदय के दौरान रूसी स्वच्छन्दतावाद का उदय तब हुआ जब 1812 में दिसम्बर क्रान्ति को दबा दिया गया था। यह जारशाही (Czarist) का समय था। पीटर की तमाम रैलियों के बावजूद बड़ा पूँजीवाद रूप में विकास नहीं कर सका और यहाँ तक कि जर्मनी से भी काफी पीछे था। इस तरह स्वच्छन्दतावाद का जन्म अर्द्ध-सामन्ती, अर्द्ध-पूँजीवादी सन्दर्भ में हुआ जिसमें नौकरीपेशा वर्ग कमजोर था और आत्माभिव्यक्ति का कोई संगठित संघर्ष नहीं हुआ था। इस तरह से यह बहुत से देशों में हुआ। भारत में भी चाहे रवीन्द्रनाथ टैगोर ने इस सन्दर्भ में लिखना शुरू किया। लेकिन आन्दोलन में एक नया तत्त्व जुड़ा जो भारतीय स्वच्छन्दतावाद को जर्मन स्वच्छन्दतावाद और अंग्रेजी स्वच्छन्दतावाद से अलग करता है। अगर कहीं समानता है तो यह रूसी स्वच्छन्दतावाद के साथ है क्योंकि समान कारण किसान-विद्रोह है।

आधुनिकता पर परिचर्चा में हमने बंगाल के रेनेसाँ पर बात की, हमने भारतीय रेनेसाँ पर बात की, लेकिन इन सारी बातों में हम यह भूल गए कि भारत में अंग्रेजी राज से पहले, भारत में उनके पहुँचने से पहले जो कि 1770 से 1880 का समय है, यहाँ पर बहुत सारे तत्कालीन किसान-विद्रोह हुए। सबसे अन्तिम और बड़ा विद्रोह पबना में हुआ था। अगर हम उन किसान आन्दोलनों की पृष्ठभूमि में देखें तो इसका चरम 1920 में गांधी द्वारा चलाए असहयोग आन्दोलन के दौरान चौरीचौरा घटना के रूप में देखते हैं। स्वच्छन्दतावाद की शुरुआत चाहे उन्नीसवीं सदी में रवीन्द्रनाथ ने अपने-आप की, लेकिन यह सच्चे अर्थों में एक आन्दोलन समूचा भारतीय परिदृश्य में—हिन्दी, बंगला, मराठी, गुजराती, मलयालम, असमी, उड़िया में—असल में असहयोग आन्दोलन के दौरान बना। उस दौरान यह सिर्फ स्वच्छन्दतावाद नहीं था। असहयोग आन्दोलन उस समय हुआ जब भारत एक उपनिवेश था। यह शायद उपनिवेशों में पहला देश था जहाँ लोगों ने इस तरह का बड़ा आन्दोलन शुरू किया। चौरीचौरा में जहाँ बड़ी संख्या में किसान आए थे, उस विद्रोह का प्रतीक बन गया।

इसलिए यही वह समय था जब स्वच्छन्दतावादी आन्दोलन सीधा राजनीतिक बन गया। यह सिर्फ एक 'एस्थेटिक सब्सिट्यूट' नहीं था, जैसाकि जर्मनी में था। यही कारण है कि भारत में स्वच्छन्दतावादी आन्दोलन की लम्बी आयु रही। 1880 से शुरू होकर यह 1940 तक चला। यह साठ सालों तक चला, न कि सिर्फ बीस सालों तक। रवीन्द्रनाथ की मृत्यु 1941 में हुई। 1880 से 1941 के लगभग साठ सालों में स्वच्छन्दतावादी आन्दोलन राजनीतिक बन गया और जो राजनीतिक आकार इसने लिया, उसने स्वच्छन्दतावाद की सीमा और इसके अन्दरूनी विवाद को उजागर कर दिया।

1922 में असहयोग आन्दोलन वापस ले लिया गया। इसी दौरान एक असाधारण विवाद का जन्म हुआ। रवीन्द्रनाथ टैगोर ने कलकत्ते के यूनिवर्सिटी इंस्टीट्यूट में एक भाषण दिया जिसका शीर्षक था : 'सत्तेर आह्वान' या 'सच की पुकार'। यह वही समय था जब विदेशी कपड़े जलाए जा रहे थे और वह गांधी जी के आह्वान पर जलाए जा रहे थे। रवीन्द्रनाथ इसके पक्ष में नहीं थे। गांधी एक ओर विदेशी कपड़े जला रहे थे तो दूसरी ओर चरखे को एक प्रतीक के रूप में चुनकर उन्होंने एक आन्दोलन शुरू किया। रवीन्द्रनाथ ने अपना निबन्ध 'सत्तेर आह्वान' 1921 में लिखा और गांधी ने उसका उत्तर दो महीने बाद 'यंग इंडिया' के अक्टूबर अंक में दिया।

रवीन्द्रनाथ, जिनको गांधी 'गुरुदेव' कहकर सम्बोधित करते थे, जो पहले ही 1910 में 'गोरा' लिख चुके थे, जिन्होंने बंग-भंग आन्दोलन के दौरान स्वदेशी आन्दोलन में भाग लिया था और राष्ट्रीय आन्दोलन के विकास में एक सक्रिय

भूमिका निभाई थी। रवीन्द्रनाथ एक एक्टिविस्ट थे और जिन्होंने बहुत सारी कविताएँ लिखी थीं, उसी रवीन्द्रनाथ ने राष्ट्रवाद पर भी लिखा और इसे सबसे खतरनाक चीज कहा। उनके लिए यह सिर्फ किताबों तक सीमित विषय न था, उन्होंने विदेशी कपड़ों को जलाते समय राष्ट्रीय सनक को महसूस किया था। उस राष्ट्रीय सनक के खिलाफ उन्होंने 'सत्तेर आह्वान' नामक निबन्ध लिखा। यह एक लम्बा निबन्ध है और इसका अंग्रेजी अनुवाद सहज ही उपलब्ध है। रवीन्द्रनाथ इस निबन्ध में कहते हैं :

'आज विश्वव्यापी चेतना के उदय के समय अगर हमारे राष्ट्रीय संघर्ष में यह विश्वव्यापी आवाज गायब है तो यह सिर्फ हमारी गरीबी को दिखाता है। मैं यह नहीं कहता कि हमें हमारे प्रस्तावित योजना से सम्बन्धित कार्यों को छोड़ देना चाहिए। प्रात:काल जब पंछी जागते हैं तो इनके जागने का उद्देश्य सिर्फ भोजन ढूँढ़ना नहीं होता। उनके न थकनेवाले दो पंख आकाश की चुनौती को स्वीकार करते हैं। रोशनी देखने की खुशी उनके गाने के रूप में बाहर निकलती है। यह विश्वव्यापी मानव के चेतना की पुकार हमारी चेतना को बुला रही है।'

रवीन्द्रनाथ ने इस लेख में विश्वव्यापकता की बात की है : 'हमें यह नहीं भूलना चाहिए कि विदेशी कपड़ों को जलाना एक छुपे हुए राष्ट्रीय अहंकार, एक तरह के राष्ट्रवाद को प्रदर्शित करता है।'

रवीन्द्रनाथ ने जलती आग में इस राष्ट्रीयता को देखा। इस जलती आग के सामने उन्होंने कहा कि स्वच्छन्दतावाद के दो पहलू हैं। अगर स्वच्छन्दतावाद राष्ट्रीय स्वतंत्रता के लिए एक आन्दोलन है तो यह ज्ञानोदय की विश्वव्यापकता को भी स्वीकार करता है। अगर आप स्वच्छन्दतावाद के एक पक्ष पर ही जोर देते हैं तो आप देखेंगे, वे सारे लोग जो हिन्दुत्व की बात करते हैं, रोमांटिक बन जाएँगे। स्वच्छन्दतावाद का अर्थ है राष्ट्रीय संघर्ष—आजादी के लिए एक राष्ट्रीय संघर्ष। लेकिन ज्ञानोदय जो तर्क के नाम पर विश्वव्यापकता की बात करता है, वह भी स्वच्छन्दतावाद में शामिल है।

रवीन्द्रनाथ में ये दोनों पक्ष थे। जहाँ उन्होंने इसमें तोड़-मरोड़ देखा, वहाँ उन्होंने आवाज उठाना जरूरी समझा। रवीन्द्रनाथ ने यह 1921 में किया जब असहयोग आन्दोलन और बॉयकाट अपने चरम पर था। यह वही कवि है जिसने 1919 में 'नाइटहुड' उपाधि लेने से इनकार किया था। इसलिए आप उनकी नीयत पर शक नहीं कर सकते। आप यह नहीं कह सकते कि उन्होंने अंग्रेजों को खुश करने के लिए यह किया। एक ओर वह 'नाइटहुड' की उपाधि लेने से इनकार कर रहे हैं तो दूसरी ओर गांधी के आह्वान पर विदेशी कपड़ों को जलाने से शुरू हुई भीतरी राष्ट्रीयता का विरोध भी कर रहे हैं। रवीन्द्रनाथ इसे 'सत्तेर आह्वान' कहते हैं।

गांधी ने रवीन्द्रनाथ के खिलाफ वाद-विवाद की लड़ाई शुरू की। रवीन्द्रनाथ के इस पूरे लेख से गांधी ने सिर्फ पंछी, जो प्रात:काल आसमान में उड़ता है, वाला बिन्दु चुना। कहा :

'जब युद्ध होता है, कवि वीणा, वकील वकालत की रिपोर्ट और स्कूली बच्चे अपनी किताबें रख देते हैं। जब युद्ध समाप्त हो जाता है तो कवि अपना सच्चा राग गाता है। जब घर को आग लगती है तो सभी घरवाले बाहर आ जाते हैं और आग बुझाने के लिए बाल्टी उठाते हैं। जब मेरे आसपास सब खाने के लिए मर रहे हों तो मुझे सिर्फ भूखों को खाना खिलाने का काम ही करने योग्य लगता है। यह मेरा दृढ़ विश्वास है कि भारत ऐसा घर है जिसमें आग लगी है क्योंकि इसके मनुष्य प्रतिदिन झुलस रहे हैं। यह भूख के कारण मर रहे हैं, क्योंकि भोजन खरीदने के लिए इनके पास कोई काम नहीं है। अपने विदेशी कपड़े जलाकर मैंने अपनी शर्म जला दी है। अपनी काव्यमयी सूझ के प्रति सच्चा कवि आनेवाले कल के लिए जीता है और हमें भी ऐसा ही करना चाहिए। वह हमारी सराहना-भरी दृष्टि के लिए प्रात:काल आसमान में उड़ते हुए, प्रशंसा के गीत गाते हुए पक्षियों की सुन्दर तसवीर पेश करता है। इन पक्षियों के पास दिन का भोजन है और वे अपने आराम किए हुए पंखों के साथ उड़ते हैं जिनकी नाड़ियों में पिछली रात नया खून प्रवाहित हो चुका है, परन्तु मुझे उन पक्षियों को देखकर दु:ख होता है जो शक्ति के लिए अपने पंखों को फड़फड़ा नहीं सकते। एक मानवीय पक्षी भारतीय आसमान के नीचे कमजोर हो जाता है तब वह थका हुआ महसूस करता है। करोड़ों के लिए यह एक अन्दरूनी सजगता या अन्दरूनी मूर्च्छा है। यह एक न बताई जा सकने वाली दु:खदायक स्थिति है जिसे जानने के लिए उसे महसूस करना जरूरी है। मुझे कबीर के गीत के साथ दुखी मरीज की तुलना करना असम्भव लगता है। करोड़ों भूखे सिर्फ एक कविता के बारे में पूछते हैं—जीवन देनेवाला भोजन। उन्हें यह नहीं दिया जा सकता। उन्हें यह खुद कमाना चाहिए और वे सिर्फ अपने माथे के पसीने से इसे कमा सकते हैं। टैगोर को भी दूसरों की तरह चरखा कातने दो। उन्हें अपने विदेशी कपड़े जलाने दो। आज यही कर्तव्य है। परमात्मा आनेवाले कल का ध्यान रखेगा। जैसाकि गीता में कहा गया है—कर्म करो।'

यह गांधी हैं। आप देख सकते हैं कि आधुनिकता की बहस में रवीन्द्रनाथ एक ओर छिपे हुए राष्ट्रवाद की भर्त्सना करते हैं तो दूसरी ओर विश्वव्यापकता की बात करते हैं। फिर गांधी भारत के उस भूखे पंछी की ओर से उत्तर देते हैं। दोनों सही हैं। विवाद के स्वभाव को ध्यान में रखते हुए चुनाव मुश्किल है। गांधी अपनी जगह सही हैं और रवीन्द्रनाथ अपनी जगह। ऐसा नहीं है कि सिर्फ गांधी बहस में शामिल हो रहे हैं। भारतीय रोमांसवाद में 1920-21 के आसपास और उसके बाद भी भूखे पंछी को जगह मिली। रवीन्द्रनाथ की कविताओं में भी यह है। यह उनके साहित्यिक

कामों और कहानियों में भी है। लेकिन मैं हिन्दी कवि सूर्यकान्त त्रिपाठी 'निराला' की 'बादल राग' शीर्षक कविता से उदाहरण देना चाहता हूँ जो उन्होंने उसी समय के आसपास लिखी थी। कविता यों है :

रुद्ध कोष, है क्षुब्ध तोष
अँगना अंग लिपटे भी
आतंक अंक पर काँप रहे हैं
धनी, वज्र-गर्जन के बादल
त्रस्त नयन-मुख ढाँप रहे हैं।
जीर्ण बाहु, है शीर्ण शरीर,
तुझे बुलाता कृषक अधीर
ऐ विप्लव के वीर!

मैंने निराला का उल्लेख इसलिए किया क्योंकि निराला उन कवियों में से हैं जिन्होंने रवीन्द्रनाथ को बांग्ला में पढ़ा है। निराला ने रवीन्द्रनाथ पर एक पूरी पुस्तक भी लिखी है। निराला रवीन्द्रनाथ का बहुत सम्मान करते थे, जैसेकि गांधी जी करते थे। इसके बावजूद निराला ने इस विवाद को लेकर 'चरखा' शीर्षक से एक लेख लिखा। इसमें उन्होंने कहा कि गांधी ठीक कहते हैं कि रवीन्द्रनाथ को चरखा कातना चाहिए। निराला ने गांधी का पक्ष लिया क्योंकि निराला बैसवाड़ा के किसानों से सम्बन्धित थे—वे किसान, जो अपने अधिकारों के लिए लड़े। जो उस दौर के बाबा रामचन्द्र के नेतृत्व में अपनी जमीन के लिए लड़े।

इसलिए उपनिवेशवादी स्वच्छन्दतावाद सिर्फ राष्ट्रीय स्वतंत्रता की लड़ाई का प्रतिनिधित्व नहीं करता। भारतीय स्वच्छन्दतावाद भी जागीरदारी विरोधी था। अंग्रेजी स्वच्छन्दतावाद पूँजीवादी क्रान्ति का सिर्फ जागीरदारी विरोधी हिस्सा था। भारतीय औपनिवेशिक स्वच्छन्दतावाद न सिर्फ जागीरदारी विरोधी था बल्कि साम्राज्यवाद विरोधी भी था। वह स्वच्छन्दतावाद के इन दोनों पक्षों को मिलाता है। इसलिए यह ऐसा स्वच्छन्दतावाद है जिसकी किसी भी अन्य देश के स्वच्छन्दतावाद से तुलना मुश्किल है।

मैं दुनिया के दूसरे हिस्सों के देशों—पोलैंड, हंगरी, इटली—में स्वच्छन्दतावाद के बारे में ज्यादा नहीं कहूँगा। जब कोई विश्व-साहित्य में स्वच्छन्दतावाद को देखता है तो यह देखकर हैरानी होती है कि यहाँ फ्रांस की क्रान्ति हुई, वहाँ पर स्वच्छन्दतावाद दुनिया के दूसरे हिस्सों की तुलना में कमजोर दिखाई पड़ता है। सबसे महान स्वच्छन्दतावाद रूस का है। पुश्किन का स्वच्छन्दतावाद। फ्रांस ने कौन-सा कवि पैदा किया—केवल विक्टर ह्यूगो को छोड़कर, जिसने कुछ कविताएँ लिखीं। फ्रांस का स्वच्छन्दतावाद मुख्य रूप से फिक्शन के क्षेत्र में व्यक्त हुआ। स्टेनहाल, बाल्जाक और ब्लादेर—ये कितने स्वच्छन्दतावादी थे! यह एक अजीब

विडम्बना है। तथ्य यह है कि इन सभी में से कोई शेली फ्रांस में पैदा नहीं हुआ, कोई पुश्किन वहाँ पैदा नहीं हुआ और न ही कोई हेन (Heine)।

यह भारतीय स्वच्छन्दतावाद की अपनी विशेषता है कि इसके पास सिर्फ बांग्ला में टैगोर नहीं हैं, बल्कि दूसरी भारतीय भाषाओं में भी ऐसे कवि हैं जिन्हें आप 'जूनियर टैगोर' कह सकते हैं। वे स्वच्छन्दतावादी थे। उर्दू में इकबाल जैसा कवि था। इकबाल के बारे में सभी तरह की बातें कही गई हैं। बहुत-से लोग उन्हें पाकिस्तान का 'क्रिएटर' भी कहते हैं। फिर भी इस सन्दर्भ में इकबाल बंकिम से ज्यादा अच्छे हैं। उन्होंने इस्लाम के खिलाफ चाहे जो भी कहा हो, हिन्दुत्व के खिलाफ कुछ भी नहीं कहा, जबकि बंकिम ने न सिर्फ हिन्दुत्व का प्रचार किया बल्कि मुसलमानों और इस्लाम की बेइज्जती भी की। इकबाल अक्सर राम को 'इमाम-ए-हिन्द' कहते थे।

जर्मन स्वच्छन्दतावाद धर्म पर जोर देने के कारण भारतीय स्वच्छन्दतावाद से अलग है। श्लेगेल ने स्वयं ईसाइयत को स्वच्छन्दतावाद का जरूरी अंग माना है। धार्मिक तत्त्व जर्मन स्वच्छन्दतावाद में अधिक हावी थे। इसकी तुलना में भारतीय स्वच्छन्दतावाद में लोगों की अपेक्षा के उलट टैगोर, निराला अधिक धर्मनिरपेक्ष थे। आप बंकिम के लेखन में हिन्दुत्व के रूप में धर्म देख सकते हैं। रवीन्द्रनाथ भी बंकिम की तरह हिन्दुत्व की प्रशंसा कर सकते थे लेकिन उन्होंने ऐसा नहीं किया। रवीन्द्रनाथ का 'गोरा' हिन्दुत्व के विरुद्ध है। वह भारतीयता के नजदीक है। यह हिन्दुत्व की विडम्बना है कि 'गोरा' में प्रतिबिम्बित हुई है। वह कहता है कि अपनी सारी जिन्दगी वह यही सोचता रहा कि वह हिन्दू है और अन्त में वह महसूस करता है कि हिन्दुत्व में उसके लिए कोई जगह नहीं है। इसलिए जर्मन स्वच्छन्दतावाद की तुलना में भारतीय स्वच्छन्दतावाद अधिक धर्मनिरपेक्ष है। हम उस समय धर्मान्धता के शिकार नहीं बने।

और अन्त में मैं कहना चाहूँगा भारतीय स्वच्छन्दतावाद और इसके विरोधाभासों और दूसरे पक्षों के बारे में बहुत कुछ कहा जा चुका है। यह एक अजीब विडम्बना है कि यहाँ का बौद्धिक वर्ग जिनको अंग्रेजी भाषा की अच्छी जानकारी है, शुरू से ही भारतीय स्वच्छन्दतावाद को पचा नहीं पाया है। दुर्भाग्य से नई आलोचना के प्रभाव से यह भारतीय बौद्धिकों में एक 'कल्चर' बन गया है। यह परम्परा इलियट और एफ.आर. लेविस पर आधारित है। आधुनिकतावाद और इलियट-पाउंड के आधुनिकतावाद से डील करते हुए यह परम्परा अपना पहला कर्तव्य भारतीय स्वच्छन्दतावाद को खारिज करना समझती है, जिस तरह उन्होंने अंग्रेजी स्वच्छन्दतावाद को दफना दिया और प्रयोग के नाम पर नई तरह की कविता शुरू की—नई कविता।

रवीन्द्रनाथ के सबसे बड़े विरोधी बुद्धदेव बसु थे जो अपने-आपको आधुनिक कहते थे। रवीन्द्रनाथ ने अपने अन्तिम उपन्यास 'शेषेर कविता' में अमित राय के

रूप में बुद्धदेव बसु को याद किया है। आज के बौद्धिक, जो आधुनिकता की परिचर्चा में हिस्सा लेते हैं और अपने-आपको उत्तर-आधुनिक कहते हैं, जो गांधी के अनुयायी हैं—जैसे पार्थ चटर्जी, आशीष नन्दी; स्वच्छन्दतावाद को स्वीकार करने के नाम पर ये न सिर्फ टैगोर को भूल गए हैं, बल्कि गांधी के भी एंटी-थीसिस हो गए हैं। यह उनका अपमान है। यह उन्हें नहीं पहचानते। गांधी, जिन्होंने टैगोर से बहस की। ये लोग बुद्धदेव की परम्परा में खड़े हैं। आधुनिकतावाद के बाद उत्तर-आधुनिकता की घटना से खुशी से भरे हुए जो हमें उत्तर-उपनिवेशवाद से मिला है, हम अपनी स्वच्छन्दतावादी विरासत को भूलते जा रहे हैं—कीमती विरासत, जटिलताओं और विरोधाभासों से भरी हुई; जो समृद्ध, बहुआयामी और आम आदमी के नजदीक है। आज के अँधेरे भरे दौर में यह हमें चेतावनी देता है कि चाहे जर्मन स्वच्छन्दतावाद का दर्शन हाईडेगर से हिटलर तक चला गया, लेकिन भारतीय स्वच्छन्दतावाद की विरासत, टैगोर की विरासत, हिन्दुत्व को शक्ति नहीं देगी और न ही इसके साथ जुड़ेगी। दरअसल आज हिन्दुत्व का सबसे बड़ा विपक्षी हमारी स्वच्छन्दतावादी परम्परा में ही है जो हमारे नजदीक है, जो धर्मनिरपेक्ष है। इसकी तमाम सीमाओं और कमियों के बावजूद इसमें भविष्य के लिए विजन है। स्वच्छन्दतावाद ने हमें यादें दी हैं। इसने हमें विजन भी दिया है। आज के युग में हम विस्मृति के शिकार हो गए हैं। उत्तर-आधुनिक युग में हम यूटोपिया को भी 'आउटडेटेड' मानने लगे हैं। स्वच्छन्दतावाद ने हमें एक समाजवादी यूटोपिया दिया है। मैंने जानबूझकर समाजवादी यूटोपिया कहा है। यह रवीन्द्रनाथ के 'लेटर फ्रॉम रशिया' में है। समाजवाद का सपना हमारे स्वच्छन्दतावाद में है। यह टैगोर और निराला, दोनों में है। अगर हम इस समाजवादी सपने को जिन्दा रखना चाहते हैं तो हमें इसे अपने स्वच्छन्दतावाद में ढूँढ़ना चाहिए।

[नया ज्ञानोदय, अगस्त, 2017 में प्रकाशित। दिल्ली विश्वविद्यालय के जर्मनिक और रोमंस स्टडीज विभाग में 'स्वच्छन्दतावाद' पर हुई परिचर्चा में दिया गया भाषण]

भारतीय भाषाओं की अस्मिता और संकट

मंच के सभी आदरणीय साथियो, बहनो और भाइयो! बैठे-बैठे कई अच्छी बातों को सुनते रहिए। मुझे रहीम का वह दोहा याद आया, जो आप लोगों को भी जरूर याद होगा :

दोनों रहिमन एक से, ज्यों लौं बोलत नाहि।
जान परत है काक पिक, ऋतु बसन्त के माहि॥

इस दोहे में मुझे 'अस्मिता' शब्द का अर्थ मिला। जब तक बोलते नहीं, तब तक सब एक जैसे मालूम होते हैं। लेकिन वे पहचाने तभी जाते हैं जब वे बोलते हैं। इसका मतलब है कि बोलने से—और अपने यहाँ भी यद्यपि सभी लोग हिन्दी ही बोल रहे थे, अगर प्रदेश और भाषा का नाम नहीं बताया जाता, तब भी—उनके हिन्दी उच्चारण से आप पहचान सकते थे कि उनकी मातृभाषा कौन-सी है। मैं 'पहचान' शब्द का प्रयोग कर रहा हूँ, 'अस्मिता' शब्द का प्रयोग नहीं कर रहा हूँ अभी। हिन्दी में 'अस्मिता' शब्द पहले नहीं था। 1947 से पहले की किताबों में मुझे तो नहीं मिला, और संस्कृत में भी 'अस्मिता' का यह अर्थ नहीं है। 'अहंकार' के अर्थ में आता है, जिसे दोष माना जाता है। 'आइडेंटिटी' का अनुवाद 'अस्मिता' किया गया और हिन्दी में जहाँ मेरी जानकारी है, पहली बार अज्ञेय ने 'आइडेंटिटी' के लिए 'अस्मिता' शब्द का प्रयोग हिन्दी में किया है। मराठी में 'अस्मितादर्श' नाम की पत्रिका नागपुर से निकलती है, दत्त लोग निकालते हैं। लेकिन हम पासपोर्ट बनाते हैं, तो क्या कहते हैं—पहचान-पत्र। अस्मिता-पत्र कोई नहीं कहता उसे।

मैं बैठे-बैठे यही सोच रहा था कि 'अस्मिता' और 'संकट'—इन दोनों शब्दों को भारतीय भाषाओं में क्या इसी रूप में स्वीकार किया गया है? एक बहुत अच्छा काम होता, अगर हर आदमी अपनी भाषा में बताता कि हमारी भाषा में 'अस्मिता' को क्या कहते हैं? 'संकट' को क्या कहते हैं?

अब एक शब्द है 'खतरा' और दूसरा शब्द है 'संकट'। खतरे के लिए 'डेंजर' शब्द का प्रयोग करते हैं और संकट फिर अनुवाद है 'क्राइसेस' का। अभी गोविन्द देशपांडे जी ने बताया कि हिन्दी में जिसे 'संकट' आप कहते हैं हमारे यहाँ वह 'अरिष्ठ' शब्द है। और भी शब्द हो सकते हैं। अन्य भाषाओं में इतनी विविधता है,

बहुलता है। इसलिए मैं शब्दों के विश्लेषण में न जाकर पहली बात जो मुझे महत्त्वपूर्ण लगती है, उसका पूरा अहसास हम लोगों को नहीं है, या जितनी गहराई से होना चाहिए, नहीं है।

हर जनसमुदाय की अपनी पहचान उसकी भाषा है। उसके बिना वह भाषा केवल भाषा नहीं है, बल्कि वह भाषा ही उसकी संस्कृति भी है और वह पहचान बनकर उसके साहित्य और संस्कृति में समाई है। यह इतनी दूर तक है कि बोलियों तक से जुड़ा हुआ है। हिन्दी प्रदेशों में आप देख रहे हैं कि तीन राज्य अभी नये बने हैं। माँग अन्य बोलियों की ओर से भी उठ सकती है। राजस्थानी क्यों नहीं उठा सकती है ? भोजपुरी की है, अवधी की है, ब्रज की है, मैथिली बहुत दिनों से आग्रह कर रही है। हर भाषा में अलग-अलग समस्या होती है। स्वयं हिन्दी प्रदेश बोलियों की दृष्टि से द्वि-भाषी है। साहित्य की रचना खड़ी बोली में करता है और अपनी माँ से, दादी से, दादा से जिस बोली में बात करता है, वह उसकी ठेठ गाँव की बोली होती है। मसलन मेरी बोली भोजपुरी है। भोजपुरी और खड़ी बोली, दोनों ही बोलियाँ वह बोलता है।

अभी जिस बात की ओर इशारा कर रहा था, उस दृष्टि से देखें तो भारत को बहुभाषी देश कहते हैं। अनेक भाषाएँ बोली जाती हैं। लेकिन मैं इसके साथ यह कहना चाहता हूँ कि भारत का हर आदमी एक लम्बी परम्परा से बहुभाषी है। अभी कांग्रेस प्रेजिडेंट के बारे में बताया कि वह छह भाषाएँ जानती हैं। हमारे यहाँ जिनको अनपढ़ कहते हैं, वे भी—एक लम्बी परम्परा से इस देश में घूमने के कारण, चाहे तीर्थाटन के लिए जाते रहे हों, भ्रमण के लिए जाते रहे हों, एक लम्बे अरसे से एक साथ कम-से-कम द्वि-भाषी तो हर आदमी है। तीन भाषाएँ, चार भाषाएँ वह बोलता है, जानता है। यह बहुभाषिकता हमारे यहाँ संस्कार में है।

पहला जो मुख्य मुद्दा है जिस पर बड़ी चर्चा हुई थी—पहचान की। और वह पहचान, हर जनसमुदाय की, हर व्यक्ति की अपनी पहचान, पासपोर्ट, उसकी भाषा है। व्यक्ति मुँह खोलता है और पहचान लिया जाता है कि किस क्षेत्र का है। कहाँ से आया है। किस समुदाय से जुड़ा हुआ है। इस पहचान में स्वाभिमान जरूरी है। लेकिन इस पहचान में 'अहंकार' का शब्द भी जुड़ता है। फिर वह अहंकार बढ़ करके इस सीमा तक जाता है जो देश के समुदाय से अपने को अलग करने की सीमा तक ले जाता है। इस पहचान का एक उदाहरण मैं दे सकता हूँ कि हड़प्पा नाम की संस्कृति, जो हमारे यहाँ की सबसे पुरानी संस्कृति कही जाती है, आज तक मालूम नहीं हो सका कि उसकी भाषा क्या है। यद्यपि मूर्तियों के, स्थापत्य के अन्य जो उपकरण मिले हैं, उनसे उस संस्कृति की रूपरेखा बनाई गई। लेकिन आज भी वह विवाद के दायरे में इसलिए है कि उसकी भाषा क्या थी। भाषा के लोभ से इतना बड़ा संकट उत्पन्न होता है कि पहचान लुप्त हो जाती है। हड़प्पा सभ्यता की पहचान

जरूरी है आज भी, क्योंकि उसकी भाषा नहीं मालूम। वैदिक संस्कृति की भाषा मालूम है, इसलिए उसके बारे में विस्तार से चर्चा की जाती है। इस प्रसंग में यह भी कहा गया है कि भाषा लुप्त होती है किसी वजह से, तो लुप्त होने के साथ लगभग वह पूरी संस्कृति भी समाप्त होती है।

भारतीय भाषा सर्वेक्षण में जो सूची तैयार की गई है, उसमें भाषाओं की सूची अगर आप देखें, तो उसमें से अनेक भाषाएँ नहीं हैं यानी देखते-देखते पिछले दो सौ वर्षों में कई भाषाएँ लुप्त हो गई हैं। इसलिए एक बहुत बड़ा मुद्दा है। अभी डोगरी के बारे में कहा जा रहा था। कश्मीरी के बारे में चर्चा हुई थी कि वह भी उस कगार पर है। जवाहरलाल नेहरू विश्वविद्यालय में एक गोष्ठी हुई थी—संविधान में जो आठवीं सूची है, उसको लेकर। उस आठवीं सूची से यह धारणा बनती है कि उसमें और उसके लिए अनेक भाषाओं ने संघर्ष किया है कि हमको शामिल किया जाए। अनेक आदिवासी भाषाएँ हैं, जिन्हें हम आदिवासियों की भाषा कहते हैं, उनकी भाषाएँ उसमें शामिल नहीं हैं। कई भाषाएँ हैं, जो शामिल नहीं हैं। वह आगे चलकर बहुत बड़ा मुद्दा विवाद का बन सकता है। यद्यपि आठवीं सूची का उद्देश्य भाषाओं को मान्यता देना नहीं है। दूसरे सन्दर्भ 351 के सिलसिले में उसका उल्लेख किया गया है। हिन्दी को राजभाषा के रूप में विकसित और समृद्ध करने के लिए जिन भाषाओं से लेना चाहिए, उनकी सूचियाँ बनी ही नहीं हैं। उसका उद्देश्य भाषाओं को मान्यता देना नहीं है, लेकिन उसकी हैसियत लगभग यह हो गई है कि आठवीं सूची में जो भाषाएँ हैं, वे तो मान्यता-प्राप्त हैं लेकिन जो सूची में नहीं हैं, वे खास भाषाएँ ही नहीं हैं। उसमें झारखंड की अनेक भाषाएँ नहीं हैं, मुंडारी नहीं है, संथाली नहीं है, छोटा नागपुरी नहीं है—अनेक भाषाएँ नहीं हैं।

एक शब्द इस्तेमाल किया गया है 'अस्तित्व' का। जब तक उस अस्तित्व को आप स्वीकार नहीं करेंगे कि आप हैं, तब तक आपकी पहचान कैसे बनेगी? इसलिए इस बीच दुनिया के पैमाने पर अनेक लोगों ने कहा है कि वह नया भूमंडलीकरण है और यूरोप के लोग कह रहे हैं कि 'रेड इंडियन' की भाषा लगभग लुप्त हो गई है। अमेरिका में यह स्थिति है। हमारे यहाँ भी हो सकती है। इस देश में उर्दू की अस्मिता का संकट है और वह संकट अनेक रूप ले रहा है। जैसा कहा गया कि राजनीति उसको तरह-तरह से इस्तेमाल कर रही है। उस जगह ले जाने की जरूरत नहीं है। हममें से अनेक लोग जानते हैं कि उर्दू की ठीक से पढ़ाई भी नहीं हो रही है। नतीजा यह है कि उर्दू मदरसों में पढ़ाई जा रही है। जिन मदरसों का मकसद है मदरसई करना। लेकिन चूँकि उर्दू को पढ़ाने की व्यवस्था नहीं है इसलिए बहुत बड़े पैमाने पर ऐसा हो रहा है। मैं कहना चाहता हूँ कि भारतीय भाषाओं की पहचान पर विचार करते समय यह ध्यान में रखना चाहिए कि इसका दायरा बहुत बड़ा है। इस दायरे में केवल यही नहीं है कि भूमंडलीकरण के कारण

हम लोग हिन्दी या मानी हुई भाषाएँ भूल जाएँ। ज्यादा बड़ा दायरा है—भारतीय भाषाओं की पहचान का।

भारत भाषाओं का संग्रहालय या म्यूजियम बन के न रह जाए; बल्कि वे भाषाएँ जो जीती-जागती, फलती-फूलती रही हैं, सदियों से रही हैं, और हजारों साल से रही हैं, वे विकसित होती रहें। आदिवासियों की भाषा कोई आज की नहीं है। इसलिए उन भाषाओं के साथ, मैं कहूँगा कि कभी-न-कभी अपनी भाषाओं की बोलियों पर जरूर हमारा ध्यान जाना चाहिए, जिन्हें लोकभाषाएँ कहते हैं। लोकभाषाओं को भुला करके साहित्यिक भाषाएँ अपनी पहचान कायम नहीं रख सकतीं। पहचान का मतलब है, उसी संविधान में कहा गया है कि हिन्दी विकास करे, समृद्ध हो, सबसे ले। लेकिन एक शब्द अंग्रेजी का इस्तेमाल किया गया है—अपने 'जीलियस' को ध्यान में रखते हुए अर्थात् अपनी प्रकृति को न छोड़कर वह समृद्ध हो। दूसरों से इतना न ले कि उसका स्वभाव ही बदल जाए। पहचान एक बार मिल गई तो हमेशा कायम नहीं रहती है। यह कोई जरूरी नहीं है।

आदमी खुद कभी-कभी आत्म-विस्मरण का शिकार होता है और अपनी पहचान भूल जाता है ऐसा नहीं है। हमारे गुरुजी कहा करते थे कि भारतीय संस्कृति एक 'हुक्का' की तरह से है, जिसका पानी करोड़ों बार बदलता है, जिसका नायचा बदला है, चिलम बदली, नारियल बदला, आग बदली, तम्बाकू बदला, फिर भी संस्कृति वही-की-वही है। यह कौन-सी चीज है? एक हुक्का नाम की चीज बची है। बाकी एक-एक करके हर चीज बदल गई है। राजन जी ने एक महत्त्वपूर्ण तथ्य को रेखांकित किया। अस्मिता जड़ नहीं है, स्थिर नहीं है और यह भी नहीं है कि एक बार मिल गई तो बनी रहेगी। बदलती रहती है, बनने को। आज वही तमिल नहीं है, जो संगम काल की तमिल हुआ करती थी। बदल गई है न। हिन्दी स्वयं इतनी बदली है, इतनी बदली है कि हम बहुत से लोग पुरानी कविता को आज समझ नहीं सकते हैं। बदलती है, लेकिन, उस बदलने के साथ यह भी जुड़ा हुआ है कि अस्मिता का प्रश्न एक ओर ले जाएगा हमको, शुद्धतावाद की ओर। जैसे नस्ल के बारे में शुद्धतावाद बड़ा खतरनाक लब्ज है। भाषा के बारे में भी शुद्धतावाद जो है, वह आपको 'फासिस्ट' बना देता है। खून शुद्ध हो, उसी तरह आप समझेंगे कि भाषा भी शुद्ध होनी चाहिए। टेलीविजन की हिन्दी की आलोचना को कुछ सुनता हूँ तो मुझे लगता है कहीं वही पुराना शुद्धतावाद बोल रहा है। हिन्दी तो बाजार से आई है। बाजारू हिन्दी, कलकत्ता और बम्बइया की जिस हिन्दी को आप बोल रहे हैं, बल्कि खड़ी बोली हिन्दी तो खुद दिल्ली के बाजार की हिन्दी है। इसलिए बाजार से हिन्दी अशुद्ध हो जाएगी और उसकी अस्मिता खराब हो जाएगी। मैं समझता हूँ, यही हिन्दी धूल-धक्कड़ से, खेत-खलिहान से, कल-कारखाने से, बाजार से बनी, निकली हुई भाषा है। आप उसे धो-पोंछकर, साबुन लगाकर एक

ही बना देना चाहते हैं—चमकती हुई। इसलिए अस्मिता का सवाल इतना सीधा-सादा सरल नहीं है।

'संकट' की चर्चा करने से पहले हम समझें कि भाषायी अस्मिता भाषा बोलनेवालों की अपनी पहचान है। जिस भाषा को बोलते हैं, उसकी पहचान कैसे बचाई जाए या विकसित की जाए और उस बदलती हुई पहचान के साथ वह सुगठित कैसे बनी रहे? एकदम इतनी न बदल जाए कि स्वयं वह भाषा न रह जाए। इस पहचान के सिलसिले में कुछ सवाल उठाए गए हैं लिपि के बारे में। हिन्दी के बारे में लोग जानते हैं कि हिन्दी का आन्दोलन भाषा का आन्दोलन नहीं था। 19वीं शताब्दी में हिन्दी वालों की माँग थी। आज भी है वह संस्था, जिसका नाम है—'काशी नागरी प्रचारिणी सभा'। लड़ाई नागरी लिपि की थी, बाद में भाषा की बन गई। पंजाबी जुड़ी हुई है गुरुमुखी लिपि के साथ। एक जमाना था कि पंजाबी की बहुत सारी चीजें उर्दू लिपि में लिखी जाती थीं। अखबार उर्दू में निकलते थे। भाषा पंजाबी हुआ करती थी। कुछ लोग नागरी लिपि में लिखा करते थे। लिपि और भाषा का कभी-कभी इतना अटूट और गहरा सम्बन्ध होता है। एक बार यह माँग उठी थी कि उर्दू की किताबें हिन्दी लिपि में ही लिखें। ऐसा कहनेवाले हिन्दी वाले भूल जाते हैं कि एक जमाने में सुदीप कुमार चटर्जी की नहीं, बल्कि हाल ही में 19वीं सदी में अंग्रेजी की जितनी किताबें व्याकरण की लिखी गई हैं, कोर्स की, वह रोमन में लिखी गई हैं। उस समय आपको बड़ा अखरा था, रोमन लिपि में लिखना। उर्दू वालों से आप कहते हैं कि आप उर्दू लिपि छोड़ दो। भाषा की पहचान का गहरा सम्बन्ध उसकी लिपि से भी है। ध्वनियों के लिए तमिल लिपि काफी है। आप नहीं कह सकते कि तमिल साहित्य नागरी में लिखा जाए। बांग्ला से नहीं कह सकते आप कि अपनी लिपि बदल दें। इतनी मुश्किल होते हुए भी चित्र-लिपि लिखी है चीनियों ने। रोमनाइजेशन नहीं स्वीकार किया जापान ने। भारतीय भाषाओं ने लिए कहेंगे आप?

लिपि से भाषाओं का गहरा सम्बन्ध है क्योंकि एक संस्कृति के दौरान वे विकसित हुई हैं। और धीरे-धीरे उसने एक पहचान बना ली है। रोमन लिपि में लिखी हुई संस्कृत किताबों को पढ़ने से ऐसा लगता है कि मैं संस्कृत नहीं पढ़ रहा हूँ, अंग्रेजी पढ़ रहा हूँ। बहुत-सी किताबें हैं। आपको याद होगा कि जब ऋग्वेद का मैक्स मूलर ने सम्पादन करना शुरू किया था, सवाल उठा था कि इसे रोमन में छापा जाए या संस्कृत में। उन्होंने कहा कि नहीं, यह उसी लिपि में छपेगा, नागरी लिपि में। इसलिए भाषा के साथ लिपि भी जुड़ी हुई है। एक भाषा ऐसी है जो साहित्य अकादमी द्वारा मान्यता-प्राप्त है। सम्भावना है, संविधान में भी मान्य हो। कोंकणी चार लिपियों में लिखी जाती है—रोमन, नागरी, कन्नड़ और मलयालम। यहाँ बहुत बड़ा मुद्दा है कि साहित्य अकादमी ने उसे नागरी लिपि में मान्य किया है। लेकिन बड़ी माँग उठ रही है कोंकणी में कि साहब, आप लिपि के हिसाब से क्यों बाँटना

चाहते हैं? मैंने उन समस्याओं की ओर आपका ध्यान आकर्षित किया है, जो भारतीय भाषाओं की अस्मिता की हैं। सभी भाषाओं की अस्मिता का सवाल एक जैसा नहीं है, कुछ सामान्य है, लेकिन प्रत्येक भाषा की या भाषायी अस्मिता की अपनी अलग-अलग समस्याएँ हैं। पंजाबी की समस्या वह नहीं है, जो कश्मीरी की होगी या जो कश्मीरी की समस्या है, वह डोगरी की नहीं होगी। कुछ अलग-अलग समस्याएँ भी हैं और ब्यौरे में करके प्रत्येक समस्या को देखना होगा। उसी तरह से। मैंने कहा कि अगर उर्दू आप देखते और यहाँ उर्दू का वक्ता होता तो बताता उर्दू की पहचान की समस्या और भाषाओं से प्राइम इंडियन लैंग्वेज उसी तरह से उर्दू है, जैसेकि हिन्दी है, संस्कृत है। बावजूद इसके उस भाषा की जो स्थिति है, उसके संकट की अपनी अलग कुछ और विशेष समस्याएँ हैं—अन्दरूनी।

दूसरा सवाल संकट का है यानी 'क्राइसेस' का। उस संकट में हर संकट की तरह से कुछ बाहरी संकट होते हैं, कुछ भीतरी संकट भी होते हैं। महत्त्वपूर्ण और ज्यादा खतरनाक होता है, जो आन्तरिक संकट है। मैं देशपांडे साहब से पूरी तरह से सहमत हूँ इस मामले में कि भारतीय भाषाओं के लिए जो सबसे बड़ा संकट है, वह स्वयं इस देश के अन्दर ही मौजूद है। इसी देश के अन्दर है। क्योंकि, भाषा की गहरी पहचान का सम्बन्ध होता है—सत्ता। भाषा सत्ता भी है, ताकत भी है। सत्ता केवल पहचान ही नहीं देती है, ताकत भी देती है, और बनाती भी है। आम तौर से राजसत्ता के लिए। राजसत्ता इस बात को अच्छी तरह समझती है कि भाषा उसके ऊपर बहुत बड़ी ताकत है, जैसे राजकाज का काम भाषा से होता है। फारसी राजभाषा हुई थी। अकबर ने नहीं बनाई थी। फारसी राजभाषा बनाई थी राजा टोडरमल ने। उन्होंने कहा कि यह होनी चाहिए। माल के महकमे का काम इसलिए देखेंगे कि माल का सारा काम-धाम इसी से होता है। सच पूछो तो, पेशवे के जमाने में जिसे ब्राह्मणवाद कह रहे थे, गोविन्द देशपांडे जी, तो मुझे याद आया कि उस जमाने में भले ही वे दिल्ली के बादशाहों से लड़ते रहे हों, लेकिन उनकी भाषा तो फारसी थी, मराठी नहीं बनाई थी उन्होंने। क्यों नहीं बनाई थी मराठी? और यही वजह है कि मराठी में फारसी के इतने शब्द हैं। कभी-कभी हम चिन्तित होते हैं कि ये हिन्दी में हैं। बाद में पता चला, कोशों को देखने के बाद कि बांग्ला में फारसी शब्द इतने ज्यादा हैं, क्योंकि वहाँ नवाबी बहुत दिनों तक रही। मराठी में इसलिए इतने ज्यादा हैं कि मराठी में पेशवे के जमाने में कोर्ट-लैंग्वेज फारसी थी। जिन भाषाओं में कम हैं और अगर ढूँढ़ने लगें तो मिलेगा कन्नड़ में बहुत हैं। हैदर अली, टीपू सुल्तान के जमाने से लेकर कन्नड़ में बहुत हैं। उसी तरह तेलगू में हैं।

फारसी बहुत खूबसूरत भाषा है। महान काव्य लिखा गया है उन दिनों। ईरान की पूरी-की-पूरी संस्कृति बिना फारसी के नहीं समझी जा सकती। बावजूद इसके, हिन्दुस्तान में फारसी राजभाषा बनी। राजसत्ता का अर्थ ही है कि ऐसी भाषा में राज

करो जिसे आम जनता न समझे। इस सिलसिले में, मैं अक्सर कहा करता हूँ कि कन्हैया लाल मुंशी का एक उपन्यास है : 'गुजरात के नाम'। उसमें रानी, राजा से कहती है कि—सिद्धराज जयसिंह जब नया-नया नौजवान राजा हुआ तो उसे चिन्ता हुई कि वह घर-घर जा करके लोगों का दु:ख-दर्द दूर करे। जनता के बीच जाकर। जैसे बहुत से जाते हैं, जनता का कल्याण करने के लिए पदयात्रा करते हैं। उसको सूझी कि पदयात्रा करे। उसकी माँ ने कहा कि देख, सूरज को देखता है तू, ऊँचाई पर है, इसलिए लोग जल चढ़ाते हैं और प्रणाम करते हैं। जिस दिन सूरज को लगे कि वह हर घर के चूल्हे में पहुँचकर आग जलाया करे और हर घर के आले में पहुँचकर दीया बन जाए तो लोग फूँक करके बुझा देंगे और पानी डालकर चूल्हे को ठंडा कर देंगे। दूर रह। जितना दूर रहेगा, उतना ही प्रताप होगा, आतंक रहेगा। ताकत हमेशा ऐसी भाषा इस्तेमाल करती है जो साधारण लोगों की समझ में न आए। उससे अलग होगी, तभी ताकत होगी। अगर उस भाषा में काम होने लगेगा तो ताकत उसकी कमजोर हो जाएगी, खत्म हो जाएगी। इसलिए इस देश का एक ताकत वाला जो वर्ग पैदा हुआ है, जिसको मोटे तौर से ब्राह्मणवाद कहा गया, जिसको आप मध्यवर्ग कह सकते हैं, जिसमें हमारी नौकरशाही भी है। अफसर वर्ग है। बड़े व्यापारी वर्ग के लोग हैं। यह सारे-के-सारे लोग, बहुत बड़ा तबका, इन पचास वर्षों में पहले जो बहुत छोटा मध्य वर्ग हुआ करता था, वह बहुत बड़े पैमाने पर लगभग पचास फीसदी से ज्यादा बढ़ गया है। यह वर्ग जरूर चाहेगा कि ऐसी भाषा का वर्चस्व हो, जो आम जनता की भाषा न हो।

भारतीय भाषाओं का संकट इसीलिए आन्तरिक है। देश के भीतर है। और दुर्भाग्य से इस बीच जैसा आर्थिक विकास हो रहा है हमारा, उस आर्थिक विकास के चलते, वक्ताओं में से एक आदमी ने कहा कि पचास साल के लगभग भाषा के मामले में हम लोग एक कदम आगे बढ़े थे और दो कदम पीछे जा रहे हैं। सन् 1947 में जो लोग अपने विद्यालयों में गए होंगे, वे जानते हैं कि कॉलेज में हम लोग 'यस सर' बोलते थे और पहली बार 'श्रीमन्' या 'उपस्थित महाशय' कहने पर गैरहाजिर कर दिया था कि नहीं? यहाँ ऐसा बोलना पड़ेगा। यह पहली प्रतिक्रिया थी। विद्रोह हुआ। मित्रो, काशी हिन्दू विश्वविद्यालय के दिन मुझे याद हैं। उस समय अचानक तेजी से बहुत गहरा सदमा 'पहचान' का और भाषा के 'संकट' से लड़ने का था। हम ताजा-ताजा स्वतंत्र हुए थे। स्वाधीनता की भावना थी अपनी भाषाओं के प्रति। इतनी पत्रिकाएँ निकली थीं भारतीय भाषाओं की। लोकभाषाओं और बोलियों की ओर इतना ध्यान दिया था, मुझे याद है। वासुदेव शरण अग्रवाल और राहुल सांकृत्यायन ने 'जनपद कल्याणी आन्दोलन' चलाया था। यह उत्थान था, अंग्रेजियत को नकारने का। भाषा-प्रेम, गहरा भाषा-प्रेम तमिल में और बांग्ला भाषा में जितना है, अन्यत्र कम पाया जाता है। यहाँ शुरू किया गया था कि प्राइमरी में

शिक्षा का माध्यम जो होगा, बांग्ला होगी, अंग्रेजी भी होगी। दूसरा उदाहरण दिया गया था एक अन्य प्रदेश का, वहाँ अंग्रेजी लौट करके आ गई। इसलिए इतिहास का चक्र कभी-कभी उलटा भी चलता है, हमेशा आगे नहीं चलता।

अनेक मामलों में, जिस तरह से अपने विकास का जो मॉडल हमने अपनाया था, जिस तेजी से हम लोग निजीकरण, उदारीकरण और विदेशी पूँजीनिवेश की ओर बढ़ते चले जा रहे हैं, केवल, यह कहकर नहीं टाला जा सकता है कि हमारे ऊपर थोपा गया है। हम स्वीकार करते हैं। हमीं लोग स्वीकार करते हैं। हमारे ही देश के लोग, हमारे देश का एक शासक वर्ग है, जो लगातार स्वीकार कर रहा है और शासक वर्ग ही नहीं, क्षमा कीजिए, मैं कहूँ कि केवल आज की राजसत्ता में बैठी हुई सरकार ही नहीं है, बल्कि विरोध में बैठी हुई सरकार भी उसमें शामिल है। सच्चाई, इस देश में आर्थिक नीतियों के मामले में आप देखें तो, विचित्र बात है कि कोई विरोध पक्ष नहीं है। शून्य है। इसीलिए भाषा के मामले में भी शासक वर्ग में बड़ा गहरा तालमेल है। चाहे वे विरोध में बैठनेवाले सांसद हों या सत्ता में बैठनेवाले सांसद हों। यह बड़ा संकट है, जिसकी ओर प्रोफेसर गोविन्द देशपांडे इशारा कर रहे थे कि बाहरी दुश्मन से कैसे लड़ा जाता है, यह डेढ़ साल में हमने सीख लिया। गांधी जी ने हमें लड़ने का रास्ता बताया है। हमने यह भी देख लिया है कि बाहरी दुश्मन से लड़ना उतना मुश्किल नहीं होता, जितना घर के दुश्मन से लड़ना होता है। क्योंकि उसमें दु:ख-दर्द है। जैसे घर के बाहर तो हम लड़ सकते हैं लेकिन घर के अन्दर ही पिता-पुत्र में, भाई-भाई में जब थोड़ी अनबन होती है तो वह संघर्ष बड़ा ही त्रासद होता है, बहुत ही घृणित होता है।

लगभग भाषा के मामले में, संस्कृति के मामले में नहीं, बल्कि पूरे ऐतिहासिक दौर में, इस बात की ओर बार-बार इशारा कर रहा था कि इन्फॉरमेशन टेक्नोलॉजी दुश्मन नहीं है, मीडिया दुश्मन नहीं है। ये ऊपरी चीजें हैं। हम लोगों को गुमराह करने के लिए किया जा रहा है। उस रूप में कहूँ तो बाजार भी दुश्मन नहीं है। बाजार का इस्तेमाल जिस रूप में हो रहा है, जिस तरह के बाजार का प्रवेश किया जा रहा है, जो बाजार केवल कुछ लोगों के लिए है, बाकी लोग बाजार से बाहर हैं, बाकी हम लोग 'विंडोशॉपिंग' करनेवाले हैं। 'विंडो' के अन्दर क्या है, उसे खरीदने की ताकत रखनेवाले लोगों का बाजार और है। हमारा बाजार तो कभी-कभी हफ्ते में, जो सड़क पर लगा रहता है, अनेक कॉलोनियों में लगभग उस बाजार की व्यवस्था है।

इसलिए उस संकट की, फिर मैं कहता हूँ कि अब तक की भाषाओं का जो इतिहास रहा है जिस देश में संस्कृत जैसी कठिन, जो केवल व्याकरण पढ़कर ही जानी जा सकनेवाली भाषा है। पाँच हजार साल का इतिहास अगर संस्कृत को नहीं मार सकता तो, मैं कहता हूँ कि जो भाषा लोगों की जबान पर है, माँ के दूध के साथ

सीखा है, इसको कोई भूमंडलीकरण मार नहीं सकता। इस देश में 'ऋग्वेद' को पढ़ते हुए और वैदिक ऋचाओं को पढ़ते हुए याद आता है कि किस तरह लोगों ने अब तक इनको बचा के रखा है। प्रतीक है भाषा, वह हमारी अग्नि है जिसको हमने बचा के रखा है। इसलिए भारतीय भाषाओं के अस्तित्व को तो कोई संकट है ही नहीं। और उसकी पहचान कायम रहे। सारे परिवर्तनों के बावजूद कायम रहे। यह स्वयं हर भाषा-भाषी समुदाय की अपनी ऊर्जा, अपनी ताकत और संघर्ष पर निर्भर है। जो जनता लड़ करके, अंग्रेजों को भगा करके आजादी ले सकती है, मुझे पूरी उम्मीद है, गांधी के देश की जनता इतनी मुर्दा नहीं हो जाएगी कि विदेशी या परदेशी या स्वदेशी से, जो हमारी संस्कृति के विरुद्ध है, उसके सामने घुटने टेक दे।

संकट वह घड़ी है, जिस दौर से हम गुजर रहे हैं। मैं स्वयं अपने भीतर यदि आशा की वह किरण नहीं देख रहा हूँ तो आपको झूठी आशा-दिलासा तो मैं नहीं दिला सकता। लेकिन मैं इतना जानता हूँ, यह जीवनीशक्ति है। वह जीवनीशक्ति कुछ दिनों के लिए मद्धम होती दिखाई पड़ी। लेकिन इन भाषाओं से बोलनेवालों की ताकत ही नहीं—हर भाषा की वाणी होती है, उसके कवि होते हैं, लेखक होते हैं, साहित्यकार होते हैं, कथाकार होते हैं; नाटक, रंगमंच, फिल्में—ये सारे साधन होते हैं। अगर साहित्य इन भाषाओं का मुर्दा नहीं हुआ तो तय समझिए कि कोई सरकार किसी भाषा को नहीं मार सकती। इन भाषाओं में रचना होती रहेगी, लिखा जाता रहेगा—चाहे ये राजभाषा बनें या न बनें।

हिन्दी नहीं थी राजभाषा, फिर भी उसमें कबीर हुए, तुलसी हुए, सूर हुए, मीरा हुई, प्रेमचन्द, निराला हुए। उसी तरह से हर कवि में, राजभाषा तो नहीं बनी थी तमिल, जब सुब्रह्मण्यम भारती हुए। राजभाषा तो नहीं बनी थी बांग्ला, जब रवीन्द्रनाथ टैगोर हुए, दुनिया ने माना और उन्हें नोबेल पुरस्कार मिला। राजभाषा बने या न बने, सरकार माने या न माने, कोर्ट-कचहरी में चले या न चले, लेकिन अगर उस भाषा में साहित्य लिखा जा रहा है तो वह भाषा जीवित रहेगी, विकसित रहेगी। मैं समझता हूँ कि उसे मारनेवाली ताकत दुनिया में कोई पैदा नहीं होगी। धन्यवाद।

[सम्मेलन में दिये गए अध्यक्षीय भाषण का लिप्यन्तरण]

अनुवाद और संवाद

कई बड़े-बड़े लोगों ने अनुवाद किए हैं। कुछ लोग केवल अनुवादों के लिए जाने जाते हैं। दिलीप चित्रे मराठी के बहुत महत्त्वपूर्ण कवि हैं, लेकिन उन्होंने जो अनुवाद किए हैं—'तुका' के, उनके लिए मराठी में ज्यादा जाने जाते हैं।

ए.के. रामानुजम स्वयं महत्त्वपूर्ण कवि हैं लेकिन वारकरी सन्तों और कनाडा के सन्त कवियों के जो अनुवाद उन्होंने अंग्रेजी में किए हैं, अधिक मौलिक और कवित्वपूर्ण माने जाते हैं। रामानुजम अपने अनुवादों के लिए जाने जाते हैं।

छात्र-जीवन में मैंने भी कुछ कविताओं के अनुवाद किए थे। मैंने कीट्स की मशहूर कविता 'ला बेलदाम सां मर्सी' का हिन्दी अनुवाद किया था। तब मैं ग्यारहवीं में था। फिर बांग्ला सीख गया तो रवीन्द्रनाथ की 'उर्वशी' का छन्दबद्ध अनुवाद किया। हमारी कॉलेज मैगजीन में ये दोनों अनुवाद छपे। उस दौर में कविताएँ भी लिखता था, इसीलिए अनुवाद भी किए। आगे चलकर तेजीतोरी की 'पुरानी राजस्थानी' का अंग्रेजी से हिन्दी में, गद्य में अनुवाद किया—अपने शोध के सिलसिले में।

तो अनुवादक मैं नहीं हूँ। लेकिन सोचता हूँ कि जैसे मैंने एक किताब लिखी है—'वाद विवाद संवाद', वैसे ही एक पुस्तक 'अनुवाद और संवाद' नाम से लिखूँ। अनुवाद की पद्धति—'टेक्नोलॉजी' पर नहीं। वह क्या होगी, मैं नहीं जानता लेकिन यह किताब अनेक सपनों-कल्पनाओं में से है। अनुवाद शब्द बहुत सार्थक और महत्त्वपूर्ण है। हमारे यहाँ कई रूपों में आता है। हम लोग भगवान का गुणानुवाद करते हैं। जानना चाहिए कि क्या अर्थ होता है—गुणानुवाद में अनुवाद शब्द आने पर। कुछ लोग भाषान्तर भी कहते हैं। कई शब्द चलते हैं ट्रांसलेशन के लिए। महत्त्वपूर्ण है 'ट्रांस' करना। 'रामचरितमानस' की एक भी चौपाई ऐसी नहीं है जो अनुवाद न हो। यदि 'मानस-पीयूष' पढ़ें तो पता चलेगा कि बाबा की प्रत्येक चौपाई, प्रत्येक दोहा कहीं-न-कहीं संस्कृत का कोई छन्द है जिसे बाबा ने अवधी में ढालकर मौलिक बना लिया है।

यह कैसे होता है ?

लैटिन अमेरिका की जनजातियों के बीच ईसाई धर्म का प्रचार करने एक पादरी गया था। वह ज्ञान की, धर्म की, बाइबल की बातें करता था। एक दिन सारे ट्राइबल्स ने मिलकर उस पादरी का वध कर दिया। इसलिए नहीं कि जनजातियाँ हत्या करती हैं, बल्कि इसलिए कि 'इसको मार के, फिर पका के खाएँगे', क्योंकि उनका विश्वास था कि इसका गुण और ज्ञान—हम अगर खा लेंगे तो हमारे अन्दर उसी रूप और मात्रा में आ जाएगा।

इसी तरह अनुवाद भी एक तरह का 'कैनेबलाइजेशन' है—नरभक्षण। अनुवादक 'कैनेबलाइजेशन' करता है। कृति को खा जाता है। जिस ग्रन्थ को वह बहुत प्यार करता है और उसका सब कुछ ले लेना चाहता है तो उस पूरी-की-पूरी कृति को अपने भीतर ले लेना चाहता है। मेरी नातिन है। जब उसको बहुत प्यार उमड़ता है तो कहती है कि नानू, मैं तुम्हें खा जाऊँगी। खा जाना चाहती है वह। प्यार में भरकर सोचती है कि खा लेने पर मेरा सारा अस्तित्व उसके अन्दर चला जाएगा।

किसी किताब को पढ़ते-पढ़ते आपको भी लगता होगा कि हम इसे खा जाएँ तो इसका सब कुछ हमारे अन्दर आ जाए। इस तन्मयता, तादात्म्य के साथ जो अनुवाद होता है, वह बिलकुल सृजन के समान होता है। वह सर्जना होती है।

'वन हंड्रेड ईयर्स ऑफ सॉलिट्यूड' मार्खेज की मशहूर कृति है। दुनिया की कई भाषाओं में उसका अनुवाद हो चुका है। अभी तक हिन्दी में नहीं हुआ था। स्पेनिश जाननेवाली सोन्या गुप्ता ने सीधे स्पेनिश से हिन्दी में उसका अनुवाद किया। शीर्षक दिया है—'एकान्त के सौ वर्ष'। 'वन हंड्रेड ईयर्स ऑफ सॉलिट्यूड' का 'सॉलिट्यूड' वह एकान्त नहीं, जो साधना का होता है। जेल-जीवन में सॉलिटरी कन्फाइनमेंट नाम की चीज होती है, जिसे इस स्थिति में रखा जाता है कि उससे कोई मिल नहीं सकता। मार्खेज भी कृति में ब्राजील को ऐसे दिखाता है कि वह जैसे सॉलिटरी कन्फाइनमेंट हो! वहाँ निवास करनेवाले जो लोग हैं, यह कृति उनके बारे में है।

मैंने अनुवादिका से कहा कि 'एकान्त' को कम-से-कम 'एकान्तवास' तो तुम कर देतीं! यह भी कहा कि सौ वर्ष तुमने लिखा है, सौ साल लिख देतीं तो क्या अनर्थ हो जाता? हिन्दी अशुद्ध हो जाती? मैं उस अनुवाद की निन्दा नहीं कर रहा, उदाहरण दे रहा हूँ। मार्खेज ने ही कहा है कि हमारा जो अंग्रेजी अनुवादक है—जिसके कारण दुनिया ने मुझे जाना—ऐसा मालूम होता है कि उसने मेरी किताब पढ़ी, पढ़ के पचा ली और फिर किताब एक तरफ रख के अंग्रेजी में लिखता चला गया। इसलिए मुझे वाह अच्छा लगता है। मक्खी पर मक्खी मारने नहीं बैठा था वह।

एक बात ध्यान में रखिए—हिन्दी इसीलिए समृद्ध नहीं कि बहुत से लोग बोलते हैं या राष्ट्रभाषा है, राजभाषा है बल्कि इसलिए कि इस समय भारतीय

साहित्य में नब्बे फीसदी से ज्यादा अनुवाद हिन्दी में होता है। हिन्दी के माध्यम से दूसरी भाषाओं में अनुवाद होता है। यदि कन्नड़ का कोई आदमी बांग्ला का अनुवाद करना चाहे तो बांग्ला से सीधे अनुवाद नहीं करता, बांग्ला के हिन्दी अनुवाद का अनुवाद करता है। जैसे अंग्रेजी इसलिए विश्वभाषा है कि सारी भाषाओं का अंग्रेजी में अनुवाद तुरन्त होता है। अंग्रेजी से बाकी लोग अनुवाद करते हैं। जो भाषा सारी दुनिया के साहित्य को अनुवाद करके हजम कर लेती है, वह लगातार ताकतवर होती जाती है। हिन्दी इसीलिए समृद्ध है। मैं बड़ी नहीं कह रहा हूँ। राजभाषा, राष्ट्रभाषा नहीं कह रहा हूँ। तसलीमा नसरीन की बड़ी चर्चा अखबारों में हुई है। पता लगाइए कि तसलीमा की कितनी किताबों के अनुवाद कितनी भाषाओं में हुए हैं, तो आप पाएँगे कि सारी किताबों का अनुवाद सिर्फ हिन्दी में हुआ है, मलयालम में नहीं हुआ है, मराठी में नहीं मिलेगा, गुजराती में नहीं मिलेगा। तमिल में तो सिरे से गायब है। और बांग्ला इस मामले में सबसे कृपण है। बांग्ला इसमें गौरव महसूस करती है कि हमारा अनुवाद दूसरे करें, हम दूसरे का अनुवाद क्यों करें? यद्यपि यह प्रवृत्ति टूट रही है, खत्म हो रही है। प्रेमचन्द जैसे बड़े साहित्यकार का बहुत देर से, जब लेफ्ट-फ्रंट सरकार बनी, तब जाकर अनुवाद हुआ। इसके पहले प्रेमचन्द का बांग्ला अनुवाद नहीं था।

मैंने भारतीय भाषा परिषद से कहा कि एक प्रोजेक्ट देकर हिन्दी में अनूदित पुस्तकों की पूरी सूची, ग्रन्थावली निकालिए। तब पता चलेगा कि हिन्दी में लम्बी परम्परा चली आ रही है। आज से नहीं शुरू हुई है। राजभाषा होने के कारण ऐसा नहीं हुआ है। यह कार्य बाकायदे वर्ष के हिसाब से होना चाहिए, कि उन्नीसवीं शताब्दी में कितना अनुवाद हुआ था, बीसवीं शताब्दी में कितना हुआ, स्वाधीनता के पहले कितना हुआ और स्वाधीनता के बाद कितना हुआ है। और पिछले दस वर्षों में कितनी तेजी से हुआ है, यह पता चलेगा। एक ग्राफ बनेगा।

हिन्दी के गीतों की जो सांगीतिक प्रस्तुति है, वह भी कृति का संगीत में ट्रांसलेशन है। पूरी की पूरी खयाल गायकी—हिन्दुस्तानी गायकी, जो सारी दुनिया में प्रसिद्ध है, फैली हुई है, इसी कारण से। अकेला कबीर कहाँ-कहाँ गाया नहीं जाता है! कौन-कौन नहीं गाता है—जनजातियों से लेकर सभ्य, शिष्ट जनों तक! क्लासिकी गायन करनेवाले कुमार गन्धर्व जैसे लोग भी गाते हैं। अंग्रेजी में जिसे रेन्डरिंग कहते हैं, संगीतबद्ध करना भी एक तरह से अनुवाद ही है। दूसरी कलाओं में भी करते हैं। नाट्य प्रस्तुति भी अनुवाद जैसी ही है। अजीत कौर की आर्ट गैलरी में गुरु नानक देव के बड़े-बड़े चित्र हैं। किसी चित्र में नानक सूफी के रूप में आते हैं तो किसी में बौद्ध भिक्षु के रूप में दिखाए गए हैं। अर्पणा ने ऐसे लगभग तीस-चालीस चित्र बनाए हैं। चित्र के माध्यम से पूरा गुरुग्रन्थ साहब

वहाँ मौजूद है। इस तरह गुरुग्रन्थ साहब को चित्रों में, संगीत में और अनुवाद में भी—कैसे भी सम्भव किया जा सकता है।

अनुवाद का कार्य दोयम दर्जे का नहीं है। घटिया और मौलिक लिखने की बजाय श्रेष्ठ कृतियों का अनुवाद ज्यादा सर्जनात्मक है, और ज्यादा महत्त्वपूर्ण भी। जैसे देश की राजनीति को राजनीतिज्ञों के भरोसे नहीं छोड़ा जा सकता, उसमें दिलचस्पी लेना हर नागरिक की जिम्मेदारी है, उसी तरह अनुवाद कर्म इतना महत्त्वपूर्ण है कि श्रेष्ठ कृतियों को हम तीसरे दर्जे के अनुवादकों के भरोसे नहीं छोड़ सकते हैं।

[साभार : बानीप्रिया प्रकाशन, कोलकाता द्वारा सन् 2005 में प्रकाशित पुस्तक 'शब्दार्थ को समर्पित जीवन' से]

कहानी का इतिहास

1915 की 'सरस्वती' में चन्द्रधर शर्मा गुलेरी की कहानी 'उसने कहा था' प्रकाशित हुई तो उस समय किसी को गुमान भी न था कि यह कहानी आगे चलकर हिन्दी कहानी के लिए गोगोल की 'ओवरकोट' साबित होगी। 'उसने कहा था' हिन्दी की पहली कहानी नहीं है। पहली हिन्दी कहानी तो शायद किशोरीलाल गोस्वामी की 'इन्दुमती' (1900) है या शायद उसी लेखक की 'प्रणयिनी परिणय' (1887) अथवा इसी काल की कोई और कहानी भी हो सकती है, और यह भी सही है कि 'उसने कहा था' से पहले हिन्दी में बंगमहिला की 'दुलाई वाली' (1907), वृन्दावनलाल वर्मा की 'राखीबन्द भाई' (1909), जयशंकर प्रसाद की 'ग्राम' (1911), राजा राधिकारमण प्रसाद सिंह की 'कानों में कंगना' (1913), विश्वम्भर नाथ शर्मा 'कौशिक' की 'रक्षाबन्धन' (1913) आदि अनेक मौलिक कहानियाँ प्रकाशित हो चुकी थीं। किन्तु वहाँ ये तमाम आरम्भिक कहानियाँ इतिहास की वस्तु बनकर रह गईं। 'उसने कहा था' हिन्दी जगत की स्मृति में आज भी अमर है और उसके साथ ही अमर हैं, उसके लेखक गुलेरी जी और वह भी सिर्फ एक कहानी के कारण, जिसकी रचना सम्भवत: उनके लिए भी एक संयोग ही थी, क्योंकि वस्तुत: वे संस्कृत के पंडित थे और भाषाशास्त्र तथा पुरातत्त्व उनकी प्राथमिक रुचि के विषय थे। दो कहानियाँ उन्होंने और लिखी थीं : 'बुद्धू का काँटा' (1911) तथा 'सुखमय जीवन' (1911) और 1915 के बीच, किन्तु ऐसा लगता है कि उनके लिए कहानी हाशिए पर का ही लेखन था। देहावसान भी उनका 1920 में सैंतीस वर्ष की अल्पायु में हो गया, इसलिए सब कुछ देखते हुए 'उसने कहा था' को हिन्दी कहानी के इतिहास में एक सुखद संयोग के सिवा और क्या कहा जा सकता है!

फिर भी 'उसने कहा था' नितान्त अप्रत्याशित नहीं है। इसकी विषयवस्तु उस युग के सर्वथा अनुरूप प्रेम में बलिदान का आदर्श है। आरम्भ में प्राय: इसी आदर्शवाद के लिए उसकी प्रशंसा की गई किन्तु उसके साथ ही कलागत संयम और यथार्थ के कुशल चित्रण पर भी दृष्टि थी जैसाकि युग-समीक्षक रामचन्द्र शुक्ल के इस कथन से स्पष्ट है : 'इसमें पक्के यथार्थवाद के बीच, सुरुचि की चरम मर्यादा के भीतर, भावुकता का चरम उत्कर्ष अत्यन्त निपुणता के साथ सम्पुटित है। घटना

इसकी ऐसी ही है, जैसी बराबर हुआ करती है, पर उसके भीतर से प्रेम का एक स्वर्गीय स्वरूप झाँक रहा है—केवल झाँक रहा है, निर्लज्जता के साथ पुकार या कराह नहीं रहा। कहानी भर में कहीं प्रेम की निर्लज्ज प्रगल्भता, वेदना की बीभत्स निवृत्ति नहीं है। सुरुचि के सुकुमार से सुकुमार स्वरूप पर कहीं आघात नहीं पहुँचता। इसकी घटनाएँ ही बोल रही हैं, पात्रों के बोलने की अपेक्षा नहीं।'

स्पष्ट है कि कहानी के आदर्शवाद से अधिक महत्त्वपूर्ण है उस आदर्श की व्यंजना के प्रति कहानीकार का कलासंयम, जो उस युग की अन्य कहानियों को देखते हुए अप्रत्याशित ही कहा जाएगा। इस कलासंयम का आधार है पक्का यथार्थवाद, जो वास्तविक जीवन की मार्मिक स्थितियों के चयन और उनके जीवन्त चित्रण में झलकता है।

स्थानीय आंचलिक रंगत जो आगे चलकर हिन्दी कहानी का जातीय वैशिष्ट्य बन गई, 'उसने कहा था' से ही शुरू हुई; फिर वह आंचलिकता चाहे अमृतसर के बाजार के चहल-पहल की हो, चाहे जर्मन मोर्चे पर सिख जवानों के पंजाबी लोकगीत गाने की अथवा मरणासन्न लहनासिंह के प्रलाप में घर की याद हो। यही नहीं बल्कि उस कहानी ने हिन्दी कहानी को एकबारगी कुतूहलपूर्ण घटनाओं के कथानक से उबारकर मार्मिक जीवन-स्थितियों की ओर मोड़ दिया, किन्तु सबसे बढ़कर काम किया 'उसने कहा था' ने—कहानी की भाषा के क्षेत्र में। इस कहानी के द्वारा हिन्दी कहानी को पहली बार जैसे अपनी जीवन्त भाषा मिली, जिसके अभाव में इतने दिनों तक हिन्दी में कहानी का विकास अवरुद्ध था। इसके अतिरिक्त इस कहानी में 25 वर्षों की लम्बी अवधि को कथानक-विपर्यय और फ्लैशबैक के जिस कौशल से साधा गया है, उससे स्पष्ट हो गया है कि काल की इस कला को साधना ही कहानीकार की सिद्धि है। प्रसंगवश यह भी उल्लेखनीय है कि प्रथम महायुद्ध 1914 में शुरू हुआ था और 1915 में यह कहानी लिखी गई किन्तु युद्ध के मोर्चे पर कहानी को स्थित कर गुलेरी जी ने जिस समकालीनता बोध का परिचय दिया, वह भारतीय कहानी के इतिहास में भी कदाचित् बेजोड़ हो। इस प्रकार हिन्दी कहानी का यह सौभाग्य है कि उसका प्रथम उत्थान ऐसे भव्य आरम्भ के साथ हुआ।

इससे भी बड़े सौभाग्य की बात यह है कि विकास के इस सूत्र को सँभालने के लिए तत्काल ही प्रेमचन्द (1880-1936) जैसा समर्थ कथाकार आगे आया। 1915 की 'सरस्वती' में 'उसने कहा था' का प्रकाशन हुआ तो 1916 की 'सरस्वती' में प्रेमचन्द की कहानी 'पंच परमेश्वर' प्रकाशित हुई जिसने 'उसने कहा था' की आंचलिकता को एक कदम और आगे बढ़ाकर सीधे ग्राम-कथा से जोड़ दिया। परम्परागत लोककथा का यह साहित्यिक रूपान्तर इतना सहज और सजीव बन पड़ा कि यूरोप की 'शॉर्ट स्टोरी' और बांग्ला के 'गल्प' से हिन्दी कहानी का रिश्ता जोड़नेवालों की खयाली उड़ान एकबारगी ध्वस्त हो गई। प्रेमचन्द ने इस परम्परा में

अनेक कहानियाँ लिखीं, जिनमें ग्रामीण कथाओं का रस और उनकी शैली अपनाई गई है। उनकी कितनी ही कहानियाँ सीधे-सीधे इस ढंग से शुरू होती हैं : 'किसी गाँव में शंकर नाम का एक कुरमी किसान रहता था। सीधा-सादा गरीब आदमी था, अपने काम से काम, न किसी के लेने में, न देने में।...एक दिन सन्ध्या समय एक महात्मा ने आकर उसके द्वार पर डेरा जमाया।' (सवा सेर गेहूँ)। कहने की आवश्यकता नहीं कि कथ्य कहने का यह ठेठ ढंग हिन्दुस्तान के हर गाँव में कहानी कहनेवाला और सुननेवाला जानता है। इस शैली को अपनाकर प्रेमचन्द ने कहानी को पढ़ने के साथ ही कहने-सुनने की चीज बना दिया था।

किन्तु प्रेमचन्द अपनी कहानी-दृष्टि में सदा इसी नियम से बँधे नहीं रहे। जैसाकि उन्होंने कहीं कहा है : 'कहानी हृदय की वस्तु है, नियम की वस्तु नहीं है। नियम हैं और वे उपयोगी होने के लिए हैं। हृदय के दान में जब वे अनुपयोगी हो जाएँ तब बेशक उन्हें उल्लंघनीय मानना चाहिए।' इस प्रकार उन्होंने जरूरत के मुताबिक दूसरी शैलियाँ भी अपनाईं। विषयवस्तु के समान ही शैली की दृष्टि से भी उनकी कहानियों में एक महान कलाकार की प्रचुरता और विविधता है। 'शतरंज के खिलाड़ी' के मिर्ज़ा और मीर से लेकर 'दो बैलों की कथा' तक उनके पात्रों की ऐसी विविधता है कि जिन्दगी के बारे में उनके अनुभव की व्यापकता आश्चर्य में डाल देती है। प्रेमचन्द ने कुल मिलाकर लगभग सवा दो सौ कहानियाँ लिखीं और बीस वर्षों की अवधि में उन्होंने आदर्शोन्मुख यथार्थवाद से आलोचनात्मक यथार्थवाद की लम्बी यात्रा तय की, जिसमें स्वभावत: कहानी कला का भी विकास हुआ। कहानी-कला की प्रौढ़ता की दृष्टि से उनके अन्तिम दिनों की 'पूस की रात' (1930) व 'कफन' (1936) जैसी कहानियाँ विशेष रूप से उल्लेखनीय हैं। उन दिनों प्रेमचन्द ने अपनी नोटबुक में एक जगह लिखा था : 'टेल्स ऑफ मिजरी टोल्ड इंज्वायफुल स्टाइल'।

गम की कहानी मजा ले-लेकर। यह कथन जैसे 'पूस की रात' और 'कफन' की कुंजी है, जिसमें कुछ-कुछ चेखव का रंग दिखाई पड़ता है। इस प्रकार प्रेमचन्द ने हिन्दी कहानी को एक निश्चित जातीय वैशिष्ट्य प्रदान करने के साथ ही उसे प्रौढ़ावस्था तक पहुँचाया।

जयशंकर प्रसाद (1889-1937) कहानी के क्षेत्र में प्रेमचन्द के प्राय: साथ ही साथ आए और अपनी काव्यात्मक तथा नाटकीय प्रतिभा के द्वारा उन्होंने हिन्दी कहानी को विशेष ढंग से समृद्ध किया। प्रसाद की जीवन-दृष्टि रोमांटिक और कला-रुचि प्रयोगात्मक थी। इसलिए उनके हाथों कहानी भी रोमांटिक प्रगीतों के साँचे में ढली। उन्होंने प्राय: रोमांटिक प्रेम को ही कहानी के विषय के रूप में चुना और कहानी में विशेष ध्यान रोमांटिक वातावरण की सृष्टि की ओर दिया। इस दृष्टि से उनकी कहानियों में कहीं तो प्रकृति के सुदूररम्य चित्रों का काव्यात्मक वर्णन है तो कहीं अतीत के मोहक चित्रों का रंगीन अंकन। चरित्र प्राय: उनके मध्ययुगीन

शौर्य के प्रतीक हैं, जिनका व्यक्तित्व रोमांचक कार्यों से विभूषित है। उनके पात्रों की बातचीत भी अत्यधिक नाटकीय, सुसंस्कृत एवं काव्योचित भावुकता से सम्पन्न दिखाई पड़ती है। प्रसाद ने कहानी को यथार्थ से अधिक कल्पना की सृष्टि माना और इस प्रकार उन्होंने अपनी कहानियों के द्वारा एक इन्द्रजाल के संसार की सृष्टि की जिसमें रम्याद्‌भुत सौन्दर्य है। उनके कहानी-संग्रहों के 'छाया', 'इन्द्रजाल', 'आकाशदीप' आदि आम तरह से उनकी कथा-दृष्टि के भी सूचक हैं। इन तमाम बातों के बावजूद स्थानीय रंगत की एक भूमि ऐसी है जिससे प्रसाद की रोमांटिक कहानियाँ भी कहीं-न-कहीं रंजित हैं और 'गुंडा' इस दृष्टि से बनारसी रंग की प्रतिनिधि कहानी है।

प्रसंगवश उल्लेखनीय है कि प्रेमचन्द और प्रसाद दोनों एक ही शहर बनारस के रहनेवाले थे किन्तु इतने भिन्न शायद ही कोई दो समकालीन लेखक हुए हों। इस भिन्नता को ध्यान में रखकर एक समय हिन्दी कहानी के दो स्कूल घोषित हो गए थे : प्रेमचन्द-स्कूल और प्रसाद-स्कूल और इन स्कूलों के अनुसार तत्कालीन कहानीकारों के भी दो वर्ग बना दिये गए थे। आज भी कुछ लोग यह कहते पाए जाते हैं कि सम्पूर्ण हिन्दी कहानी बुनियादी तौर पर प्रेमचन्द और प्रसाद की दो भिन्न परम्पराओं का ही विकास है। किन्तु इस प्रकार की अतिसरलीकृत मान्यताओं का कोई ठोस वैज्ञानिक आधार नहीं है। अधिक से अधिक यही कहा जा सकता है कि हिन्दी कहानी के द्वितीय उत्थानकाल में प्रेमचन्द ने यदि कहानी को यथार्थोन्मुख करने का प्रयास किया तो प्रसाद ने उसे संवेदनात्मक संस्कार दिया। वैसे उस काल में सुदर्शन, विश्वम्भरनाथ शर्मा 'कौशिक', पांडेय बेचन शर्मा 'उग्र', चतुरसेन शास्त्री, भगवतीप्रसाद वाजपेयी आदि कुछ अन्य उल्लेखनीय कहानीकार भी हुए जिनके पास कहानी कहने की अपनी कला थी और साथ ही प्रतिभा भी।

प्रेमचन्द की 'छाया' में कहानी की एक अन्य प्रतिभा जैनेन्द्र कुमार (1905) का उदय हुआ जो प्रेमचन्द के निकट होते हुए भी उनसे इतने भिन्न हैं कि उनके सम्बन्ध की कल्पना भी कठिन मालूम होती है। जैनेन्द्र ने कहानी कहने की सीधी-सादी कला प्रेमचन्द से ही ग्रहण की किन्तु उसकी लोक-सुलभ सादगी को और तराशकर उन्होंने 'कला' का रूप दे दिया—यहाँ तक कि उस परिष्कार को देखकर कहना पड़ता है कि जैनेन्द्र के हाथों पहली बार हिन्दी कहानी ने कला का दर्जा हासिल किया। जैनेन्द्र का सा कहने का अनायास सुखद निजीपन अन्यत्र दुर्लभ है। ऐसा लगता है, जैसे इस लेखक के हाथों कोई भी बात या स्थिति कहानी बन सकती है। जैनेन्द्र ने कहानी को जीवन की बड़ी-बड़ी समस्याओं के चक्कर से निकालकर रोजमर्रा की छोटी-छोटी बातों की गुत्थी खोलने की ओर लगाया और इस प्रकार से हिन्दी में एक 'मनोवैज्ञानिक' तथा 'मनोविश्लेषणवादी' कहानीकार के रूप में विख्यात हो गए, जो स्पष्ट ही उनके साथ थोड़ी ज्यादती है। यह सही है कि जैनेन्द्र

ने कहानी को बाहरी घटनाओं तथा घटना-बहुल कथानकों से हटाकर मानव के अन्तर्मन की ओर मोड़ा और इस प्रकार मन में उठनेवाली छोटी से छोटी लहर को भी आँकने की कोशिश की, किन्तु इससे ही कोई कहानीकार मनोविश्लेषणवादी नहीं बन जाता। जैनेन्द्र की अधिकांश कहानियाँ एक अन्तर्मुखी चिन्तक के सत्यान्वेषण की प्रतिलिपियाँ हैं जिनकी शक्ति गांधीवादी गद्य की पारदर्शी सच्चाई, सरलता और सादगी में निहित है। प्रेमचन्द के हाथ जो कहानी सामाजिक-संघर्ष का हथियार थी, जैनेन्द्र के साथ में वह नैतिक ऊहापोह का सूक्ष्म माध्यम बन गई। जैनेन्द्र ने कोई सौ-एक कहानियाँ लिखी होंगी, जिनमें कम-से-कम एक दर्जन कहानियाँ तो ऐसी हैं ही जो अपनी कलाकारिता के लिए बराबर याद की जाएँगी।

जैनेन्द्र के कुछ ही समय बाद कहानी के क्षेत्र में दो नये लेखक और आए : यशपाल (1903) और अज्ञेय (1911), जिनका युग्म एक बार फिर जैसे प्रेमचन्द-प्रसाद के युग्म की याद दिला देता है। यशपाल और अज्ञेय ने चौथे दशक के उस संक्रान्ति-काल में लेखन आरम्भ किया जिसमें भारतीय मानस मूल्यों के संकट के दौर से गुजर रहा था और गांधीवादी आदर्शों से असन्तुष्ट होकर नई पीढ़ी मार्क्स और फ्रायड के विचारों में सत्य का संधान कर रही थी। विचारधाराओं के इस टकराव का असर कहानी पर भी पड़ा। यशपाल को जीवन की विषमता में आर्थिक कारण दिखाई पड़े तो अज्ञेय को इस विषमता के स्रोत मानव-मन की दमित वासनाओं एवं ग्रन्थियों में। रास्ते दो थे किन्तु दोनों ही लेखक पूर्ववर्ती युग की आदर्शवादिता और रूमानियत से युक्त होने का प्रयास कर रहे थे और इस तरह आलोचनात्मक यथार्थवाद की ओर दोनों ही की दृष्टि थी। यशपाल का प्रथम कहानी-संग्रह 'पिंजरे की उड़ान' (1938) तथा अज्ञेय का प्रथम कहानी-संग्रह 'त्रिपथगा' (1937) थोड़े से अन्तराल के साथ लगभग एक ही साथ आए, और इन संग्रहों से दोनों कहानीकारों की दृष्टि का अन्तर स्पष्ट हो जाता है। अज्ञेय में आरम्भ में भावुकता अधिक थी, भाषा भी काव्यात्मक प्रयोगों से बोझिल थी, किन्तु धीरे-धीरे जब भेद छँट गया तो 'रोज' जैसी कहानी सामने आई जो आगे चलकर 'गेंग्रीन' शीर्षक से पुनः प्रकाशित हुई। 'रोज', 'गेंग्रीन' का पहला वाक्य है : 'दोपहर में उस सूने आँगन में पैर रखते ही मुझे ऐसा जान पड़ा, मानो उस पर किसी शाप की छाया मँडरा रही हो! उसके वातावरण में कुछ ऐसा असह्य, अस्पृश्य, किन्तु फिर भी बोझिल, प्रकम्पमय और घना-सा फैल रहा था...' हिन्दी कहानी में वातावरण का चित्रण करनेवाली यह भाषा ही नई नहीं थी बल्कि उस भाषा के द्वारा प्रस्तुत होनेवाला वातावरण भी नया था। इस प्रकार अज्ञेय के साथ हिन्दी कहानी में एक नई संवेदनशीलता आई।

दूसरी ओर यदि यशपाल की कहानी 'दु:ख का अधिकार' (खानदान) लें तो उसका तिलमिला देनेवाला व्यंग्य भी हिन्दी कहानी में एक नई सामाजिक चेतना के

उदय की सूचना देता है। एक ओर गरीब खटिक औरत है जिसे अपने जवान बेटे की मौत पर भी रोने का अधिकार नहीं, और दूसरी ओर वह धनी महिला है जिसके शोक मनाने की चर्चा सारे शहर में है। यशपाल ने बड़ी बारीकी के साथ इस सत्य का उद्घाटन किया है कि अधिकार सुख का ही नहीं बल्कि दुःख का भी होता है। और जो गरीब हैं, उन्हें दुःख मनाने का भी अधिकार नहीं है। प्रायः ऐसे छोटे-छोटे दृष्टान्तों के जरिये यशपाल ने व्यंग्यात्मक चोट की कहानियाँ लिखी हैं। पहले एक विचार, और स्पष्ट निशाना, फिर उसके अनुरूप एक गढ़ा हुआ कथानक जो थोड़ी देर तक इधर-उधर के अनुषंगों में पाठक को बहलाते हुए अन्त में सहसा एक चोट करता है। इस प्रकार यशपाल प्रेमचन्द के समान ही एक सोद्देश्य कहानीकार हैं, जिनकी हर कहानी अन्त में एक ही बिन्दु पर चोट करती है और वह है वर्ग-विषमता। वर्ग-समाज के ढोंग का पर्दाफाश करने में यशपाल ने कहानी को अस्त्र के रूप में इस्तेमाल किया जिसका प्रतिनिधि उदाहरण है 'फूलो का कुर्ता'। अज्ञेय के द्वारा हिन्दी कहानी यदि संश्लिष्ट-संवेदनाओं की चित्रशाला बनी तो यशपाल के द्वारा उसे वास्तविकता के अधिकार अधिक उद्घाटन करने की क्षमता प्राप्त हुई।

इसी दौर में भगवतीचरण वर्मा और उपेन्द्रनाथ अश्क ने कहानियाँ लिखीं। अश्क प्रेमचन्द की यथार्थवादी परम्परा के वाहक माने जाते हैं और भगवतीचरण वर्मा अपने फक्कड़ाना अन्दाज में 'फसान-ए-आजाद' के लेखक सरशार की याद दिलाते हैं, जो उनकी प्रसिद्ध कहानी 'दो बाँके' में साफ दिखाई पड़ता है। इस प्रसंग में छोटी और चुटीली कहानियाँ लिखनेवाले राधाकृष्ण भी उल्लेखनीय हैं और निश्चय ही निराला भी, जिनकी निराली प्रतिभा ने कहानी के क्षेत्र में भी अपनी विशिष्ट लीक स्थापित की।

कुछ वर्षों के बाद हिन्दी कहानी के इतिहास में एक नया उन्मेष स्वाधीनता-प्राप्ति के बाद छठे दशक के आरम्भ में दिखाई पड़ा जिसने स्वचेतन भाव से 'नई कविता' के वजन पर 'नई कहानी' की घोषणा की। स्वाधीनता के साथ एक नया सर्जनात्मक उन्मेष स्वाभाविक था, जिसकी अनिवार्य परिणति 'नई कहानी' जैसी किसी नितान्त नई चीज में भले ही न हो किन्तु यह तथ्य है कि इस दौर में कहानीकारों की एक पूरी नई पीढ़ी बहुत बड़ी तादाद में कहानी-सर्जना की दिशा में सक्रिय हो उठी, जिसमें रांगेय राघव, फणीश्वरनाथ रेणु, द्विजेन्द्रनाथ मित्र 'निर्गुण', भीष्म साहनी, कृष्णा सोबती, कृष्ण बलदेव वैद, रामकुमार, कमल जोशी, लक्ष्मीनारायण लाल, हरिशंकर परसाई, मोहन राकेश, अमरकान्त, उषा प्रियम्वदा, मन्नू भंडारी, निर्मल वर्मा, मार्कंडेय, राजेन्द्र यादव, कमलेश्वर, शेखर जोशी, शिवप्रसाद सिंह, धर्मवीर भारती, रघुवीर सहाय, मनोहर श्याम जोशी, शैलेश मटियानी आदि के नाम उल्लेखनीय हैं। इतनी रचनात्मक प्रतिभाओं का एक साथ कहानी की ओर मुड़ना हिन्दी में एक महत्त्वपूर्ण घटना थी। भैरवप्रसाद गुप्त के सम्पादकत्व में निकलनेवाली

मासिक पत्रिका 'कहानी' और फिर 'नई कहानियों' ने इन प्रतिभाओं के लिए एक व्यापक मंच प्रस्तुत किया। इस पीढ़ी के कुछ लेखकों ने आंचलिक जीवन के दुर्लभ चित्रों और व्यक्ति-चरित्रों के द्वारा हिन्दी कहानी के संसार को समृद्ध किया तो कुछ ने नगर के मध्यवर्गीय जीवन की कशमकश का मार्मिक चित्र प्रस्तुत करके कहानी-कला को और निखारने की कोशिश की। इस दशक की कहानी सम्बन्धी सृजनशीलता को एक संगठित आन्दोलन में सीमाबद्ध करने के प्रयासों के बावजूद विविधता और प्रचुरता ही इस नये कथा-उन्मेष की सबसे बड़ी विशेषता है। भीष्म साहनी की सादगी और सरलता, रामकुमार की गहरी मानवीयता, निर्मल वर्मा की भाषिक संवेदनशीलता, अमरकान्त की मर्मस्पर्शी व्यंग्यशीलता, रघुवीर सहाय की स्वचेतना, राजेन्द्र यादव की शिल्प-संकुलता, रेणु की ठुमरी-धर्मा आंचलिकता, मार्कंडेय की ग्रामीण सहजता तथा परसाई की प्रखर सामाजिक चेतना से इस दौर का कहानी-संसार रंगारंग है। निश्चय ही इस दौर के अधिकांश कहानीकारों ने कहानी को एक गम्भीर कला-माध्यम के रूप में ग्रहण किया और कहानी-कला की पुरानी रूढ़ियों की लीक पीटने के स्थान पर उन्होंने जिन्दगी का सीधे साक्षात्कार करने का संकल्प किया। अब किताबी जीवन-दृष्टि से हटकर 'प्रामाणिक अनुभूति' और भोगे हुए यथार्थ पर बल दिया गया जो सामान्य सिद्धान्त के रूप में नया न होते हुए भी इस विशेष ऐतिहासिक स्थिति में काफी क्रान्तिकारी और सर्जनात्मक प्रमाणित हुआ। कुल मिलाकर इस दौर में निश्चय ही डेढ़-दो दर्जन कहानियाँ ऐसी आईं जिन्हें कड़े से कड़े मानदंड से भी प्रथम श्रेणी में स्थान दिया जा सकता है।

सातवें दशक के साथ हिन्दी में कहानीकारों की एक नई पीढ़ी और आई जिसकी प्रखर यथार्थ दृष्टि को छठे दशक के अधिकांश कहानीकारों का 'भोगा हुआ यथार्थ' छद्म प्रतीत हुआ और उनकी दृष्टि निहायत रोमानी मालूम हुई। संयोग भी कुछ ऐसा घटित हुआ कि छठे दशक में उभरनेवाले कहानीकार बदली हुई परिस्थितियों के साथ तालमेल न बैठा सकने के कारण या तो खामोश हो गए या फिर रचनात्मक सम्भावना का कोई और मार्ग खोजने की जगह अपनी पूर्व परिचित दुनिया में ही मुँह छिपाने का प्रयास करने लगे। सातवें दशक के कहानीकारों ने कहानी की परम्परा से प्राप्त यथार्थ की धारणा का परित्याग कर आम आदमी की औसत जिन्दगी में व्याप्त अजनबीपन, आत्मनिर्वासन, अमानुषिकता और संत्रास की अतल गहराइयों में झाँकने का प्रयास किया जिनसे अभी तक आँख चुराई जाती रही है। इसी पीढ़ी के कहानीकारों को मुक्तिबोध की 'क्लाड इथरली' और 'विपात्र' जैसी कहानियाँ अपने अधिक निकट प्रतीत हुईं और इस प्रत्याभिज्ञान के साथ उन्होंने समकालीन संसार की भयावहता की फैंटेसी को उद्‌घाटित करने का प्रयास किया। इस दृष्टि से सातवें दशक के कहानीकारों में श्रीकान्त वर्मा, महेन्द्र भल्ला, ज्ञानरंजन, काशीनाथ सिंह, दूधनाथ सिंह, रवीन्द्र कालिया, कामतानाथ, सुधा अरोड़ा, रमेश बक्षी, प्रबोध

कुमार, विजय चौहान आदि के नाम विशेष उल्लेखनीय हैं। इनमें से अधिकांश कहानी-लेखकों के अभी मुश्किल से एक-एक कहानी-संग्रह ही प्रकाशित हुए हैं। इसके साथ ही यह भी सही है कि बहुत-से युवा कहानीकार अभी से अपने-आपको दुहराने भी लगे हैं, किन्तु इसमें कोई शक नहीं कि इस परिवर्तन से हिन्दी कहानी में नई सर्जनात्मक सम्भावना का द्वार खुला है।

इस प्रकार पिछले सत्तर वर्षों में हिन्दी कहानी ने विकास की वे सारी मंजिलें तेजी से तय की हैं जिन्हें पार करने में अन्य भाषाओं की कहानी को उससे ड्योढ़ा-दूना समय लगा था। हिन्दी में कहानी का उदय निस्सन्देह कुछ विलम्ब से हुआ और सम्भवतः हिन्दी मनीषा का ध्यान भी कहानी से अधिक कविता तथा उपन्यास के क्षेत्र में अधिक लगा, फिर भी इस अल्प अवधि में हिन्दी कहानी ने अपना एक निश्चित व्यक्तित्व बनाने में सफलता प्राप्त की, जिसके द्वारा वह भारतीय साहित्य में ही नहीं बल्कि विश्व के कहानी-साहित्य में अपनी विशिष्ट अस्मिता (आइडेंटिटी) का दावा कर सकती है। आशा है, यह संकलन हिन्दी कहानी की उस अस्मिता का कुछ तो आभास दे ही सकेगा।

अन्त में दो शब्द इस संकलन के विषय में—यह सम्पूर्ण हिन्दी कहानी का प्रतिनिधि संकलन नहीं है। इसमें कुछ प्रसिद्ध कहानीकार समाविष्ट होने से रह गए हैं : शिल्पगत प्रयोगों की विविधता भी नहीं निभाई गई है और कुछ कहानी-प्रवृत्तियाँ भी सम्भवतः छूट गई हैं। इसका एक कारण तो संकलन के आकार की निर्धारित सीमा है और दूसरा कारण सम्पादक की निजी चयन दृष्टि। सामान्यतः उस दृष्टि को सामाजिक यथार्थ की संज्ञा दी जा सकती है किन्तु वस्तुतः उसका सही पता संकलित कहानियों के अवलोकन से ही चल सकता है। अपनी समझ से मैंने इस संकलन के द्वारा हिन्दी कहानी की मुख्य परम्परा को उभारकर प्रस्तुत करना चाहा है, किन्तु मुझे यह स्वीकार करने में कोई संकोच नहीं कि प्रत्येक संकलन की तरह यह भी एक हद तक वैयक्तिक ही है। खेद है कि अज्ञेय की कहानी 'गेंग्रीन' लेखक की अनुमति न मिलने के कारण समाविष्ट न हो सकी। कुल मिलाकर यह संकलन जैसा भी बन पड़ा है, उसका श्रेय उन कहानीकारों को है, जिन्होंने अपने सहयोग से इस योजना को सफल बनाया है।

[सम्पादित पुस्तक 'हिन्दी लघुकथा' की भूमिका]

[साभार : नेशनल बुक ट्रस्ट]

हिन्दी कहानी की कहानी

कहानी हिन्दी साहित्य के इतिहास में सबसे कनिष्ठ गद्य-विधा है। नाटक, उपन्यास, निबन्ध आदि विधाएँ उन्नीसवीं सदी के उत्तरार्द्ध में ही जन्म ले चुकी थीं जबकि साहित्यिक कहानियों के प्रकाशन का आरम्भ बीसवीं सदी के प्रथम दशक में हुआ। हिन्दी की प्रतिनिधि पत्रिका के रूप में 'सरस्वती' का प्रकाशन 1900 ई. में आरम्भ हुआ और उसी वर्ष उसमें पं. किशोरी लाल गोस्वामी की 'इन्दुमती' नाम की कहानी छपी जो आचार्य रामचन्द्र शुक्ल के अनुसार 'मौलिक जान पड़ती है।' कहानियों का आरम्भ कहाँ से मानना चाहिए, यह दिखाने के लिए आचार्य शुक्ल ने 'हिन्दी साहित्य का इतिहास' में 'सरस्वती' के आरम्भिक काल में प्रकाशित कुछ मौलिक कहानियों के नाम वर्ष-क्रम से दिये हैं। इस तालिका में 'इन्दुमती' (1900) के अलावा स्वयं उन्हीं की कहानी 'ग्यारह वर्ष का समय' (1903) और बंगमहिला लिखित 'दुलाई वाली' (1907) विशेष रूप से उल्लेखनीय हैं। हिन्दी की पहली कहानी कौन-सी है, इस जिज्ञासा का समाधान करते हुए आचार्य शुक्ल ने लिखा है कि 'यदि 'इन्दुमती' किसी बंगला कहानी की छाया नहीं है तो हिन्दी की यही पहली मौलिक कहानी ठहरती है।' इस क्रम में आगे चलकर 'सरस्वती' में कुछ और उल्लेखनीय कहानियाँ प्रकाशित हुईं; जैसे विश्वम्भर नाथ शर्मा 'कौशिक' की 'रक्षाबन्धन' (1913), चन्द्रधर शर्मा गुलेरी की 'उसने कहा था' (1915) और प्रेमचन्द की 'पंच परमेश्वर' (1916)। हिन्दी कहानी के उदय में 'सरस्वती' की तरह ही एक अन्य पत्रिका ने भी महत्त्वपूर्ण भूमिका अदा की और वह है 'इन्दु', जिसका प्रकाशन जयशंकर प्रसाद की प्रेरणा से काशी से हुआ। 'इन्दु' ने 1911 में स्वयं जयशंकर प्रसाद की पहली कहानी 'ग्राम' प्रकाशित की। फिर उसी पत्रिका में दो वर्ष बाद 1913 में एक और उल्लेखनीय कहानी छपी—राजा राधिकारमण प्रसाद सिंह की 'कानों में कँगना'। इन थोड़े से तथ्यों से हिन्दी कहानी के भव्य समारम्भ का अनुमान लगाया जा सकता है। बीसवीं सदी के दूसरे दशक तक हिन्दी को प्रेमचन्द, प्रसाद, कौशिक और गुलेरी जैसे समर्थ कहानीकार ही नहीं प्राप्त हुए बल्कि 'उसने कहा था' और 'पंच परमेश्वर' जैसी सशक्त कहानियाँ भी प्रकाश में आईं जिनसे हिन्दी कहानी का विशिष्ट व्यक्तित्व प्रकट हुआ।

1

यह हिन्दी कहानी का सौभाग्य है कि उदयकाल में ही उसे प्रेमचन्द और प्रसाद जैसी दो महान प्रतिभाएँ मिलीं; और यह भी सुखद संयोग है कि इन दोनों प्रतिभाओं की सृजन-भूमि एक ही नगर काशी है। प्रेमचन्द और प्रसाद ने नितान्त भिन्न होते हुए भी परस्पर-पूरक रूप में हिन्दी कहानी की ठेठ प्रकृति के निर्माण में योग दिया।

प्रेमचन्द ने यद्यपि हिन्दी में अपनी पहली कहानी 1916 में प्रकाशित की, किन्तु उर्दू में वे इससे कोई दस साल पहले से ही कहानियाँ लिखते आ रहे थे। कहानी कहने के लिए बोलचाल की जैसी जीवन्त भाषा की अपेक्षा होती है, वह उन्हें उर्दू की परम्परा से सहज ही प्राप्त हो चुकी थी। इसके अतिरिक्त लोकजीवन में प्रचलित किस्सा-कहानी कहने की परम्परा से भी प्रेमचन्द का गहरा लगाव प्रकट होता है। प्रेमचन्द की अनेक कहानियों को देखकर लगता है कि उन्होंने ग्राम-जीवन को अपनी कहानियों का विषय ही नहीं बनाया, बल्कि कहानी कहने की शैली भी उन्होंने ग्राम-कथाओं से अपनाई। उदाहरण के लिए 'सवा सेर गेहूँ' शीर्षक कहानी इस प्रकार शुरू होती है :

'किसी गाँव में शंकर नाम का एक कुरमी किसान रहता था। सीधा-सादा गरीब आदमी था। अपने काम से काम, न किसी के लेने में, न देने में...। एक दिन सन्ध्या समय एक महात्मा ने आकर उसके द्वार पर डेरा जमाया।'

कहने की आवश्यकता नहीं कि कथा कहने का यह ठेठ ढंग हिन्दुस्तान के हर गाँव में कहानी कहने वाला और सुनने वाला अच्छी तरह जानता है। कुछ लोगों को कहानी कहने के इस ढंग में कहानी की आधुनिक कला की कमी खटक सकती है। किन्तु प्रेमचन्द की कहानियों की यह विशेषता एक ओर उन्हें भारत की प्राचीन कथा-परम्परा से जोड़ती है तो दूसरी ओर लोक-परम्परा के भी मेल में रखती है। किस्सागोई का यह ढंग देखकर ऐसा लगता है कि प्रेमचन्द कहानी को केवल पढ़ने की चीज नहीं समझते थे, बल्कि उसे कहने और सुनने की चीज भी मानते थे। इस दृष्टि से प्रेमचन्द भारतीय लोककथा की मौखिक परम्परा के विकास प्रतीत होते हैं।

सम्भवत: ऐसी ही कहानियों को ध्यान में रखकर आचार्य शुक्ल ने कहा था कि 'कहानी के इतने रूप-रंग हमारे सामने आए हैं कि वे सब-के-सब पाश्चात्य लक्षणों और आदर्शों के भीतर नहीं समा सकते।' इस प्रकार प्रेमचन्द की कहानियों की विषयवस्तु ही भारतीय नहीं है बल्कि उनकी कहानी कला भी ठेठ भारतीय है।

प्रेमचन्द ने लगभग सवा दो सौ कहानियाँ लिखी हैं। उनमें विषयवस्तु के साथ ही शैली की दृष्टि से भी एक महान कलाकार की प्रचुरता और विविधता मिलती है। 'शतरंज के खिलाड़ी' के मीर और मिर्ज़ा से लेकर 'दो बैलों की कथा' तक

उनके पात्रों का प्रसार है। युग के अनुभव उनकी कहानियों में राष्ट्रीय जागरण और स्वाधीनता-संग्राम के अनेक पहलुओं का चित्रण हुआ है, किन्तु उनकी कहानियों के केन्द्र में शोषित-पीड़ित भारतीय किसान ही प्रतिष्ठित है। आर्थिक-सामाजिक वैषम्य और अन्याय-अत्याचार का विरोध उनकी कहानियों के मुख्य स्वर हैं। आरम्भ की कहानियों में आदर्शवाद की छाप गहरी है किन्तु धीरे-धीरे आदर्शवाद का मोह टूटता दिखाई पड़ता है और यथार्थवाद का निखरा हुआ रूप प्रकट होता है। इस प्रकार प्रेमचन्द ने बीस वर्षों में 'आदर्शोन्मुख यथार्थवाद' से 'आलोचनात्मक यथार्थवाद' की लम्बी यात्रा तय की। उनके अन्तिम दिनों की कहानियों में 'पूस की रात' (1930) और 'कफन' (1936) हिन्दी कहानी की प्रौढ़ता का मानदंड मानी जाती हैं। सम्भवत: इन्हीं कहानियों को ध्यान में रखकर प्रेमचन्द ने अपनी नोटबुक में एक जगह लिखा था—'टेल्स ऑफ मिजरी टोल्ड इंज्वॉयफुल स्टाइल' (गम की कहानी मजा ले-लेकर)। इसलिए मानवीय करुणा और सहानुभूति की दृष्टि से प्रेमचन्द की कहानियाँ हिन्दी में बेजोड़ दिखाई पड़ती हैं।

प्रसाद की कहानियों की दुनिया एकदम अलग है। अपने पहले कहानी-संग्रह का नाम उन्होंने 'छाया' रखा और अपनी जिस कहानी के द्वारा वे सबसे ज्यादा जाने जाते हैं, उसका शीर्षक है 'आकाश दीप'। 'इन्द्रजाल' नाम से उनका एक और कहानी-संग्रह विख्यात है। यदि कहानियों और कहानी-संग्रहों के नामों से लेखक की विशेष दृष्टि का संकेत ग्रहण करना कष्टकल्पना नहीं है तो हम सहज ही इस निष्कर्ष पर पहुँचते हैं कि प्रसाद जी अपनी कहानियों के द्वारा एक जादुई कल्पनालोक की सृष्टि करना चाहते हैं। वस्तुत: प्रसाद जी आचार्य शुक्ल के शब्दों में : 'कल्पना और भावुकता के कोश' हैं। वे मूलत: कवि और नाटककार थे। उनकी कहानियों में नाटकीयता भी है और कवित्व भी—किन्तु कवित्व की छाप ज्यादा गहरी है। कवित्व की यह छाप सबसे पहले भाषा पर दिखाई पड़ती है। काव्यमयी भाषा उनकी कहानियों की निजी विशेषता है जो वातावरण के मोहक चित्रण में ही नहीं बल्कि पात्रों के वार्तालाप में भी प्रकट होती है।

एक भाव-प्रवण गीतिकवि के नाते प्रसाद जी की रुचि घटनाओं से अधिक भावनाओं में दिखती है। फलत: उनकी कहानियाँ भावप्रधान होती हैं। कभी-कभी यह भावमयता दार्शनिक गरिमा से भी मंडित हो जाती है। समकालीन सामाजिक स्थितियाँ भी प्रसाद जी की कहानियों में आदर्शोन्मुख दार्शनिकता तथा कल्पना के आवेष्टनों में लिपटी हुई प्रकट होती हैं। अतीत गौरव में रमने के कारण प्रसाद जी ने प्राय: अतीत की पृष्ठभूमि में ही अपनी कहानियों का प्रक्षेपण किया है।

प्रसाद जी की जीवन-दृष्टि रोमांटिक और कला-रुचि प्रयोगात्मक थी। इसलिए उन्होंने एक ओर कहानी को रोमांटिक रंग में रँगा तो दूसरी ओर कहानी-शैली में नये-नये प्रयोग भी किए। उन्होंने प्राय: रोमांटिक प्रेम को ही कहानी का विषय

बनाया और कहानी-रचना में विशेष ध्यान रोमांटिक वातावरण की सृष्टि की ओर दिया। इस दृष्टि से उनकी कहानियों में कहीं तो प्रकृति के सुदूर रम्य चित्रों का ललित वर्णन है तो कहीं अतीत के मोहक चित्रों का अंकन। चरित्र प्राय: मध्ययुगीन शौर्य के प्रतीक हैं जिनका व्यक्तित्व जोखिम भरे साहसिक कार्यों से विभूषित है। यथार्थ से दूर और रंगीन कल्पना से रंजित होते हुए भी प्रसाद जी की अनेक कहानियाँ स्थानीय रंगत का प्रीतिकर परिचय देती हैं, जैसे सुप्रसिद्ध कहानी 'गुंडा' का बनारसी रंग।

हिन्दी कहानी के उदयकाल में जब प्रेमचन्द और प्रसाद कहानी कला का रूप निर्मित कर रहे थे तो साथ-साथ और भी अनेक कहानीकार सामने आए। इस युग के अन्य उल्लेखनीय कहानीकार हैं—सुदर्शन, कौशिक, चतुरसेन, चंडी प्रसाद हृदयेश, रायकृष्णदास, पांडेय बेचन शर्मा 'उग्र' आदि। प्रेमचन्द और प्रसाद की प्रधानता को ध्यान में रखकर कुछ लोगों ने उस युग की सम्पूर्ण हिन्दी कहानी को दो स्कूलों में बाँटने का प्रयास किया : प्रेमचन्द-स्कूल और प्रसाद-स्कूल। उदाहरण के लिए सुदर्शन और कौशिक प्रेमचन्द-स्कूल के लेखक हैं तो हृदयेश और रायकृष्णदास प्रसाद-स्कूल के। यही नहीं, आज भी कुछ लोग यह कहते पाए जाते हैं कि सम्पूर्ण हिन्दी कहानी बुनियादी तौर पर प्रेमचन्द और प्रसाद की ही दो भिन्न परम्पराओं का विकास है। निस्सन्देह यह अति सरलीकरण है—यह वर्गीकरण हिन्दी कहानी के वैविध्यपूर्ण विकास के साथ तो अन्याय है ही, स्वयं प्रेमचन्द और प्रसाद के साथ भी ज्यादती है। अधिक-से-अधिक यह कहा जा सकता है कि प्रेमचन्द ने यदि हिन्दी कहानी को यथार्थोन्मुख करने का प्रयास किया तो प्रसाद ने उसे भावप्रवणता तथा संवेदनात्मकता का संस्कार दिया। इस प्रकार अपने उदयकाल में हिन्दी कहानी जीवन के बहिरंग तथा अन्तरंग दोनों पक्षों से सम्पन्न होकर विकास की ओर उन्मुख हुई। किन्तु यह तथ्य है कि प्रेमचन्द की यथार्थमूलक और प्रसाद की भावमूलक परम्पराओं के अनुसरण की दिशा में प्रयास हुए और निस्सन्देह प्रेमचन्द की यथार्थ-मूलक परम्परा ही आगे चलकर व्यापक स्वीकृति पा सकी और अधिकांश लेखकों ने उसी को वांछनीय समझा।

2

प्रेमचन्द-प्रसाद के बाद हिन्दी कहानी के विकास में योग देनेवाले तीन कहानीकार विशेष रूप से उल्लेखनीय हैं : जैनेन्द्र कुमार, यशपाल तथा अज्ञेय। प्रेमचन्द की मृत्यु 1936 में हुई और प्रसाद की 1937 में। भारतीय इतिहास का यह चौथा दशक अनेक दृष्टियों से संक्रान्ति काल के रूप में स्मरण किया जाता है। स्वाधीनता-संग्राम ने इस दौर में एक नया मोड़ लिया। राजनीति में यह युग वामपंथी रुझानों

की शुरुआत का द्योतक है; बौद्धिक वातावरण मार्क्स तथा फ्रायड के विचारों से आन्दोलित दिखाई पड़ता है। उस काल की पत्र-पत्रिकाओं तथा साहित्यिक कृतियों से नैतिक मूल्यों और मान्यताओं की गहरी कशमकश का अहसास होता है। कहने की आवश्यकता नहीं कि कहानी इस वातावरण से अप्रभावित नहीं रह सकती थी। चौथे दशक के इन तीनों लेखकों ने उस युग की मानसिक उथल-पुथल के एक-न-एक पहलू को कहानी के माध्यम से व्यक्त करने का प्रयास किया। रचनाक्रम की दृष्टि से निस्सन्देह जैनेन्द्र इन तीनों कहानीकारों में चर्चा के सर्वप्रथम अधिकारी हैं।

जैनेन्द्र का विकास एक लेखक के रूप में प्रेमचन्द की छाया में हुआ, लेकिन एकदम भिन्न दिशा में। आरम्भिक दिनों में जिस तरह प्रेमचन्द गांधी जी से प्रभावित हुए, उसी तरह जैनेन्द्र भी। हृदय-परिवर्तन में प्रेमचन्द की तरह जैनेन्द्र का भी विश्वास था; किन्तु प्रेमचन्द का यह विश्वास जहाँ कुछ ही दिनों बाद टूट गया, जैनेन्द्र में अन्त तक बना रहा; बल्कि यह कहना अधिक संगत होगा कि जिस समय प्रेमचन्द का विश्वास हृदय-परिवर्तन में टूटा, उसी समय जैनेन्द्र ने उसमें अपना विश्वास दृढ़ किया। इसके अतिरिक्त प्रेमचन्द ने जहाँ गांधी जी की प्रेरणा से भारत के किसानों के जीवन पर अपनी दृष्टि केन्द्रित की और सामाजिक विषमता को अपने साहित्य का विषय बनाया, वहाँ जैनेन्द्र गांधीवाद के नैतिक पक्ष की ओर आकृष्ट हुए। इस प्रकार कहानी में वस्तु की दृष्टि से उनकी रुचि मुख्यत: व्यक्ति के नैतिक प्रश्नों पर ही केन्द्रित रही। नैतिक प्रश्नों से जूझते हुए भी जैनेन्द्र प्राय: स्त्री-पुरुष के सम्बन्धों तथा प्रेम-वासना के द्वन्द्व में ही उलझते रहे हैं। इस प्रक्रिया में उन्होंने मनोविश्लेषण के प्रभाव को भी आत्मसात् किया और इस तरह एक प्रकार के मनोविश्लेषण संचलित गांधीवादी आत्म-मंथन को अपनी कहानियों का विषय बनाया। इस प्रकार जैनेन्द्र के हाथों हिन्दी कहानी अन्तर्मुखी हुई और मनोवैज्ञानिक सूक्ष्मताओं की दिशा में आगे बढ़ी। इस प्रक्रिया में जैनेन्द्र ने कहानी कला और शैली को सँवारने के लिए अनेक नये प्रयोग किए। जैसाकि अज्ञेय ने लिखा है, 'स्वयं वह शिल्प के बारे में बिलकुल अबोध होने का भाव दर्शाते हैं, किन्तु उनकी कहानियाँ आश्चर्यजनक विधान कौशल और हस्तलाघव का परिचय देती हैं; और विधान की दृष्टि से उन्होंने हिन्दी कहानी को जितना आगे बढ़ाया उतना किसी एक अन्य व्यक्ति ने नहीं।' अन्तिम कथन में कुछ अतिशयोक्ति हो सकती है, किन्तु यह तथ्य है कि जैनेन्द्र ने शैली की दृष्टि से अनेक प्रकार की कहानियाँ लिखीं—पत्रों के रूप में, आत्मकथा के रूप में, संवाद के रूप में, स्वगत भाषण के रूप में, आदि। यही नहीं बल्कि उन्होंने कहानी के पुराने रूपों, जैसे—वार्ता, दृष्टान्त, प्रतीक-कथा आदि—का नये ढंग से उपयोग किया और इस प्रकार कहानी नाम की विधा को काफी लचीला बनाया। कहानी-शैली के अनुरूप ही जैनेन्द्र ने कहानी की भाषा को

भी एक प्रकार की सचेष्ट सादगी का रूप दिया, जिसका 'अटपटा भोलापन' कभी-कभी काफी आकर्षक प्रतीत होता है। कुल मिलाकर निष्कर्ष रूप में यह कहना अनुचित न होगा कि जो कहानी प्रेमचन्द के हाथों सामाजिक संघर्ष का हथियार थी, वह जैनेन्द्र के पास आकर नैतिक ऊहापोह का सूक्ष्म माध्यम बन गई।

अज्ञेय, यद्यपि रचना-क्रम की दृष्टि से कुछ देर से आते हैं, फिर भी उनकी चर्चा जैनेन्द्र के क्रम में ही अधिक संगत है। अज्ञेय मूलत: कवि हैं और उनकी आरम्भिक कहानियाँ आश्चर्यजनक रूप से प्रसाद की आरम्भिक कहानियों की तरह काव्यात्मक भाषा में लिखित भावोद्‌गार मात्र प्रतीत होती हैं। किन्तु एक सचेष्ट शिल्पी की तरह अज्ञेय ने क्रमश: अपनी कहानी-कला को सँवारकर अधिक कहानी-सुलभ बनाया। नैतिक ऊहापोह और जीवन के मनोवैज्ञानिक अभिप्रेरकों का उद्‌घाटन उनकी कहानियों की प्रमुख वस्तु है। इस मामले में वे बहुत कुछ जैनेन्द्र की ही परम्परा में आते हैं। उनकी दिलचस्पी सामाजिक समस्याओं से अधिक व्यक्ति-मन की आन्तरिक गुत्थियों में रहती है और अक्सर उनके चरित्र असाधारण मानसिकता के प्रतीक प्रतीत होते हैं; किन्तु इसमें कोई शक नहीं कि उनकी कहानियों में मानसिक गतिविधियों का सूक्ष्म अंकन मिलता है और इसके अनुरूप भाषा में भी वैसी ही बारीकी मिलती है। परिणाम की दृष्टि से अज्ञेय ने अधिक कहानियाँ नहीं लिखीं। फिर भी हिन्दी कहानी के क्षेत्र में उनका विशिष्ट व्यक्तित्व असंदिग्ध है।

यशपाल जैनेन्द्र और अज्ञेय से सर्वथा भिन्न समाज की निर्मम आलोचना करनेवाले प्रगतिशील कहानीकार हैं, जिन्हें प्रेमचन्द की यथार्थवादी परम्परा का संवाहक माना जाता है। परिमाण की दृष्टि से भी यशपाल का कहानी-संसार जैनेन्द्र और अज्ञेय दोनों से विशाल है। शहरी मध्यवर्ग और निम्न मध्यवर्ग के जीवन का शायद ही कोई पहलू हो जहाँ तक यशपाल की कलम न पहुँची हो—यही नहीं, बल्कि निम्नवर्ग के अनेक उपेक्षित चरित्र भी कहानीकार यशपाल की सहानुभूति प्राप्त करने में सफल हुए हैं। सामाजिक असमानता चाहे वह धनी और गरीब के बीच हो, चाहे नर और नारी के बीच, उस पर यशपाल तेज नजर रखते हैं और मौका पाते ही उसे अपने पैने व्यंग्य का शिकार बनाते हैं। सामाजिक न्याय यशपाल की कहानियों का मुख्य स्वर है। वे सोद्‌देश्य कहानी-कला के कायल हैं। उनकी कहानियों को पढ़कर ऐसा लगता है कि पहले उनके मन में एक विचार आता है, जिसकी रोशनी में वे अपने लक्ष्य पर निशाना साधते हैं, फिर उसके अनुरूप एक कथानक गढ़ते हैं जो पाठक को थोड़ी देर तक इधर-उधर के अनुषंगों में बहलाते हुए सहसा एक चोट के साथ कहानी समाप्त कर देता है। प्राय: यह चोट एक व्यंग्य के रूप में होती है। यह कहना अतिशयोक्ति न होगी कि हिन्दी में व्यंग्यपूर्ण चोट का ऐसा सिद्धहस्त कहानीकार दूसरा नहीं हुआ। यह

सही है कि सोद्‌देश्यता के आग्रह के कारण यशपाल की कहानियाँ कभी-कभी दृष्टान्त मात्र बनकर रह जाती हैं, किन्तु उनकी कहानियों की प्रभावक्षमता असंदिग्ध है। ऐसा लगता है कि यशपाल कहानी के रचना-विधान अथवा तथाकथित कला की ज्यादा परवाह नहीं करते और सम्भवत: भाषा की ओर भी विशेष ध्यान नहीं देते, किन्तु इस उदासीनता के बावजूद अपने सर्वोत्तम रूप में वे कहानी-कला के भी समर्थ विधायक हैं।

हिन्दी कहानी के विकास के इस दौर में कुछ आगे-पीछे और भी अनेक महत्त्वपूर्ण कहानीकार हुए जिनमें उपेन्द्रनाथ अश्क, भगवतीचरण वर्मा, सूर्यकान्त त्रिपाठी 'निराला', राधाकृष्ण, चन्द्रकिरण सौनरिक्सा, विष्णु प्रभाकर, चन्द्रगुप्त विद्यालंकार, द्विजेन्द्रनाथ मिश्र 'निर्गुण', अमृतलाल नागर, रांगेय राघव आदि के नाम विशेष रूप से उल्लेखनीय हैं। अश्क प्रेमचन्द के समान ही उर्दू से हिन्दी में आए और अपनी समझ से प्रेमचन्द की ही यथार्थवादी परम्परा का अनुसरण कर रहे हैं। अश्क ने काफी कहानियाँ लिखी हैं और औसतन वे अच्छी भी हैं। उनकी कहानियाँ मुख्यत: मध्यवर्गीय जीवन की विडम्बनाओं का चित्रण करती हैं जिनमें कहीं-कहीं नाजुक स्थितियों का सूक्ष्म अंकन भी मिलता है। भगवतीचरण वर्मा अपने फक्कड़ाना अन्दाज में 'फसाना-ए-आजाद' के लेखक सरशार की लखनवी परम्परा को आगे बढ़ाते हुए लिखते हैं; उनकी व्यंग्य-विनोदपूर्ण कहानियों का अपना खास मजा है। परिमाण में कम होते हुए भी उनकी कहानियों का एक विशिष्ट स्थान है। निराला ने कम कहानियाँ लिखते हुए भी हिन्दी कहानी में अपने निरालेपन की छाप छोड़ी है। क्रान्तिकारी निराला ने कहानी में यथार्थवाद को नया रूप दिया है और भाषा-शैली तो अनूठी है ही। अमृतलाल नागर और रांगेय राघव ने भी कम ही कहानियाँ लिखी हैं पर वे अपने यथार्थवाद तथा मार्मिकता के कारण अविस्मरणीय हैं। राधाकृष्ण के शुद्ध हास्य और चन्द्रकिरण सौनरिक्सा की व्यंग्य बुझी चोट से युक्त कहानियाँ भी अपना अलग स्थान रखती हैं। इसी प्रकार भावप्रवण कहानियों के लेखक 'निर्गुण', मार्मिक स्थिति के चित्रधार चन्द्रगुप्त विद्यालंकार तथा सामाजिक भ्रष्टाचार और कुरीतियों पर चोट करनेवाले विष्णु प्रभाकर भी हिन्दी कहानी में ऐतिहासिक स्थान रखते हैं।

इस प्रकार चौथे और पाँचवें दशक में हिन्दी कहानी का संसार व्यापक हुआ तथा अनेक कहानीकारों के प्रयत्न से कहानी के शिल्प में विविधता आई। यह वही काल है जब द्वितीय विश्वयुद्ध की लपेट में भारतीय जीवन विषम स्थितियों की यातना भोग रहा था—सन् 1942 की स्वत:स्फूर्त क्रान्ति का निर्मम दमन और बंगाल का अकाल इसी काल की विभीषिकाएँ हैं। कहना न होगा कि जागरूक कहानीकारों ने इस दौर के सामाजिक यथार्थ को अपनी कहानियों में चित्रित करके हिन्दी कहानी की परम्परा को समृद्ध किया।

3

हिन्दी कहानी के इतिहास में छठा दशक इसलिए महत्त्वपूर्ण है कि इस बीच हिन्दी में 'नई कहानी' का आन्दोलन चला और कहानी की दुनिया में कहानीकारों की एक ऐसी नई पीढ़ी आई जिसने अपनी कहानियों तथा कहानी-सम्बन्धी घोषणापत्रों से कहानी को कुछ समय के लिए साहित्य-चर्चा के केन्द्र में प्रतिष्ठित कर दिया। इस बीच 1947 में देश आजाद हुआ। आजादी के साथ देश का बँटवारा हुआ। बड़े पैमाने पर साम्प्रदायिक दंगे हुए। हजारों मारे गए, लाखों बेघर हुए। इसी बीच तेलंगाना में सशस्त्र किसान क्रान्ति हुई और स्वाधीन भारत की सरकार द्वारा बुरी तरह कुचल दी गई। इसमें लाखों मारे गए। इसी उथल-पुथल के बीच धीरे-धीरे देश नव-निर्माण की दिशा में अग्रसर हुआ। इन घटनाओं की पृष्ठभूमि में अनेक मार्मिक कहानियाँ लिखी गई हैं, जो केवल सामयिक दिलचस्पी से अधिक महत्त्व रखती हैं। इन कहानियों के लेखक पिछली पीढ़ी के भी लेखक हैं और नई पीढ़ी के भी।

किन्तु हिन्दी कहानी में जो नई लहर आई, वह स्वतंत्रता-प्राप्ति के प्रथम चरण की उथल-पुथल के बाद—लगभग छठे दशक के मध्य में अर्थात् 1957 के आसपास। इस अवधि में 'प्रतीक', 'कल्पना', 'निकष' के अतिरिक्त 'कहानी' नाम से एक और पत्रिका शुरू हुई और इन पत्रिकाओं के माध्यम से कहानीकारों की एक पूरी नई पीढ़ी सामने आई जिसमें भीष्म साहनी, कृष्ण बलदेव वैद, रामकुमार, कृष्णा सोबती, निर्मल वर्मा, मोहन राकेश, राजेन्द्र यादव, कमलेश्वर, मन्नू भंडारी, फणीश्वरनाथ रेणु, मार्कंडेय, शिवप्रसाद सिंह, शेखर जोशी, हरिशंकर परसाई, अमरकान्त, लक्ष्मीनारायण लाल, उषा प्रियम्वदा, रघुवीर सहाय, सर्वेश्वरदयाल सक्सेना, धर्मवीर भारती, मनोहर श्याम जोशी, कमल जोशी आदि के नाम विशेष रूप से उल्लेखनीय हैं। इतनी सर्जनात्मक प्रतिभाओं का एक साथ कहानी-लेखन की ओर मुड़ना हिन्दी में एक महत्त्वपूर्ण घटना है। कहानी के क्षेत्र में इस सर्जनात्मक उत्थान को स्वाधीनता-प्राप्ति-जनित राष्ट्रनिर्माण के प्रयत्नों के साथ जोड़कर देखना असंगत न होगा।

स्वातंत्र्योत्तर भारत में कहानी-सम्बन्धी नये उत्थान की जिस प्रवृत्ति की ओर सबसे पहले ध्यान आकृष्ट हुआ उसे 'आंचलिकता' का नाम दिया गया। एक प्रकार से यह प्रेमचन्द की ग्राम-जीवन सम्बन्धी कहानियों का ही पुनरुत्थान था। किन्तु जैसाकि 'आंचलिकता' शब्द से ही प्रकट है, यह प्रेमचन्द की ग्राम-सम्बन्धी दिलचस्पी की पुनरावृत्ति मात्र नहीं, बल्कि उसका पुनराविष्कार है। इन आंचलिक कहानीकारों का कुछ ऐसा विश्वास था कि प्रेमचन्द के बाद हिन्दी कहानीकारों को गाँवों की ओर जितना ध्यान देना चाहिए था, उतना ध्यान नहीं दिया गया। इसके साथ इन

कहानीकारों का यह जो विचार था कि प्रेमचन्द के गाँव बहुत कुछ 'सामान्य' तथा 'आदर्शीकृत' थे इसलिए यथार्थ के कई स्तर उस ग्रामचित्र में आने से रह गए। इस प्रकार अछूते यथार्थ की खोज में लगे आंचलिक कहानीकार अंचल-विशेष के स्थान-विशेष के जीवन को चित्रित करने की दिशा में प्रवृत्त हुए और अनेक नये कथा-चरित्रों तथा नई जीवन-गतिविधियों के साथ कहानियाँ सामने आईं। इन आंचलिक कहानियों में यथास्थान अंचल-विशेष की बोली-बानी का भी गहरा पुट देखने में आया। निस्सन्देह आंचलिकता का फैशन चल पड़ने के बाद अनेक कहानियाँ प्रदर्शन-वृत्ति से पीड़ित हो गईं, किन्तु सहज-स्वाभाविक सर्जनात्मक प्रयासों ने निश्चय ही हिन्दी कहानी को वस्तु, शिल्प और भाषा सभी स्तरों पर समृद्ध किया। फणीश्वरनाथ 'रेणु' इस प्रवृत्ति के सबसे समर्थ कहानीकार थे और अन्य सफल कहानीकारों में मार्कंडेय, शिवप्रसाद सिंह, शेखर जोशी, शैलेश मटियानी आदि के नाम विशेष रूप से उल्लेखनीय हैं।

ग्रामांचल के कहानीकारों की देखा-देखी कस्बे की जिन्दगी के लेखक भी मैदान में आ निकले और इस तरह कस्बे की जिन्दगी के भी कुछ अछूते पहलू प्रकाश में आए, पर उनसे वह बात न आ सकी जो सफल आंचलिक कहानियों की जान थी। कस्बे की जिन्दगी के सबसे मुखर कहानीकार कमलेश्वर हैं जिनकी दिलचस्पी अब 'आम आदमी' की ओर मुड़ गई है।

किन्तु स्वाधीनता-प्राप्ति के बाद 'नई कहानी' के रूप में जो आन्दोलन चला, उसकी दिलचस्पी अंचल या कस्बे की कहानी की विषयवस्तु बनाने से कहीं अधिक गहरी थी। नये कहानीकारों की वास्तविक चिन्ता एक नई कथा-दृष्टि अथवा एक नये यथार्थबोध की थी जो वस्तुतः कहानी की समूची रचना-प्रक्रिया को बदलने के लिए आकुल थी। इस नये यथार्थबोध के आलोक में अंचल, कस्बा और नगर सम्बन्धी भेद के सारे चौखटे टूट जाते हैं। रेणु ने इस नये यथार्थबोध को 'आदिम रात्रि की गन्ध' के रूप में ढूँढ़ने का प्रयास किया और निर्मल वर्मा ने 'आत्मा के डिटेक्टिव' की तरह अन्तस्तल के 'मौन' को सम्प्रेषित किया। दूसरी ओर अधिकांश लेखकों ने बदली हुई सामाजिक परिस्थितियों में व्यक्त होनेवाले सामाजिक यथार्थ पर ही अपनी तेज दृष्टि डाली और जीवन की असंगतियों, विडम्बनाओं तथा पाखंडों को ही अपनी कहानियों का विषय बनाया। भीष्म साहनी, अमरकान्त, हरिशंकर परसाई आदि का प्रयास इसी दिशा में दृष्टिगत होता है। सामाजिक यथार्थ में निर्मम चित्रण, मानवीय करुणा तथा व्यंग्यमयता आदि की दृष्टि से यही लेखक वस्तुतः प्रेमचन्द की परम्परा को आगे बढ़ाने के लिए प्रतिबद्ध दिखाई पड़ते हैं।

प्रसंगवश यह उल्लेखनीय है कि इस दौर में अनेक महिला लेखिकाएँ भी कहानी के क्षेत्र में अग्रसर हुईं। हिन्दी में कहानी-लेखिकाओं की एक लम्बी

परम्परा है जिसमें सुभद्रा कुमारी चौहान, उषा देवी मित्रा, होमवती देवी, चन्द्रकिरण सौनरिक्सा आदि के नाम विशेष रूप से उल्लेखनीय हैं। छठे दशक में यह परम्परा और भी विकसित तथा पुष्ट हुई। इस दौर में कृष्णा सोबती, उषा प्रियम्वदा, मन्नू भंडारी जैसी प्रतिभासम्पन्न कहानी-लेखिकाओं ने अपनी मार्मिक कहानियों से हिन्दी कहानी को समृद्ध किया।

यदि 'नई कहानी' आन्दोलन के घोषित दावे और आग्रहों को एक ओर रखकर केवल कहानी-रचना के स्तर पर ही इस दौर की उपलब्धियों का आकलन करें तो इसमें कोई शक नहीं कि इस उत्थान में हिन्दी कहानी सृजनशीलता के स्तर पर काफी उर्वर है। भीष्म साहनी की सादगी और सरलता, रामकुमार की मर्मस्पर्शी करुणा, निर्मल वर्मा की भाषिक संवेदनशीलता, अमरकान्त की प्रखर व्यंग्यशीलता, रघुवीर सहाय की स्वचेतनता, राजेन्द्र यादव की शिल्प-संकुलता, रेणु की ठुमरी तथा आंचलिकता, मार्कंडेय की ग्रामीण सहजता और परसाई की प्रखर सामाजिक चेतना से इस दौर का कहानी-संसार रंगारंग है।

4

सातवें दशक के साथ हिन्दी में कहानीकारों की एक पीढ़ी और आई जिसकी प्रखर यथार्थचेतना को छठे दशक के अधिकांश कहानीकारों का 'भोगा हुआ यथार्थ' छद्म प्रतीत हुआ और उनकी दृष्टि भी निहायत रोमानी मालूम हुई। हिन्दी कहानी के इतिहास में इस दृष्टि-परिवर्तन की जड़ें बहुत कुछ बदली हुई ऐतिहासिक परिस्थिति में देखी जा सकती हैं। सातवें दशक का आरम्भ भारत-चीन सीमा संघर्ष से हुआ, जिसमें देश का जबरदस्त मोहभंग हुआ। फिर प्रधानमंत्री पं. जवाहरलाल नेहरू की मृत्यु और उनकी मृत्यु के साथ स्वाधीन भारत के एक युग का अन्त। इसके बाद पाकिस्तान से युद्ध और 1967 के आम चुनाव के परिणामस्वरूप देश में राजनीतिक अस्थिरता। दशक समाप्त होते-न-होते नक्सलपंथी आन्दोलन। इस प्रसंग में यह भी उल्लेखनीय है कि इस दशक में देश भीषण आर्थिक संकट के दौर से गुजर रहा था। देश के कई भागों में भयंकर अकाल पड़ा। बेरोजगारी की समस्या उग्र हो गई। मध्यवर्गीय युवकों में असन्तोष, आक्रोश, क्षोभ, कुंठा, अविश्वास के भाव प्रबल हो उठे। कहने की आवश्यकता नहीं कि पिछले दशक की 'नई कहानी' का रागात्मक ऐश्वर्य इस वातावरण की आँच बर्दाश्त नहीं कर सकता था। युवा कहानीकारों के आक्रोश और अविश्वास के सम्मुख कहानी की पूरी परम्परा, पूरी विधा ही संदिग्ध हो गई। फलतः 'अकहानी' का नारा उछल पड़ा। यह सही है कि इस दौर के सभी मुख्य कहानीकार 'अकहानी' के कायल न थे और यह भी तथ्य है कि 'अकहानी' नाम का आन्दोलन एक

छोटे से गुट के लेखकों का अनुर्वर नारा बनकर रह गया। फिर भी इस बात से इनकार नहीं किया जा सकता कि इस दौर की क्षुब्ध मनःस्थिति में कहानी विधा का परम्परागत ढाँचा एकदम छिन्न-भिन्न हो गया और कहानी के नाम पर ऐसी बहुत-सी लघु गद्य-रचनाएँ सामने आने लगीं जिन्हें एकबारगी कहानी कहना कठिन जान पड़ने लगा। दूसरे ढंग से देखें तो बहुत दिनों के बाद कहानी के ढाँचे में नये प्रयोगों का दबाव महसूस किया जाने लगा।

किन्तु आरम्भिक तोड़फोड़ का वातावरण संयत होते ही नई यथार्थ चेतना के दबाव के बीच कहानियों की एक स्थिर प्रवृत्ति उभरने लगी। इस प्रवृत्ति के उल्लेखनीय कहानीकार हैं—महेन्द्र भल्ला, रवीन्द्र कालिया, काशीनाथ सिंह, ज्ञानरंजन, गिरिराज किशोर, विजयमोहन सिंह, इसराइल, दूधनाथ सिंह, सुधा अरोड़ा, रमेश बक्षी, गंगाप्रसाद विमल आदि। इस दौर के कहानीकार मानवीय सम्बन्धों में आए हुए परिवर्तनों को लेकर काफी व्याकुल दिखाई देते हैं। मानवी सम्बन्धों की अमानुषिकता अजनबीपन, आत्मनिर्वासन आदि तथा इन सबसे उत्पन्न होनेवाला संत्रास इस दौर की कहानियों का विषय है। एक ओर ज्ञानरंजन अपनी आरम्भिक कहानियों में परिवार और व्यक्ति के सम्बन्धों के असामंजस्य का उद्घाटन करते हुए समकालीन जीवन की विडम्बना प्रकट करते हैं तो दूसरी ओर काशीनाथ सिंह मानवीय सम्बन्धों में दिनोंदिन संक्रामक रोग की तरह फैलते हुए ठंडेपन, संवादहीन जड़ता और विकृति पर व्यंग्य करते हैं। सच पूछा जाए तो इस दौर के संयत कहानीकारों में क्षोभ सामान्यतः मखौल, उपहास तथा आत्मव्यंग्य के रूप में व्यक्त होता है, यहाँ तक कि इस प्रवृत्ति को सातवें दशक की कहानी की प्रमुख विशेषता भी कह सकते हैं। इस दौर के कहानीकारों को छद्म और पाखंड से इतनी चिढ़ है कि वे आपसी सम्बन्धों के चित्रण में क्रूरता की हद तक निर्मम हो जाते हैं। इस प्रयास में हिन्दी कहानी भले ही कुछ कम आर्द्र रह गई हो, पर यथार्थ के चित्रण में काफी दूर तक वस्तुनिष्ठ बन सकी और हर तरह के आदर्शवादी आरोप से मुक्त रही। इसी प्रकार भाषा की दिशा में भी कहानी अधिक लाघव और व्यंजकता अर्जित कर सकी है।

कुल मिलाकर हिन्दी कथा-यात्रा के ये सात दशक अनेक द्रुत परिवर्तनों और कलात्मक उपलब्धियों से युक्त है। हिन्दी में कहानी का उदय निस्सन्देह अपेक्षाकृत विलम्ब से हुआ और हिन्दी मनीषा का उत्तमांश भी उपन्यास तथा कविता की तुलना में कहानी की ओर कम ही उन्मुख हुआ, फिर भी इस अल्पकाल में हिन्दी कहानी में बड़ी तेजी से अपनी एक सुनिश्चित अस्मिता का विकास कर लिया। हिन्दी कहानी की यह ऐतिहासिक यात्रा जितनी आश्चर्यजनक है, उससे कहीं अधिक स्फूर्तिप्रद।

5

कहानी का इतिहास ही कहानी की सही परिभाषा है। इसके अलावा कहानी की जो भी परिभाषा दी जाती है, उसमें अव्याप्ति दोष होता है। अच्छी-से-अच्छी परिभाषा भी कुछ ही कहानियों पर लागू होती है—बहुत-सी कहानियाँ उस दायरे से बाहर रह जाती हैं। कहानी का इतिहास बताता है कि हर युग के कहानीकार नये सिरे से कहानी की परिभाषा गढ़ने की आवश्यकता अनुभव करते हैं। यही नहीं बल्कि हर समर्थ कहानीकार अपनी सृजन-प्रक्रिया के दौरान कहानी की एक नई परिभाषा रखता है। इसलिए यही नहीं कि एक युग में कहानी की रची हुई परिभाषा दूसरे युग पर लागू नहीं होती, बल्कि एक समर्थ कहानीकार द्वारा दी हुई परिभाषा दूसरे समर्थ कहानीकार के लिए सर्वथा अप्रासंगिक होती है।

निष्कर्ष यह कि प्रचलित परिभाषाएँ कहानी-विशेष के बारे में हमारी समझ बढ़ाने की अपेक्षा अक्सर बाधक प्रमाणित होती हैं। इसलिए परिभाषा या परिभाषाओं के सहारे कहानी-पाठ में प्रवृत्त होना वांछनीय नहीं है।

इस प्रसंग में यह भी उल्लेखनीय है कि कहानी पढ़ना भी एक कला है। बहुत से लोग हर कहानी का कथानक अथवा कथा-संक्षेप जान लेना ही पर्याप्त समझते हैं। पुराने किस्से या किसी लोक-कथा के बारे में ऐसी दिलचस्पी उचित हो सकती है क्योंकि अलग-अलग मुखों से कहे जाने के बाद भी वह किस्सा लगभग वही रहता है। किन्तु साहित्य में जिसे आधुनिक कहानी अथवा केवल कहानी कहा जाता है, वह 'एक जागरूक कलाकार द्वारा कौशलपूर्वक रचित कलावस्तु' है जिसे यदि दूसरा कहानीकार कहना चाहेगा तो कथानक में समता होते हुए भी वह मूलतः बदल जाएगी। इस प्रकार एक लेखक के शब्दों में, 'आधुनिक कहानी ऐसी विशिष्ट रचना हो गई है कि एक कहानी को एक ही कृतिकार कह सकता है।' तात्पर्य यह कि हर अच्छी कहानी पर कहानीकार की अपनी विशिष्ट छाप होती है। यह छाप भाषा पर होती है, कहानी के विन्यास और रचना-विधान पर होती है तथा कहानी के समग्र प्रभाव पर होती है। इसलिए प्रत्येक कहानी का अभिप्रेत कथ्य जानने के लिए कहानी के हर ब्यौरे—हर शब्द के प्रति सतर्क और सावधान रहना जरूरी है।

इसी क्रम में यह कहना भी आवश्यक प्रतीत होता है कि कहानियों का वर्गीकरण करना अथवा वर्गीकृत रूप में कहानियों को पढ़ना भी भ्रामक है। उदाहरण के लिए कुछ कहानियाँ 'घटना प्रधान' कहलाती हैं तो कुछ 'भाव प्रधान' और कुछ 'चरित्र प्रधान'; जबकि सच्चाई यह है कि हर अच्छी कहानी 'प्रभावान्विति' अथवा 'एकान्विति' होती है और यह प्रभावान्विति ही लेखक का कथ्य, अभिप्रेत या उद्‌देश्य है। घटना, भाव, वातावरण या चरित्र में से किसी एक

के प्रधान होते हुए भी कहानी कुछ-न-कुछ कहती है और वस्तुतः यह 'कुछ-न-कुछ' ही कहानी में प्रधान वस्तु है, अन्य बातें साधन-मात्र हैं। कहानी के इस कथ्य को प्राप्त करने के लिए किसी कहानी को कथानक, चरित्र, वातावरण, देशकाल, भाषा-शैली, उद्‌देश्य आदि छह तत्त्वों अथवा अवयवों में खंड-खंड करना भी अवांछनीय है। विश्लेषण की इस विधि से कहानी जैसी एक अखंड कला-सृष्टि खंड-खंड होती है, छिन्न-भिन्न होती है और उसका अंग-भंग होता है। न तो इससे रसास्वाद बढ़ता है और न बोध में ही वृद्धि होती है। इस विश्लेषण पद्धति की उपयोगिता अत्यन्त सीमित और सतही है। साहित्यिक बोध और आस्वाद के मूल लक्ष्य की सिद्धि के लिए उक्त पद्धति का परित्याग आवश्यक है। वस्तुतः हर कहानी पाठक से मानसिक खुलेपन की माँग करती है और यह मानसिक खुलापन ही हिन्दी कहानी के सत्तरवर्षीय संक्षिप्त इतिहास का मूल सन्देश है।

[राष्ट्रीय शैक्षिक अनुसन्धान और प्रशिक्षण परिषद् द्वारा मई, 1979 में प्रकाशित पुस्तक 'हिन्दी प्रतिनिधि कहानियाँ' के सम्पादक के रूप में लिखी गई भूमिका]

भारतीय सौन्दर्यशास्त्र और लालित्य

विश्वविद्यालय के माननीय कुलपति, श्री सुरेश शर्मा जी, सभागार में उपस्थित विश्वविद्यालय परिवार के सम्मान्य शिक्षक, छात्र, छात्राएँ और सहृदय समाज।

इतनी बातें सुनने के बाद मैं अवाक् हूँ! अवाक् क्यों हूँ? यह भी आप कहेंगे कि यह विरोधाभास अलंकार है कि मैं बोल भी रहा हूँ और कह रहा था कि अवाक् हूँ। एक तो श्री सुरेश शर्मा ने मेरे उद्धरण सुना करके 'मारेसि मोहिं कुठाँव', और खुशी इस बात की है कि वे मेरे शिष्य हैं, और हर जगह आदमी जीतना चाहता है, एक जगह वह हार जाता है, शिष्य से, और गर्व होता है। और मुझे गर्व है।

इस आयोजन के लिए जिस प्रकार माननीय कुलपति जी ने यह अवसर दिया है...पहले तो सम्बद्ध रहा हूँ इस विश्वविद्यालय से, जैसा कहा गया, लेकिन यह उनकी विशालहृदयता है कि पद ग्रहण करने के बाद ही या साथ ही उन्होंने इस जन को याद किया। मेरे पास शब्द नहीं हैं। मैं दूसरे सम्बन्ध से उन्हें बहुत पहले से जानता रहा हूँ। अब दुनिया में वे नहीं हैं। मेरे आदरणीय भाई पं. विद्यानिवास मिश्र जी। विचित्र विडम्बना है कि उनसे मिलने के लिए जिस दिन मैं, वे राज्यसभा के सदस्य हो गए थे, संस्कृत के पंडित थे ही। क्या निबन्ध लिखे हैं उन्होंने, आचार्य तो थे ही। उनसे मिलने मैं गोरखपुर गया, और सुबह-सुबह ट्रेन पहुँची तो समाचार मिला कि वे कार से बनारस जा रहे थे, एक्सीडेंट हो गया, जिसमें उनका निधन हो गया। मैं सीधे घर गया उनके, जो माहौल था वह तो था ही। तो ऐसे मेरे बड़े भाई, आज किसी-न-किसी रूप में इस परिवार से सम्बद्ध, यह विश्वविद्यालय का सम्मान है कि ऐसे विद्वान परिवार के विद्वान आपको कुलपति के रूप में मिले हैं।

जहाँ तक आज के व्याख्यान का सवाल है, जिसे हम 'सौन्दर्यशास्त्र' कहते हैं, यूरोप में उसे 'एस्थेटिक्स' कहते हैं। मेरे गुरुदेव एक दूसरे शब्द का प्रयोग किया करते थे, और वह शब्द भारतीय परम्परा से आया हुआ शब्द है। 'सुन्दर' शब्द चल पड़ा है। 'सुमन सुन्दर मानव तुम सबसे सुन्दरतम'। मेरे गुरु आचार्य हजारीप्रसाद द्विवेदी 'लालित्य' कहते थे। इस नाम की उनकी एक पुस्तक भी है। और पुराने भक्तिकाल में इस शब्द का देवियों में से एक ललिता देवी होती हैं। (आजकल वे किसी की पत्नी भी हैं)। तो लालित्य शब्द और सौन्दर्य, पंडित जी को सौन्दर्य पसन्द

नहीं था, क्योंकि वह बहुत सपाट शब्द लगता था। क्योंकि सौन्दर्यवाची शब्द संस्कृत में बहुत हैं। आप देखेंगे कि शब्द चुनते समय पंडितराज जगन्नाथ ने और हमारे आचार्यों ने 'रमणीय' शब्द को चुना है। और जिसका सम्बन्ध 'रमणी' से है। सुन्दर शब्द तो देखने तक सम्बन्ध है। लेकिन वह वस्तु जिस पर रम जाएँ आप, जिससे राम बना है। पंडितराज जगन्नाथ का प्रिय शब्द 'रमणीयतम' है। इसलिए काव्य, साहित्य और कला में 'सौन्दर्य' बड़ा हल्का शब्द है। मन जिसमें रमे, वह राम है। इसलिए अनेक आचार्यों ने सौन्दर्य शब्द को बड़ा हल्का, खोखा कहा है। मैं शब्द के औचित्य पर नहीं जाना चाहता। लेकिन जो विषय है, थोड़ा-बहुत जो लिखा है, सम्भव है, आज जो कहूँ, उसका खंडन कर दूँ। उत्तरविचार जो है, वही जिसको कहते हैं—'यथोत्तरं मुनीनाम प्रामाण्यम्'। मुनियों का परवर्ती कथन प्रमाण होता है। पहले वाला नहीं होता। इसलिए सुरेश जी, आज जो मैं कह रहा हूँ, सम्भव है, कल उसका खंडन कर दूँ। लेकिन 'यथोत्तरं मुनिनाम प्रामाण्यम्' उत्तरकथन जो है, वह प्रमाण है। और कुछ नई चुनी, इस बारे में सोची है और उसके बारे में मैं कहना चाहता हूँ। देखिए अंग्रेजी में जिसे 'एस्थेटिक्स' कहते हैं। 'एस्थेटिक्स' अंग्रेजी का शब्द नहीं है। लैटिन ओरिजिन का है यह शब्द। और विचित्र बात है कि सबसे ज्यादा यूरोप में 'एस्थेटिक्स' का चलन फ्रांस में नहीं है। इंग्लैंड में तो बिलकुल ही नहीं था। टेरी ईगल्टन की एक किताब है, 'द आइडियोलॉजी ऑफ एस्थेटिक्स'। उस किताब में टेरी ईगल्टन ने लिखा है कि यह 'एस्थेटिक्स' शब्द जर्मन ओरिजिन का है। और सबसे ज्यादा जितने जर्मन दार्शनिक हुए हैं, चाहे हीगल हो, चाहे कांट हो, सबने एस्थेटिक्स पर लिखा है। अंग्रेजी के बड़े आलोचकों ने, दार्शनिकों में किसी ने 'एस्थेटिक्स' पर नहीं लिखा। फ्रांस में भी यह नहीं चलता है। 'एस्थेटिक्स' की आइडियोलॉजी और परम्परा जर्मनी की है। और उस जर्मनी की है जिसमें आगे चलकर 'पारसीजम' आया था। इसलिए सौन्दर्य बड़ा खतरनाक शब्द है। इसका सम्बन्ध जर्मन से है, और इसलिए सौन्दर्यशास्त्र, हमारे यहाँ इसीलिए आम तौर से आचार्यों में देखें तो एक उपयोग चलता है, आप किसी शब्दकोश में सौन्दर्य के पर्यायवाची शब्द देखिए। एक शब्द है 'लावण्य'। यह 'लवण' से बना हुआ है। कोई बहुत सुन्दर हो देखने में, खूबसूरत हो, चेहरा-मोहरा, आकार-प्रकार—सब अच्छा हो। लेकिन वह मोहता नहीं है। लेकिन एक चेहरा ऐसा होता है, जिसमें थोड़ा नमक होता है। भोजन बड़ा बढ़िया बना है, लेकिन नमक ही नहीं है। बड़ा सुन्दर देखने में सब कुछ है, इसलिए जब तक नमक नहीं होगा और इसका सम्बन्ध स्वाद से है। इसलिए अपनी परम्परा में हमारे आचार्य इसका जिक्र करते हैं। 'रस' दुनिया की किसी भी भाषा में नहीं है। बड़ी चीज है 'रस'। हम पूरा भाषण दे जाएँ और नीरस हो, तो काहे का, किस काम का? इसलिए 'रस' को हमारे यहाँ...संसार के किसी भी पोएटिक्स में, क्रिटिक थियरी में भारत की देन है यह 'रस'। भरतमुनि की देन है यह 'रस'। नाट्यशास्त्र से

पैदा हुआ है। बाद में काव्य में आया। नाट्य भी काव्य ही है, लेकिन काव्य और नाटक अलग-अलग होते हैं। महाकाव्य में है। इसलिए हमारे यहाँ आम तौर से 'रस' का परिपाक, अभिनय से जुड़ा हुआ है। जिसमें क्रियाकलाप नहीं होगा, रस नहीं होगा। पोथी पढ़ने की चीज नहीं है, मन-ही-मन आप गुनगुनाते रहें और रस का आनन्द लेते रहें। आनन्द है उसमें, कोई बात नहीं। इसलिए 'एस्थेटिक्स' की चर्चा, सौन्दर्यशास्त्र की चर्चा हमारे यहाँ आचार्यों ने नहीं की है हमारे यहाँ परम्परा में, सौन्दर्य की चिन्ता अलंकार के रूप में की है। अलंकार जो आप जानते हैं—गहना, जो हाथों में पहना जाता है। और जो औरत ज्यादा गहना पहने तो समझ लेना चाहिए कि वह किसी कमी की पूर्ति के लिए ज्यादा गहने पहने हुए है। कुछ ऐसी भी हैं जो गहना नहीं पहनें, फिर भी सुन्दर लगती हैं, क्या बात है! क्योंकि गहने में पहले देखेंगे कि सोने का है, कि हीरा है, कि मोती है, कि खाली चाँदी है। है तो हार ही, चमकाकर तो पहन लिया है। इसलिए अलंकरण अलग चीज है। रस की चर्चा भारत की अपनी देन है। 'एस्थेटिक्स' में है। पर 'वर्ल्ड एस्थेटिक्स' की चर्चा की जाएगी तो भारत का अपना कन्ट्रीब्यूशन एस्थेटिक्स में नहीं है। 'रस' है। यह हमारी देन है। मौलिक है केवल भारत में है। और इसीलिए वैद्यक में आप देखें तो कुछ लोग 'रस' बनाने के आचार्य होते हैं, दवाइयों के कुछ चूर्ण बनाते हैं। चूर्ण अलग होता है, रस अलग होता है। दोनों अलग चीजें हैं।

इसलिए भारतीय सौन्दर्यशास्त्र जब लिखा जाएगा तो अधिकांश किताबें यूरोपीय, जर्मन एस्थेटिक्स के अनुवाद हैं। सारी संकल्पनाएँ उन लोगों ने वहीं से ली हैं, और यह भूल जाते हैं कि जर्मनी, यूरोप नहीं है। क्योंकि इटली में नहीं है, फ्रांस में नहीं है। इंग्लैंड में एक (किंकल) रहा है। ये बनिये-व्यापारी रहे हैं। हिन्दुस्तान में व्यापार करते थे। वे क्या जानें, एस्थेटिक्स क्या है? कोई परम्परा नहीं है। इसलिए हम लोग सौन्दर्य की चर्चा करते हुए इन सीमाओं को ध्यान में रखें। ध्यान में रखने का कारण यह है कि सौन्दर्यशास्त्र पर लिखी विलायती किताबों के उद्धरणों को छोड़कर हमारे यहाँ जो चिन्तन हुआ है और चूँकि मैं बनारस का हूँ और इस पर सबसे ज्यादा चिन्तन (इलाहाबाद वाला कोई होगा तो क्षमा करेगा) काशी में हुआ है। यह काशी की चीज है। और यह परम्परा जो है...भरतमुनि का नाट्यशास्त्र सम्पादित हुआ था, तो काशी से हुआ था। और संस्कृत का महाविद्यालय। अंग्रेजों के जमाने में, इसके आचार्य विद्यानिवास जी भी रहे। पंडित गोपीनाथ कविराज जिसके आचार्य हुआ करते थे, जो संस्कृत का महाविद्यालय था, वह संस्कृत का केन्द्र रहा है। और इसी काशी से नाट्यशास्त्र का बाकायदा सम्पादन भी हुआ है। प्रामाणिक है। चार खंडों का है। तो इसीलिए 'रस' की चर्चा अब तो मुक्तछन्द के लिए भी होती है, खंडकाव्य के लिए भी होती है, प्रबन्धकाव्य के लिए होती है, लेकिन कायदे से रस की चर्चा नाट्य के सन्दर्भ में की गई है। क्योंकि नाट्य ही

सम्पूर्ण कलाओं का, अभिनय भी है, डांस भी है, संगीत भी, साहित्य भी है, कविता भी है, कथा भी है, सम्पूर्ण सन्दर्भ में नाट्यशास्त्र में भाव और रस का विवेचन किया गया है, यह ध्यान रखें। बाद में अलंकारवादियों, ग्रन्थकारों ने भी इस पर चर्चा शुरू कर दी थी क्योंकि काव्य भी नाटक में हुआ करता है तो यह भेद हम ध्यान में रखें।

इसलिए मैं कहना चाहता हूँ कि भारत में सबसे ज्यादा, जैसे जर्मनी में एस्थेटिक्स की चर्चा हुई, काव्यशास्त्र पर सबसे ज्यादा ग्रन्थ लिखे गए कश्मीर में। और कश्मीर से सुन्दर तो क्या होगा! (कश्मीर अब क्या हो गया है, इस पर दुःख होता है।) कश्मीर की चर्चा करते ही...था एक जमाना, जब हम भी जाया करते थे। जम्मू गए, रुके, इसके बाद श्रीनगर गए। कई बार गए। घूमे हुए हैं। हमारे यहाँ लोग आम तौर से जब चारों धाम करने जाते थे, तो आखिरी धाम, जो कश्मीर में ही हुआ करता था, वहाँ तो नहीं गया हूँ।

लेकिन जैसे जर्मनी की परम्परा एस्थेटिक्स की है, हीगेल ने लिखा है। एस्थेटिक्स पर कांट ने लिखा है। हर बड़ा दार्शनिक जब तक एस्थेटिक्स पर न लिखे तब तक दार्शनिक जर्मन नहीं माना जाता था। यह फ्रांस की परम्परा नहीं है। यह इंगलैंड की परम्परा नहीं है। यह अमेरिका की परम्परा नहीं है। सौन्दर्यशास्त्र उनकी परम्परा है।

उसी प्रकार भारत में यह परम्परा कश्मीरियों की है। और उसके सबसे बड़े जो आचार्य हुए, वे 'गुप्तपादाचार्य' हुए। इन्होंने टीकाएँ भी लिखी हैं। ध्वन्यालोक पर 'लोचन' लिखा है उन्होंने। लेकिन कश्मीर 'शैविज्म', जिसका आराध्य शिव और पार्वती हैं। इसलिए सौन्दर्यशास्त्र की चर्चा करने का कश्मीर को अधिकार है तो कश्मीर के बाद फिर काशी को भी अधिकार है। मैं काशी का हूँ, इसलिए एक अदना-सा आदमी, लेकिन काशी की धूल और मिट्टी तो बनी हैं, बनी हुई है। तो काशी को यह हक क्यों है, क्योंकि वहाँ जयशंकर प्रसाद हुए हैं, जिन्होंने 'कामायनी' लिखी है, और 'कामायनी' जैसा दूसरा काव्य हिन्दी में तो है ही नहीं। यह रवीन्द्रनाथ ठाकुर ने भी नहीं लिखा है। उर्वशी वर्मन ने एक कविता लम्बी लिखी है जो बड़ी अच्छी है, और मैं बांग्ला पढ़ लेता हूँ। समझ लेता हूँ। लेकिन 'कामायनी' जैसा काव्य भारत की भाषाओं में...जो छायावादी युग कहलाता है, जिसे रोमांटिक उत्थान कहते हैं, जो हमारे स्वाधीनता-संग्राम का स्वर्णिम काल है, जो गांधी, जवाहर—इन लोगों ने चलाया था। उसमें उस आन्दोलन की पराकाष्ठा होती है। सन् 1938-39-40 के आसपास। और 'कामायनी' उसी समय 1936-37...लम्बे समय से लिखी जा रही थी, 'सरस्वती' में कुछ अंश उसके छपे भी थे, आई थी। काशी विश्वनाथ की नगरी है। (आजकल दुर्मुख मोदी उसे अपना बनाए हुए है। शिव के चरणों में किसी दुर्मुख को स्थान नहीं मिलता।) मस्ती जिसमें न हो, जो साँपों से भी खेल सकता हो। इसलिए काशी में 'कामायनी' की रचना हुई। और उस जमाने में भी कश्मीर 'शैविज्म' के जानकार एक लखनऊ विश्वविद्यालय में थे—फिलॉसफी डिपार्टमेंट में। वही हुए, दूसरा नहीं और हिन्दी में पहला कोई आदमी था तो वह जयशंकर

प्रसाद थे। और वे आठवीं तक पास थे। लेकिन प्रसाद जी की कितनी गहरी पैठ थी संस्कृत में और उसमें भी 'शैविज्म' की! प्रतिभिज्ञा दर्शन की। प्रतिभिज्ञा बहुत कठिन दर्शन माना जाता है। हमारी, विद्यानिवास मिश्र जी से, बहुत बात हुई थी। पढ़ते थे, समझते थे, पंडित थे, पाणिनि पर काम किया था। तो काशी की यह परम्परा जैसे तुलना करना तो खतरनाक है क्योंकि जर्मनी 'नाजिज्म' के लिए जाना जाता है—तानाशाही के लिए, इसलिए कांट और हीगल जहाँ हुए, वहीं हिटलर हुआ था।

[मोदी अगर जीत गया बनारस से तो यही याद आएगा कि कांट और हीगेल जहाँ हुए थे, वहीं हिटलर हुआ था। भगवान शंकर ही सक्षम हैं, अपना तीसरा नेत्र खोलकर दिखा सकते हैं कि ऐसा न हो। हम लोगों के वश में तो कुछ है नहीं। लेकिन यही राजनीति है, छोड़ दीजिए इसे, और यह विनोद की ही वस्तु है—न हँसने की है, न रोने की है।]

उस 'कामायनी' के कुछ अंश मैं कहना चाहता हूँ। 'कामायनी' और मनु की कथा हो, बाकी चीजों को छोड़ दीजिए। लेकिन सौन्दर्य का जैसा वर्णन, सौन्दर्य के जितने रूपों का लावण्य है अकेले 'कामायनी' में—चिन्ता सर्ग से लेकर एक-एक सर्ग के अन्त तक आप पहुँचिए तो पूरा बंधान जो है, सौन्दर्य है, तो वह सौन्दर्य पर लिखा हुआ सौन्दर्य का दर्शन भी है और काव्य भी है। मैं कुछ पंक्तियाँ आपके सामने रख करके...क्योंकि फ़िराक़ साहब ने एक बार कहा था कि 'पहले फ़िराक़ को देखा होता, अब तो बहुत कम बोले हैं...' मास्टरों के साथ कठिनाई यह है कि पूरा पीरियड लेते हैं, और चूँकि मास्टर मैं रहा नहीं इसलिए आप लोग निश्चिन्त रहें, मैं पूरा पीरियड लेनेवाला नहीं हूँ।

तो अब आप देखें, मैं कुछ उदाहरण देता हूँ—प्रसाद जी की सौन्दर्य और लावण्य की दृष्टि के कुछ उदाहरण। आपको याद दिलाना चाहता हूँ। यह है आशा सर्ग, महाप्रलय के बाद। ध्यान रखें, सौन्दर्य आता है। आशा जब तक नहीं आएगी तब तक सौन्दर्य नहीं आएगा। निराश आदमी में सौन्दर्यबोध हो ही नहीं सकता है। आशा के साथ शुरू होती है।

कुछ पंक्तियाँ मैं सुनाऊँगा, आप पढ़ लीजिएगा। हिमालय के बारे में है—हिमालय के बारे में।

कालिदास की यह पंक्ति महत्त्वपूर्ण है :

हिमालयो नाम नगाधिराज:
अस्ति तरस्याम विष देवताममान

प्रसाद जी लिख रहे हैं—'आशा सर्ग'। प्रलय के बाद आशा का संचार—आशा के साथ सौन्दर्य है :

विश्व कल्पना-सा ऊँचा वह
सुख-शीतल-सन्तोष-निदान,

और डूबती-सी अचला का
अवलम्बन, मणि-रत्न-निधान।
अचल हिमालय का शोभनतम
लता-कलित शुचि सानु-शरीर,
निद्रा में सुख-स्वप्न देखता
जैसे पुलकित हुआ अधीर।

अब आप यहाँ देखें कि विश्व कल्पना-सा ऊँचा है वह और सुख-शीतल-सन्तोष-निदान है। आशा के बाद सबसे सुन्दर वर्णन श्रद्धा का है—श्रद्धा के सौन्दर्य का वर्णन। दुनिया भर का सारा रीतिकाल एक तरफ, वह भी फीका पड़ेगा। दूसरी ओर प्रसाद का श्रद्धा का सौन्दर्य-वर्णन—अद्‌भुत है। कुछ पंक्तियाँ हैं :

नील परिधान बीच सुकुमार
खुल रहा मृदुल अधखुला अंग,
खिला हो ज्यों बिजली का फूल
मेघवन बीच गुलाबी रंग।
आह वह मुख पश्चिम के व्योम बीच
जब घिरते हों घन श्याम,
अरुण रवि-मंडल उनको भेद
दिखाई देता हो छविधाम।
या कि नव इन्द्रनील लघु शृंग
फोड़कर धधक रही हो कान्त
एक ज्वालामुखी अचेत
माधवी रजनी में अश्रान्त।

यह नील परिधान है। यहाँ कोई और परिधान नहीं है कि हरे-हरे पहने हों। नील शोभा अलग है, और हरे की शोभा अलग है। नील परिधान—राधा को भी नीली साड़ी पहनाई थी कवि सूरदास ने। 'नील परिधान बीच सुकुमार/खुल रहा मृदुल अधखुला अंग'—अब खुलापन थोड़ा होना चाहिए। सारा ढक दिया तो सौन्दर्य वहीं ढक दिया। 'अरुण रवि-मंडल उनको भेद/दिखाई देता हो छविधाम।/या कि नव इन्द्रनील लघु शृंग/फोड़कर धधक रही हो कान्त/एक ज्वालामुखी अचेत'। ज्वालामुखी कितना सुन्दर होता है! क्या सौन्दर्य है! कोमल है, कठोर है, शीतल है! यह सौन्दर्य एक साथ आपको जलाता ही है। अनेक चीजें जो सौन्दर्य पैदा करें। इसलिए सौन्दर्य का यह प्रभाव 'श्रद्धा सर्ग' में किया है प्रसाद जी ने और फिर अन्त में एक और उदाहरण 'लज्जा सर्ग' का।

स्त्री को सबसे बड़ी गाली देनी हो तो कहें कि बड़ी निर्लज्ज है। लज्जा भूषण है। लजाने की क्षमता सबमें नहीं होती। नेताओं में तो अब बिलकुल नहीं। लाज-

शरम तो घोलकर सब पी गए हैं। इसलिए लज्जा भी मनुष्यता का एक लक्षण है कि आप लज्जित होते हैं। लज्जा भूषण है स्त्री का, जैसा कहा गया है। और इस लज्जा के महत्त्व को कवियों ने समझा है।

मेरी बड़ी प्रिय पंक्तियाँ रही हैं ये, देखिए :

कोमल किसलय के अंचल में
नन्ही कलिका ज्यों छिपती-सी,
गोधूलि के धूमिल पट में
दीपक के स्वर में दिपती-सी।
मंजुल स्वप्नों की विस्मृति में
मन का उन्माद निखरता ज्यों—
सुरभित लहरों की छाया में
बुल्ले का विभव बिखरता ज्यों—
वैसी ही माया में लिपटी
अधरों पर उँगली धरे हुए,
माधव के सरस कुतूहल का
आँखों में पानी भरे हुए।
नीरव निशीथ में लतिका-सी
तुम कौन आ रही हो बढ़ती?
कोमल बाँहें फैलाए सी
आलिंगन का जादू पढ़ती?

यह लज्जा के लिए कहा गया है। लज्जा नारी का भूषण कहा गया है। अगर कोई निर्लज्ज हो, और कठोर भाषा में कहें तो बेहया हो। इसलिए लज्जा भूषण है। सौन्दर्य में यह वृद्धि करता है, और यह प्रसाद समझते हैं। और भूषण, क्योंकि हमारे नेताओं का सौन्दर्य से तो मतलब है नहीं, इसलिए निर्लज्ज हैं वे।

जयशंकर प्रसाद ने अगर 'कामायनी' लिखी और 'कामायनी' में सौन्दर्य का वर्णन किया तो यह कश्मीर 'शैविज्म', जो अभिनवगुप्त की परम्परा थी। और फिर अभिनवगुप्त, गुप्तपादाचार्य ने 'शैविज्म' पर तो लिखा ही, ध्वन्यालोक पर 'लोचन' लिखा है। वैसा ग्रन्थ तो कोई दिखाई नहीं दे रहा है। 'ध्वनि का आलोक ऐसा है कि उसको देखने के लिए भी आँख चाहिए' और खास तरह की आँख होगी तभी दिखाई पड़ेगा। यह दिखाने की उन्होंने कोशिश की है।

मित्रो, इसलिए सौन्दर्यशास्त्र का जो विषय है, वह आँख सबके पास नहीं होती। एक विशेष प्रकार की दृष्टि विकसित होती है सौन्दर्य को देखने के लिए। दीक्षित करता है, विकसित करता है, ट्रेनिंग की जरूरत होती है उसे। और इसीलिए सौन्दर्यशास्त्र—विश्व के सौन्दर्यशास्त्र 'एस्थेटिक्स' पर जब लिखा जाना होगा तो दो

ग्रन्थों का नाम लिया जाएगा। और बहुत से लोग सन्देहवादी जो हैं, वह उसकी असलियत में सन्देह रखते हैं, उसकी चर्चा तो फिलहाल नहीं करूँगा। लेकिन 'एस्थेटिक्स'—जर्मन एस्थेटिक्स कहा जाएगा और भारत का जब 'इंडियन एस्थेटिक्स' कहा जाएगा तब उसका उद्‌भव कश्मीर से है। कश्मीर स्वयं सुन्दर है, वहाँ के लोग सुन्दर हैं। आखिर जवाहरलाल वहीं के थे। इलाहाबाद के थे नहीं। और चाहे जो चीजें रही हों लेकिन डॉ. राममनोहर लोहिया उनका बड़ा विरोध करते थे, फिर भी जवाहरलाल की सुन्दरता पर तो फिदा ही थे।

इसलिए 'एस्थेटिक्स' या सौन्दर्यशास्त्र और सौन्दर्य की जब चर्चा होगी तो भारत के शैविज्म, जिस पर संस्कृत में लिखा है; जिस पर अभिनवगुप्त ने, गुप्तपादाचार्य ने लिखा और विचित्र बात यह है कि दर्शन का प्रसंग दूसरा है, लेकिन अपनी टीकाओं के, काव्य की टीकाओं के द्वारा उन्होंने जो प्रतिपादित किया है, वह घंटों का नहीं, महीनों का नहीं, बरसों का काम है। और अब भी मैं, अभी इस पर मैंने कोई किताब नहीं लिखी है। पंडित जी ने अन्तिम दिनों में उसी को अपने ढंग से जिसका उन्होंने नाम दिया था 'लालित्य' और वह 'लालित्य' जो पुस्तक है, उस पर बड़ी किताब लिखना चाहते थे लेकिन उनका स्वास्थ्य ठीक नहीं था अन्तिम दिनों में। कुछ व्याख्यान दिये थे हिन्दी में—अभिनवगुप्त, गुप्तपादाचार्य के ऊपर। एस्थेटिक्स या सौन्दर्यशास्त्र, कलाशास्त्र भी कुछ लोग उसे कहते हैं। उसके बाद हिन्दी में लालित्यशास्त्र से, क्योंकि यह अलग परम्परा है। ललिता एक देवी होती है। और ललिता देवी से लालित्य का सम्बन्ध है। और यह 'ललित' शब्द 'सुन्दर' का वाचक तो है लेकिन सौन्दर्य और लालित्य यहाँ अलग-अलग चीजें हैं।

गुरुदेव की पुस्तक आप पढ़ें तो मैं उनको दोहराना नहीं चाहता, आपकी जिज्ञासा को शान्त नहीं करना चाहता बल्कि उकसाना चाहता हूँ। आज का व्याख्यान केवल उकसाने के लिए है। कुछ महत्त्वपूर्ण सूचनाएँ देने के लिए है, जो आम तौर से क्लासरूम टीचिंग में नहीं होती हैं। इससे अधिक मैंने आपको कुछ नया नहीं बताया है। अपना नहीं बताया है। बल्कि मुझे जो मिला है, वह आपको सौंप दिया है, ताकि अपनी ओर से आप खुद उस पर कुछ जोड़ें, कुछ जोड़ सकें, तो मैं समझूँगा कि यह व्याख्यान सफल रहा। इन्हीं शब्दों के साथ मैं एक बार आप सब लोगों के सम्मुख सिर झुकाता हूँ।

धन्यवाद।

[जुलाई, 2013-14 में अन्तरराष्ट्रीय हिन्दी विश्वविद्यालय, वर्धा में 'सौन्दर्यशास्त्र' विषय पर दिया गया व्याख्यान]

कविता एक खेल है

एक बार पृथ्वीवासियों ने ब्रह्मा से प्रार्थना की, 'हमें खेल चाहिए'। ब्रह्मा के कहने पर भरतमुनि ने नाट्यशास्त्र की रचना की जिसे पंचम वेद कहा गया। इस प्रकार धरती पर रहनेवालों को नाटक के रूप में एक ऐसा खेल मिला जिसमें सभी कलाएँ शामिल हैं। देवताओं को खेल-खिलौनों की जरूरत नहीं होती क्योंकि वे दुखी नहीं होते। देवता अभागे हैं क्योंकि उनकी आँख में आँसू नहीं आते। यह मनुष्य का ही सौभाग्य है कि वह दुखी हो सकता है। इसलिए उसे नाटक की, खेल की, कला और साहित्य की जरूरत पड़ती है। कविता भी एक खेल है। कविता लिखना, पढ़ना, पढ़ाना, आनन्द उठाना—सब एक खेल है।

प्रख्यात अंग्रेजी कवि डब्ल्यू.बी. यीट्स के पास एक आदमी आया और उसने कहा, 'मेरे पास एक बड़ा आइडिया है, जिस पर मैं कविता लिखना चाहता हूँ।' यीट्स ने उससे कहा कि 'तुम और कुछ भी कर सकते हो, पर कविता नहीं लिख सकते। संसार में इतने सारे काम पड़े हैं, तुम अपने लिए कोई दूसरा काम चुन लो।' उनके पास एक युवक आया और बोला, 'मैं शब्दों से खेलना चाहता हूँ।' यीट्स ने तुरन्त कहा, 'हाँ, तुम कविता लिख सकते हो। आओ, बैठो, हम शब्दों से खेलते हैं।' इस प्रसंग का आशय यह कि कविता एक खेल है। बच्चों को वर्णमाला खेल-खेल में सिखाई जाती है। खेल-खेल में आदमी भाषा सीखता है। यहाँ गौर करने की बात यह भी है कि कविता 'मॉरल लेसन' (नैतिक सन्दर्भ) देने का काम नहीं करती। इसलिए कविता लिखने, पढ़ने, पढ़ाने, चर्चा करने में यदि सन्देश दिया जाने लगे, तो कविता नष्ट हो जाती है।

कविता का कोई लक्ष्य नहीं होता। कविता से कुछ मिलनेवाला नहीं है। यहाँ तक कि हर भविष्य, हर आदर्श और स्वर्ग भी एक कल्पना है। यह कल्पना हर व्यक्ति की अलग-अलग होती है। मैं अस्सी साल तक भटकता रहा, पाया कुछ नहीं। कवि भी टेढ़े-मेढ़े रास्तों से भटकता है। वह शब्दों से खेलते हुए रचना करता है। एक अच्छी कविता लिखकर और पढ़कर हम कहते हैं कि 'मजा आ गया। आनन्द आ गया। बस और कुछ नहीं।' कहा गया है :

बयारे-फन में जहाँ मंजिलें भी फानी हैं
तमाम उम्र भटकने का हौसला रखिए।

अपनी बात को आगे बढ़ाने के लिए मैंने दो युवा कवियों को चुना है। संयोग से इन दोनों कवियों ने राष्ट्रीय नाट्य विद्यालय के 'श्रुति' कार्यक्रम में ये कविताएँ पढ़ीं। एक हैं—अष्टभुजा शुक्ल। वे बस्ती, उत्तर प्रदेश के हैं और संस्कृत पढ़ाते हैं। उन्होंने इस कविता में जिस तरह से आज की बात कही है, वह गौर करने लायक है। देश जहाँ जा रहा है, भूमंडलीकरण सारे शहर का नक्शा बदल रहा है और आज जो रफ्तार है, उसके बारे में कवि लिखता है :

भारत घोड़े पर सवार है,
एक हाथ में पेप्सी-कोला, दूजे में कंडोम
तीजे में रामपुरिया चाकू, चौथे में 'हरि ओम'
कितना ललित-ललाम यार है, भारत घोड़े पर सवार है।

ऊपर से देखने पर लगता है कि यह हास्य कविता है। पर यह वैसा हास्य नहीं है, जिसे आप चुटकी में उड़ा दें। इसमें नये किस्म का हास्य रस है। यह फैसला करना मुश्किल है कि किस पर हँसें, किस पर रोएँ। विकास के नाम पर जो हो रहा है, आज जो जिन्दगी की रफ्तार है, वह इतनी बढ़ गई है कि हम खुद से दूर हो गए हैं। मिर्ज़ा ग़ालिब ने 1857 के आसपास इसी बात को ऐसे कहा था :

रौ में है रक्से उम्र, कहाँ देखिए थमे,
न हाथ बाग पर है, न पा है रकाब में।

आज मिर्ज़ा ग़ालिब के डेढ़ सौ साल बाद इक्कीसवीं सदी की शुरुआत में हिन्दी का एक युवा कवि कैसे इस दौड़ पर कह रहा है, मजा ले-लेकर कह रहा है, रो-रोकर नहीं कह रहा है। सीधे-सरल शब्द हैं। वह कविता पढ़ाना सचमुच चुनौती है, जिसके शब्द सीधे-सरल हों। सीधी रेखा खींचना बहुत कठिन है। टेढ़ी लकीर खींचना आसान। टेढ़ी और जटिल कविता लिखना और पढ़ाना आसान है। पर आज की सरल कविता को समझने का तौर-तरीका दूसरा होगा। अब तक चला आया काव्यशास्त्र काम नहीं आएगा।

दूसरे युवा कवि बोधिसत्व की एक कविता है—'छोटा आदमी'। हम देखते हैं कि महान आदमी के बिना हमारा काम नहीं चल सकता। हम सब बड़े आदमी की बातें करते हैं। वाल्मीकि के समय में पूछा गया : 'कौन महान है?' उत्तर मिला : 'राम।' तो रामायण लिखी गई। आज जैसे महान लोग राजनेता हैं। उन पर लिखकर आप कुछ भी पा सकते हैं। स्वाधीनता-संग्राम के दौर में 'महामानव' का प्रचलन था। पंडित मदनमोहन मालवीय के नाम से पहले 'महामना' और गांधी से पहले 'महात्मा' शब्द जोड़ा गया। आज की दुनिया छोटे लोगों की है। मैं भी उन्हीं छोटे लोगों में से एक हूँ। इस दौर में हिन्दी का दूसरा युवा कवि लिखता है :

छोटी-छोटी बातों पर नाराज हो जाता हूँ,
भूल नहीं पाता हूँ, कोई उधार

जोड़ता रहता हूँ, पाई-पाई का हिसाब
छोटा आदमी हूँ, बड़ी बातें कैसे करूँ?

इस कविता को पढ़ने के बाद क्या हम कह सकते हैं कि कोई छोटा आदमी ऐसी कविता लिख सकता है? आज के दौर में छोटे आदमी के भीतर छिपा जो मनुष्य है, कविता उसकी याद दिलाती है। एक जमाने में पंडित नेहरू महामानव थे, उनके कपड़े पेरिस से धुलकर आते थे। एक लँगोटी वाले छोटे आदमी ने अपने जैसे करोड़ों छोटे आदमियों की ओर से जब बोलना शुरू कर दिया तो क्या हुआ, हम सब जानते हैं। इसलिए बड़ी कविता जरूरी नहीं कि हिमालय पर लिखी जाए। छोटे लोगों पर ही लिखकर प्रेमचन्द महान लेखक बने। राजभाषा हिन्दी की तुलना में हरियाणवी में लिखी कविता ज्यादा बड़ी हो सकती है। छोटे आदमियों पर बोलचाल की भाषा में लिखकर कबीर और नागार्जुन बड़े कवि बने। आज के कवियों और आलोचकों के लिए यही सबसे बड़ी चुनौती है।

[कुरुक्षेत्र विश्वविद्यालय की साहित्यिक कार्यशाला का उद्‌घाटन भाषण]

[साभार : जनसत्ता, दैनिक अखबार, 7 जनवरी, 2007]

पाठक का प्रतिनिधि होता है आलोचक

आलोचक के बारे में महाकवि निराला ने लिखा है कि 'फल के भी उर का कटु त्यागा, मेरा आलोचक एक बीज'। यानी रचनाकार फल-फूल से लदा वृक्ष होता है—फल की तरह मीठा और कोमल जबकि आलोचक बीज की तरह कड़वा और कठोर, याद करें आम की गुठली। साहित्य अकादमी के सचिव और मलयालम कवि के. सच्चिदानन्दन तथा अय्यप्प पणिक्कर तथा अन्य लोग भी जो कह रहे हैं, उससे एक चीज बार-बार ध्वनित हो रही है—थियरी, थियरी, थियरी। मैं आज जो कहने जा रहा हूँ, वह बात थोड़ी कड़वी है फिर भी मैं कहूँगा क्योंकि एक आलोचक होने के नाते मुझे कहना चाहिए। आज कुछ ज्यादा पढ़े-लिखे लोग यह चाहते हैं कि भारत में भी थियरी एक हो, जैसा पश्चिम में हुआ था। पश्चिम में जो थियरी चली या चल रही है, उसकी प्रयोगशाला फ्रांस है और कारखाना अमेरिका के विश्वविद्यालय। हमारे तुलसीदास जी लिख गए हैं कि कुछ चीजें पैदा कहीं होती हैं और शोभा कहीं और पाती हैं—'उपजहिं, अनत, अनत छवि लहीं'। ये लोग 'थियरी' के लिए त्राहि-त्राहि मचाए हुए हैं और इससे सबसे बड़ा खतरा यह हो गया है कि पढ़ना ही खत्म होता जा रहा है। यह सोच कि 'थियरी' हो जाने से भारतीय आलोचना समृद्ध हो जाएगी, बहुत सारे लोग 'थियरी-थियरी' चिल्ला रहे हैं।

पश्चिम के कई विद्वान हमें यही बता भी रहे हैं कि चूँकि आज हमारे पास कोई थियरी नहीं है इसलिए हम अपने संस्कृत काव्यशास्त्र को पुनर्जीवित करें। ठीक उसी तरह की यह बात है कि जैसे हिन्दुत्व को 'रिवाइव' करें यानी वे स्वदेशीवाद के साथ-साथ संस्कृत काव्यशास्त्र के रिवाइवल की बात कर रहे हैं। हमें याद रखना चाहिए कि उत्तर उपनिवेशवाद भी अभी तक उपनिवेशवाद ही है। उनके इस आग्रह के कई खतरे हैं जिसका एक सिरा फासीवाद तक जाता है। संस्कृत काव्यशास्त्र का आरम्भ सातवीं-आठवीं सदी में तब हुआ जब लगभग सभी महान लेखक हो चुके थे और स्वर्णयुग समाप्त हो रहा था जिसे बनाए रखने के लिए काव्यशास्त्र का विकास हुआ। पश्चिम आज हमें यह बताकर कि उस काव्यशास्त्र को रिवाइव किया जाए, यह समझा रहा है कि हम काव्य को छोड़कर 'थियरी' में ध्यान लगाएँ। हमें याद रखना चाहिए कि थियरी के लिए साहित्य एक 'इलस्ट्रेशन' है जो आलोचना

को संकीर्ण और अमानुषिक बनाती है। आनन्दवर्धन को पढ़ने से पता नहीं चल सकता कि कालिदास कितने बड़े कवि थे। इलस्ट्रेशन मॉडल बड़ी रचना को छोटा करता है क्योंकि तब आलोचना रचना की व्याख्या करने की बजाय थियरी का ही प्रतिपादन कर रही होती है।

'थियरी' से दूसरा खतरा यह है कि यह साहित्य को अमानवीय बनाती है। कविता, कहानी या उपन्यास एक जानदार चीज है, जिसका पाठक पढ़ते हुए वैसे ही स्पर्श करता है, जैसे हम जीवित प्राणियों को करते हैं। थियरी पााठक को भी अमानुषिक बनाती है। रचना को टेक्स्ट में बदल देने पर पाठक, पाठक नहीं रहता। इस पूरी प्रक्रिया में मौत अगर हुई है तो वह पाठक की हुई है। समालोचक अन्ततः एक पाठक ही है। डॉ. जॉनसन ने अंग्रेजी में दो शब्दों का प्रयोग किया है—'कॉमन रीडर' और 'कॉमनसेन्स'। इसे अमेरिकी नहीं समझ सकते। हो सकता है कि डॉ. जॉनसन के लिए 'कॉमन रीडर' एक मुखौटा रहा हो, जिसकी आड़ में वे फैसले दिया करते थे। इस परम्परा को बीसवीं सदी में वर्जीनिया वुल्फ ने रिवाइव किया जिसे उनकी प्रसिद्ध पुस्तक 'ए रूम ऑफ वन्स ओन' में देखा जा सकता है। इस परम्परा में 'नॉन प्रोफेशनल' और 'नॉन टेक्निकल' ढंग से आलोचना लिखी जा सकती है बशर्ते कि कॉमन रीडर को ध्यान में रखा जाए। गरज यह है कि 'थियरी' के आतंक में पाठक की मृत्यु हो चुकी है। दूसरी ओर आलोचना की दुनिया में कुछ विद्वान कूटभाषा में विद्वानों के लिए बड़े-बड़े शोधपत्र लिख रहे हैं। ये लोग कॉमन रीडर को हिकारत से देख रहे हैं। इन्हें लगता है कि यदि इनके पास एक थियरी हो जाएगी तो ये सम्पन्न हो जाएँगे। आलोचना की असली चुनौती थियरी नहीं, उसका कॉमन रीडर को पुनर्जीवित करना है।

यदि हम आजादी के पहले और उसके बाद की आलोचना के विकास को देखें तो स्पष्ट होगा कि आलोचना का सीधा सम्बन्ध संस्थान से है। थियरी एक दिन में नहीं बनती। संस्कृत काव्यशास्त्र को विकसित होने में डेढ़ हजार साल लगे। लम्बी गुरु-शिष्य परम्परा के बाद 'रस' और 'ध्वनि' के कवि तक पहुँचा जा सका। जब इस देश में विश्वविद्यालय नहीं थे तो आलोचना का एक ही माध्यम था—पत्र और पत्रिकाएँ। फिर आचार्य रामचन्द्र शुक्ल काशी विश्वविद्यालय और आचार्य हजारीप्रसाद द्विवेदी विश्वभारती जैसी संस्था से जुड़े थे। अब सौ साल में कोई थियरी कैसे विकसित हो सकती है? आज भारत में आलोचना के ह्रास का बड़ा कारण है कि हमारे बड़े-बड़े शिक्षा संस्थानों का पतन हो चुका है। कविता, कहानी और उपन्यास संस्थानों से बाहर लिखे जा सकते हैं, पर आलोचना के लिए संस्थान जरूरी है। नाटक के लिए भी संस्थान जरूरी है।

जिस कॉमन रीडर की बात डॉ. जॉनसन और वर्जीनिया वुल्फ ने की, उसे आचार्य रामचन्द्र शुक्ल ने 'लोक हृदय' कहा है। लेखक, आलोचक का हृदय लोक

से मिला होता है। इस बीच हमने शब्दों का लगातार अपमान और निरादर किया है। शब्द को पवित्र माना गया है। संस्कृत में कहा गया है कि 'एक ही शब्द जानो, ठीक से जानो।' रचना को फिर से 'टेक्स्ट' से मानुषिक बनाना है। दु:खद यह हुआ कि आलोचक कविता, कहानी या उपन्यास पढ़ते हुए, सहृदय पाठक का कृति के प्रति अनुराग की बजाय, उससे 'थियरी' स्त्री-विमर्श, दलित-विमर्श, आधुनिकता, उत्तर आधुनिकता आदि विचार ढूँढ़ने में लग गए हैं। हम पढ़ने का आनन्द भूल गए हैं, जिसे रोला बाथ 'प्लेजर ऑफ टेक्स्ट' कहते हैं। हम जब कोई रचना पढ़ते हैं तो समस्त इन्द्रियों से पढ़ते हैं। हम रचना को छूते हैं तो वैसे ही जैसे हम किसी जानदार चीज को छूते हैं। थियरी लिखना तो बड़ा आसान है। एक सेमेस्टर में थियरी लिख सकते हैं पर पढ़ना तो जिन्दगी भर का काम है। पोलैंड के प्रथम नोबेल पुरस्कार विजेता कवि चेश्वा मियोश (जो देश छोड़कर अमेरिका चले गए थे और अब वापस आ गए हैं) अपनी एक कविता में कहते हैं, 'तुमने मुझसे पूछा/ग्रीक (भाषा) में बाइबल पढ़ने का क्या फायदा/मैंने जवाब दिया कि यही उचित है कि हम अपनी उँगली फिराएँ/उन अक्षरों पर जो ज्यादा टिकाऊ हैं/बजाय उनके जो पत्थर पर खुदे हैं/और धीरे-धीरे प्रत्येक अक्षर का उच्चारण करें/और इस तरह भाषा की सच्ची गरिमा की खोज करें'। यानी साहित्य को पढ़ना एक मानवीय प्रक्रिया है। भारत में साहित्यिक समालोचना के क्रम में आज दुनियाभर के नवीनतम मतों या सिद्धान्तों की चर्चा की जा रही है। ये सारे मत पिछले दो दशकों से प्रचलित उत्तर आधुनिकतावाद और उत्तर संरचनावाद की विचारधारा से जुड़े हुए हैं। भारतीय आलोचना के सन्दर्भ में उन सिद्धान्तों की चर्चा करते हुए यह चिन्ता जताई जा रही है कि उन पश्चिमी सिद्धान्तों का पूरी तरह उपयोग न करने के कारण हम बहुत पिछड़े हुए हैं। साहित्य अकादमी द्वारा आयोजित राष्ट्रीय संगोष्ठी में पढ़े गए कई पर्चों में यह बात उठाई गई। इस क्रम में विशेष रूप से 'द एम्पायर राइट्स बैक' नाम की किताब का जिक्र किया गया जिसके लेखक एशक्राफ्ट, ग्रिफिथ्स और टिफिन हैं। 1989 में प्रकाशित इस किताब में भारतीय आलोचकों द्वारा प्राचीन संस्कृत काव्यशास्त्र को पुनर्जीवित करने का सुझाव दिया गया है। गरज कि इन लेखकों का जोर साहित्य सिद्धान्त पर है यानी कि आज भारतीय समालोचना की सबसे बड़ी चिन्ता एक साहित्य सिद्धान्त रचने की है।

मेरी समझ में हमारे सामने आज का मुख्य मुद्दा साहित्य सिद्धान्त नहीं है। यहाँ मैं स्पष्ट कर देना चाहूँगा कि प्रस्तुत प्रसंग में 'सिद्धान्त' से मेरा क्या आशय है। उत्तर आधुनिक विचारक 'थियरी' शब्द का प्रयोग करते हैं जिसके लिए हमारी प्राचीन परम्परा में 'मत', 'दृष्टि' और 'शास्त्र' शब्द का प्रयोग होता रहा है। अब इधर कुछ वर्षों से हिन्दी में 'थियरी' के लिए 'सिद्धान्त' शब्द प्रचलित है। कठिनाई यह है कि अंग्रेजी के 'प्रिंसिपल' को भी और कभी-कभी 'आइडियोलॉजी' शब्द

के लिए भी हिन्दी में सिद्धान्त शब्द का प्रयोग किया जा रहा है। इस कारण अक्सर भ्रम पैदा होते हैं इसलिए मैं 'सिद्धान्त' की जगह फिलहाल 'थियरी' शब्द के प्रयोग को ही निरापद समझता हूँ। बहरहाल, स्वयं इंग्लैंड और अमेरिका की अंग्रेजी आलोचना में 'थियरी' के विरोध का स्वर उग्र से उग्रतर हो रहा है और हम हैं कि उसी थियरी को आयात करने को व्याकुल दिखाई दे रहे हैं। पश्चिम में जब से 'थियरी' का बोलबाला हुआ है, साहित्यिक कृतियों को पढ़ने में रुचि कम हो गई है जिसे साहित्य के लिए खतरा समझा जा रहा है। ऐसी स्थिति में भारत में 'थियरी' की हिमाकत का क्या मतलब?

'थियरी' आलोचना को संकीर्ण और एकांगी बनाती है। कार्ल मार्क्स ने अपनी पुस्तक 'जर्मन आइडियोलॉजी' में लिखा है कि 'मैंने हीगेल का सारा दर्शन जो सिर के बल खड़ा था, उसे पैर के बल खड़ा कर दिया।' उनके अनुसार आइडियोलॉजी माने मिथ्या चेतना—एक अधूरी आत्मछवि। मार्क्स ने आइडियोलॉजी के बरक्स विज्ञान को महत्त्व दिया। मार्क्सवाद आइडियोलॉजी नहीं, विज्ञान है। मार्क्स ने कहा भी कि 'मैं खुद मार्क्सवादी नहीं हूँ।' जैसे ही आप किसी 'वाद' के शिकार होते हैं, आपकी दृष्टि एकांगी हो जाती है। इसका असर हम अपनी आलोचना पर देख सकते हैं। गौतम बुद्ध ने इसे 'दिड्ढी' कहा और सभी 'दिड्ढियों' का विरोध किया। जयशंकर प्रसाद ने 'कामायनी' में एक जगह लिखा है :

'सब कहते हैं खोलो-खोलो, छवि देखूँगा जीवन धन की। आवरण सभी बनते जाते, है भीड़ लग रही दर्शन की'। यानी जिसे देखने के लिए हर आदमी पहुँचता है, कतार बनती जाती है और दूसरों के लिए यही भीड़ आवरण (बाधा) बन जाती है। यहाँ 'दर्शन' का प्रयोग 'श्लेष' में किया गया है। सभी दर्शन तो सत्य को देखने के लिए गढ़े जाते हैं पर यही दर्शन सीमित होकर सत्य को पूरी तरह देखने में बाधक बन जाता है। यदि हम किसी खास दर्शन या थियरी के चश्मे से देखेंगे तो साहित्य के मर्म तक नहीं पहुँच सकते। संस्कृत काव्यशास्त्र में यद्यपि आनन्दवर्धन ने ध्वनिमत की स्थापना की पर वे स्वयं अपने ग्रन्थ 'ध्वन्यालोक' में कहते हैं : 'न सर्वत्र ध्वनि रागिणा भवितव्यम्'; अर्थात् सभी जगह ध्वनि ही नहीं देखनी चाहिए। इसलिए किसी रचना की व्याख्या अपने सिद्धान्त के आग्रह से मुक्त होकर एक सहृदय की तरह करनी चाहिए। प्राचीन काव्यशास्त्र के तीन विद्वान—आनन्दवर्धन, अभिनवगुप्त और कुन्तक—के सिद्धान्त अलग-अलग हैं। पर जब वे किसी कविता की व्याख्या करते हैं तो एक सहृदय की तरह करते हैं, न कि सिद्धान्तकार की तरह। आनन्दवर्धन शैव हैं पर जब वे एक बौद्ध धर्मकीर्ति की कविताओं की व्याख्या करते हैं तो एक सहृदय की तरह।

जाक देरिदा ने जब कहा था कि 'टेक्स्ट' के बाहर कुछ भी नहीं है—तो इसका गहरा अर्थ है यानी कि जो शब्द या साहित्य है, वह टेक्स्ट है और जो बाहर है, वह

समाज है, वह भी टेक्स्ट ही है। जैसे 'महाभारत' एक टेक्स्ट है और उस समय के समाज के बारे में हमें जिन अन्य ग्रन्थों, अभिलेखों और पुरातात्त्विक सामग्रियों से जानकारी मिलती है, वह भी टेक्स्ट ही है। महाभारत युग का समाज है वह भी टेक्स्ट ही है। देरिदा से काफी पहले कबीर ने अपने दोहे में लिखा :

जल में कुम्भ-कुम्भ में जल है, बाहर भीतर पानी।
फूटा कुम्भ, जल जलहि समाना, यह तत् कहऊ गियानी॥

इस दोहे से हम समालोचना की अर्थ-मीमांसा की प्रक्रिया को समझ सकते हैं। कोई कविता या कहानी कुम्भ है और जल बाहर का संसार है। जो जल है, वह कुम्भ यानी रचना में भी है और बाहर भी है। यह दुनिया एक आईनाखाना है जिसमें परस्पर तसवीरों से अर्थ खुलते हैं। यदि कबीर को देरिदा के बरक्स पढ़ें तो कई अर्थ खुलेंगे। जिसे देरिदा आगे 'इंटरटेक्सटुअलिटी' कहते हैं। यह रीडिंग यानी अर्थ-मीमांसा ही आलोचना का मूल है जिसके लिए रचना-रूपी घड़े को फोड़ना पड़ता है, संसार से मिलना पड़ता है। आलोचक एक ही कृति में देखता है जो दूसरों ने अभी तक नहीं देखा। इसलिए पाठक केवल रचना पढ़ता नहीं, उसका नया टेक्स्ट रचता है। रचना के अर्थ की कई तहें होती हैं। विद्यापति ने भी कहा है—'सुन्दर वह है जो सदा-सदा नया दिखे।' यही कविता का भी सौन्दर्य है। जो कविता पाँच सौ साल पहले सुन्दर थी, वह आज भी सुन्दर है। पर आज कोई नया आलोचक उसमें नया अर्थ, नई सुन्दरता देखता है। अब इस नये अर्थ को देखने में जरूरी नहीं कि 'थियरी' मददगार ही हो, पर इसका फैसला कौन करेगा कि यह सौन्दर्य कितना कविता में है या कितना देखनेवाले की आँख में?

इसलिए कृति के साथ सहृदय संवाद जरूरी है। जिस तरह तैरने की किताब पढ़कर तैरना नहीं सीखा जा सकता, उसी तरह केवल 'थियरी' पढ़कर समालोचना नहीं की जा सकती। आज अधिकतर आलोचक थियरी बहुत जानते हैं पर कविता पढ़ना ही नहीं जानते। लेकिन यदि आलोचक के पास लोक-हृदय की समझ नहीं है तो वह नितान्त व्यक्तिवादी समीक्षा करने लगेगा। अच्छी आलोचना तभी होगी जब आलोचक स्वयं को डिक्लास करके साधारण पाठक की नजर से पढ़ेगा—लोक की धड़कन से उसके दिल की धड़कन जुड़ेगी। उसे यह सोचना चाहिए कि उसी रचना को एक स्त्री या एक दलित कैसे पढ़ेगा। लोक कोई अमूर्त अवधारणा नहीं है। आलोचक तो कॉमन रीडर का प्रतिनिधि होता है। वाल ट्रीट मैन कहा करते थे : 'हम जब किसी किताब को छूते हैं तो किसी बेजान चीज को नहीं, किसी जीते-जागते मनुष्य को छूते हैं।'

[साभार : राष्ट्रीय सहारा, दैनिक अखबार, 3 मार्च, 2002]

प्रगतिशील साहित्य आन्दोलन के पचास वर्ष

आप में से अनेक लोग जानते होंगे कि 1936 में लखनऊ में 'प्रगतिशील लेखक संघ' का जो पहला अधिवेशन हुआ था, उसमें जिन लोगों ने सक्रिय रूप से भाग लिया था, उनमें फ़िराक़ गोरखपुरी भी एक थे और डॉ. सैयद सज्जाद ज़हीर ने अपनी 'रोशनाई' में बड़े विस्तार से फ़िराक़ गोरखपुरी के उस लेख और भाषण का जिक्र किया है। अगर उस समय फ़िराक़ गोरखपुरी की उम्र 40 साल की थी, यह संयोग ही है कि आज का समारोह एक तरह से फ़िराक़ साहब की 90वीं वर्षगाँठ ठीक-ठीक नहीं, तो वर्ष से जुड़ा हुआ है। प्रगतिशील आन्दोलन में उनके अलावा एक तरह से देखा जाए तो गोरखपुर का काफी महत्त्वपूर्ण योगदान रहा है। मजनूँ गोरखपुरी ने भले ही पहले अधिवेशन में भाग न लिया हो लेकिन प्रगतिशील साहित्य आन्दोलन में और खास करके तरक्कीपसन्द तनकीद में बड़ी अहम भूमिका मजनूँ गोरखपुरी ने निभाई है और भले ही प्रेमचन्द बनारस के हों लेकिन उनकी जिन्दगी का बहुत बड़ा हिस्सा गोरखपुर से जुड़ा हुआ है और यहाँ रहते हुए यही नहीं कि उन्होंने महत्त्वपूर्ण साहित्य लिखा बल्कि अपनी जिन्दगी का जो महत्त्वपूर्ण निर्णय था—सरकारी नौकरी छोड़कर गांधी जी के आह्वान पर साहित्य के लिए अपना समूचा जीवन समर्पित किया, वह जगह गोरखपुर ही है। इसलिए मैंने कहा कि गोरखपुर को यह हक हासिल है कि वह प्रगतिशील आन्दोलन की स्वर्ण जयन्ती में सक्रिय योग दे, मनाए उसका जलसा, जश्न करे और इसलिए प्रगतिशील साहित्य आन्दोलन की स्वर्ण जयन्ती का यह आयोजन सर्वथा उचित है।

मित्रो, शायद स्वर्ण जयन्ती का वर्ष यों ही गुजर जाता और गोरखपुर में खामोशी रहती अगर यहाँ स्वयं कोई स्वतंत्र प्रगतिशील लेखक संगठन नहीं होता। खुशी की बात है कि वह चिराग जो कभी जला था—वह भले ही बीच-बीच में जलता हुआ नहीं दिखाई पड़ता रहा हो लेकिन आज भी अखिल भारतीय प्रगतिशील लेखक संघ की एक इकाई गोरखपुर में सक्रिय है और अनेक सर्जक, विचारक और चिन्तक इस इकाई से या तो जुड़े हैं या इससे प्रेरणा ले रहे हैं। इसलिए इस इकाई की जीवन्तता का यह सबूत है कि गोरखपुर भी स्वर्ण जयन्ती समारोह का आयोजन करने में सक्षम हो सका है और निश्चय ही इसके साथ यह उम्मीद की

जानी चाहिए कि छोटी-सी इकाई कोई बड़ा समारोह नहीं कर सकती है यह समारोह तभी सम्भव होता है जब वहाँ के सार्वजनिक जीवन में, वहाँ के बौद्धिक वातावरण में, वहाँ के साहित्यिक परिवेश में उस भावना के प्रति व्यापक सहानुभूति हो, सहमति हो या न हो किन्तु एक बड़े उद्देश्य के लिए स्थापित संस्था के प्रति यदि सहानुभूति का भाव मौजूद हो तभी यह सम्भव हो पाता है कि कोई भी संस्था इस तरह का आयोजन कर सकेगी। इसलिए मैं गोरखपुर के साहित्यकारों और साहित्य-प्रेमियों को विशेष रूप से बधाई देना चाहता हूँ कि वे अपनी साहित्यिक और सांस्कृतिक विरासत की एक महत्त्वपूर्ण कड़ी के प्रति अपने हृदय में अपनी परम्परा के अनुरूप सहानुभूति का, उदारता का, सद्भाव का, सहयोग का भाव रखते हैं जिसके कारण यह आयोजन सफल हो सका है।

मित्रो, वस्तुत: प्रगतिशील लेखक या साहित्य आन्दोलन की ऐतिहासिक भूमिका पर विधिवत् गोष्ठी तो उद्घाटन समारोह के बाद रखी गई है। किन्तु कुछ शब्द प्रगतिशील लेखक संघ की ऐतिहासिक भूमिका के बारे में आरम्भ में मैं निवेदन कर देना चाहता हूँ और अपनी बात कहने के लिए मैं फ़िराक़ साहब के उस भाषण के अंश को ही प्रस्थान बिन्दु बनाना चाहता हूँ जो उन्होंने 1936 में लखनऊ में अधूरे लेख के रूप में प्रस्तुत किया था और शेष उन्होंने अपनी आदत के मुताबिक अपने विलक्षण भाषण के द्वारा पूरा किया था। मैं देख रहा था कि उसमें एक महत्त्वपूर्ण बात जो उन्होंने कही थी और अक्सर बाद के दिनों में भी जिसकी चर्चा किया करते थे, वह पहले आदमी थे जिन्होंने उस अवसर पर निबन्ध पढ़नेवालों में प्रगतिशील चेतना की परम्परा को भारत के 19वीं सदी के नवजागरण से जोड़ा था। उनका पूरा लेख और भाषण इस बात पर बल देनेवाला था कि 19वीं सदी में सच्चे अर्थों में जब आधुनिक भारत के आरम्भ की नींव पड़ी थी और अनेक तथाकथित समाज सुधार वाले आन्दोलनों के द्वारा तथा नये बौद्धिक चिन्तन के द्वारा जो परम्परा शुरू हुई थी, दरअसल उसी का विकास 20वीं सदी में या तो रोमांटिक आन्दोलन के रूप में हुआ और आगे चल करके जिसे हम प्रगतिशील आन्दोलन कहते हैं या प्रगतिशील चेतना कहते हैं, वह उसी विकास का फल है।

मित्रो, इस बात को कहने की जरूरत इसलिए है कि बहुत दिनों तक प्रगतिशील आन्दोलन के बारे में इस तरह की बातें प्रचारित की जाती रहीं कि इसकी स्थापना तो भारत के बाहर लन्दन में कुछ अंग्रेजी पढ़े-लिखे बुद्धिजीवियों ने की थी, जिसका इस देश की जमीन और देश के साहित्य और संस्कृति की परम्परा से कोई सम्बन्ध नहीं रहा, अचानक पश्चिम का बिरवा है जो इस धरती पर रोप दिया गया है। फ़िराक़ साहब ने अपने उस लेख में जिस बात की ओर संकेत किया था, वह बहुत महत्त्वपूर्ण है कि 19वीं सदी की विरासत, जिसे हम अनेक लोग नवजागरण के रूप में, कुछ पुनर्जागरण के रूप में, कुछ लोग उसे पुनरुत्थान के रूप में और

कभी-कभी कुछ लोग केवल समाज-सुधार के आन्दोलनों के रूप में याद करते हैं जो सारे भारत में और भारत के विभिन्न प्रदेशों में—बंगाल में वह नवजागरण शुरू हुआ राजा राममोहन राय के साथ, महाराष्ट्र में चिपलूणकर आदि ने उसे शुरू किया और फिर वह हिन्दी भाषा-भाषी प्रदेश में आर्यसमाज के रूप में, दयानन्द के द्वारा आरम्भ हरिश्चन्द्र से जुड़ी हुई है और उसी के समानान्तर सर सैयद अहमद खाँ का अलीगढ़ आन्दोलन जुड़ा हुआ है। यह उन्नीसवीं सदी का नवजागरण क्या था और इसकी कौन-सी विरासत है जो प्रगतिशील आन्दोलन को मिली थी। इसकी ओर हमारा ध्यान जाना चाहिए। ध्यान दिलानेवालों में सम्भवतः फ़िराक़ गोरखपुरी पहले आदमी हैं।

मित्रो, इस 19वीं सदी के पुनर्जागरण की और तमाम चीजों के अलावा जो एक मुख्य बात थी जिसे प्रगतिशील लेखक संघ के प्रथम घोषणापत्र में बहुत ही जोरदार शब्दों में कहा गया है और वह है—रैशनलिज्म या बुद्धिवाद। स्वयं आगे चल करके प्रगतिशील आलोचकों में भी उस बुद्धिवाद पर आपत्ति भी की गई है। लेकिन 19वीं सदी में पहली बार इस बुद्धिवाद पर नया बल दिया गया। यद्यपि बुद्धिवादी परम्परा इस देश में बहुत पुरानी है। भारतीय दर्शन पर जिन लोगों ने लिखा है और आप में से अधिकांश विद्वान भली भाँति परिचित हैं, कि वह बौद्धिक परम्परा की और चीजों को छोड़ भी दें तो स्वयं बौद्ध मत और बुद्ध नाम ही उसका प्रमाण है कि यह बौद्धिक परम्परा इतनी पुरानी रही है जो अन्धविश्वास के विरुद्ध शुद्ध श्रद्धा के विरुद्ध अनेक बातों को सहसा स्वीकार करने के विरुद्ध, सच-झूठ को सत्य-असत्य बुद्धि की कसौटी पर निर्ममता से परखकर देखा जाए, यह बुद्धिवादी परम्परा, बौद्धिक परम्परा इस देश की बहुत पुरानी रही है—बावजूद इसके, बीच में ऐसे भी अवसर आए हैं जब यह बुद्धिवादी धारा मन्द पड़ी है। 19वीं सदी के विचारकों ने अपनी परम्परा के प्रति, अपने अतीत के प्रति यही बुद्धिवादी दृष्टिकोण के अनुसार उन्होंने पुरानी परम्परा के उन धार्मिक विश्वासों या अन्धविश्वासों के सम्मुख प्रश्नचिह्न लगाया था। उन्होंने धार्मिक भेदभाव के विरुद्ध भी प्रश्नचिह्न लगाया था। उन्होंने जाति-पाँत, छुआछूत अथवा नारी के बारे में दृष्टिकोण क्या होना चाहिए और जो दृष्टिकोण अब तक रहा है—उस दृष्टिकोण के सम्मुख प्रश्नचिह्न लगाया था। 19वीं सदी की यह बुद्धिवादी चेतना जिसकी बहुत आवश्यकता थी, शायद पश्चिम के आलोक में वह विज्ञान भी हो सकता है, पश्चिम का दर्शन भी हो सकता है, किन्तु अपनी परम्परा के प्रति यह बुद्धिवादी आलोचनात्मक दृष्टिकोण 19वीं सदी की वह देन है जिसे दृढ़ता के साथ प्रगतिशील आन्दोलन ने अपनाया और अपने घोषणापत्र में प्रमुखता के साथ इसे स्थान दिया था। किन्तु इसके साथ ध्यान देने की एक और बात है। जब आलोचना की गई कि प्रगतिशील आन्दोलन बाहर से आयात किया हुआ है, यहाँ की परिस्थितियों से उत्पन्न और

परम्परा का क्रमागत विकास नहीं है तो प्रतिक्रियास्वरूप इस क्रमागत विकास पर इतना बल दिया गया कि लगभग यह मान लिया गया कि यदि प्रगतिशील लेखक संघ जैसी कोई चीज न होती तब भी भारतीय चिन्तनधारा का स्वाभाविक विकास 1930 के बाद प्रगतिशील चेतना के रूप में होता ही। इस बीच कई इस तरह के विचार व्यक्त करनेवाले चिन्तक-विचारक सामने आए हैं जिन्होंने रेखांकित करना चाहा है कि प्रगतिशील आन्दोलन 19वीं सदी की ही नहीं बल्कि उससे पहले की भी भारतीय चिन्तनधारा का क्रमागत विकास है। जिस यथार्थवाद पर प्रगतिशील साहित्य आन्दोलन ने बल दिया था उस यथार्थवाद की शुरुआत तो 1936 के पहले 1930 के आसपास ही हो चुकी थी और जिस यथार्थवाद की शुरुआत 1930 के आसपास हिन्दी में हुई थी जिसके अनेक उदाहरण प्रेमचन्द के उपन्यासों में मिलते हैं। यही नहीं बल्कि उस काल की छायावादी कविताओं में भी मिलते हैं, जिसका संकेत किया गया है। एक दूसरा शब्द इस्तेमाल किया गया कि प्रगतिशील आन्दोलन में यह यथार्थवादी चेतना लगभग स्वत:स्फूर्त है (Spontaneous) है। प्रगतिशील आन्दोलन की ऐतिहासिक भूमिका पर विचार करते हुए इन दोनों बातों पर विचार करना बहुत जरूरी है कि क्या यह क्रमागत विकास मात्र है, दूसरी बात यह कि क्या यह स्वत:स्फूर्त है? यदि संगठित रूप से प्रयास न किया गया होता तब भी 1930 के बाद समूचा हिन्दी साहित्य अथवा कहना चाहिए—भारतीय साहित्य अपने-आप ही इस दिशा की ओर मुड़ता, इसके लिए किसी संगठित प्रयत्न की जरूरत नहीं थी।

मित्रो, इतिहास आम तौर से ऐसे प्रश्न की अनुमति नहीं देता और वह यह कि 'जो यह होता तो क्या होता...यह न हुआ होता तो क्या हुआ होता... ?' स्थिति यह है कि 1936 में संगठित रूप से जिस प्रगतिशील आन्दोलन की शुरुआत की गई, वह अब इतिहास का तथ्य है। इसलिए इस रूप में बहस करना कदाचित् सम्भव नहीं हो पाएगा कि यदि वह संगठित प्रयास न हुआ होता तो यथार्थवादी चेतना का विकास इसी रूप में होता या वह कोई दूसरा रूप लेती। सच्चाई यही है कि 1936 में इस देश की विभिन्न भारतीय भाषाओं से बुद्धिजीवियों, लेखकों और साहित्यकारों ने प्रेमचन्द के नेतृत्व में संगठित प्रयास करके इतिहास की धारा को बदलने और तोड़ने की कोशिश की और इसकी चेतना उस काल के लेखकों में भी अच्छी तरह थी जिसे एक दूसरे मार्क्सवादी विचारक ने ऐसे परिवर्तनों के बारे में कहा है कि आम तौर से यह क्रमागत विकास और क्रमागत परिवर्तन के रूप में इतिहास को देखना एक दृष्टि है लेकिन दरअसल महत्त्वपूर्ण परिवर्तन इतिहास के नैरन्तर्य में विस्फोट के रूप में हुआ करते हैं। वाल्टर बेंजामिन ने इतिहास पर अपनी थीसिस—करीब 13 या 14 लिखते हुए एक जगह उल्लेख किया है और इसलिए मैं जिस बात पर बल देना चाहता हूँ कि प्रगतिशील आन्दोलन भारतीय साहित्य में अपनी

ऐतिहासिक भूमिका इस रूप में निभाता है कि वह इतिहास के नैरन्तर्य में एक विस्फोट की तरह आता है। यही वजह है, यदि यह विस्फोट न होता तो इस संगठन और इस आन्दोलन को लेकर जितनी प्रतिक्रियाएँ हैं, आज भी इसकी भूमिका विवाद के केन्द्र में जिस रूप में बनी हुई है, यह अपने-आपमें प्रमाण है कि यह क्रमागत विकास नहीं था। क्रमागत विकास सामान्यत: बिना विवाद के सिरे से स्वीकार कर लिया जाता है। जब कोई विप्लव होता है, कोई युगान्तरकारी परिवर्तन होता है और यह धक्के देते हुए होता है तब ध्यान भी आकृष्ट करता है, विवाद का विषय भी बनता है और कभी-कभी विरोध का निशाना बनता है। प्रगतिशील आन्दोलन के साथ 1936 में जिस प्रखर चेतना का सूत्रपात हुआ, वह इसी अर्थ में इतिहास के नैरन्तर्य में विस्फोट है। 'प्रगति' शब्द को लेकर भी बहुत बहस हुई है हिन्दी में। गति, प्रगति, अगति, दुर्गति आदि अनेक शब्दों के द्वारा कभी मजाक उड़ाते हुए, मखौल उड़ाते हुए और कभी इसके वास्तविक अर्थ की व्याख्या करते हुए बहुत बहस की गई है। यदि यह प्रगति क्रमागत विकास ही थी, गति की सहज स्वाभाविक प्रक्रिया थी जिसे इवोल्यूशन (Evolution) के रूप में आप मानते हैं, अगर रिवोल्यूशन या क्रान्ति नहीं थी तो फिर गति से ही काम चल सकता था। 'प्रगति' शब्द रखने का मुख्य उद्‌देश्य कदाचित् उन आरम्भकर्ताओं के मन में यही था कि यह विस्फोटक क्रान्तिकारी घटना रही है जो इतिहास की दिशा को बदलने और मोड़नेवाली दिशा रही है। हिन्दी के प्रसिद्ध कवि और विचारक गजानन माधव मुक्तिबोध ने उसके कुछ ही वर्षों बाद 1942 में एक छोटा-सा लेख लिखा था जो मुक्तिबोध रचनावली में प्रकाशित है, जिसमें उन्होंने इस घटना की ओर ध्यान आकृष्ट किया है कि प्रगतिवाद साहित्य में सैनिक रूप में आया था और इसका स्वरूप बहुत कुछ मूर्तिभंजक जैसा था। आपको स्मरण होगा कि युवा प्रगतिशील विचारकों, आलोचकों ने उस दौर में बड़ी-बड़ी पुरानी और समकालीन हस्तियों पर जिस प्रकार से प्रहार किए थे, उनमें मूर्तिभंजन का स्वर बहुत प्रधान था। यह स्वर सही था या गलत, यह दूसरा प्रश्न है लेकिन प्रगतिशील आन्दोलन के युवा लेखकों ने जो रुख अपनाया था अपने अतीत के बारे में ही नहीं, अपने वर्तमान के बारे में भी, और जितनी प्रखर आलोचनात्मक दृष्टि अपनाई थी, उसमें उनका सैनिक रूप अथवा मूर्तिभंजक रूप कहीं ज्यादा प्रबल था और खास तौर से रोमांटिक या हिन्दी में छायावादी विद्रोह के बाद, विद्रोह का एक दूसरा स्वरूप था जो केवल विद्रोह नहीं बल्कि क्रान्तिकारी था। इसलिए अपने आरम्भ में प्रगतिशील आन्दोलन भारतीय साहित्य की उस धारा को बदलनेवाला था जो क्रमागत 19वीं सदी की चिन्ता धारा के रूप में आ रही थी, उस परिवर्तन बिन्दु का मुख्य आधार था। वह स्वयं अपने स्वाधीनता-संग्राम के इतिहास और विकास से जुड़ा हुआ था। उस समय तक स्वाधीनता-संग्राम कांग्रेस के नेतृत्व में और खास तौर से गांधी जी

के नेतृत्व में जिस दिशा की ओर अग्रसर हो रहा था जिसमें यद्यपि लगभग 20-25 वर्ष केवल इस निर्णय के लिए कि हमको पूर्ण स्वराज्य चाहिए या नहीं चाहिए और पूर्ण स्वराज्य का निर्णय लेने के बाद ही स्वराज्य किसके लिए होगा, समाज के किस वर्ग के लिए होगा, आम जनता के लिए होगा, किसानों के लिए, मजदूरों के लिए, छोटे जमींदारों के लिए, मध्य वर्ग के लिए अथवा देश के नये उभरते पूँजीपतियों के लिए, बड़े जमींदारों के लिए या राजाओं के लिए और आप भली भाँति जानते हैं कि लाहौर के उस प्रस्ताव के बाद भी कांग्रेस का स्वाधीनता-संग्राम जो दिशा ले रहा था, वह उस समय तक भी साधारण जनों के हक में उतना नहीं था। यही नहीं बल्कि स्वयं ब्रिटिश साम्राज्य के साथ भी निर्णय साम्राज्यवादी दृष्टि, साम्राज्यवाद विरोधी दृष्टि नहीं अपना पा रहा था। यदि प्रचलित जॉर्गन की भाषा में कहें तो वह स्वाधीनता-संग्राम सुसंगत रूप से साम्राज्यवाद विरोधी और सामन्तवाद विरोधी रूप या दिशा अख्तियार नहीं कर सका था। सन् 1936 के आसपास भारतीय राजनीति में भी महत्त्वपूर्ण परिवर्तन हुए थे। उस गांधीवादी विचारधारा में एक ऐसा हिस्सा था राजनीति कर्मियों का जिसका मोह भंग हो रहा था, हो चला था और समाजवाद का नारा सुनाई पड़ने लगा था। किसान संगठन बने थे, किसान आन्दोलन भी हुए, मजदूर संगठन बने। स्वयं कांग्रेस के अन्दर सोशलिस्ट पार्टी कायम हुई और कम्यूनिस्ट पार्टी ने अधिक व्यापक आधार प्राप्त करने का प्रयास किया। इन राजनीतिक घटनाओं से आप भली भाँति परिचित हैं। इसलिए उस ब्यौरे में नहीं जाना चाहता। लेकिन स्वाधीनता-संग्राम भी लगभग 1930 के बाद, 1930-36 के आसपास, एक नया मोड़ ले रहा था, नई दिशा ग्रहण कर रहा था और जिसके समानान्तर साहित्य और संस्कृति के क्षेत्र में परिवर्तन होने चाहिए थे और उस परिवर्तन में जिस संगठन ने अगुवाई की, वह था प्रगतिशील लेखकों का संगठन। इसलिए 1936 का वर्ष भारतीय साहित्य में राजनीति के समान ही एक महत्त्वपूर्ण युगान्तरकारी घटना है और उस घटना को आज भी स्मरण करना इसलिए आवश्यक है कि जहाँ से हमने शुरू किया था तब से अब तक के 50 वर्षों में भारतीय राजनीति के समानान्तर, साथ-साथ साहित्य और संस्कृति के क्षेत्र में ऐसे कौन-से काम हुए, हुए या नहीं हुए, कर पाए या नहीं कर पाए, उसका लेखा-जोखा हमेशा, नहीं तो कम-से-कम, ऐसे 50 वर्षों के बाद, 25 वर्षों के बाद समय-समय पर इसका मूल्यांकन हमेशा उपयोगी होता है।

मित्रो, ऐसे अवसरों पर आम तौर से एक 'नास्टेल्जिया' का भाव होता है। अतीत बड़ा स्वर्णिम मालूम होता है, वर्तमान बड़ा ही निराशाजनक और कभी-कभी अग्रिम भी हुआ करता है। 1936 के दिन, सम्भव है, आज बहुत ही स्वर्णिम युग के रूप में प्रतीत हों और कहनेवाले कह सकते हैं और हमारे यहाँ आजकल देखा जाता है कि बहुत-से लोग अपने अतीत के दिनों को याद करके वर्तमान की

कमजोरियों को ढक लिया करते हैं। सन् 1936 से जिस आन्दोलन की शुरुआत हुई, स्वाधीनता के समय तक, आज भी वे दिन स्वर्ण युग के समान प्रतीत होते हैं। थे या नहीं, आज लग रहे हैं जैसेकि अतीत स्वर्णिम प्रतीत होता ही है। जब वह वर्तमान रहा होगा तब वह शायद उतना सुन्दर और भव्य नहीं प्रतीत होता रहा होगा, लेकिन आज लग रहा है इसलिए इसकी भी जाँच-पड़ताल की जानी चाहिए। लेकिन केवल स्वाधीनता के पहले तक ही प्रगतिशील आन्दोलन के कृतित्व का उल्लेख करके कदाचित् हम अपने दायित्व का निर्वाह नहीं कर सकेंगे, न उसकी ऐतिहासिक भूमिका का पूरा-पूरा आकलन ही कर पाएँगे। 1936 से 1947 तक का प्रगतिशील आन्दोलन का समय और तमाम बातों के साथ जिन चीजों की ओर ध्यान जाना चाहिए कि यह पहला संगठित आन्दोलन था जिसने समूचे भारतीय साहित्य को, भारत की सभी भाषाओं के साहित्य को प्रभावित किया, प्रेरित किया, संगठित किया और एक-दूसरे से निकट लाकर उन्हें संघबद्ध करने की कोशिश की। इसके द्वारा भारत में साहित्यिक और सांस्कृतिक स्तर पर एक एकता कायम हुई थी। इन सबका सारतत्व था जिसे कभी-कभी समझा जाता है कि यह आन्दोलन दरअसल साहित्य को राजनीति की ओर ले जानेवाला था। इसका बहुत बड़ा महत्त्व केवल यही मालूम होता है कि जो साहित्य आसमान में उड़ रहा था, प्रगतिशील साहित्यकार उसे धरती की ओर ले आए। उन्होंने राजनीति से विमुख रहनेवाले साहित्य को, राजनीति की ओर उन्मुख रहनेवाले साहित्य को राजनीति-उन्मुख किया। कभी-कभी यह भी तसवीर बनती है कि प्रगतिशील साहित्य वस्तुतः साहित्य में राजनीति का एक तरह से अवांछित प्रवेश था इसलिए राजनीतिक साहित्य के रूप में ही जाना जाता है। मैं केवल निवेदन करना चाहूँगा कि राजनीति मात्र की ओर उन्मुख करनेवाला नहीं बल्कि एक विशेष प्रकार की राजनीति की ओर उन्मुख करनेवाला था, और यही नहीं बल्कि उसका उद्देश्य राजनीति को वह केन्द्रीयता प्रदान करना था जिससे समूची विश्वदृष्टि बदलती है, जिससे समूची जीवन-दृष्टि बदलती है, जिससे वास्तविक और यथार्थ के प्रति बोध बदलता है। इसीलिए यह आन्दोलन साहित्य में एक नये ढंग के यथार्थवाद की शुरुआत के रूप में स्मरण किया जाता है जिसे रोमांटिक साहित्य के बाद की महत्त्वपूर्ण घटना माना जाना चाहिए। स्वाधीनता के बाद प्रगतिशील आन्दोलन उतना ही संगठित, व्यवस्थित और निरन्तरता के रूप में नहीं दिखाई पड़ता, बावजूद इसके, प्रगतिशील लेखकों ने स्वाधीनता के बाद अनेक अवसरों पर जो महत्त्वपूर्ण भूमिकाएँ अदा की हैं, उनका संक्षेप में उल्लेख करना आवश्यक होगा। स्वाधीनता के बाद हममें से अनेक लोग जानते हैं कि विश्व राजनीति में दूसरे महायुद्ध के बाद एक शीतबुद्ध की शुरुआत हुई थी। रूस के साथ मित्र मंडल या मित्र राष्ट्र देशों ने मिलकर जब फासिज्म खत्म हो गया तो उनके लिए खास तौर से पूँजीवादी देशों, अमेरिका,

फ्रांस, इंग्लैंड आदि देशों के लिए समाजवाद और कम्यूनिज्म ही सबसे बड़ा दुश्मन दिखाई पड़ने लगा और हम-आप सभी जानते हैं कि दूसरे महायुद्ध के बाद अमेरिका की पहल पर विश्वव्यापी साम्यवाद-विरोधी-मार्क्सवाद विरोधी शीतयुद्ध चलाया गया और उस शीतयुद्ध की गिरफ्त में हमारा देश भी आया था। इस देश में भी कांग्रेस फॉर कल्चरल फ्रीडम की स्थापना 1950 में बम्बई में हुई और लेखकों का एक बहुत छोटा-सा हिस्सा उसमें शामिल हुआ और 1950 से लेकर लगभग 1963-64 तक कांग्रेस फॉर कल्चरल फ्रीडम के कभी प्रच्छन्न, कभी खुले सहयोग के साथ प्रगतिशील साहित्य-विरोधी संगठन बने, पत्रिकाएँ निकलीं, बड़ी पूँजी ने साथ दिया और इस बीच जो कुछ पिछले दस-पन्द्रह वर्षों में प्रगतिशील आन्दोलन ने साहित्य में हासिल किया था, उसे दूर करने की कोशिश की गई। यह वह अवस्था थी जबकि मार्क्सवाद का विरोध ही उद्देश्य नहीं था बल्कि यह एंड ऑफ आइडियोलॉजी का दौर था। इस दौर के साहित्य में विचारधारा मात्र का निषेध करके, राजनीति मात्र का निषेध करके, उसकी अनुभूति और अनुभूति की प्रामाणिकता पर बल दिया गया है। बहिर्मुखी दृष्टि को अन्तर्मुखी किया गया स्वाधीनता के नाम पर, जबकि व्यक्तिगत स्वाधीनता को केन्द्र बनाया गया और साहित्य में खास तौर से वह धारा चली जो दूसरे साहित्यों में—उर्दू में जदीदियत के नाम से, आधुनिकतावाद के नाम से और हिन्दी में वह आधुनिकतावाद खास तौर से कविता के क्षेत्र में नई कविता के नाम से चला और यह पूरा-का-पूरा आन्दोलन अंशतः आरम्भिक अस्तित्ववाद से तो प्रभावित और प्रेरित था ही, लेकिन समूचे साहित्य की उस विरासत को प्रगतिशील आन्दोलन तो छोड़ दीजिए—भारतेन्दु की परम्परा, निराला की परम्परा, जयशंकर प्रसाद की परम्परा, जो अपेक्षाकृत इनमें से कोई भी, जो साहित्यिक परम्परा चली आ रही थी, जो जीवन की ओर उन्मुख रहनेवाली, जो समाज की जिम्मेदारी को समझनेवाली, जो राष्ट्र के स्वाधीनता-संग्राम में योगदान देनेवाली धारा थी, इस पूरी परम्परा के विपरीत कविता को, साहित्य को इस व्यापक दायरे से समेटकर, मुक्तिबोध के शब्दों में कहूँ तो अन्तःकरण का आयतन संक्षिप्त था। अन्तःकरण के उस संक्षिप्त आयतन में कविता को सीमित करने, बाँध लेने की कोशिश की गई थी। प्रगतिशील आन्दोलन ने इस धारा के विरुद्ध इस दौर में अनवरत संघर्ष किया और इसे रचना के स्तर पर किया, आलोचना के स्तर पर किया। यह वह दौर है जिस दौर में मुक्तिबोध, नागार्जुन, केदारनाथ, अग्रवाल, त्रिलोचन जैसे समर्थ कवियों ने कविता की उस परम्परा को जीवित रखा जिसका मूलस्रोत निकट के अतीत में सीधे निराला से जुड़ा हुआ था। साथ-ही-साथ रचना के स्तर पर कार्य करने के साथ ही आलोचना में इस आन्दोलन ने नये अनुभववाद के विरुद्ध जो ये कल्ट ऑफ एक्सपीरियन्स है, उसके विरुद्ध संघर्ष किया। यह अनुभववाद भी, आप में से अनेक विचारक जानते हैं कि इसकी

भी आइडियोलॉजी होती है। अनुभववाद केवल अनुभव ही नहीं, बल्कि एक विशेष प्रकार का अनुभव बनता है और वह विशेष प्रकार की विचारधारा से प्रेरित हुआ करता है। प्रगतिशील आन्दोलन की देन स्वाधीनता-प्राप्ति के बाद साहित्य और संस्कृति के क्षेत्र में इस रुझान के विरुद्ध संघर्ष है। स्वाधीनता-प्राप्ति के बाद शीतयुद्ध के चलते हुए जो कई प्रवृत्तियाँ आई थीं, उनमें से एक प्रवृत्ति जिसे मैं रहस्यवाद कहूँगा—मित्रो, इस देश में किसी-न-किसी रूप में प्राचीन देश होने के कारण अनेक सामाजिक और सांस्कृतिक परिस्थितियोंवश रहस्यवाद नाम की जो कई प्रवृत्तियों समेत एक प्रवृत्ति ऐसी रही है जो चालू भी रही है—एक जो रहस्यवाद कबीर का था—उससे भिन्न—जो काम के साथ अध्यात्म ला करके उर्वशी के रूप में एक नया अध्यात्मवाद ले आ रही थी। रहस्यवाद इस बदली हुई परिस्थितियों में उतना क्रान्तिकारी न था, बल्कि यह रहस्यवाद प्रतिक्रान्तिवादी था। इस रहस्यवाद के विरुद्ध समय-समय पर इस देश के विचारकों ने संघर्ष किया—आचार्य रामचन्द्र शुक्ल ने अपने जमाने के रहस्यवाद के विरुद्ध संघर्ष किया था। इस रहस्यवाद के विरुद्ध संघर्ष करने की आवश्यकता थी। आज भी यह रहस्यवाद किसी-न-किसी शक्ल में दिखाई पड़ता है। इसके राजनीतिक कारणों की खोज की जानी चाहिए। किन्तु इस रहस्यवाद से आगे चल करके आप लोग हिन्दी साहित्य से परिचित होंगे, नई कविता वाले लोग यही नहीं कि रूपवादी एवं कलावादी थे। अगर सौन्दर्य की अमूर्त देवी की उपासना करते होते तो गनीमत थी। ये आँगन के पार द्वार ध्यान सम्प्रदाय से प्रेरित होनेवाले लोग थे। इस रहस्यवाद के विरुद्ध संघर्ष करने की आवश्यकता थी और प्रगतिशील आन्दोलन की ऐतिहासिक भूमिका में यह भी है कि इतिहास की घड़ी में स्वाधीन भारत में जब भी निर्माण का, जब हमारी आर्थिक समस्याओं को हल करने का प्रश्न मुख्य था, ऐसे समय जनता को रहस्यवाद के मार्ग में भटकाने की दिशा, यही नहीं कि सामाजिक दृष्टि से खतरनाक थी—बल्कि यह रहस्यवाद, सच पूछिए तो यदि आचार्य शुक्ल का कहना सच है कि साहित्य के लिए घातक हुआ करता है, रहस्यवाद स्वयं साहित्य की भूमिका और साहित्य का महत्त्व कम करता है। उसके लिए बाधक हुआ करता है। खुले हुए जीवन-जगत के विविध सौन्दर्य की अपेक्षा मनुष्य को गुहालोक में ले जाता है जहाँ अन्धकार के सिवा और कोई दिखाई नहीं पड़ता, या तो अनहदनाद सुनाई पड़ता है। प्रगतिशील लेखकों ने स्वाधीनता के बाद उस कलावादी, रूपवादी, अनुभूतिवादी रुझान के विरुद्ध संघर्ष करने के साथ ही रहस्यवाद के विरुद्ध संघर्ष किया। प्रगतिशील आन्दोलन की दो भूमिकाओं की ओर संक्षेप में उल्लेख करके मैं आपका अधिक समय नहीं लूँगा।

मित्रो, सन् 1960 से 1970 के बीच का दशक राजनीति में संविद सरकारों का दौर था, साहित्य में वीटनिक पीढ़ी और हिप्पियों का दौर था, यह अकविता और

अकहानी का दौर था, जिसमें साहित्य के देह की राजनीति प्रबल थी और अघोरपंथ का घनघोर प्रचार हो रहा था। इस दौर को मैं अपनी अल्पमति में अराजकतावाद का दौर कहा करता था। नेहरू के बाद देश की राजनीतिक स्थिति जिस अस्थिरता की ओर चल रही थी, उस पूरे दशक की राजनीतिक अस्थिरता में एक प्रकार का 'Cynicism', कभी-कभी निहिलिज्म पनपा था और साहित्य में लगभग एक ऐसा आतंकवाद फैल रहा था जिसमें फर्ज वाले बहुत बढ़-चढ़कर बड़बोलेपन के साथ ऐसा लगता था कि सबसे बड़े क्रान्तिकारी यही हैं, बाकी लोग तो सच पूछिए, व्यवस्था के समर्थक थे सारे-के-सारे साहित्यकार। इस अराजकतावाद के विरुद्ध नई कविता वाले लोगों ने घुटने टेक दिये थे। बल्कि कहना चाहिए, 'धर्मयुग' जैसी पत्रिकाओं में, 'सारिका' तक में ऐसे साहित्य का चटखारे ले करके प्रचार-प्रसार किया जाता था। इस अराजकतावादी, अघोरपंथी, आतंकवादी साहित्य विनाशक प्रवृत्ति के विरुद्ध सुसंगत संघर्ष जिस आन्दोलन से जुड़े हुए लेखकों ने किया था, वह प्रगतिशील आन्दोलन है। उस आन्दोलन के दौर में 1970 से 1980 के दौर में और 1980 से लेकर आज तक के बाद वाले दौर में भी। उस संघर्ष के फलस्वरूप जब अराजकतावादी साहित्यिक प्रवृत्ति लगभग समाप्त हुई और उस प्रवृत्ति की समाप्ति के बाद पुनः एक बार पुराने शीतयुद्ध के रूप में तो नहीं लेकिन इस देश में पत्रिकाओं के द्वारा साहित्य में अपने को कमजोर पा करके अन्य ललित कलाओं की सहायता से नये सौन्दर्यवाद और रूपवाद को आगे बढ़ाने की कोशिश की गई।

मित्रो, आप जानते हैं कि साहित्य चूँकि शब्दों की कला है और शब्दों को कला में शब्द के साथ कुछ अर्थ जुड़ा रहता है इसलिए इसमें आप माध्यम के अनुरोध से किसी-न-किसी रूप में समाज से टकराने अथवा राजनीति से लड़ने के लिए या उससे साक्षात्कार के लिए अभिशप्त हैं किन्तु क्लासिकी संगीत, अमूर्त चित्रकला जैसी ललित कलाओं में सम्भवतः वहाँ भी गुंजाइश पूरी है लेकिन इस देश में स्वाधीनता के बाद जो पुनरुत्थान किया गया कलाओं का, खास तौर से हमारे यहाँ के उपभोक्ता वर्ग में इन कलाओं का लगभग स्टेटस सिम्बल (Status Symbol) के रूप में इस्तेमाल किया गया इन कलाओं के उत्थान के नाम पर, नवोत्थान के नाम पर साहित्य से जोड़कर और यह कहकर कि साहित्य तो बहुत सीमित वस्तु है, वस्तुतः हमें सम्पूर्ण कलाओं की चर्चा करनी चाहिए। सम्पूर्ण संस्कृति की चर्चा करनी चाहिए। कला के नाम पर, संस्कृति के नाम पर, वस्तुतः साहित्य को उन कलाओं के वर्तमान रूप से जोड़कर ऐसी दिशा देने की कोशिश की गई जो बहुत कुछ रूपप्रधान हो, कलाप्रधान हो और साहित्य को जनसंघर्षों की ओर जाने से रोके; अथवा उस जनोन्मुख साहित्य को केवल नारेबाजी कहकर तिरस्कृत किया जाए। इस दौर में भी इस प्रवृत्ति के विरुद्ध संघर्ष करने की आवश्यकता थी, है और अब भी बनी हुई है। और मैं कहना चाहता हूँ कि साहित्य, संस्कृति

और कला के क्षेत्र में इस उपभोक्तावादी प्रवृत्ति के विरुद्ध संघर्ष करने में प्रगतिशील लेखक आज भी सन्नद्ध हैं, कटिबद्ध हैं और यह भूमिका अदा कर रहे हैं। पिछले पचास वर्षों में, जैसा मैंने आपके सामने निवेदन किया, स्वाधीनता के पहले और स्वाधीनता के बाद प्रगतिशील आन्दोलन ने देश की आवश्यकताओं के अनुरूप, जनता की आकांक्षाओं के अनुरूप, अपने सीमित साधनों से साहित्य में उन प्रवृत्तियों के विरुद्ध संघर्ष किया और साथ ही संघर्ष के साथ-साथ, सृजन के धरातल पर उन्होंने ऐसा साहित्य उपस्थित करने की कोशिश की जो अपेक्षाकृत जनता की आकांक्षाओं को व्यक्त करे, जनता की वास्तविक स्थिति को व्यक्त करे और सच्चे अर्थों में वह विकल्प का साहित्य प्रस्तुत कर सके। केवल प्रतिपक्ष का साहित्य नहीं, बल्कि उस विकल्प के रूप में प्रस्तुत करे जो विकल्प हमारी साहित्यिक परम्पराओं के श्रेष्ठ अंश का अगला कदम है और विकास है। ऐसे आन्दोलन को स्मरण करना केवल चन्द प्रगतिशील लेखकों का ही दायित्व नहीं है, बल्कि यह वह विरासत है जिस विरासत को गर्व के साथ, हमें जो इस विचारधारा से सहमत नहीं भी हैं जहाँ असहमति हो, इसके बावजूद इस विरासत को एक बार ध्यान में रखना आवश्यक है। मुझे उम्मीद है कि आप लोग प्रगतिशील आन्दोलन की इस विरासत पर गम्भीरता से विचार करेंगे और विचार करके इसमें जो भी योगदान हो सकता है, वह देने का प्रयास करेंगे। इन शब्दों के साथ मैं इस आयोजन का विधिवत् उद्घाटन करता हूँ।

[साभार : समानान्तर प्रकाशन, गोरखपुर की पुस्तिका 'प्रगतिशीलता और आधुनिकता' सन् 2004 में प्रकाशित]

प्रगतिशीलता और आधुनिकता-1

यह एक महत्त्वपूर्ण अवसर है जब हम फ़िराक़ गोरखपुरी के माध्यम से प्रगतिशीलता और आधुनिकता, दोनों के आपसी सम्बन्धों को और दोनों के अन्तर को समझने की कोशिश कर सकते हैं। पहले ही निवेदन करूँ कि फ़िराक़ साहब का जो साहित्य नागरी में छपकर उपलब्ध है, वही मैंने पढ़ा। यह सच है कि एक अरसे से छात्र जीवन में ही हम उनकी कविताओं, ग़ज़लों, रुबाइयों और नज़्मों को पढ़ते आए हैं—मजा लेते रहे हैं और एक तरह से फ़िराक़ साहब के मुरीद रहे हैं। लेकिन मुरीद होने भर से फ़िराक़ साहब की शायरी पर कहने का हक हमें हासिल नहीं हो जाता। फ़िराक़ साहब जो एक ट्रेडिशन में पैदा हुए शायर थे और एक तरह से ट्रेडिशन में रहकर ट्रेडिशन को बदलनेवाले शायर थे—उन्हें यहाँ मौजूद डॉ. सिद्दीकुर्रहमान साहब और दूसरे महत्त्वपूर्ण अदीब नक़्क़ाद बेहतर समझते हैं। मैंने अपनी सीमाओं में जो समझा है और जो कुछ समस्याएँ मेरे सामने आई हैं, मैं उन्हीं के बारे में कहूँगा।

मैंने कल जिक्र किया था कि 1936 में प्रगतिशील लेखक संघ के ऐतिहासिक जलसे में फ़िराक़ साहब ने जो लेख पढ़ा था, उस पर काफी दिनों बाद 1955 या 1956 में 'रोशनाई' के लेख में सज्जाद ज़हीर ने कहा कि बातें तो फ़िराक़ ने नई कही हैं पर शायरी उनकी 1936 तक पुराने ढंग की ही है और दोनों में कोई तालमेल नहीं। इसका मतलब यह कि 1936 तक फ़िराक़ शायरी के पुराने रास्ते पर ही चल रहे थे, बदलाव उनमें 1936 में या उसके बाद आया। मैं तो कहना चाहता हूँ कि 1936 वह समय है जब हिन्दुस्तान के पूरे अदबी मिजाज में एक बदलाव आया। खास तौर पर शायरी में यह बदलाव आया। मैं 1936 पर ही क्यों जोर दे रहा हूँ, पहले क्यों नहीं? और 1936 के बाद या 1930 के भी पहले या 1938 या 1940 पर क्यों नहीं? बहस हो सकती है! लेकिन कहीं-न-कहीं फर्क करना पड़ेगा—सिर्फ समझने के लिए भी यह जरूरी है। मैं इस सिलसिले में कहना चाहता हूँ कि अंग्रेजी की प्रसिद्ध उपन्यास लेखिका वर्जीनिया ने, जिन्होंने Common Reader नाम से बहुत अच्छी आलोचना की किताब लिखी है—1925 के आसपास 'टाइम्स लिटरेरी सप्लिमेंट' में एक लेख लिखते हुए कहा कि 1910 के आसपास इंग्लैंड में

एक बदलाव आया—आधुनिकता की दृष्टि से। अंग्रेज लोग भले कम समझदार हों, 1910 को लेकर बहुत बहस उन्होंने नहीं की। हम लोग इतिहास जो कम जानते हैं, पर इतिहास की तारीखों पर बहुत बहस करते हैं, वे इसी पर उलझे रहेंगे। 1936 ही क्यों, पहले क्यों नहीं? कहना ये यह चाहेंगे कि वे जो मार्क्सवादी कम्यूनिस्ट और प्रगतिशील हैं इसीलिए 1936 कह रहे हैं कि 1936 में ही इनका जलसा हुआ था। लेकिन यह बड़ी ऐतिहासिक सच्चाई है कि 1936 के आसपास पूरे भारतीय साहित्य में खास बदलाव आया। उस बदलाव के बारे में पहली बात मैं यह कहना चाहता हूँ कि यह बदलाव आधुनिकता और प्रगतिशीलता को लिये हुए साथ-साथ था। यह याद रखना बहुत जरूरी है क्योंकि आगे प्रगतिशीलता (Progressivism) और आधुनिकता (Modernity), दोनों अलग-अलग विरोधी चीजें मान ली गईं। यह किस तरह हुआ, इसके कारणों की खोज की जानी चाहिए। फ़िराक़ को समझने के लिए याद रखने की जरूरत है कि 1936 तक वे हुस्न और इश्क़ के ही शायर समझे जाते थे। 1936 तक आशिक और महबूब के बारे में उनका जो तसव्वुर था और जवानी के दिनों में हम लोगों को, नौजवानों को, उनके जो शेर पसन्द आते थे—वे कुछ इस तरह के थे :

शाम भी थी धुआँ-धुआँ हुस्न भी था उदास-उदास
ऐसे में कुछ कहानियाँ याद-सी आ के रह गईं।

इस 'सी' पर बहुत बहस होती थी। बहुत सी-सी की जाती थी। यह जो कुछ धुआँ-धुआँ सा था, उदास-उदास था, एक आस्कर वाइल्डियन मिजाज फ़िराक़ के यहाँ था और बहुत गहरा था—वह रंग, जो Late Romanticism का था, उसका गहरा असर था फ़िराक़ की शायरी में। मैं चुपके से कहना चाहूँगा कि वह आस्कर वाइल्डियन असर फ़िराक़ पर ही नहीं रहा है, उस जमाने में जितने पॉलिटिकल लीडर थे, उनके बारे में कहा जाता है कि वे जेलों में आस्कर वाइल्ड को सबसे ज्यादा पढ़ा करते थे। बालकृष्ण शर्मा 'नवीन' वगैरह पढ़ा करते थे। नेहरू भी पसन्द करते थे। इस पसन्द की वजह क्या थी, इसकी पड़ताल की जानी चाहिए। आस्कर वाइल्ड आयरलैंड का रहनेवाला था। बहुत विद्रोही स्वभाव का था और सच पूछिए तो इंग्लैंड की अरिस्टोक्रेसी में Rebel होने के कारण सजा हुई थी उसे वरना विक्टोरियन मॉरैलिटी तोड़ना कोई उतना बड़ा गुनाह नहीं है। आस्कर वाइल्ड से उस अर्थ में ज्यादा गुनहगार लोग रहे होंगे। तो आस्कर वाइल्ड का असर फ़िराक़ पर है। मैं कहना चाहता हूँ कि 1936 तक उर्दू, हिन्दी, दूसरी जगहों में, बंगला का लें रवीन्द्रनाथ ठाकुर का जो क्लासिकी सौन्दर्य था, जिनका व्यक्तित्व स्वयं उस सौन्दर्य का मूर्तिमान रूप था। उसके साथ ही फ़िराक़ के सौन्दर्यबोध या भावबोध में यह जो धुआँ-धुआँ, उदास-उदास वाला रंग था, इसके पीछे एक परम्परा थी। 'हुस्न' 'इश्क़' के मार्फत धार्मिक रूढ़ियों के विरुद्ध विद्रोह करने की जो परम्परा

ग़ज़ल में चली आ रही थी, वह भी थी लेकिन उसको भी इस समय के आसपास एक नया रूप दिया गया है। उन्हीं दिनों के शेरों में एक यह था :

कोई समझे तो एक बात कहूँ
इश्क़ तौफ़ीक है, गुनाह नहीं

इश्क़ तौफ़ीक है, गुनाह नहीं है, यह जो Concept है उर्दू परम्परा में जो पहले से था, सूफी परम्परा में था। उसे एक आस्कर वाइल्डियन डाइमेंशन दिया गया। इस तरह का एक विद्रोह था लेकिन वह हुस्न और इश्क़ के महदूद दायरे में था, जिसमें फ़िराक़ ग़ज़लें कह रहे थे। हिन्दी में आप सब जानते हैं कि छायावादी सौन्दर्यवाद इन्द्रधनुष की पराकाष्ठा पर पहुँचकर लगभग बेरंग हो चुका था। 1936 में फ़िराक़ का महत्त्व इसी बात से है कि वे पहले हैं (जबकि हैं वे उसी पुरानी पीढ़ी के जिसमें पन्त हैं, प्रसाद हैं, निराला हैं) जिन्होंने ग़ज़ल की लम्बी परम्परा के बीच उसे आधुनिक रूप देने के लिए संघर्ष किया। हिन्दी में जो रोमांटिसिज्म का दौर है, उर्दू में वही जोश और फ़िराक़ का दौर है। उर्दू शायरों की ग़ज़ल से निकालकर फ़िराक़ उस खुली जगह ले आए जहाँ जिन्दगी के बारे में कहने के लिए ज्यादा गुंजाइश हो। फ़िराक़ पहले शायर हैं, बड़े शायर हैं जो पुराना भी लिख सकते हैं। उन्होंने उर्दू शायरी को आधुनिक रूप देने के लिए संघर्ष किया। उसी समय मजाज़, फ़ैज़ अहमद फ़ैज़, इन लोगों की—जो जवान थे—एक पीढ़ी सामने आई। हम सब जानते हैं कि फ़ैज़ ने ही 1936 के जलसे में वह मशहूर नज़्म पढ़ी :

मुझसे पहली-सी मुहब्बत मिरी महबूब न माँग!

एक नई पीढ़ी, जब नये तेवर, नई संवेदना के साथ आती है तो बदलना उसके लिए आसान होता है। लेकिन पुरानी रवायत के लोगों को अपने-आपको बदलना बहुत मुश्किल होता है। मैं कहना चाहता हूँ कि हिन्दी में जो काम निराला जी ने सबसे पहले कविता के दायरे या ढाँचे को तोड़कर किया—यही नहीं, कि उन्होंने 'कुकुरमुत्ता' लिखा, यही नहीं कि उन्होंने 'वह तोड़ती पत्थर' जैसी कविता लिखी जो पत्थर ही नहीं तोड़ती, हिन्दी कविता की कड़ी जमीन तोड़कर एक नया छन्द देती है, एक नया सन्देश देती है—बल्कि पुरुषोत्तम अग्रवाल, जैसा कह रहे थे : 'हुस्न का मेयार बदलता है', सुन्दरता की परिभाषा बदली है—कुछ ऐसा नया सन्देश दे पाती है।

श्याम तन भर बँधा यौवन
नत नयन प्रिय कर्म रत मन
गुरु हथौड़ा हाथ
करती बार-बार प्रहार

पत्थर तोड़नेवाली स्त्री का ऐसा चित्र छायावाद में कहीं मिलता नहीं है। श्याम तन भर बँधा यौवन, श्यामा वगैरह आती थीं उनके यहाँ भी, पर पत्थर तोड़नेवाली स्त्री का यह चित्र उनके लिए अकल्पनीय ही था। इसलिए जो काम हिन्दी में निराला

ने किया, वही काम उर्दू साहित्य में पुराने दौर के लोगों में फ़िराक़ का है। जोश हमारे इंकलाब कहे जाते थे, पहले से पॉलिटिकल चीजें कहते चले आ रहे थे। पर फ़िराक़ के लिए जो ग़ज़ल के 'form' में इश्क़ की बातें कहते आ रहे थे, उनके लिए ग़ज़ल के ढाँचे में परिवर्तन करना, उसे बदलना, पूरा-का-पूरा transform करना बहुत मुश्किल काम था। नये लोगों के लिए यह काम उतना मुश्किल न था। फ़ैज़ अहमद फ़ैज़ 1936 के जलसे में कह सकते थे—'मुझसे पहली-सी मुहब्बत मिरी महबूब न माँग'। एक तरह का 'मेनिफेस्टो' था कि पहली-सी मुहब्बत नहीं, मुहब्बत के सिवा कुछ और भी। लेकिन यह मुहब्बत का रूप बदले—इस दिशा में फ़िराक़ के लिए कहते हैं कि उन्होंने उर्दू शायरी को नया आशिक और नया महबूब दिया। उनका महबूब वही नहीं है जो ट्रेडिशनल ग़ज़ल का महबूब था। उनका आशिक भी वही नहीं है। आगे चलकर आप देखेंगे कि 'रूप' नाम से जो रुबाइयाँ फ़िराक़ ने लिखी हैं, वहाँ रूप और सौन्दर्य ज्यादा Real है। घर-आँगन का है। वह औरत नहीं है जो Steriotype रूप में उर्दू शायरी में आया करती थी या जिसके बारे में 18वीं-19वीं सदी के शायर लिखते आ रहे थे। इसलिए फ़िराक़ ने सुन्दरता की परिभाषा कैसे बदली, यह बहुत कुछ 'रूप' की रुबाइयों से जाना जा सकता है। बाकी, 'इश्क़' के रूप को कैसे बदला ? कल रात बातचीत के सिलसिले में किदवई साहब ने फ़िराक़ का एक शेर सुनाया—यह बताने के लिए कि क्या बारीकी खयालों की यहाँ आती है ?—खास तौर से मानसिक बनावट में जो परिवर्तन आता है, उसे समझने के लिए यह एक उपयुक्त उदाहरण है।

'कहाँ का वस्ल तनहाई ने शायद भेस बदला है, तेरे दम भरके आ जाने को हम भी क्या समझते हैं' वस्ल नहीं—तनहाई है कि शायद भेस बदलकर आ गई है। बहुत बारीकी में जानेवाले शायर थे मीर ग़ालिब—लेकिन उनके यहाँ यह तसव्वुर—कि तनहाई भेस बदलकर आ गई है, शायद नहीं है। 'तनहाई' पर बहुत लिखा गया है। फ़ैज़ ने आगे चलकर पूरी नज़्म लिखी है :

फिर कोई आया दिलेज़ार! नहीं कोई नहीं
राह रौ होगा, 'कहीं' और चला जाएगा
अपने बेख़्वाब किवाड़ों को मुक़फ़्फ़ल कर लो
अब यहाँ कोई नहीं, कोई नहीं आएगा।

यह तनहाई एक नये डाइमेंशन के साथ आई है जिसे आगे चलकर जदीदियों या आधुनिकतावादियों ने बहुत पीटा है। मैं कहना चाहता हूँ कि 1936 में या आसपास हुस्न और इश्क़ की जो काव्य परम्परा थी, उसे बदल देने का काम पहली बार पुरानी पीढ़ी के कुछ लोगों ने किया—जिनमें फ़िराक़ का नाम सबसे पहले लेना चाहूँगा। वे जोश के साथ थे और जोश बड़े शायर थे लेकिन जोश ने यह काम नहीं किया जो फ़िराक़ ने किया।

फ़िराक़ की शायरी में हम देख सकते हैं कि किस तरह उन्होंने हुस्न और इश्क़ का तसव्वुर बदला! किस तरह कविता की अन्तर्वस्तु बदली! आगे उन्होंने जो नज़्में लिखीं—मैं उन्हें ध्यान में रखते हुए कहना चाहूँगा कि खामख्वाह आधुनिकतावादी या जदीदियत पसन्द लोग दावा करते हैं कि कविता में, उर्दू, हिन्दी या अन्य भाषाओं में परिवर्तन लाने का काम उन्होंने किया। सच्चाई यह है कि यह काम प्रगतिशील चेतना सम्पन्न कवियों ने किया, उन लोगों ने किया जो एक वैज्ञानिक समझ के साथ आए थे। हिन्दी में जिस 'तार सप्तक' को परिवर्तन का प्रयोगवाद का पहला उदाहरण माना जाता है, उसमें आधे से ज्यादा कम्यूनिस्ट थे। उन दिनों चाहे नूरमीम राशिद रहे हों, फ़ैज़ अहमद फ़ैज़, मजाज़, सरदार जाफ़री रहे हों—यह पूरा-का-पूरा जेनरेशन जो आया था उस दौर में, राजनीतिक माहौल से अछूता न था जिसके जरिये तरक़्क़ीपसन्दी की शुरुआत हुई थी, जिस पर नेहरूवाद की छाप गहरी थी और यह नेहरूवाद पुराने गांधीवाद की एक खास परम्परा के साथ जुड़ा था। हमारे यहाँ के हिन्दी साहित्य में गांधी का नाम लेते हैं तो मैथिलीशरण गुप्त याद आते हैं, निराला नहीं याद आते। और निराला ने नेहरू की कड़ी आलोचना की है, इसके बावजूद उस जमाने में मैंने कहा कि 'नेहरूवाद' (Nehruism) सुविधा के लिए दिया गया शब्द है लेकिन यह स्वाधीनता-संग्राम में वामपंथी रुझान का प्रतीक हो गया दिखता है जो आधुनिकता (Modernity) से भी सम्बद्ध है। नेहरू अपने आधुनिक विचारों के लिए उस ज़माने में भी खूब जाने जाते थे जो तब भी प्लानिंग की बात किया करते थे जो भारत को और किसी अलग दिशा में ले जाने की बात सोचा करते थे। वे पुरानी सभ्यता वाले देश को वैज्ञानिक विकास और औद्योगीकरण के बीसवीं सदी के यूरोप के विचारों के साथ जोड़कर आगे ले जाने की बात सोच सकते थे। इसीलिए जब मुझसे किसी ने पूछना चाहा कि 'प्रगति' का क्या अर्थ है तो—मैं—वही नेहरू वाले Progress के Concept को सामने रखना चाहूँगा जहाँ आधुनिक धारा और समाजवादी धारा दोनों एक जगह मिलती हों। इसलिए यह याद दिलाना जरूरी है कि 1936 के आसपास उर्दू या हिन्दी या दूसरी भारतीय भाषाओं में आधुनिकता और प्रगतिशीलता दोनों एक साथ शुरू हुईं।

फ़िराक़ ने आगे जो नज़्में लिखीं, उनमें मैं सिर्फ एक नज़्म का जिक्र करूँगा—'आधी रात'। लड़ाई का वह दौर था जब हिटलर की सेनाएँ रूस पर कामयाब न हो पाई थीं। कविता शुरू होती है :

सियाह पेड़ हैं अब आप अपनी परछाईं
जमीं से ता-महो-अंजुम सुकूत के मीनार
जिधर निगाह करें इक अथाह गुमशुदगी
इक-इक करके .फ़सुर्दा चरागों की पलकें।

आगे चलकर ये पंक्तियाँ हैं :

ये मौजे-नूर, ये भरपूर, ये खिली हुई रात
कि जैसे खिलता चला जाय इक सफ़ेद कँवल
सिपाहे-रूस हैं अब कितनी दूर बर्लिन से
क़रीब चाँद के मँडला रही है इक चिड़िया
भँवर में नूर के करवट से जैसे नाव चले
लगे हैं कान सितारों के जिसकी आहट पर
इस इंकलाब की कोई ख़बर नहीं आती
दिले-नुजूम धड़कते हैं कान बजते हैं
कुछ और जाग उठा आधी रात का जादू
ज़माना कितना लड़ाई को रह गया होगा
मेरे ख़याल में अब एक बज रहा होगा!

यह 'आधी रात' जो नज़्म है, आप इसकी 'इमेजेज़' देखें। फ़िराक़ अब भी परछाइयों, धुँधलकों के ही शायर हैं, पर अब वह धुँधलका पहलेवाला नहीं है, धुआँ-धुआँ, उदास-उदास वाला धुँधलका नहीं है। यह वह धुँधलका है—जिसके लिए कहा है—'सियाह पेड़ हैं अब आप अपनी परछाईं/जमीं से ता-महो-अंजुम सुकूत के मीनार'। यह जो बदला हुआ तेवर है, कास्मिक विज़न जो है, वह अब आया है। प्रकृति को जो नये ढंग से देख रहे हैं, और रात ऐसी लगती है, जैसे 'खिलता चला जाए इक सफेद कँवल'! चाँदनी रात की उपमा कमल से बहुत लोगों ने दी है लेकिन खिलता चला जाय इक सफेद कँवल—इसमें जो पूरा प्रोसेस है, उसी में फ़िराक़ को देखना चाहिए। यह एक नई उपमा भर नहीं है—एक नया रियलिज्म, नया यथार्थवाद है।

कहते हैं, फ़िराक़ पहले के जमाने में भी इशारों में बात कहते थे। मोहम्मद हसन अस्करी ने शायद कहा है कि वे आहटों के शायर हैं या शायद किसी और ने कहा है। तो अब भी फ़िराक़ हैं जिनमें बड़बोलापन नहीं है जो अक्सर बहुत से प्रगतिशील या तरक्कीपसन्द लोगों में दिखाई पड़ता है, जो शायरे इंकलाब में बहुत ही था या सरदार जाफरी तक में दिखाई देता है। जिस तरह फ़िराक़ चीजों को देखते हैं :

ज़माना कितना लड़ाई को रह गया होगा
मेरे ख़याल में अब एक बज रहा होगा।

लड़ाई का वर्णन औरों ने भी किया है जिनके यहाँ सेना बढ़ रही है और बड़ा हंगामा है लेकिन उस लड़ाई का गहरा अहसास जिस निहायत मद्धम सुर में फ़िराक़ ज़ाहिर करते हैं, वह नई चीज है; जो प्रगतिशीलता के दौर में पहले के रोमांटिक शायर फ़िराक़ में हमें इस रूप में देखने को मिलती है। 'आधी रात' नज़्म इस बात की ओर भी इशारा करती है जहाँ हुस्न का मेयार बदला है और

जहाँ इश्क़ एक फ़िक्र से जुड़ा है। एक नई चिन्ता है ग़मे दौराँ की चिन्ता, ज़माने की चिन्ता। इस ग़मे दौराँ में फ़ासिज़्म किस शक्ल में आता है, उसकी चिन्ता की गई है। यह नई सियासत है जो शायरी में आती है और उसे नया Content भी देती है। इसलिए फ़िराक़ के माध्यम से बहुत सही विषय परमानन्द जी ने रखा है—कि फ़िराक़ के माध्यम से प्रगतिशीलता और आधुनिकता पर विचार किया जाना चाहिए।

पहली बात यह विचारणीय है कि हिन्दी, उर्दू, बांग्ला आदि तमाम भाषाओं में किस तरह की आधुनिकता (Modernity) प्रगतिशीलता के हाथों प्रगतिशील कवियों के द्वारा आई। फ़िराक़ की उर्दू कविता में वही भूमिका है जो हिन्दी में निराला की है। केदारनाथ अग्रवाल की 'चन्द्रगहना से लौटती वेर' कविता में चना मुरैठा बाँधे खड़ा है। प्रकृति को देखने का ढंग बदला है इन प्रगतिशील कवियों ने। यही नहीं कि चने और अलसी पर केदारनाथ अग्रवाल का ध्यान गया—सौन्दर्य भी देखा गया उनमें। मनुष्य में नया सौन्दर्य देखा गया। निराला ने पत्थर तोड़ती स्त्री में जो सौन्दर्य देखा, नया सौन्दर्य है। प्रगतिशीलों ने प्रकृति का पूरा-का-पूरा रूप बदल डाला है। तो गहराई में जाकर विचार किया जाना चाहिए कि फ़िराक़ में जो प्रकृति है, प्रेम है, उसका रूप कहाँ कितना बदला है। साथ ही इस सुन्दरता के बदलने के सिलसिले में जो आन्तरिक दुनिया है (क्योंकि आधुनिकतावाद के बारे में समझा जाता है कि उसने मनोवैज्ञानिक स्थितियों के चित्रण की दृष्टि दी—प्रगतिशील लोग तो बहिर्मुखी थे—वस्तुपरक दृष्टि थी उनकी।)—देखना चाहिए कि उसके चित्रण में क्या बदलाव आया। सिर्फ एक उदाहरण देकर अपनी बात खत्म करना चाहूँगा। 'हिंडोला' कविता, जो एक लम्बी कविता है, को पढ़ते हुए एक 'इमेज' पर मेरा ध्यान गया :

वो हल्को-सीना-ओ-रग-रग में बेपनाह चुभन
नदीम! मैंने निगल ली हो जैसे नागफनी।

हिन्दी कविता में भी मुझे ऐसा Expression मिला नहीं। वैवाहिक अनुभूतियों की तीखी अन्त:कथा-सी कहते हुए फ़िराक़ जो इमेज सामने लाते हैं—'नदीम! मैंने निगल ली हो जैसे नागफनी'—किसी जदीदियत पसन्द वाले आदमी के दिमाग में यह इमेज आ ही नहीं सकती थी क्योंकि उनकी नाजुकमिजाजी के लिए यह नागफनी जरा ज्यादा भारी पड़ती है। यह जो तेज, तल्ख और शायद रूखे भी, तरक़्क़ीपसन्द शायर हैं, उन्हीं के यहाँ मुमकिन है कि अन्दर की चुभन और जलन ज़ाहिर करने के लिए 'नागफनी निगल ली हो' जैसा अनुभव या बिम्ब आता है। यह कोई अकेली इमेज नहीं है। प्रगतिशील कवियों ने भी तनहाई के बारे में, अकेलेपन के बारे में, आत्मसंघर्षों के बारे में काफी लिखा है। मुक्तिबोध में ऐसे अनुभव बहुत हैं, भरे पड़े हैं। फ़ैज़ अहमद फ़ैज़ की अकेली 'तनहाई' नहीं, और

भी कई कविताएँ हैं। अपने अन्दर की कशमकश के बारे में गहरा बयान है। बाहर की जद्दोजहद में जो जितना ही इन्वॉल्ब है, वही शायरी में उस कशमकश का जिक्र कर सकता है जो कि दरअसल तरक्कीपसन्द मॉडर्निस्ट लोगों ने किया है, वर्ना दूसरे लोगों की तनहाई दूसरे लोगों की आन्तरिक कशमकश बहुत कुछ Intellectual Luxury बनकर रह गई है। इसलिए इस बात का पता लगाना चाहिए कि क्यों यह हुआ कि 1936 के आसपास उर्दू, हिन्दी, बांग्ला आदि भाषाओं में जो कविता 'तरक्कीपसन्द मॉडर्न पोएट्री' के रूप में शुरू हुई थी, 1947-50 के आसपास क्या हुआ कि यहाँ के कुछ आधुनिकतावादियों का एक रास्ता अलग हुआ और दूसरों का अलग? राशिद फ़ैज़-फ़िराक़ के रास्ते नहीं चले? मुख्य धारा (Main tradition) की बात करें, तो बीसवीं सदी के शुरू के दो-तीन दशकों में जो मुख्य धारा की कविता चली, उससे दृढ़ कर एक शाखा की तरह आगे एक दूसरी धारा चली जिसे आधुनिकतावादी कहते हैं, जहाँ से मुक्तिबोध का रास्ता अलग होता है, अज्ञेय का रास्ता अलग होता है। शुरू में दोनों एक जगह थे, एक साथ की शुरुआत थी। क्यों अलग हुए? वे कौन-सी सामाजिक-राजनीतिक परिस्थितियाँ थीं? उन परिस्थितियों के कौन-से अन्तर्विरोध थे? वर्गहितों की वह कौन-सी टकराहट थी कि स्वाधीनता के बाद एक रास्ता—छोटा-सा—एक सँकरी-सी पगडंडी बनकर इस दिशा में जाता है, और दूसरा उस दिशा में जाता है?

1936 के आसपास जो नया यथार्थवाद आया, जिसने कविता को आधुनिक भी बनाया और—प्रगतिशील भी बनाया—उसके पीछे वह राजनीति थी जिसमें सबसे महत्त्वपूर्ण मोड़ था 'किसान'। सन् 1934 से 1936 के आसपास भारतीय राजनीति में उभरकर किसान संगठन आते हैं। यों गांधी 1918-20 से ही स्वाधीनता-संग्राम में किसानों को खींच लाए थे। और जिसकी अभिव्यक्ति चौरीचौरा कांड में हुई, आप सभी लोग जानते हैं—लेकिन स्वतंत्र रूप से 1934 के आसपास सहजानन्द सरस्वती, राहुल सांकृत्यायन आदि-आदि लोगों ने किसानों को संगठित किया और समझा गया कि दरअसल किसान शक्ति के साथ मजदूर वर्ग मिलेगा तो इन दोनों की एकता से ही सच्ची और सही आजादी हासिल होगी। भारतीय राजनीति ने यह एक नया मोड़ लिया था। जवाहरलाल नेहरू खुद किसानों को, खास कर अवध के किसानों को आशा की दृष्टि से देखते थे। साहित्य में इस किसान के आने से हिन्दी कविता तो बदली ही, यथार्थ की पूरी दृष्टि और संवेदना भी बदली। 'वे किसान की नई बहू की आँखें'—निराला की 'अनामिका' में छपी हुई 1937-38 के आसपास लिखी कविता है। 'नये पत्ते' में निराला का वह ग्रामीण अनुभव बोलता है—चाहे खजोहरा हो, खजोहरा की बुआ हो। अनेक कविताएँ हैं—महँगू महँगा रहा जैसी कविताएँ हैं। निराला पहले भी किसान जीवन की कविताएँ लिखते थे लेकिन इस बीच किसान सहानुभूति और करुण का पात्र

बनकर नहीं आया, जैसा पन्त जी की 'ग्राम्या' में दिखाई देता है। यहाँ किसान दूसरे तेवर के साथ आता है। केदारनाथ अग्रवाल और नागार्जुन की कविताएँ भरी पड़ी हैं। मैं उर्दू कविता के सन्दर्भ में कहना चाहता हूँ। उर्दू शायरी खास तौर से ग़ज़ल की शायरी बहुत दिनों तक उसकी जो लम्बी परम्परा है, उसके अनुरूप Urban poetry जैसी चीज रही है। नज़ीर अकबराबादी उसमें अपवाद हैं जो 'ककड़ी वाले' या 'आगरा बाजार' जैसी चीज लिखते हैं जिसकी खुल करके ग़ज़ल में आने की गुंजाइश नहीं। लेकिन 'किसान' और 'गाँव' के आगमन से एक नया फ़िक्र और फ़न आया—फ़न मैं कहूँगा—उर्दू शायरी में पूरी ज़बान बदली—यही नहीं कि बोलचाल के शब्द आए—और अकेले फ़िराक़ ने यह नहीं किया। बामिक़ जौनपुरी के यहाँ उनके गीतों में यह सब बखूबी देख सकते हैं। उर्दू शायरी की ज़बान बदली, लजहा बदला, बहर और Form बदला—इतने ज्यादा प्रयोग हुए कि मुग़ल दरबार से जैसे निकलकर उर्दू कविता एकदम कस्बों और गाँवों में, सड़कों पर आ गई। फ़िराक़ की बाद की नज़्मों में, रुबाइयों में यह चीज मिलेगी। फ़िराक़ 'धरती की करवट' लिखनेवाले शायर हुए। एक अजीब बात है—यह वह ज़माना है जब हर भाषा में 'धरती' शब्द इतना ज्यादा मिलेगा। 'धरती' के पर्यायवाची शब्द मिलेंगे—'धरती', 'जमीन'। अध्यापकीय सुविधा की दृष्टि से देखें तो इसके पहले की शायरी अगर आसमान की, इन्द्रधनुष की, बादलों की शायरी थी तो यह नई शायरी धरती की, खेत-खलिहान, घर-आँगन की शायरी हुई। दैरोहरम की नहीं रह गई। 'घर-आँगन' नाम से जाँनिसार अख्तर ने पूरी किताब ही लिखी है। इस नये परिवर्तन के पीछे 1936 के आसपास की राजनीतिक दृष्टि थी, नया रुझान था जिसमें किसानों की अहम भूमिका थी, मजदूरों की अहम भूमिका थी। जरूरी है कि इसे देखने के लिए महज उन कविताओं को न देखा जाए जहाँ इसी शीर्षक से कविता लिखी हुई है बल्कि यह देखना है कि कैसे इसकी उपस्थिति, इसके वजूद के चलते बाहर का पूरा सोच प्रभावित होता है। उदाहरण के लिए हम लोग यहाँ सभा कर रहे हैं और बाहर अगर जुलूस निकले या हम अहसास करें कि हम घेर लिये गए हैं उन विद्रोही किसानों के द्वारा—जिनकी माँग ज्यादा बड़ी है तो बात करने का लहजा बदल जाएगा—भले ही विषय नितान्त साहित्यिक हो।

अन्तिम बात, कल भाई रघुवीर सिंह ने कहा था कि प्रगति को Define करो—तो सगुण रूप में प्रगति की यही परिभाषा है। मैनिफेस्टो में उसे इसी रूप में रखा गया था :

To rescue literature and other arts from the conservative classes in whose hands they have been degenerating so long to bring arts into the closest touch with the people and to make them the vital organs which will register the actualities of life as well as lead us to the future, we envisage.

गतिरुद्ध कविता या साहित्य को मुक्त करने के लिए, पतन से उबारने के लिए 'प्रगति' की परिभाषा इस रूप में की गई थी। अंग्रेजी ज़माने के कारण पूरे घोषणा-पत्र में न 'सोशलिज्म' का नाम है, न 'मार्क्सिज्म' का नाम है। 'मार्क्सिज्म' के लिए 'साइंटिफिक रैशनलिज्म' का नाम लिया गया है और 'सोशलिज्म' का नाम न लेकर the future, we envisage कहा गया है। यह future समाजवाद का है। लेकिन मुख्य चीज थी—कि प्रगति तभी सम्भव है जब साहित्य को अवाम के सम्पर्क में लाने की कोशिश की जाएगी। तभी साहित्य vital होगा। फ़िराक़ में जो नई vitality है—फार्म में, कंटेंट में—वह बहुत से पुराने खयाल के लोगों को उतनी पसन्द न आई—भाषा भी कुछ ऊबड़-खाबड़ लगी, लेकिन यह एक नई vitality थी जिसने उर्दू कविता को एक मोड़ दिया था। यह मेरे अपने कुछ अधबने विचार थे जो मैंने आपके समक्ष रखे। अन्य विद्वान अधिक व्यवस्थित रूप में इस चर्चा को आगे बढ़ाएँगे, ऐसी आशा है।

प्रगतिशीलता और आधुनिकता-2

वाइज़ ने इल्म को भी खड़ा सर के बल किया
ऐसा पढ़ा-लिखा है कि जाहिल कहें जिसे।

वाइज़ के बारे में पहले भी उर्दू में काफी लिखा गया है लेकिन 'इल्म को भी खड़ा सर के बल किया'—यह एंगिल्स बोल रहे हैं, मार्क्स बोल रहे हैं जिन्होंने हेगेल को पढ़ा था और इस एक वाक्य से 'वाइज़' का तसव्वुर भी फ़िराक़ ने बदल दिया। साथ ही यह भी बता दिया कि कभी-कभी इल्म के कई रूप हुआ करते हैं। एक बात आई थी कि 1936 एक बहुत बड़ा Illusion था जिससे प्रगतिशील आन्दोलन खड़ा हुआ। संस्कृत का एक वाक्य आता है—प्रसिद्ध नैयायिक और काव्यशास्त्री महिम भट्ट ने लिखा है—भ्रान्तिवस्तु प्रभा। भ्रान्ति भी प्रभा होती है। काव्य-व्यापार नष्ट हो जाएगा यदि 'भ्रान्तिवस्तु प्रभा'। कभी-कभी बहुत बड़ा इल्यूज़न जो तर्क से, दर्शन से, बाद में जिसे लोग सत्य समझ करके लिखते थे—अवतारवाद शायद वैज्ञानिक दृष्टि से भ्रान्ति साबित हो लेकिन उस अवतारवाद ने जो काव्य रचना की है—लीला आदि बहुत सारी चिन्तन की चीजें, जिन्हें हम-आप कहें कि क्या सबूत है कि वही सत्य हो, कल भ्रान्ति साबित हो सकती है। साहित्य के इतिहास में संस्कृतियों के निर्माण में मिथ का बड़ा योगदान हुआ करता है। संस्कृतियों का, कलाओं का आधार मिथ है जिस पर वेद से लेकर आज तक का साहित्य खड़ा है। 1936 यदि इल्यूज़न है तो रहा होगा लेकिन उन इल्यूशन ने जो साहित्य रचा है, वह क्या है ? इसलिए आज हम लोग ज्यादा समझदार होकर जिसे इल्यूज़न कहें, इस पर विचार करने की जरूरत है—विदेशों में भी और यहाँ भी।

दूसरी बात, प्रगतिशील आन्दोलन के साथ ही मार्क्सवाद को, कम्यूनिज्म को, कम्यूनिस्ट पार्टी को चुनौती दी गई। कुछ लोग मार्क्सवाद बुद्धिजीवियों का अफीम भी कहते रहे हैं। सच्चाई यह है कि बीसवीं सदी में जितने बड़े साहित्यकार हुए हैं, कलाकार हुए हैं—अगर आप पूरी फेहरिस्त पर विचार करें तो ऐसा कोई नहीं है जो उसे मार्क्सवाद को bypass करके बड़ा लेखक हो—बड़े लेखक जो भी हुए, उसके साथ रहे या उससे टकराए। लम्बी सूची नहीं देना चाहता। यह बात राजनीतिक

चिन्तन में भी है, दार्शनिक चिन्तन में भी, साहित्य और कला में भी। आप बीसवीं सदी के विश्व की सूची बनाएँ तो देखेंगे कि अनेक लोग हैं, टकराए हैं। मार्क्सवाद चुनौती रहा है उनके सामने जिनमें से आधी संख्या उन लोगों की रही है जो उससे किसी-न-किसी रूप में प्रेरित और प्रभावित रहे हैं। उसके स्पर्श से आनेवाले लड़नेवाले रहे हैं। दूसरे महायुद्ध के बाद खास तौर से आप, और नहीं तो, नोबेल पुरस्कार और ज्ञानपीठ पुरस्कार की सूची ही देख लें तो आपको अन्दाज लग जाएगा। कुछ दिनों पहले लैटिन अमेरिका का लेखक गार्सिया मारकेज जो लैटिन अमेरिकन हैं, स्पैनिश में लिखता है और उसने जो कई इंटरव्यूज दिये हैं, वह क्या है, उसकी विचारधारा क्या है, यह सब लोग जानते हैं। हिन्दी में भी 1936 से लेकर अब तक जो महत्त्वपूर्ण लेखक भारतीय भाषाओं में हुए हैं, साहित्य अकादमी पुरस्कारों की सूची देखेंगे तो लगभग आधे उसमें किसी-न-किसी रूप में, किसी-न-किसी दौर में उससे प्रेरित और प्रभावित रहे हैं। यह विचार की वस्तु है, केवल पोलेमिक्स नहीं है।

रही बात प्रगतिशील आन्दोलन के द्वन्द्व या अन्तर्विरोध की, तो संघर्ष इसके मूल में रहा है। स्थिति यह है कि जहाँ तक आलोचना का काम है—इसके पहले भी और जगह पर न जाएँ तो मूल्यांकन को लेकर कवियों के बीच बहस चली है। हमारे ही साहित्य में देव और बिहारी को लेकर बहस हुई है, कालिदास-भवभूति को लेकर बहस हुई है। रामचन्द्र शुक्ल ने यही काम किया है। ऐसा नहीं कि सबसे ज्यादा लड़ाकू प्रगतिशील ही थे जिन्होंने महज उठा-पटक का कौन बड़ा है, कौन छोटा—यह वातावरण बनाया। आलोचना का इतिहास इससे मुक्त नहीं है और संस्कृत आलोचना भी मुक्त नहीं है। इसलिए जिस class struggle या संघर्ष को मार्क्स ने इतिहास का लोकोमोटिव कहा है—वह संघर्ष विकास का नियम जान पड़ता है। बिना उसके विकास हुआ ही नहीं। चाहे विचार का संघर्ष हो, चाहे जीवन के भीतर विभिन्न शक्तियों का संघर्ष हो—आप उसे वर्ग संघर्ष कहें, न कहें, यदि साहित्य या प्रगतिशील साहित्य संघर्ष पर बल देता है तो उसमें निहित एक तथ्य को स्वीकार करता है और शायद साहित्य-सृजन के मूल में ही कहीं-न-कहीं वह संघर्ष निहित है। किसी ने कहा है कि बड़ी कविता वह होती है जब कवि दुनिया से लड़ता है और जो अपने-आपसे लड़ता है, वह दूसरे प्रकार की कविता होती है। तीसरे तरह की लड़ाई वह होती है जो दुनिया से लड़ते हुए अपने-आपसे भी लड़ाई जारी रखी जाती है, उससे तीसरे तरह की कविता पैदा होती है। यह टकराव कविता के मूल में है। प्रगतिशीलता संघर्ष पर बल देती रही है, इसका खास मतलब है। संघर्ष पर पर्दा डालकर अच्छी कविता या बड़ी कविता लिखी नहीं जा सकती। कहते हैं भाई-भाई को मिलकर रहना चाहिए, लड़ना नहीं चाहिए, पर उससे कविता कैसी लिखी जाती है, आप देख सकते हैं।

अन्तिम बात जिस पर मैं समाप्त करना चाहता हूँ—फ़िराक़ की प्रगतिशीलता का सन्दर्भ। कहा गया कि व्यापक इकाई तो Modernity है, प्रगतिशीलता तो उसका एक अंगभूत है—या आगे चल करके समाप्त हो जाएगी। मित्रो, आप पढ़े-लिखे लोग हैं Modernity, Modernism और Modernization—तीन शब्दों का प्रयोग किया जाता है। Modernization सामाजिक रूपान्तरण के सिलसिले में होता है जो समाजशास्त्र के लोग इस्तेमाल करते हैं। Modernity नियमित रूप से एक Concept है। Modernism उस Modernity का भी एक संकुचित संकीर्ण कालबोधक रूप है। Modernism का आन्दोलन जुड़ा हुआ है—खास कर अंग्रेजी कविता में टी.एस. इलियट और एज़रा पाउंड से। लेकिन यह सही है कि मॉडर्निटी (Modernity) कविता में एक व्यापक अवधारणा है। लेकिन मैं कहना चाहता हूँ कि 1936 के प्रगतिशील साहित्य और चिन्तन के साथ यह 'मॉडर्निटी' आई। 1936 के बाद जो विभाजन हुआ, वह विभाजन मॉडर्निज्म की शक्ल में, एक अलग धारा के रूप में चला जो ज्यादा संकीर्ण था।

अब जो कहा जाता है कि प्रगतिशीलता (Progressivism) एक संकुचित विचारधारा है जो एक राजनीतिक दर्शन, एक पार्टी, कम्यूनिस्ट पार्टी से जुड़ी विचारधारा है। एक विडम्बना ही है कि 1936 के आसपास संगठन तो समाप्त हो ही गया पर वह प्रक्रिया सामाजिक रूप में आज भी समाप्त नहीं हुई—प्रोग्रेस का नारा आज भी हम उतना ही बुलन्द करते हैं। यह दूसरी बात है कि उसका एक रूप इक्कीसवीं सदी में छलाँग लगाकर Technological changes का है और दूसरा Social genetics का हो सकता है जो प्रोग्रेस का हिस्सा है। तो आधुनिकता के कई रंग हैं और एक वह भी है जिसे मैंने कहा—प्रगतिशील आधुनिकता, दूसरा आधुनिकतावाद! जो आधुनिकतावाद इधर कलावाद, सौन्दर्यवाद के रूप में अधिक विकसित हुआ है—जिसकी मैंने कल चर्चा की थी।

आज की बहस में क्योंकि उसकी मूल स्थापनाओं पर प्रश्नचिह्न लगाया गया है, मैं अन्त करना चाहूँगा फ़ैज़ से।—फ़िराक़-फ़ैज़ का नाम साथ-साथ लिया जा रहा है। इस प्रगतिशीलता से जिनकी टकराहट रही है—खास तौर से प्रिय बन्धु रामकृष्ण मणि त्रिपाठी—फ़ैज़ की नजरों में कहूँ, रक़ीब से दिखाई पड़ते हैं। फ़ैज़ के अर्थ में और इसलिए प्रिय हैं। —प्रगतिशीलों का यह रुख रहा है।

'ग़म-ए-जहाँ हो, रुख़-ए-यार हो, के : दस्त-ए-अदू/सलूक जिससे किया हमने आशिक़ाना किया'—यह सलूक हमारा उनके साथ भी है।

संगठन की मोहताज नहीं प्रगतिशीलता

1936 में 'प्रगतिशील लेखक संघ' की स्थापना की पृष्ठभूमि अन्तरराष्ट्रीय थी। विभिन्न देशों में लेखक, कलाकार, संस्कृतिकर्मी फासिज्म के संकट को देखते हुए संगठित हो रहे थे। इसी प्रक्रिया के तहत भारत में 'प्रगतिशील लेखक संघ' की पूरी रूपरेखा तैयार की गई। इसमें सज्जाद ज़हीर की अहम भूमिका थी। भारत में प्रेमचन्द इसके सबसे बड़े हिमायती थे। प्रथम अधिवेशन के वे सभापति भी थे। उनके समय में और उनके बाद भी 'हंस' लगभग प्रगतिशील आन्दोलन का मुखपत्र था। आजादी के बाद स्थितियाँ बदलीं। कम्यूनिस्ट पार्टी के नेतृत्व में परिवर्तन हुआ। पी.सी. जोशी की जगह बी.टी. रणदिवे महासचिव चुने गए तो दूसरी ओर उनकी लाइन को माननेवाले रामविलास शर्मा को 'प्रगतिशील लेखक संघ' का महामंत्री चुना गया, जबकि उस समय शिवदान सिंह चौहान काफी सक्रिय थे और उत्तर प्रदेश 'प्रगतिशील लेखक संघ' के सचिव थे। प्रगतिशील साहित्य के स्वरूप को लेकर लिखी गई पहली किताब 'प्रगतिवाद' उन्हीं की है।

1953 का वर्ष प्रगतिशील लेखक संघ के लिए निर्णायक वर्ष रहा। 1953 में 'प्रलेस' के सम्मेलन में मैं भी था। जहाँ तक मुझे याद आ रहा है, उसी दिन स्तालिन की मृत्यु हुई थी। सभा शोक प्रस्ताव पास करके स्थगित कर दी गई। शाम को जब सभा शुरू हुई तो यह खबर छनकर आई कि पार्टी नेतृत्व की ओर से यह सन्देश आया है कि प्रगतिशील लेखक संघ को भंग कर दिया जाए, क्योंकि इससे फायदा कम, नुकसान अधिक हो रहा है। सन्देश अजय घोष ने भेजा था, जिसे नम्बूदरीपाद लेकर आए थे। लेकिन 'प्रलेस' की अपनी कार्यकारिणी ने इसे मानने से इनकार कर दिया। रामविलास जी ने अपने पद से त्यागपत्र दे दिया जिसे स्वीकार कर लिया गया और उनकी जगह उर्दू के मशहूर उपन्यासकार कृश्न चन्दर को 'प्रलेस' की कमान सौंपी गई। मुझे याद है कि कृश्न चन्दर ने अपने सम्बोधन में पहले तो सबको धन्यवाद दिया, फिर एक पेन्सिल उठाकर दिखाते हुए कहा कि चार्ज के रूप में मुझे सिर्फ यह पेन्सिल मिली है और कुछ नहीं। पार्टी ने पूरी तरह हाथ खींच लिया था, फिर भी 'प्रलेस' आधिकारिक रूप से भंग नहीं हुआ था। स्थिति यह थी कि जगह-जगह लोग जमा थे। उन्हें साहित्यिक मंच भी चाहिए था। इसलिए जगह-जगह

गोष्ठियाँ भी होती रहीं। हाँ, यह जरूर है कि आधिकारिक रूप से कोई अखिल भारतीय सम्मेलन नहीं हुआ। 1953 के बाद 'हंस' भी बन्द हो गया।

इस बीच एक और स्थिति सामने आई। शीतयुद्ध के घनघोर वातावरण में अमेरिका की सी.आई.ए. ने वामपंथी सोच और चिन्तन को खत्म करने के उद्देश्य से 'कांग्रेस फॉर कल्चरल फ्रीडम' नामक संस्था को खड़ा किया। भारत में भी इसकी इकाई खुली। वामपंथी विचारों के विरोधी कई लोग इससे जुड़े जिसमें साहित्यिक क्षेत्र से अज्ञेय जी सर्वाधिक प्रमुख थे। संस्था के सहयोग से 'क्वेस्ट' नामक पत्रिका भी निकली। इसी क्रम में आगे चलकर इलाहाबाद में 'परिमल' का गठन हुआ। मेरा मानना है कि भारत में 'कांग्रेस फॉर कल्चरल फ्रीडम' नामक इस संगठन के जन्म और इससे प्रेरित अन्य संगठनों और उनकी गतिविधियों ने 'प्रलेस' के लेखकों को काफी सचेत किया और उनमें एक नई जान फूँकी। इस संस्था के कारण बिखरे 'प्रलेस' को ताकत मिली क्योंकि इस संगठन का सामना करना जरूरी था।

बाद में हिन्दी-उर्दू के सारे प्रगतिशील लेखकों ने बिना 'प्रलेस' का नाम लिये इलाहाबाद में एक नया सम्मेलन किया। इसमें अमृत जी थे, मैं भी था। मोहन राकेश भी थे। राजेन्द्र यादव भी पहली बार कलकत्ता से आए थे। मुझे याद है कि इस कॉन्फ्रेन्स में सज्जाद ज़हीर भी पाकिस्तान से आए थे। वे बैठकर सिर्फ नोट्स ले रहे थे, कुछ बोले नहीं। इसके बाद शायद 1973 में केदारनाथ अग्रवाल के प्रयास से बाँदा में सम्मेलन हुआ और 'प्रलेस' को फिर से पुनर्गठित करने का फैसला किया गया। उस समय तक मैं दिल्ली आ गया था और 'आलोचना' का सम्पादन करने लगा था। उसके बाद गया में सम्मेलन हुआ। भीष्म साहनी महासचिव बने। उस समय बिहार में पार्टी की स्थिति अच्छी थी। विभिन्न जिलों में अलग-अलग इकाइयाँ भी बनीं। आगे सी.पी.एम. ने अलग लेखक संगठन 'जनवादी लेखक संघ' और एम.एल. ने 'जन संस्कृति मंच' को प्रेरित किया। इस तरह प्रगतिशील लेखक संगठन एक से दो हुआ, फिर दो से तीन हो गया। फिलहाल ये तीनों हैं। कुछ समय पहले दिल्ली में एक बैठक हुई थी, जिसमें तीनों संगठनों के सचिव मिले थे। इनकी मुझसे भी बात हुई थी। यह तय हुआ था कि चूँकि तीनों की अपनी राजनीति है इसलिए वे अलग-अलग तो रहें लेकिन अपनी-अपनी राजनीति को मानते हुए भी वे आपस में संवाद कर सकते हैं और उनके बीच निरन्तर संवाद होते रहना चाहिए। इसकी अच्छी मिसाल अभी इलाहाबाद में फ़ैज़ अहमद फ़ैज़ पर हुआ दो दिन का सम्मेलन था।

जिस समय 'प्रगतिशील लेखक संघ' का गठन हुआ था, उस समय साम्राज्यवाद और फासीवाद दो सबसे बड़े खतरे थे। आज फिर वैसी ही स्थिति दिखाई दे रही है। एकध्रुवीय विश्व में अमेरिकी वर्चस्व साम्राज्यवाद के रूप में सामने आ रहा है। देश के भीतर बी.जे.पी., आर.एस.एस. के हिन्दुत्ववादी उभार ने फासिज्म की शक्ल

अख्तियार कर ली है। जो चुनौती लेखकों के सामने थी, आज फिर से हमारे सामने है। इसलिए सभी लेखकों को मिलकर एक नई पहल करने की जरूरत है।

अन्त में मैं एक और बात कहना चाहता हूँ, जो हिन्दी साहित्य में प्रगतिशील लेखक संघ की भूमिका को लेकर है। हमें यह समझना चाहिए कि हिन्दी साहित्य की परम्परा गैरसाम्प्रदायिक और स्वत:स्फूर्त प्रगतिशील रही है। शायद इसीलिए प्रेमचन्द ने कहा कि लेखक स्वभावत: प्रगतिशील होता है। 'प्रगतिशील लेखक संघ' की स्थापना ने हिन्दी साहित्य की चली आ रही स्वाभाविक परम्परा को और त्वरित किया। प्रगतिशील लेखक संघ ने प्रगतिशीलता को जन्म नहीं दिया बल्कि उसने हाथ लगाकर क्रमश: प्रगतिशीलता की ओर उन्मुख साहित्य धारा को और गति दी। जिस साहित्य में कबीर जैसा भक्त कवि हुआ हो, उस साहित्य की प्रगतिशीलता किसी 'प्रलेस' के कारण पैदा नहीं हुई है।

दरअसल, प्रगतिशील आन्दोलन से प्रगतिशील लेखक संघ पैदा हुआ है, प्रगतिशील लेखक संघ से प्रगतिशील आन्दोलन पैदा नहीं हुआ है। इसे उलटा करके नहीं देखना चाहिए। प्रेमचन्द अगर 'प्रलेस' में नहीं गए होते तो भी प्रगतिशील होते और वही सब लिखते, जो लिखा है। उस समय तक लगभग वे अपना सारा लेखन कर चुके थे। 'प्रलेस' नहीं होता तो भी नागार्जुन, केदार, मुक्तिबोध वही लिखते जो उन्होंने लिखा है। इसलिए जहाँ तक लेखन और रचनात्मकता का सवाल है, 'प्रलेस' अगर नहीं भी होता तो भी हमारे यहाँ का बहुलांश श्रेष्ठ साहित्य वैसा ही होता जैसाकि आज है।

[दिनेश कुमार से बातचीत पर आधारित। 'राष्ट्रीय सहारा', हस्तक्षेप, 5 नवम्बर, 2011 से साभार]

जन-जन के घाव भरेगी कम्यूनिस्ट पार्टी

1925 में कम्यूनिस्ट पार्टी का जन्म हुआ और उसके दो साल बाद मेरा जन्म हुआ। पार्टी बड़ी है मुझसे—उम्र में ही नहीं, हर तरह से। इसका अहसास मुझे आज है और पहले भी था। विद्यार्थी जीवन में स्टूडेंट्स फेडरेशन से मेरा सम्बन्ध था लेकिन पार्टी से बाकायदा रिश्ता मेरा 1951 में हुआ।

ऐसा कहा गया है कि मेरा ताल्लुक पार्टी के सांस्कृतिक मोर्चे से—और खास तौर से पी.डब्ल्यू.ए. और इप्टा से रहा है। हिन्दुस्तान के इतिहास में कम्यूनिस्ट पार्टी की जो राजनीतिक भूमिका है और उसके बारे में वे लोग बेहतर बताएँगे, जिन्होंने खुद उसमें भूमिका अदा की है और रहनुमाई की है।

पार्टी का साहित्यिक मोर्चा

बहुतों को मालूम होगा कि पार्टी का साहित्यिक मोर्चा 1936 में कायम हुआ। 1943 में इप्टा की स्थापना बम्बई में हुई और 'प्रगतिशील लेखक संघ' की इससे पहले लखनऊ में हुई। ये दोनों बातें साथी जानते हैं, लेकिन 'प्रगतिशील लेखक संघ' और जिनमें साथियो, सबसे अहम भूमिका कामरेड सज्जाद ज़हीर ने अदा की जो आज हमारे बीच में नहीं हैं। लेकिन जिस संगठन की नींव उन्होंने डाली थी, वह आज भी जिन्दा है, फल-फूल रहा है और उसकी इकाइयाँ सारे देश में मौजूद हैं।

प्रगतिशील लेखकों की साहित्य को देन

हिन्दुस्तान की राजनीति का इतिहास सभी लोगों को मालूम है लेकिन कम्यूनिस्ट पार्टी के नेतृत्व में जो साहित्य की भूमिका रही है, उसके बारे में सभी साथियों को प्रेरणा मिलेगी। मैं थोड़े में उसका जिक्र करना चाहता हूँ। प्रेमचन्द जैसे महान साहित्यकार जो हिन्दुस्तान के ही नहीं बल्कि दुनिया के अगर तीन बड़े प्रगतिशील लेखकों का नाम लिया जाएगा—रूस के मैक्सिम गोर्की, चीन के लू शूं और भारत में वह नाम प्रेमचन्द का होगा। इत्तेफाक की बात है कि 1936 में तीनों ही इस दुनिया से चले गए थे। प्रेमचन्द की रहनुमाई में जो संगठन कायम हुआ, उसने आम आदमी—किसानों और मजदूरों की जिन्दगी के हालात, उनके संघर्ष, उनकी लड़ाइयाँ,

उनके अधिकारों के बारे में अपना साहित्य लिखा। यह प्रगतिशील लेखकों की साहित्य में सबसे बड़ी देन रही जिसे नया यथार्थवाद कहा जाता है। भारत के साहित्य का इतिहास यदि और कुछ नहीं, और बड़े दिये जानेवाले पुरस्कारों से ही मानें तो साहित्य अकादेमी से 1954-55 के आसपास जितने पुरस्कार दिये गए हैं— भारत की तमाम भाषाओं की सूची आप उठाकर देखें और फिर एक दूसरा बहुत बड़ा पुरस्कार जो भारतीय ज्ञानपीठ का दिया जाता है, अगर उन पुरस्कारों की सूची आप उठाकर देखें तो उनमें 75 फीसदी पुरस्कार इन लेखकों को दिये गए हैं जो प्रगतिशील आन्दोलन से जुड़े रहे हैं। केरल से टी. शिवशंकर पिल्ले, जी. शंकर कुरुप, एस.के. पोट्टेक्काट, यह तीन बड़े लेखक भारतीय ज्ञानपीठ पुरस्कार प्राप्त करनेवाले हैं। वे प्रगतिशील आन्दोलन से जुड़े रहे।

इप्टा की भूमिका

उसी तरह से बंगाल में ताराशंकर बन्द्योपाध्याय, विष्णु डे, सुभाष मुखोपाध्याय— ये तीन बड़े साहित्यकार जुड़े रहे हैं प्रगतिशील आन्दोलन से। इसी तरह उर्दू में फ़िराक़ गोरखपुरी, कुर्रतुल एन हैदर—ये प्रगतिशील आन्दोलन से जुड़े रहे हैं। फेहरिस्त लम्बी है जिनके नाम मैं नहीं गिनाना चाहता हूँ। लेकिन बताना चाहता हूँ कि यह 60 साल का भारतीय साहित्य का इतिहास जहाँ भी लिखा जाता है, 60 साल के इतिहास में जहाँ भी देखा जाता है, मुख्य रूप से उसकी धारा में वह प्रगतिशील साहित्य की धारा रही है। यह हमारे दुश्मन भी कबूल करते हैं कि यह एक बहुत बड़ी देन है कम्यूनिस्ट पार्टी की भारतीय साहित्य में। इसी तरह इप्टा की भूमिका इस मुल्क में पारसी रंगमंच की, जो शुद्ध मनोरंजन का साधन हुआ करता था, से तुलना करें जिसमें हँसी-ठिठोली, हल्के-फुल्के कार्यक्रम हुआ करते थे जिसकी बहुत सारी झलक, उसका बिगड़ा हुआ रूप आज भी बहुत जगह देखा जा सकता है। इप्टा के साथ एक नया रंगमंच इस देश में शुरू हुआ जो आम जनता का प्रतिबिम्ब है और इस देश में जो लोकमंच की परम्पराएँ रही हैं स्वाँग की, नौटंकी की परम्पराएँ रही हैं, तमाशा की परम्परा रही है, उन पुराने रूपों को लेकर रोजमर्रा की जिन्दगी की लड़ाइयाँ और यथार्थ चित्रण जो इप्टा ने पहली बार रंगमंच में पेश किया और उस रंगमंच का इतिहास अगर लिखा जाए तो साफ प्रतीत होगा कि एक नया मोड़ भारतीय रंगमंच में इप्टा ने दिया था। उन दिनों रवीन्द्रनाथ टैगोर के नाटक सारे हिन्दुस्तान भर में खेले जाते थे, जैसे रक्त कराबी। इप्टा के उन कलाकारों में बलराज साहनी प्रमुख थे जिन्होंने आगे चलकर फिल्मी दुनिया में बहुत ऊँचा नाम कमाया। दूसरा नाम ख्वाजा अहमद अब्बास का है। पहली महत्त्वपूर्ण जनता की फिल्म 'धरती के लाल' इप्टा ने बनाई थी।

हमारी पुरानी लोक-परम्पराएँ रही हैं, कलाएँ रही हैं। प्रगतिशील लेखक संघ और इप्टा ने उनमें नई जान डाली और अपना महत्त्वपूर्ण स्थान बनाया।

नया संगीत व इप्टा

इप्टा ने जो संगीत बनाया था और जनता को दिया था, उनमें वह तराना 'सारे जहाँ से अच्छा' सारे देश भर में इप्टा की बनाई धुन पर ही गाया जाता है। इस तरह बहुत-से संगीतकार व कलाकार थे जिन्होंने आगे चलकर फिल्मी संगीत की दुनिया को बदला और उनमें नई जान डाली। उसमें तमाम, बड़े-बड़े नाम, बहुत सारे लोग, जैसे सलिल चौधरी और अनेक कलाकार थियेटर की दुनिया में काम करनेवाले लोग इप्टा की देन हैं और इसे सब मानते हैं। पृथ्वी थियेटर की कल्पना इप्टा के बिना की ही नहीं जा सकती। यह थी कम्यूनिस्ट पार्टी की भूमिका जिसने हिन्दुस्तान के राजनीतिक इतिहास को बदलने में ही नहीं बल्कि हिन्दुस्तान की संस्कृति के क्षेत्र में भी महान योगदान दिया है। और इस दिन कामरेड पी.सी. जोशी को याद करना बहुत जरूरी है। जितने बड़े लेखक होते थे—हिन्दी, उर्दू, बांग्ला, मलयालम, मराठी, पंजाबी के लोग या नाटकों और मंच पर काम करनेवाले एवं गानेवाले लोग हों—इन तमाम लोगों को इकट्ठा किया।

साहित्य के मामले में कभी-कभी यह कहा जाता है कि कम्यूनिस्ट पार्टी ने अच्छे, बड़े कलाकारों को बुलाया, इज्जत से बुलाया लेकिन उन्होंने कठोर नियंत्रण लगाया। वह लगाम अपने हाथ में रखना चाहते थे। इससे साहित्य और कला को बड़ा नुकसान हुआ है। यह बहुत बड़ा झूठ है। जो कलाकार खुद इस क्षेत्र में काम करते हैं, इस आरोप का सबसे बड़ा जवाब हैं। मैं स्वयं अपने अनुभव से जानता हूँ कि लेखकों के सामने कई बार उलझे हुए मसले आते थे, उन्हें पार्टी के साथियों के सहयोग से, अपने नेताओं से बड़ी सीधी-सादी और उन्हीं की भाषा में सुलझा लिया करते थे। उन दिनों साहित्य में हमारे यहाँ ऐसे भी लेखक मिलते थे जिनकी किताबों में गरम-गरम लफ्फाजी पाई जाती थी मगर उनका जो आचरण था, वह ठीक उसका उलटा हुआ करता था जिसे थ्योरी और प्रैक्टिस का फर्क कहते हैं, वह दिखाई पड़ता था।

उलझी हुई गुत्थी का समाधान

एक बार भोपाल में इसी तरह की एक सभा हो रही थी। कामरेड शाकिर अली खाँ उसकी सदारत कर रहे थे। एक बेहद उलझी हुई गुत्थी उनके एक सीधे-सादे शेर से वह साफ हो गई—'उसकी बातों पे न जाओ वह क्या कहता है, उसके पाँवों को भी तो देख, किधर जाते हैं।' बड़ी-बड़ी बातें करनेवाले राजनीतिज्ञ भी मिलते हैं और लेखक भी मिलते हैं। लेकिन वह जो एक इशारा था कि उसके पाँवों को तो देख,

वे किधर जाते हैं, इसलिए यह कहना कि पार्टी के नेताओं से लेखकों को रोशनी नहीं मिलती, यह बात नहीं है। राजनीतिज्ञों के ऐसे इशारे होते हैं जो राजनीति से निकलकर साहित्य में जाते हैं और जो साहित्य से राजनीति में आते हैं।

आज जो सत्तरवीं सालगिरह मना रहे हैं और ऐसा माहौल-सा दिखाई पड़ता है, खास तौर से समाजवाद के खत्म होने के बाद यह भी हम देख रहे हैं कि उस फीनिक्स चिड़िया की तरह से, जिसे बार-बार लोगों ने मरा हुआ समझा, फिर रात को उगता हुआ दिखाई पड़ रहा है; उन्हीं देशों में और वही लोग फिर उसे स्थापित करने का प्रयत्न कर रहे हैं।

फिर भी समस्याएँ जटिल हैं और मैं अपनी ओर से इतना ही कहते हुए और तरक्कीपसन्द शायरों में सबसे बड़े फ़ैज़ अहमद फ़ैज़ की एक छोटी-सी नज़्म आपके सामने रखकर खत्म करूँगा। यह नज़्म उन्होंने 1981 में लिखी थी लन्दन में :

जब दु:ख की नदिया में हमने
जीवन की नाव डाली थी
था कितना कस बल बाँहों में
लोहू में कितनी लाली थी
यूँ लगता था दो हाथ लगे
और नाम पूरमपार रही
ऐसा न हुआ
हर धारे में कुछ अनदेखी मझधारें थीं
कुछ माँझी अनजान बहुत
कुछ बेपरखी पतवारें थीं
अब जो भी चाहे छान करो
अब जितने चाहो दोष धरो
नदिया तो वही है, नाव वही
अब तुम ही कहो क्या करना है
अब कैसे पार उतरना है
जब अपनी छाती में हमने
इस देश के घाव देखे थे
था वैद्यों पर विश्वास बहुत
याद बहुत से नुस्खे थे
यों लगता था बस
कुछ दिन में सारी विपदा कट जाएगी
और सब घाव भर जाएँगे

कि रोग अपने तो सदियों ढेर पुराने थे
वैद्य उनकी तह को पा न सके
और टूट के सब बेकार हुए
अब जो भी चाहे छान करो
अब जितने चाहो दोष धरो
अब छाती भी वही घाव वही
अब तुम ही कहो क्या करना है
यह घाव कैसे भरना है।

कम्यूनिस्ट पार्टी को ही यह घाव भरना है, और वही भरेगी और दूसरी कोई ताकत नहीं है जो यह घाव भर सके।

[प्रस्तुति : आनन्द गुप्त]

[साभार : 7/13, जनवरी, मुक्ति संघर्ष अखबार]

बीसवीं सदी : जैसी मैंने देखी

यह बीसवीं सदी जिसका तीन-चौथाई मैं जी चुका हूँ, मेरी जिन्दगी के 73 साल इस बीसवीं सदी के ही हैं और आप सबकी तरह ही यह मेरी शताब्दी भी है, जिसकी चोटें हमने अपने शरीर पर सही हैं, जिसके दिये हुए जख्म हमारे दिलो-दिमाग पर हैं और जिसकी दी हुई खुशियाँ भी फूलों की तरह हमारी मुट्ठी में हैं। वह सदी जो हमारे अन्दर से होकर गुजरी है, रगों में खून की तरह बहते हुए गुजरी है। उस सदी के बारे में अलग से कहना उसी तरह है, जैसे अपनी चमड़ी से निकलकर हम उसके बारे में चीड़-फाड़ करें। लेकिन जितना पीड़ादायक हो, सिंहावलोकन करना ही पड़ता है। मैं 'सिंहावलोकन' शब्द का प्रयोग इसलिए कर रहा हूँ कि अध्यक्ष महोदय कह रहे थे कि यह भारतीय संस्कृति और सभ्यता वाला आदमी होगा। धोती वगैरह पहनता है, इस नाते। अंग्रेजी में यह मुहावरा नहीं है। 'बड्र्स आई-व्यू' होता है, जिसका हिन्दी में आप अनुवाद करते हैं—'विहंगावलोकन'। लेकिन यह सिंहों का देश रहा है। नरसिंहों का देश रहा है। तो हमने देखने का मुहावरा उस 'सिंह' से लिया है। जंगल में जब सिंह चलता है, तो जिस तरह से पीछे पलटकर वह पीछे के अपने जंगल को देखता है, उस देखने की एक शान होती है। ऊपर से उड़ जानेवाली चिड़िया जिस तरह देखती है, वह देखना कुछ और होता है। यूरोप के लोग उड़ती चिड़िया की तरह देखते रहे होंगे। हमारे यहाँ चाल पर बहुत जोर दिया जाता था। चाल औरतों की कैसी होती है? कहते हैं, जैसे गजगामिनी। एक फिल्म भी इस नाम से बन चुकी है मकबूल फिदा हुसैन की। गज की चाल, हंस की चाल और सिंह की चाल। इसलिए दौड़ते हुए लोकल ट्रेन या बस पकड़नेवालों की चाल बदल चुकी है। वे भूल गए हैं। यहाँ हड़बड़ी में भी अपनी चाल बिगाड़नेवाले लोग नहीं रहे हैं। सिंह जिस तरह से जंगल को देखता है, चुनौती हमारे सामने है कि इस बीसवीं सदी के जंगल को उसी तरह से देख सकें। वैसे 'सरनेम' मेरा भी सिंह ही है। सवाल यह है, दोस्तो, कि आप बीसवीं सदी को कहाँ से देख रहे हैं। खुद अपने देश को भी। दिल्ली से जब देखें तो हिन्दुस्तान वही नहीं रहता, जो चेन्नई से

देखें, तिरुअनन्तपुरम से देखें, अगरतला से देखें, शिलांग से देखें या श्रीनगर से देखें, तब जो दिखता है, बड़ा फर्क पड़ता है कि आप कहाँ से देख रहे हैं। मलाबार हिल से देख रहे हैं कि झोंपड़पट्टी से देख रहे हैं। वही मुम्बई नहीं है जो मलाबार हिल से दिखाई पड़ती है, जो उसके नीचे झोंपड़पट्टी से दिखाई पड़ती है। इसलिए आप कहाँ से देख रहे हैं। कैमरा वाले बेहतर जानते हैं कि कहाँ से देखते हैं। 'पर्सपेक्टिव' बहुत महत्त्वपूर्ण होता है। कैमरा वही होता है, पर हर आदमी अच्छा फोटोग्राफर नहीं हुआ करता। इसलिए बहुत महत्त्वपूर्ण होता है कि आप कहाँ से देख रहे हैं। वह जगह क्या है, वह 'लोकेशन' क्या है। यह दुनिया वाशिंगटन से वही नहीं दिखाई पड़ेगी जो दिल्ली से पड़ेगी। एक गाँव से वही नहीं दिखाई पड़ेगी। इसलिए आप हैं कहाँ और कहाँ से खड़े होकर देखना चाहते हैं? गीता में जब कृष्ण रथ लेकर आए तो अर्जुन ने कृष्ण से कहा कि मुझे एक ऐसी जगह ले चलिए, जहाँ से मैं पूरी सेना को एक बार देख सकूँ। और देखने के बाद जहाँ से देखा उसने, उसके देखने के बाद की कथा आप जानते हैं। उसके हाथ-पाँव एकदम ठंडे हो गए। 'विषाद योग' उसे शुरू हुआ। और फिर कृष्ण ने उसको उपदेश दिया। इसलिए मैं आपसे कहूँगा कि आप वह जगह चुनिए, जहाँ से आप देखते हों। बीसवीं सदी की झलकियाँ 'मिलेनियम' के सिलसिले में बहुत-सी दिखाई गई हैं। इसलिए सवाल उठता है कि आप खुद अपनी आँख से देखिए। कबीर ने कहा था कि 'तू कहता कागद की लेखी, मैं कहता हूँ आँखिन देखी'। इसलिए देखा-देखी वाली बात नहीं होनी चाहिए। खुद अपनी आँख से देखने की कोशिश करेंगे, तो 'एंगल' बहुत महत्त्वपूर्ण होगा। किसने कोण से आप देख रहे हैं?

देखते समय आज के जमाने में बहुत जरूरी हो गया है, जिसे भूल नहीं सकते। आपने देखा होगा कि फोटो खिंचाते समय बहुत से लोग 'कैमरा कांशस' होते हैं। तो देखते समय भी हम कभी-कभी देखनेवालों की नजर देख रहे होते हैं। इस बीसवीं सदी को हम नहीं भूल सकते कि और लोग भी देख रहे हैं। वे क्या देख रहे हैं। और पिछले साल-दो साल में तो बहुत से लोग बीसवीं सदी पर नजरंसानी कर रहे हैं। तमाम लोग देख रहे हैं और दिखा रहे हैं कि बीसवीं सदी यह है। इसलिए इस बीसवीं सदी को जो दूसरे लोग देख रहे हैं, उससे हम बच नहीं सकते। बराबर हमारी नजर में रहेगा कि दूसरे लोग इसे किस नजर से देख रहे हैं। मसलन इस बीसवीं सदी को देखते हुए सबसे पहले ध्यान लोगों का 'टेक्नोलॉजिकल रिवोल्यूशन' पर जाता है कि बीसवीं सदी में टेक्नोलॉजी में महान क्रान्तियाँ हुई हैं। परमाणु बम बना है, हाइड्रोजन बम बना है। 'न्यूक्लियर पावर' 19वीं शताब्दी में नहीं हुआ था, यद्यपि वैज्ञानिक टेक्नोलॉजी तब भी थी। परमाणु शक्ति। अन्तरिक्ष विजय। आदमी इसी शताब्दी में चाँद पर गया है। उपग्रह छोड़े हैं

और इंटरनेट के जरिये सूचना क्रान्ति या 'इन्फार्मेशन रिवोल्यूशन' हुआ है। बहुत से लोग बीसवीं सदी को सिर्फ 'टेक्नोलॉजिकल रिवोल्यूशन' के लिए याद करना चाहते हैं और करते हैं। उनके लिए बीसवीं सदी यही है। वे भूल जाते हैं कि बीसवीं सदी में जितनी भी 'टेक्नोलॉजिकल रिवोल्यूशन' हुई, उसकी जमीन उन्नीसवीं सदी में तैयार हुई थी। उसी का अगला कदम बीसवीं सदी में हुआ। इसमें कोई शक नहीं है कि 'टेक्नोलॉजिकल रिवोल्यूशन' हुआ है। जो लोग कह रहे हैं, सच कह रहे हैं। लेकिन यह आधा सच है, क्योंकि टेक्नोलॉजी बनानेवाला इनसान है, मनुष्य है। बीसवीं सदी में वह यह कहकर कि टेक्नोलॉजी इसकी सबसे बड़ी उपलब्धि है, उस मनुष्य को पर्दे में डाल देते हैं, जैसेकि वह कुछ है ही नहीं! मनुष्य ने, स्वयं इनसान ने और क्या किया है? जिस इनसान ने टेक्नोलॉजी की क्रान्ति की, वह इनसान खुद बीसवीं सदी में क्या करता रहा है, इससे हमारा ध्यान हटाकर करीब-करीब सारा श्रेय 'टेक्नोलॉजी' को दे दिया जाता है। मैं इसको एक तरह की खास दृष्टि कहूँगा। हमारे यहाँ बौद्धों ने 'दिट्ठि' शब्द का प्रयोग किया था। 'दिट्ठि' शब्द जो है, वह अधूरी दृष्टि को कहते हैं। 'दिट्ठि' बौद्धों ने बराबर कहा है। 'दिट्ठि' शब्द का प्रयोग किया था, जिसको 'आइडियोलॉजी' कहते हैं। हमारे ही देश में एक ऐसे प्रधानमंत्री थे, जिनकी देन माननी चाहिए। जिन्होंने इक्कीसवीं सदी में छलाँग लगाने का नारा दिया था। समझते थे कि हिन्दुस्तान टेक्नोलॉजी के जरिये जो हासिल कर लेगा, उससे इक्कीसवीं सदी में छलाँग लगा जाएगा। एक दृष्टि है यह, जिसके बारे में मैं बहुत कम जानता हूँ। लेकिन इतना जरूर जानता हूँ कि यह आधा सच है, यह पूरा सच नहीं है। बल्कि एक बहुत बड़े सच पर पर्दा डालता है। मनुष्य की ताकत को कम करके आँकता है जबकि टेक्नोलॉजी मनुष्य की इन्द्रियों का ही विस्तार है। इसलिए उस मनुष्य की ओर भी ध्यान जाना चाहिए।

बहुत से लोग, आखिरी विजय जिसकी होती है, उसी के गुण गाते हैं। हारे हुए की कहानी कहनेवाले केवल साहित्य में होते हैं। ट्रेजिडी वहीं लिखी जाती है। जैसेकि आप जानते हैं कि महाभारत के अन्त में युधिष्ठिर को यह देखकर भी आश्चर्य हुआ कि जिस दुर्योधन को गदा-युद्ध में भीम मारकर आए थे, सबसे पहले स्वर्ग में वही गया था। यह व्यास कहते हैं। मैं नहीं कह रहा हूँ। महाभारत केवल जीते हुए लोगों की कहानी नहीं है, हारे हुए लोगों की भी कहानी है। इसलिए 'ट्रेजिडी' है। और शेक्सपियर बड़ा है। उसने हैमलेट की कहानी लिखी, जो 'ट्रेजिडी डेथ' हुई। मैकबेथ पर नाटक लिख, वह बड़ा माना जाता है। 'ओथेलो' को बड़ा माना जाता है, 'लियर' बड़ा माना जाता है। शेक्सपियर अपनी 'हिस्टॉरिकल कॉमेडीज' के लिए नहीं जाना जाता है। चूँकि मैं एक लेखक हूँ और शायद इस नाते मेरा पक्षपात हो। जीतनेवालों का यशोगान करनेवाले, खुशामद करनेवाले

चाटुकारों की कमी नहीं है। गली-गली मिलेंगे। मुम्बई में भी हैं और दिल्ली में भी रहा करते हैं। उन पर हमारी नजर रहती है और शायद इसलिए आप इसे भी एक 'दिट्ठि' कहेंगे।

मनुष्य की हार-जीत बीसवीं सदी में कैसे हुई, मेरी नजर इस पर है और मेरी नजर में बीसवीं क्रान्ति और क्रान्तिकारियों की शताब्दी है। इतिहास याद करेगा बीसवीं सदी को। उसमें बीसवीं सदी की सबसे बड़ी घटना, शताब्दी के आरम्भिक वर्षों में 1917 में रूस की बोल्शेविक क्रान्ति हुई। यह पहली क्रान्ति थी और दूसरे महायुद्ध के बाद उसी परम्परा में, दूसरी क्रान्ति हुई चीन की और फिर कुछ वर्षों के बाद शताब्दी के तीसरे चरण में 'क्यूबा' में एक क्रान्ति हुई थी। अमेरिका के सीने पर, उसके ठीक सामने छोटा-सा मुल्क, लेकिन चाकू की तरह से धँसा था—पूरब से लेकर पश्चिम तक। पहली बोल्शेविक क्रान्ति, जिसका बीजारोपण 19वीं शताब्दी में हुआ था। लेकिन 19वीं शताब्दी में कोई क्रान्ति नहीं हुई थी। क्रान्ति तो हुई थी 18वीं सदी के अन्त में जिसे 'फ्रेंच रिवोल्यूशन' के रूप में जानते हैं। अजीब विडम्बना है कि इतनी बड़ी महान 19वीं शताब्दी पर क्रान्ति हुई, उसके विचारों से जड़ें पकड़ीं और अमल में ले आई गईं बीसवीं सदी में। वह बोल्शेविक क्रान्ति, जो रूस में हुई थी और दूसरी चीन में हुई, तीसरी क्यूबा में हुई। यह जिसे रूसी क्रान्ति मैं कहता हूँ, वह है बोल्शेविक क्रान्ति, समाजवादी क्रान्ति।

इस समाजवादी क्रान्ति का दूसरा पहलू है, जिसे मैं 'राष्ट्रीय मुक्ति' कहता हूँ—'नेशनल लिबरेशन'। ठीक रूसी क्रान्ति के 7 साल बाद, 1917 में वह क्रान्ति हुई थी और लगभग वही वर्ष, उसके साल भर पहले दक्षिण अफ्रीका में सत्याग्रह करते हुए गांधी जी भारत आए, लौटे और असहयोग आन्दोलन किया। जिसे उन्होंने 'सत्याग्रह' नाम दिया। यह बहुत महत्त्वपूर्ण शब्द है। गांधी जी के उस आन्दोलन को अंग्रेजी किताबों में पहले दक्षिण अफ्रीका में 'पैसिव रेजिस्टेन्स' कहते थे। 'इंडियन ओपिनियन' में उन्होंने विज्ञापन छपवाया था कि हमारे इस आन्दोलन के लिए एक भारतीय नाम चाहिए। उन्होंने कहा कि मैं इसको, अपने आन्दोलन को अगर यह भारतीयों का है, काले लोगों का आन्दोलन है, गोरों के खिलाफ, तो अंग्रेजी शब्द से मैं इसे व्यक्त नहीं करना चाहूँगा। हमको वह शब्द, वह भाषा चाहिए जो हमारी आवाज को, हमारे सच को हमारी भाषा मिले। 'इंडियन ओपिनियन' के दफ्तर में मदन लाल गांधी काम करते थे। कई लोगों ने नाम भेजे। उन्होंने 'सदाग्रह' शब्द भेजा। गांधी बोले कि अच्छा है। पुरस्कार तो देना चाहिए इसको। लेकिन सोचते रहे रात भर और सुबह उठकर बोले कि 'सदाग्रह' नहीं, 'सत्याग्रह'। यह 'सत् आग्रह' नहीं है, बल्कि सत्य का आग्रह है। और वह 'सत्याग्रह' शब्द अपनी भाषा का शब्द था। 'पैसिव रेजिस्टेन्स' शब्द से बड़ा था। वह 'सत्याग्रह' जो दक्षिण अफ्रीका में शुरू किया था गांधी जी ने।

बोल्शेविक क्रान्ति के बाद उपनिवेशों ने, यूरोप के लोगों ने जो तमाम उपनिवेश कायम किए हुए थे, उसमें पहला महान सत्याग्रह भारत में शुरू हुआ था और इस सत्याग्रह का गहरा सम्बन्ध 'बोल्शेविक क्रान्ति' से है। लेनिन के समाजवादी एजेंडा में यह अनिवार्य था कि जब तक उपनिवेशों में राष्ट्रीय मुक्ति नहीं मिलती, जब तक कि उपनिवेशवाद खत्म नहीं हो जाता, समाजवाद 'सर्वाइव' नहीं कर सकता। इसलिए समाजवाद और उपनिवेशों की राष्ट्रीय मुक्ति, दोनों का चोली-दामन का सम्बन्ध है। यही वजह है कि हिन्दुस्तान में गांधी जी के सत्याग्रह के साथ वे लोग हैं, जो बोल्शेविक क्रान्ति से प्रेरित हैं। मैं हिन्दी में 1930 के आसपास की जो पत्र-पत्रिकाएँ पढ़ता हूँ, बोल्शेविक जादूगर, बोल्शेविक क्रान्ति, लेनिन जैसी दर्जनों किताबें लिखी गई हैं। तमाम भाषाओं में—मलयालम में, तमिल में, मराठी में, बांग्ला में। आप देखें कि जिस तरह से, जबकि सेंसर के कारण किताबें आती नहीं थीं, उसमें बोल्शेविक क्रान्ति का स्वागत इस देश में लोगों ने किया था। हर भाषा में किताबें लिखी गई थीं और उन्हीं लोगों में से अनेक ने आगे चलकर स्वाधीनता-संग्राम में गांधी जी के साथ, समाजवादियों ने, कम्यूनिस्टों ने, आगे बढ़कर हिस्सा लिया था। उसमें केरल के ई.एम.एस. नम्बूदरीपाद उसी दौर के हैं। तमिलनाडु के अनेक लोग उसी दौर में गांधी जी के साथ आए, जिसमें कई मार्क्सवादी और कम्यूनिस्ट थे।

इससे एक बड़ी बात यह हुई कि 19वीं शताब्दी के अन्त में साम्राज्यवाद या पश्चिमी यूरोप के देशों ने 'ग्लोबल रूप' मनाया था। आज 'ग्लोबलाइजेशन' का बहुत नाम सुना जा रहा है। पहला 'ग्लोबलाइजेशन' पूँजीवाद का, कैपिटलिज्म का साम्राज्यवादियों ने किया था और 19वीं शताब्दी में कर लिया था। हिन्दुस्तान के हम लोग बचपन में सुना करते थे कि अंग्रेजी राज में सूरज नहीं डूबता है। इसका मतलब यह है कि पूरे भूमंडल पर वह लाल रंग कहीं-न-कहीं छिपका-सा दिखाई पड़ेगा। ग्लोबल था। लेनिन ने कहा था कि बोल्शेविक क्रान्ति को भी ग्लोबल होना पड़ेगा और ग्लोबल समाजवाद के रूप में अगर नहीं होती है, तो नेशनल लिबरेशन के रूप में 'ग्लोबल' होगी। एक अन्तरराष्ट्रीय भाईचारा होगा। मुम्बई में तिलक की गिरफ्तारी पर जो मजदूरों ने हड़ताल की थी, लेनिन ने उसका स्वागत करते हुए एक लेख लिखा था कि भारत का मजदूर जाग गया है। भारत के राष्ट्रीय मुक्ति आन्दोलन की शुरुआत में आम जनता हिस्सा ले रही है। इसका स्वागत करते हुए लेनिन ने वह लेख लिखा था। इसलिए मैंने कहा था कि बीसवीं शताब्दी क्रान्तियों की शताब्दी है। वह तो बोल्शेविक क्रान्ति है, लेकिन दूसरी 'सत्याग्रह' वाली भी क्रान्ति है, अहिंसात्मक क्रान्ति है, इसलिए बीसवीं शताब्दी को लोग अलग-अलग नामों से 'शॉर्टहैंड' में नाम देने की कोशिश कर रहे हैं। बीसवीं शताब्दी गांधी की। लेनिन ने बहुत पहले कहा था कि जिस दिन

ये तीनों मुक्त होंगे और समाजवाद कायम करेंगे, उस दिन दुनिया का नक्शा बदल जाएगा। रूस और चीन में तो समाजवाद आया। कभी गहराई से विचार करना चाहिए कि 1947 में, भारत में केवल सत्ता हस्तान्तरित नहीं हुई होती, बल्कि 'नेवी विद्रोह' के कारण और उसके साथ प्रेरणा लेकर कहीं अगर क्रान्ति हुई होती, तो बीसवीं शताब्दी का अन्त जैसा आज हुआ है, वैसा न हुआ होता। इसलिए बीसवीं शताब्दी की केन्द्रीय घटना है समाजवादी क्रान्ति और राष्ट्रीय मुक्ति! दोनों का गठजोड़!

और दूसरी सबसे बड़ी महत्त्वपूर्ण भूमिका है, विश्व का इतिहास जब लिखा जाएगा, तो यह कि यूरोप सेंटर नहीं रहा है। बीसवीं सदी में सेंटर 'डी-सेंटर' हुआ है, और क्रान्तियों का केन्द्र हटकर पूरब में आया है। रूस यूरोप नहीं माना जाता है, पूरब है। चीन पूरब है, भारत पूरब है। सेंट्रल एशिया को भी शामिल करें तो साक्षात् पूरब है। बीसवीं शताब्दी में सूरज पूरब में उदय हुआ था। इससे पहले 19वीं शताब्दी में पश्चिम में हुआ था। क्योंकि 19वीं शताब्दी का इतिहास 'यूरोसेंट्रिक' है। 'यूरोपो केन्द्रित' इतिहास है। बीसवीं शताब्दी में विश्व का इतिहास पूर्व केन्द्रित होता है और इसका सेंटर पूरब में आता है। लेनिन का चेहरा देखें। फोटो देखकर आप अन्दाजा लगाएँगे कि यह यूरोपियन नहीं है। शक्ल बताती है। मंगोलियाई चेहरा है उनका। माओ तो मंगोलियाई हैं ही और हिन्दुस्तान के गांधी का चेहरा तो ठेठ हिन्दुस्तानी है। उनके कान उस तरह के। उनकी नाक, उनके चीक, बोन्स गुजराती मालूम होते हैं। गिजुभाई। इसलिए बीसवीं सदी के केन्द्र में, पूरब में सूर्य का, नई चेतना का उदय हुआ है। और उसकी दो धुरी हैं—समाजवाद और राष्ट्रीय मुक्ति! लेकिन फिर कहूँगा कि यह शताब्दी का आधा सच है। यह पूर्व शती है। उत्तर शती की कहानी यही नहीं है।

दूसरे महायुद्ध के बाद की बीसवीं शताब्दी मोटे तौर से 'कोल्ड वार' की शताब्दी कही जाती है। शीत युद्ध। अंग्रेजी में जिसको 'यूफेमिज्म' कहते हैं। मुझे 'कोल्ड वार' शब्द 'यूफेमिज्म' मालूम होता है। यह अमेरिका और रूस के बीच केवल 'कोल्ड वार' नहीं था। उत्तर शती का पिछले पैंतालीस-पचास वर्षों का इतिहास देखें, तो 200 'सिविल वार' हुए हैं। वियतनाम की लड़ाई आप नहीं भूले होंगे। चिली में आयंदे की सरकार का तख्ता 1973 में पलटा गया था और समाजवादी सरकार ध्वस्त की गई थी। अफ्रीका में इतनी लड़ाइयाँ हुईं। इसलिए 'कोल्ड वार' को मैंने कहा कि एक तरह का 'यूफेमिज्म' था। उसके बाद पिछले 45 वर्ष दुनिया में तीसरा युद्ध तो नहीं हुआ लेकिन छोटे-छोटे 'लोकल सिविल वार' होते रहे। इन लड़ाइयों में 'नेशनल लिबरेशन' जारी रहा। उपनिवेशवाद के विरुद्ध, साम्राज्यवाद के विरुद्ध दुनिया के अनेक राष्ट्र एक-एक करके आजाद होते गए—जान देकर, जान गँवाकर, बड़ी कीमत देकर। और इन तमाम लड़ाइयों

के बीच पहले की आधी शताब्दी में रूस की भूमिका थी। सारे नेशनल लिबरेशन में रूस ने आगे बढ़कर मदद की थी। स्वयं हिन्दुस्तान के निर्माण में विकास का पूरा-का-पूरा मॉडल जो नेहरू ने तैयार किया था, वहीं का था। रूस पहला था, जिसने आगे बढ़कर भिलाई का स्टील प्लांट भारत को दिया था। समाजवाद ने भारत में और भारत के बाहर, चाहे वह चीन हो, अफ्रीका के देश हों, उन तमाम देशों को, अंगोला को, मोजाम्बिक को, खुद दक्षिण अफ्रीका को, नेल्सन मंडेला को, इन तमाम मुक्ति की ताकतों को, दुनिया में जो अपनी आजादी के लिए लड़ रही थीं, रूस ने मदद दी। अगर रूस न होता, उनमें बहुतों को यह कामयाबी हासिल नहीं हुई होती—न अपने विकास में, न अपनी आजादी हासिल करने में। इस पूरी प्रक्रिया में शीतयुद्ध के दौरान मेरी समझ में निर्णायक घटना थी वियतनाम वार नहीं, बल्कि 1973 में चिली में आयंदे की सरकार का तख्ता पलटना।

वहाँ से जो समाजवाद, जो राष्ट्रीय मुक्ति का ज्वार था, वह पलटता है। भाटा में बदलता है। जिसकी परिणति 1989-90 में सोवियत संघ के टूटकर बिखर जाने से समाजवाद के ध्वस्त हो जाने के साथ होती है। 20वीं शताब्दी का आखिरी दशक शेक्सपियर की 'ट्रेजिडी' के समान इन क्रान्तियों के ध्वस्त होने का रहा। लेकिन एक ओर साम्राज्यवाद, उपनिवेशवाद और दूसरी ओर नई समाजवादी शक्तियाँ, पिछड़ी हुई, जो आम तौर से विकसित औद्योगिक समाज नहीं थे, सारी 'अग्रेरियन सोसाइटियाँ' थीं, खेतिहरों के देश थे—चाहे वह रूस हो, चाहे वह चीन हो, चाहे वह भारत हो। मार्क्स ने तो कहा था कि जहाँ विकसित पूँजीवाद होगा, समाजवाद कायदे से वहाँ आना चाहिए—उसके अन्तर्विरोधों से। खेतीवाले देशों में आया और आने के बाद जिस स्पर्धा ने और जिसको मैं कहूँ, 'कॉन्फ्लिक्ट-युद्ध' था दोनों ताकतों के बीच में। एक ओर साम्राज्यवाद और उपनिवेशवाद, तो दूसरी ओर समाजवाद और मुक्त राष्ट्रवाद। इस लड़ाई में रूस को सारी ताकत जो हासिल हुई थी क्रान्ति से, समाजवाद और राष्ट्रीय मुक्ति से, उसे बचाने में सारी ताकत, सारी पूँजी, सत्ता खत्म हो गई। आखिर तक आते-आते मुकाबला नहीं कर सकी और ध्वस्त हो गई।

मित्रो, अमेरिका का वर्चस्व विश्व में एक दिन में नहीं कायम हुआ। बीसवीं शताब्दी का अन्त 'यूनाइटेड स्टेट्स ऑफ अमेरिका' के वर्चस्व के साथ हुआ। लेकिन आप ध्यान दें तो वर्चस्व एक दिन में नहीं हुआ। अपना इतिहास पढ़नेवाले हम लोग जानते हैं कि इस देश में एक स्लेव डाइनेस्टी का रूल हुआ करता था। दिल्ली सल्तनत जिसे कहते हैं। कुतुबुद्दीन ऐबक स्लेव था। गुलाम वंश का राज बहुत दिनों तक दिल्ली सल्तनत पर रहा है और गुलाम जब राजा होता है, तो बलवान होता है। अमेरिका भी एक गुलाम था। वह भी कॉलोनी थी हमारी तरह

और एक गुलाम आज दुनिया का सबसे बड़ा मालिक जिस तरह बना है, वह इतिहास में अध्ययन की वस्तु है, ध्यान से देखना चाहिए।

पहले महायुद्ध तक अमेरिका ऐसा हो चुका था। 1919 में वार्सा की सन्धि का सुपरविजन प्रेसीडेंट विल्सन ने किया था। वहाँ मौजूद थे। आप कौन थे भाई? आप कौन होते हैं? लड़ने तो आए नहीं। यूरोप लड़ा और जिसने सन्धि कराई, वह अमेरिकन प्रेसीडेंट विल्सन थे। वार्सा की सन्धि पर उनके भी हस्ताक्षर हैं। उससे मालूम हो गया, यह नया उभरनेवाला, जो कल का गुलाम अंग्रेजों का, आज अब इस हालत में आ गया है कि अंग्रेजों के साथ बराबरी कर रहा है। दूसरे महायुद्ध में योगदान करते रहे, लेकिन कायदे से दूसरे महायुद्ध की कहानी पढ़ें तो अमेरिका ने कितना खोया, कितना पाया, वह अलग कहानी है। जितना इंग्लैंड तबाह हुआ, अमेरिका पर क्या बीती? दूसरे महायुद्ध में अमेरिका ने क्या खोया? फ्रांस तबाह हुआ। फ्रांस तो गुलाम हुआ था, नाजियों के पंजों में था, दूसरे विश्वयुद्ध के बाद निश्चित रूप से ब्रिटिश साम्राज्य की राख से जो नया 'कैपिटलिज्म फिनिक्स' की तरह पैदा हुआ था, उसका नाम है—यूनाइटेड स्टेट्स ऑफ अमेरिका और तब से लेकर 'अमेरिकन वे ऑफ लाइफ' और 'सी.आई.ए.' वगैरह चीजें उभरी हैं। अगर आप बीसवीं शताब्दी की दुनिया का इतिहास पढ़ें तो 1947 से पहले सी.आई.ए. वगैरह का नाम नहीं मिलता। अमेरिका एक 'सिस्टिमैटिक' तरीके से जिस तरह से इन तमाम चीजों के बीच पहुँचा कि आज यूरोपियन यूनियन बनाने के बावजूद अमेरिकी मॉडल 'यूरोपियन यूनियन' का मॉडल है। पूँजीवाद पहले एक राष्ट्र का हुआ करता था, बीसवीं शताब्दी के अन्त में 'बहुराष्ट्रीय कम्पनियों वाला पूँजीवाद' चला—'मल्टीनेशनल कैपिटलिज्म' और फील्ड्स कैपिटलिज्म। विश्व में तिजारत पहले भी हुआ करती थी, लेकिन डब्ल्यू.टी.ओ. जितनी बड़ी ताकतवर संस्था है, जिसका नाम पहले इतना नहीं सुना जाता था, अब घर-घर में इसका नाम पहुँच गया है—'वर्ल्ड ट्रेड ऑर्गेनाइजेशन' और इतनी बड़ी ताकत के रूप में! इसलिए एक नया तंत्र जिसमें विकास का अमेरिकी मॉडल, वाणिज्य का अमेरिकी मॉडल और साथ ही कल्चर। सारी-की-सारी चीजें पूरे यूरोप में लगभग जब नाम लेना पड़ा तो अपनी करंसी तक के नाम में यूरोप अपनी भाषाओं के ईमान को भूल गया। उसका नाम है यूरो डॉलर! कहाँ गए 'ड्यूश मार्केट', फ्रेंक? पाउंड पर अंग्रेजों को बड़ा गुमान रहा है। वह पाउंड कहाँ गया? वहाँ पर डॉलर, यूरो डॉलर और इसे मैं प्रतीकात्मक मानता हूँ, साहित्यकार के नाते। हम लोग कहते हैं न कि सिक्का चल गया! सिक्का जमा दिया! और यू.टी.आई. के लोग सिक्के के महत्त्व को हमसे ज्यादा जानते हैं। इसीलिए यह जो सिक्का अमेरिका का चला, जमा, बीसवीं शताब्दी की महत्त्वपूर्ण घटना मानी जाएगी। दुनिया में जिस तरह से, मैंने कहा और यह हुआ है कि

समाजवाद और राष्ट्रीय मुक्ति आन्दोलन को खत्म करके वर्चस्व स्थापित किया है। इसे नहीं भूलना चाहिए।

कहानी थोड़ी-सी और बाकी है और वह यह कि इसी बीसवीं शताब्दी में एक और घटना हुई, जिसका सम्बन्ध इस शताब्दी के अन्त से जुड़ा हुआ है। क्योंकि बीसवीं शताब्दी जिस धुरी पर घूमती रही, वह समाजवाद और राष्ट्रीय आन्दोलन है। उसका विरोध करके आप आगे बढ़ें या उसको स्वीकार करके आगे बढ़ें, मुद्दा वह था। यूरोप में एक जमाने में 'सोशल डेमोक्रेटिक पार्टी' बहुत मजबूत थी। आज भी यूरोपियन यूनियन में अधिकांश 'सोशल डेमोक्रेटिक पार्टियाँ' हैं—चाहे वह इंग्लैंड में 'लेबर' हों, फ्रांस में हैं, जर्मनी में 'सोशल डेमोक्रेट्स' पार्टी है। जहाँ-तहाँ सोशल डेमोक्रेट्स थे और समाजवाद को हराने के लिए, इसी के बीच से और 'राष्ट्रीय मुक्ति आन्दोलन' के कारण, इन्हीं में से चार जगहों पर फासिज्म कायम हुआ था। मशहूर हैं जर्मनी और इटली। एक में हिटलर आया, दूसरे में मुसोलिनी। लेकिन फ्रैंको की तानाशाही स्पेन में आई थी और आस्ट्रिया में भी फासिज्म कायम हुआ था। चार देश थे। जहाँ साम्राज्यवाद प्रबल था, वहीं फासिज्म आया। फासिज्म केवल यहूदियों का विरोधी नहीं था। यहूदी के नाम पर फासिज्म के कट्टर दुश्मन कम्यूनिस्ट थे, क्योंकि कार्ल मार्क्स यहूदी था, क्योंकि मार्क्स का साथी एंगल्स यहूदी था। उनका खयाल था कि जितने यहूदी थे, उनमें और कम्यूनिस्टों में साँठ-गाँठ है। फासिज्म समाजवाद के विरोध में आया था! राष्ट्रवाद का नाम लेकर आया था। राष्ट्रीय आन्दोलन के दौरान एक राष्ट्रवाद क्रान्तिकारी था, जो समाजवाद विरोधी था, और दूसरा राष्ट्रवाद था, जो अपने को नेशनल सोशलिज्म कहता था। नाल्सी पार्टी का नाम ही है जर्मनी में। नाल्सी जिसे कहते हैं। नेश्यो और सोशलिज्म! फासिज्म वही चीज है। राष्ट्र की भावना जो हर सताई जाति के अन्दर रहा करती है। जिसे कहते हैं न कि हीरा हीरे से ही कटता है। राष्ट्रवाद राष्ट्रवाद से ही काटा जा सकता है। दूसरी चीज से नहीं काटा जा सकता। पूँजीवाद से नहीं काटा जा सकता। शीतयुद्ध के दौरान अमेरिका ने जितने सिविल वार किए, उसके साथ-साथ एक और काम किया--पहले अफ्रीका में रेसियल या नस्ल के नाम पर उसने फासिज्म कायम करने की कोशिश की और बाद में चलकर पूरब के देशों में चूँकि धर्म का महत्त्व बहुत अधिक है, मजहब का बहुत महत्त्व है, इसलिए आप देखेंगे कि एक बहुत बड़े पैमाने पर जहाँ-जहाँ राष्ट्रीय मुक्ति आन्दोलन चले हैं, उन्हीं देशों में एक ऐसे अन्ध राष्ट्रवाद, जिसको शोविनिज्म हम अंग्रेजी में कहते हैं, यह शोविनिज्म धर्म के नाम पर, मजहब के नाम पर उभारकर स्वाधीन देशों को एक और दिशा देने की कोशिश की गई है। इन सबको हम आतंकवादियों के रूप में जानते हैं, जो टेररिस्ट मूवमेंट हैं। हर देश में हैं। जिसका जहर खुद रूस में भी आखिरी दिनों में सेंट्रल रूस के देशों में फैलाने की कोशिश की—उजबेकिस्तान में,

तजाकिस्तान में, और जहाँ क्षेत्रीय और कभी-कभी एथनिक लड़ाइयाँ हुईं। इसलिए बीसवीं शताब्दी अगर क्रान्तियों की शताब्दी है, तो बीसवीं शताब्दी प्रतिक्रान्तियों की भी शताब्दी है। काउंटर रिवोल्यूशन जिसे कहते हैं। यह मिली-जुली एक कहानी है, जैसा मैंने कहा कि मेरी देखी हुई बीसवीं सदी, जैसी मैंने देखी। इन तमाम चीजों का असर हमारे खून पर है। आज भी हम महसूस कर सकते हैं वह ऊर्जा, जो 1934-36 के दिनों में साहित्य में हमने देखी। राष्ट्रीयता की मुक्ति का संघर्ष सुब्रह्मण्यम भारती की राष्ट्र की आवाज जैसी सुनाई पड़ी। मलयालम के बल्लतोल से सुनाई पड़ी। वह आवाज धीरे-धीरे वैसे ही आगे चलकर समाजवादी आवाज में, आन्ध्र प्रदेश में तेलगू के प्रसिद्ध कवि श्रीश्री की कविता में दिखी, उसी तरह से मराठी में इस समय आप देखें, तो जो दलितों के रूप में और वैसे भी नारायण सुर्वे में सुनाई पड़ती है।

हिन्दी में निराला हैं। नागार्जुन में सुनाई पड़ती है। प्रेमचन्द के उपन्यासों में झलकती है। तकषी शिवशंकर पिल्लै के उपन्यासों में दिखाई पड़ती है। वैकम मोहम्मद बशीर में दिखाई पड़ती है। उर्दू के साहित्यकारों में एक जमाने में जो हमारा तराना लिखा था, 'सारे जहाँ से अच्छा हिन्दोस्तां हमारा' इकबाल ने और उसके बाद के शायरों की दूसरी परम्परा में दिखाई पड़ती है। यह वह चेतना थी एक ऐसे भविष्य की, जो समाजवादी सपना था और साथ ही एक मुक्त राष्ट्र जो विकसित हो और ताकतवर हो, उन सन्देशों को लेकर बना था। बीसवीं सदी इन तमाम चीजों की मिली-जुली सदी रही, लेकिन कहानी ज्यादा दिलचस्प हुई। जैसे वह फिल्म ही क्या, जिसमें खलनायक न हो! बीसवीं सदी केवल नायकों की कहानी नहीं है। बीसवीं सदी खलनायकों के साथ जुड़ी हुई कहानी है। वह उपन्यास, वह नाटक, वह कविता तभी जानदार होती है। रामायण में क्या ताकत होती, अगर उसमें रावण नहीं होता? महाभारत में अगर शकुनि न होते और दुर्योधन उसमें नहीं होता, केवल कृष्ण गीता सुनाते रहते अर्जुन को, तो नींद आने लगती। बीसवीं शताब्दी के एक लेखक के नाते मुझे एक ऐसी दिलचस्प कहानी लगती है, जिसमें नायक और खलनायक है, द्वन्द्व है, संघर्ष है। और बिना कॉन्फ्लिक्ट के तो नाटक होता ही नहीं है। इसलिए यह सिनेरिओ है एक ऐसी फिल्म का। चार्ली चैप्लिन के शब्दों में, यह मॉडर्न टाइम्स की फिल्म है।

यह बीसवीं शताब्दी है। इस बीसवीं शताब्दी के अन्त में जहाँ हम पहुँचे हैं, जिसे मिलेनियम के रूप में मनाया गया है। यह एक काउंटर मिलेनियम है। इस रूप में मिलेनियम क्रिश्चियन टर्म है। न्यू टेस्टामेंट बाइबल के अन्त में, जहाँ रिवोल्यूशन ऑफ जानू है, उसमें प्राफिसिज आती है और अगर याद करें हम, तो उसमें कहा गया है कि उस प्राफिसी में मिलेनियम के अन्त में क्राइस्ट वापस आएँगे। वापस आएँगे। एक हजार वर्ष तक न्याय का राज्य स्थापित करेंगे

और उन सताए हुए लोगों के, पीड़ितों के आँसू पोछेंगे। और यह कहते समय जो बाइबल उस समय लिखी जा रही होगी तो रोमन साम्राज्यवाद में जो ईसाइयों को सताया गया था, उनके संपेन्सेशन का सपना मिलेनियम में देखा गया—न्यू टेस्टामेंट में।

मित्रो, यह केवल ईसाई मजहब का नहीं है, बल्कि इतिहास तो यही कहता है। यह नहीं कि मैं भारतीय हूँ, इसलिए कहता हूँ। इसके बहुत पहले गौतम बुद्ध ने कहा था कि बुद्ध फिर से आएँगे। बोधिसत्व के रूप में! मैत्रेयी बुद्ध आएँगे और आकर इसी तरह से दुखियों के आँसू पोंछेंगे, और न्याय का राज्य स्थापित करेंगे। आगे चलकर 1000 ई. जब पूरी हो गई और तमिलनाडु के लोग जानते हैं वैष्णवों के अवतार के आन्दोलन को कि भगवद् नारायण आएँगे। अवतार लेंगे। जमीन पर उतरेंगे और तमाम लोगों को ये जात-पाँत, छूत-अछूत मिटाकर एक बराबरी का समझेंगे। दुखियों के आँसू पोछेंगे।

यह यहाँ रहा है। सच्चाई तो यह है कि एक जमाने में यह भारत की परिकल्पना रही है, आज डब्ल्यू.टी.ओ. का बहुत नाम लिया जा रहा है। एक जमाने में भारत का मिडिल ईस्ट और सेंट्रल एशिया से और समुद्री किनारों से आवागमन रहा है। जिन लोगों ने चोल राजाओं का, पांड्य का इतिहास पढ़ा है, वे लोग जानते हैं कि नेविगेशन के जरिये बंगाल की खाड़ी और अब अरब समुद्र के जरिये दूर-दूर तक हम लोग व्यापार करते थे और उस व्यापार में केवल अपना माल ही वहाँ नहीं ले जाते थे बल्कि अपना सन्देश भी हम लोग ले गए थे।

उनमें से मिलेनियम की परिकल्पना एक है कि सृष्टि में प्रलय के बाद एक ऐसी स्थिति होगी कि भगवान अवतार लेंगे और अवतार लेकर दुखियों का दुःख दूर करेंगे। जिक्र इसका आज इसलिए कर रहा हूँ कि यह मिलेनियम जो आ रहा है, क्या यह मिलेनियम उसी तरह से है या पूँजीपति व हिन्दुस्तान के सेठों की तिजोरी भरने के लिए आया है ? यह पैरोडी है मिलेनियम की! और ईसाई धर्म को माननेवाले वेस्ट के लोग जो दावा करते हैं, वे मजाक उड़ा रहे हैं मिलेनियम का। नया वर्ल्ड, न्यू वर्ल्ड जिसे कहते हैं, यह न्यू वर्ल्ड ऑर्डर क्या विश्व से गरीबी और असमानता हटाने के लिए आया है ? या यह व्यवस्था गलत सूचनाओं की वारिस है, जो पूरी सूचना को उस तंत्र के द्वारा या कम्प्यूटर के द्वारा कंट्रोल किए हुए है ? सच पूछिए तो ये क्राइस्ट आज के जमाने में कम्प्यूटर की शक्ल में आए हैं और सारी दुनिया को सूचनाओं से लेकर उसके अर्थ तंत्र तक को, फिनिश्ड कैपिटल को कन्ट्रोल करने की ताकत लिये हुए आए हैं। मुझे वह शेर याद आता है :

हरसू दिखाई देते हैं, वह जलवागर मुझे,
आँखें हैं, और कुछ नहीं आता नजर मुझे।

यह जो 'नया जलवा' न्यू वर्ल्ड ऑर्डर का है, ये समझते हैं कि कम्प्यूटर जादूगर है और सारी दुनिया को एक दिन स्वर्ग में बदल देगा।

इसलिए इसकी चकाचौंध के आगे और खास तौर से मुम्बई में आकर तो मुझे अब वह अपनी बूढ़ी, पुरानी, बीतती हुई बीसवीं सदी दिखाई भी नहीं पड़ रही है। दिखाई पड़े तो आपको कुछ सुनाऊँगा।

धन्यवाद!

[राजभाषा स्वर्ण जयन्ती वर्ष के उपलक्ष्य में आयोजित व्याख्यान के अन्तर्गत 18 फरवरी को 'बीसवीं सदी : जैसी मैंने देखी' विषय पर दिया गया व्याख्यान, मुम्बई, 2002]

'नवगीत के नये प्रतिमान' से गीतकाव्य का दायरा बढ़ा है

यह सच है कि आज हिन्दी कविता में मुक्तछन्द कविताओं का चलन ज्यादा है। किन्तु वहीं यह भी सच है कि गीत-नवगीत की लोकप्रिय विधा में छांदस कविताएँ भी लिखी जा रही हैं और एकल तथा सामूहिक गीत-संग्रह भी प्रकाशित हो रहे हैं। इसमें कोई दो राय नहीं है कि हर विधा में अच्छी और खराब कविताएँ लिखी जाती हैं। इसलिए किसी विधा को दोयम दर्जे की विधा कहना उचित नहीं है। वैसे मैं अपनी जानकारी के अनुसार यही कहना चाहता हूँ कि कोई भी समझदार कविता-प्रेमी और समीक्षक इस तरह की फतवेबाजी नहीं कर सकता कि अमुक विधा दोयम दर्जे की है। यदि कोई इस तरह की टिप्पणी करता है तो यह उसकी निजी राय या कुंठा मानी जानी चाहिए।

हिन्दी कविता के पाठक प्रसाद, पन्त, निराला की रचनाओं से अच्छी तरह परिचित हैं। इन सभी कवियों ने गीत के साथ मुक्तछन्द की कविताएँ भी लिखी हैं। प्रसाद के कविता संग्रह 'लहर' में छोटे-छोटे गीतों के साथ मुक्तछन्द की लम्बी कविताएँ भी हैं। वहीं प्रसाद के 'आँसू' कविता संग्रह में एक ही प्रकार के छन्दों की एक लम्बी कविता है। उसकी दो पंक्तियाँ देखें :

जो घनीभूत पीड़ा थी, मस्तक में स्मृति सी छाई,
दुर्दिन में आँसू बनकर, वह आज बरसने आई।

किन्तु निराला ने अपने गीत संग्रह 'गीतिका' में सिर्फ गीत ही दिये हैं। उनके गीत गेय ही नहीं हैं बल्कि उनके गीत संगीत की धुनों पर भी गाए जा सकते हैं। चूँकि निराला संगीत के ज्ञाता भी थे, इसलिए उनके गीत संगीत की धुनों में गाए जाने में कोई असुविधा नहीं होती है। इस कसौटी पर दूसरे कवियों के गीत खरे नहीं उतरते। इसलिए नवगीतकारों को भी अपने गीतों में गेयता की यह विशेषता लाने की कोशिश करनी चाहिए। निराला ने गीत के साथ मुक्तछन्द की भी बहुत-सी रचनाएँ लिखी हैं। निराला ने अपने गीतों को गेय बनाने के साथ उनको समष्टिवादी यथार्थवाद की जागरूकता प्रदान करके गीतकाव्य का दायरा बहुत विस्तृत कर

दिया है इसलिए निराला गीत की अपनी यथार्थोन्मुख रचनाशीलता के कारण प्रासंगिकता की कसौटी पर सर्वाधिक खरे उतरते हैं। नवगीत ने भी निराला की इसी समष्टिवादी अवधारणा का अनुसरण करके गीत-प्रेमियों और विद्वानों का ध्यान आकृष्ट करने में सफलता प्राप्त की है और जन-जन का हमसफर भी बन सका है।

अभी कुछ दिन पहले मुझे राधेश्याम बन्धु से उनकी दो पुस्तकें—(1) 'नवगीत के नये प्रतिमान', (2) 'एक गुमसुम धूप'—मिली हैं और उनको मैंने पढ़ने के लिए समय भी निकाला है। उनकी पहली आलोचना की एक महत्त्वपूर्ण पुस्तक है : 'नवगीत के नये प्रतिमान'। इससे नवगीत के गीतकाव्य का दायरा अवश्य विस्तृत होगा और गीतकार भी लाभान्वित होंगे। इस पुस्तक के बहाने राधेश्याम बन्धु ने नवगीत के मानकों का एक बहुत जरूरी काम कर दिया है। मुझे विश्वास है कि इसके माध्यम से गीतकाव्य का अब सही दिशा और परिप्रेक्ष्य में विकास अवश्य सम्भव हो सकेगा।

इस पुस्तक के साथ एक प्रश्नावली भी मुझे मिली है। इसका पहला महत्त्वपूर्ण प्रश्न है : 'क्या कवियों के लिए वस्तुवादी वर्गीय चेतना जरूरी नहीं है? क्या उसे यह ज्ञात नहीं होना चाहिए कि वह शोषक के साथ है या शोषित के साथ?' इस सम्बन्ध में तो मेरा यही मत है कि कवियों के लिए वर्गीय चेतना कोई जरूरी मुद्दा नहीं है, क्योंकि कवि तो स्वभावत: मानवतावादी ही होता है। वह अपनी रचनाओं में जनपक्षधरता की चाहे प्रत्यक्ष घोषणा करे या न करे, वह अन्ततोगत्वा गरीब के पक्ष में ही खड़ा दिखाई देता है। कविता ने सदैव मानव की बेहतरी की चिन्ता की है। इसलिए उसका शोषक के साथ खड़ा होने का सवाल ही नहीं उठता। कवि भले ही अपनी वर्गीय चेतना न बताए लेकिन उसकी रचना उसका वर्गीय चरित्र और उसकी वर्गीय चेतना का स्पष्टीकरण स्वयं कर देती है। वैसे उसे वर्गीय चेतना का ज्ञान भी होना चाहिए।

इस प्रश्नावली में दूसरा प्रश्न है : 'क्या कवि के लिए किसी वैचारिक अनुशासन की जरूरत नहीं है?' यदि कवि ही विचारहीन, दिशाहीन होगा तो समाज के बदलाव में उसका योगदान क्या होगा? इसमें कोई आश्चर्य नहीं है, कवि समाज का एक जागरूक और प्रबुद्ध सदस्य माना जाता है। इसलिए समाज के बदलाव में उसकी भूमिका नगण्य नहीं हो सकती। इसलिए कवि की दिशाबोधक और रचनात्मक विचारशीलता जरूरी ही नहीं बल्कि अनिवार्य है, किन्तु वहीं यह भी सत्य है कि कवि का किसी राजनीतिक पार्टी का सदस्य होना भी कोई जरूरी बात नहीं है। इतिहास साक्षी है कि समाज में जब भी कोई रचनात्मक बदलाव आया है तो कवियों ने स्वतंत्र रहकर भी अपना योगदान दिया है और अपनी जागरूकता का परिचय दिया है। यदि कोई कवि समय की चुनौतियों के अनुरूप

अपनी रचनाधर्मिता को आकार प्रदान नहीं कर सकता तो वह प्रासंगिक भी नहीं हो सकता।

इसी तरह तीसरे प्रश्न के अनुसार : 'प्रतिमान-6 में कहा गया है कि नवगीत अपने नये रूप और नई वस्तु के कारण ही प्रासंगिक हो सका है। यह कहाँ तक सत्य है?' इसमें कोई दो राय नहीं है कि नवगीत अपने नये रूप अर्थात् नई भाषा, शिल्प, छन्द और यथार्थवादी नई अन्तर्वस्तु के कारण ही जनस्वीकृति प्राप्त कर सका है और दुखी, पीड़ित, उत्पीड़ित, गरीब आदमी का हमसफर बन सका है। साथ ही आज के नये विकसित गीतकाव्य नवगीत ने सामाजिक चेतना और जनसमस्याओं को अपना विषय बनाया है और अपनी अन्तर्वस्तु में उसे आत्मसात् करके उसकी अभिव्यक्ति की है। नवगीत की यह एक अच्छी पहल है और इस प्रकार उसकी यथार्थवादी रचनाधर्मिता ने सबका ध्यान भी आकृष्ट किया है। इसके प्रभावी साक्ष्य हमें 'नवगीत के नये प्रतिमान' के 'नवगीत के सशक्त हस्ताक्षर खंड' में भी देखने को मिले हैं। साथ ही मुझे राधेश्याम बन्धु के मौलिक नवगीत संग्रह 'एक गुमसुम धूप' में भी सामाजिक चेतना और लोक चेतना वाले काफी प्रभावी नवगीत पढ़ने को मिले हैं। ये नवगीत साफ-सुथरी भाषा में, सहज बिम्बों में आज की जिन्दगी की असंगतियों को अभिव्यक्त करने में पूरी तरह सक्षम हैं और ये 'प्रतिमान-6' की नई भाषा और नई वस्तु की शर्तों को भी पूरा करते हैं। इसलिए ये नवगीत पाठकों और विद्वानों का ध्यान आकृष्ट करने में भी सफल हैं।

इस दृष्टि से इसके शीर्षक वाला नवगीत 'एक गुमसुम धूप' भी काफी महत्त्वपूर्ण है तथा अपनी व्यंजनात्मक अभिव्यक्ति से पाठक को प्रभावित करने में भी सफल है। पंक्तियाँ देखें :

एक गुमसुम धूप, मेरे साथ है रहती,
देखती हर जुल्म तम का, कुछ नहीं कहती।

['एक गुमसुम धूप', पृ. 77]

यहाँ 'धूप' का मानवीकरण करके इसके माध्यम से प्रबुद्ध लोगों पर बड़ा सार्थक व्यंग्य किया गया है। 'धूप' का काम है—तिमिर के जुल्म को उजागर करना, किन्तु आज वह 'धूप' समाज में होनेवाले जुल्म को देखकर भी कुछ नहीं कह पाती है। यह उसकी उदासीनता और अकर्मण्यता भी दर्शाती है। यह किसी भी कवि, प्रबुद्ध व्यक्ति, सत्ताधारी के लिए कितनी लज्जाजनक बात है? यह एक सामाजिक और राष्ट्रीय विचारणीय प्रश्न है कि प्रबुद्ध कहे जानेवाले कवियों, साहित्यकारों तथा विचारशील देशवासियों की इस निरीहता और उदासीनता के कारण हमारा देश और हमारी आजादी कैसे तथा कब तक सुरक्षित रह सकती है?

इसी तरह एक गीत है : 'गीतों के गाँव चले आए'। इसमें महानगर की अभिजनवादी मानसिकता पर व्यंग्य करते हुए शहर और गाँव के अन्तर को स्पष्ट किया गया है :

शहरी शाहों से ऊबे तो, गीतों के गाँव चले आए,
कैक्टस की बेरुखी देख, निमियाँ की छाँव चले आए।

[*वही, पृ. 47*]

गाँव का गरीब अक्सर शहर में रोजी-रोटी का सहारा पाने के लिए जाता है किन्तु शहंशाहों जैसी कोठियों में रहनेवाले महानगर वासी गाँव वालों से सीधे मुँह बात भी नहीं करते और उनकी उपेक्षा करते हैं। इससे ऊबकर सीधे-सादे मन वाले ग्रामवासी 'गीतों के गाँव' चले आते हैं। उनको बार-बार यही लगता है कि शहर वालों के काँटेदार 'कैक्टस' के बजाय गाँव की नीम की छवि ही भली है। यह गीत भी लोकचेतना का एक सार्थक उदाहरण है।

इस संग्रह में व्यंजनापूर्ण नवगीतों के कई साक्ष्य हैं जो सहज, बोधगम्य नये प्रयोगों से हमें प्रभावित करते हैं और सोचने के लिए विवश भी करते हैं। मुझे नये प्रयोग की दृष्टि से 'शब्दों का कद' गीत भी बहुत अच्छा लगा। इसकी कुछ पंक्तियाँ यहाँ द्रष्टव्य हैं :

शब्दों का कद नाप रहे जो, वक्ता ही बौने होते हैं,
चला रहे शब्दों के पत्थर, शीशमहल में जो सोते हैं?

[*वही, पृ. 41*]

'शब्दों का कद' भी होता है, इस बात को कोई मूल्यवादी कवि ही कह सकता है और यह बात राधेश्याम बन्धु ने कहकर तथा यह अनूठा प्रयोग करके सिद्ध कर दिया है कि वे एक सशक्त नवगीतकार ही नहीं हैं बल्कि सामाजिक चेतना के वे एक सजग विचारक भी हैं। गीतों में इस तरह के नये प्रयोगों के लिए मैं बन्धु जी की यह एक बहुत बड़ी उपलब्धि मानता हूँ। यह कितना बड़ा व्यंग्य है कि जो लोग शीशमहलों में रहते हैं, अक्सर वे ही दूसरों के घरों पर शब्दों के पत्थर फेंकते हैं और दूसरे के प्यार भरे शब्दों के कद को कम आँकने की कोशिश करते हैं! इससे बड़बोले शहर वाले ही बौने साबित होते हैं। इसी तरह का एक और गीत है : 'दूर देश के प्यासे पंछी'। यह भी व्यंजनापरक गीतों का एक मार्मिक उदाहरण है :

दूर देश के प्यासे पंछी आकर चले गए,
मृगमरीचिका की झीलों में, फिर-फिर छले गए।

[*वही, पृ. 93*]

ये पंक्तियाँ उन निर्गम मित्रों की ओर संकेतित करती हुई कहती हैं कि शहरी मित्र दूर से जलवाली बड़ी झीलों की तरह आकर्षक दिखाई देते हैं किन्तु प्यासे पंछी

जब झील के पास आते हैं तो वहाँ मृगमरीचिका का सूनापन पाकर उन्हें बड़ी निराशा होती है और वे प्यासे ही वापस चले जाते हैं। इस तरह की उपेक्षा आज की शहरी जिन्दगी में हमें बार-बार देखने को मिलती है। इस संग्रह में इसी तरह की असंगतियों और लोकसंवेदना वाले कई व्यंजनापरक गीत हैं जो अपने सहज बिम्बों के माध्यम से खेतिहर मजदूरों की संघर्षशीलता की एक बड़ी सच्चाई को सबके सामने रखने का प्रयास करते हैं। एक गीत है : 'धान रोपते हाथ'। यह कितनी बड़ी विडम्बना है कि उन हाथों को जो रोज धान रोपते हैं, उनको भरपेट चावल भी नहीं मिलता है। दिनभर पानी में खटने के बाद भी उनको पीने लायक पानी भी नहीं मिलता। गीत की पंक्तियाँ देखें :

धान रोपते हाथ, अन्न के लिए तरसते हैं,
पानी में दिनभर खट कर भी प्यासे रहते हैं।
जो भी शहर गया धनिया के, आँसू भूल गया,
सरपंचों की हमदर्दी का, कुँअना सूख गया।

[वही, पृ. 35]

इस संग्रह के अधिकांश गीत—जैसे 'अभी परिन्दों में धड़कन है', 'उनकी खातिर कौन लड़े', 'जो अभी तक मौन थे, वे शब्द बोलेंगे', 'होरीवाला गाँव', 'खुशियों का डाकिया', 'चौपालें भी चुप रहतीं' आदि—अपनी यथार्थवादी लोकधर्मी व्यंजनापरक अभिव्यक्ति के कारण पाठकों को प्रभावित करने में पूरी तरह सक्षम हैं। इसी तरह 'नवगीत के नये प्रतिमान' के 'नवगीत के सशक्त हस्ताक्षर खंड' में दिये गए बहुत से ऐसे नवगीत हैं जो आधुनिक गीतकाव्य नवगीत की उपलब्धियों के साक्ष्य के रूप में प्रस्तुत किए जा सकते हैं। इसमें कोई शक नहीं है कि आज बहुत सार्थक नवगीत लिखे जा रहे हैं जो सामाजिक सरोकारों और नई भाव-भंगिमा से पाठकों को प्रभावित करते हैं। मेरा सुझाव है कि समीक्षकों को 'नवगीत के नये प्रतिमान' जैसे महत्त्वपूर्ण सामूहिक नवगीत संग्रहों को पढ़ने के लिए समय निकालना चाहिए और इनके बारे में मूल्यांकन की दृष्टि से एक सही राय पेश करनी चाहिए।

इसी तरह इस परिचर्चा का चौथा प्रश्न भी काफी महत्त्वपूर्ण है जिसमें कहा गया है कि 'हिन्दी कविता के समग्र मूल्यांकन में प्रसाद, पन्त, निराला, महादेवी वर्मा को तो सहर्ष शामिल कर लिया जाता है किन्तु साठोत्तरी गीतकाव्य का ही विकसित रूप नवगीत है तो उसे हिन्दी कविता के समग्र मूल्यांकन में समीक्षक शामिल करने में क्यों हिचकते हैं?' इसके बारे में मैं यही कहना चाहता हूँ कि यदि कोई समीक्षक हिन्दी कविता के समग्र मूल्यांकन में नवगीत को नहीं शामिल करता है तो यह उसकी अपनी हीन दृष्टि मानी जाएगी और यह माना जाएगा कि उसका इतिहासबोध अधूरा है। यदि कोई व्यक्ति अपनी आँख मूँद ले तो इससे सच्चाई नहीं छिप सकती।

उपरोक्त विवेचन से यह स्पष्ट हो गया है कि नवगीत की रचनाशीलता ने अपनी जनसंवादधर्मिता और जनचेतना के गुणों के कारण जनमानस को आन्दोलित और प्रभावित करने की क्षमता प्राप्त कर ली है और हिन्दी कविता में केन्द्रीय विधा का स्थान भी प्राप्त कर लिया है। अब नवगीत को हिन्दी कविता के समग्र मूल्यांकन में शामिल करने में किसी समीक्षक को कोई संकोच नहीं होना चाहिए। हिन्दी गीतकाव्य में आई नई प्रवृत्तियों और नये सौन्दर्यबोध का स्वागत होना चाहिए। तभी हिन्दी कविता का इतिहास पूरा माना जाएगा। 'नवगीत के नये प्रतिमान' ने आधुनिक गीतकाव्य का एक स्वस्थ माहौल बना दिया है।

[साभार : 'नवगीत का लोकधर्मी सौन्दर्यबोध', कोणार्क प्रकाशन, सन् 2016]

विविधता में एकता

माननीय निदेशक महोदय और कार्यक्रम के प्रभारी महोदय और इस संस्थान के शिक्षक बन्धुओ और प्रशिक्षण में भाग लेनेवाले सभी मित्रो! मैं सबसे पहले आभार मानता हूँ कि मुझे विश्वविद्यालय की दुनिया से बाहर और साहित्यिक साथियों से अलग आज एक दूसरे क्षेत्र में काम करनेवाले नौजवान साथियों के साथ बातचीत करने का मौका मिला है और यह नया तजुर्बा मेरे लिए होगा, जहाँ सीखने के लिए बहुत कुछ मिलेगा। माननीय निदेशक महोदय ने पूछा कि आप हिन्दी में ही बोलना पसन्द करेंगे? मैंने कहा—पसन्द नहीं, लाचारी है। जवाहरलाल नेहरू यूनिवर्सिटी का यह 'ओल्ड कैम्पस' कहलाता था और 'क्लासरूम' और 'एल.सी.' कहलाता था जिसमें सारी सभाएँ एवं 'सेमिनार' हुआ करते थे। जिस 'लिंग्विस्टिक डाइवर्सिटी' की बातचीत आज हम लोग करेंगे, दरअसल 'जवाहरलाल नेहरू यूनिवर्सिटी' इसका एक नमूना रही है और इस यूनिवर्सिटी में जब मैं आया तो 'स्कूल ऑफ इंटरनेशनल स्टडीज' जो बहुत पुराना था, 'सप्रू हाउस' में हुआ करता था। जो नये स्कूल बने, उसमें 'स्कूल ऑफ सोशल साइंसेज'—समाज विज्ञान का स्कूल था जिसमें हिस्ट्री, पॉलिटिकल साइंस, इकोनॉमिक्स, सोशियोलॉजी वगैरह-वगैरह जैसे विषय हुआ करते थे। मेरा सम्बन्ध जिस स्कूल से था, वह 'स्कूल ऑफ लैंग्वेजेस' जो आगे चलकर 'स्कूल ऑफ लैंग्वेज, लिटरेचर एंड कल्चर' हो गया। इस समय यही उसका नाम है। भारत की जुबानों का कोई स्कूल नहीं था। 'स्कूल ऑफ लैंग्वेजेस' में सबसे पुराना 'स्कूल ऑफ रशियन स्टडीज' था जो सप्रू हाउस में किसी जमाने में होता था और सबसे पुरानी बिल्डिंग कोने की तरफ जहाँ केन्द्रीय विद्यालय है, वहाँ 'स्कूल ऑफ रशियन लैंग्वेजेस' का सेंटर हुआ करता था। विदेशी भाषाओं का मुख्य रूप से वह स्कूल था जिसमें फ्रेंच, जर्मन, स्पेनिश खास तौर से थे। क्योंकि इंटरनेशनल स्ट्डीज में जरूरत अरेबिक और परशियन की थी इसलिए परशियन और अरेबिक का भी स्कूल था। लेकिन जैसा मैंने कहा, भारतीय भाषाओं का नहीं था। पहली बार जब मुझे बुलाया गया हिन्दी के प्रोफेसर के रूप में, तो मैंने कहा—इसका नाम 'सेंटर ऑफ हिन्दी लैंग्वेज' नहीं होगा। इसका नाम 'सेंटर ऑफ इंडियन लैंग्वेजेस' होगा और हिन्दी शुरू होती है तो हम शुरुआत करेंगे उसे उर्दू से क्योंकि

दोनों के बीच जितना गहरा रिश्ता है उतनी ही लड़ाइयाँ भी रही हैं। इसलिए मैंने कहा कि इसका नाम 'सेंटर ऑफ इंडियन लैंग्वेजेस' होगा। मेरी मुराद यह थी कि दूसरी भारतीय भाषाएँ भी हम बहुत जल्द शुरू करेंगे। लेकिन हम हिन्दी और उर्दू का अलग-अलग सेंटर नहीं बनाएँगे। अब एक लम्बे संघर्ष के बाद बांग्ला शुरू हो गई है, तमिल शुरू हो गई है, मराठी जल्द ही शुरू होनेवाली है। एक-एक करके हम दूसरी भारतीय भाषाओं को भी, जिसे 'मॉडर्न इंडियन लैंग्वेजेस' कहते हैं। हमने कहा कि चूँकि फारसी है, परशियन है तो संस्कृत भी जरूर होनी चाहिए। खुलते-खुलते रह गया। हम पंजाबी शुरू करना चाहते थे, क्योंकि हिन्दी, उर्दू, पंजाबी के रिश्ते बहुत पुराने हैं। गुरुओं की वाणी जो लिखी गई है, वह कहना मुश्किल है। जो गुरु ग्रन्थ साहब है, उसमें कबीर मौजूद हैं, नामदेव मौजूद हैं तो यह बाड़ा जो था पंजाबी का, तो पुरानी पंजाबी और आज की पंजाबी में फर्क भी है। खुलते-खुलते रह गई पंजाबी क्योंकि बगल में एक संस्थान बना हुआ है और रुपया मिलनेवाला था, मिलते-मिलते रह गया। अभी तक नहीं शुरू हुआ लेकिन मुझे उम्मीद है कि दूसरी भारतीय भाषाएँ और चूँकि विश्वविद्यालय से अवकाश ग्रहण करने के बाद, रिटायर होने के बाद मैं अब भी प्रोफेसर इमेरिटस हूँ। अभी यह रिश्ता बना हुआ है। थोड़े से जो पुराने लोग थे, उनमें से करीब एक दर्जन विश्वविद्यालयों ने तय किया था कि हम लोग प्रोफेसर इमेरिटस की हैसियत से यूनिवसिर्टी से ताजिन्दगी जुड़े रहेंगे। इतिहास के प्रोफेसर बिपन चन्द्रा, उर्मिला थापर, इंडियन स्टडीज के कई लोग हैं, साइंस के लोग हैं और कहना मैं भूल गया, उसके बाद 'स्कूल ऑफ लाइफ साइंसेज' सबसे पुराना है। इन्वाइरनमेंटल साइंसेज बना, कम्प्यूटर एंड सिस्टम साइंसेज बना। फिजिकल साइंसेज का स्कूल नहीं था, बहुत बाद में खुला। साइंस शुरू कर रहे हैं आप, फिजिक्स न पढ़ाएँ, मैथ्स न पढ़ाएँ, कैमेस्ट्री न पढ़ाएँ तो फिर बेसिक साइंसेज तो है, वह पढ़ाई जानी चाहिए।

धीरे-धीरे यह स्कूल, यह यूनिवर्सिटी डेवलप हुई। जब मैं शुरू में आया तो देखा कि ज्यादातर बातचीत और पढ़ाई और लोगों के बीच बातचीत इंग्लिश मीडियम से ही होती थी। लेकिन हिन्दी इलाके के लड़के बेचारे डर के मारे उनकी इंग्लिश अच्छी नहीं थी। नतीजा यह हुआ कि छात्रों के दबाव की वजह से जब स्टूडेंट्स यूनियन बने और यूनियन ज्यादा डेमोक्रेटिक होती है फिर इस कैम्पस पर हम लोगों के आने के बाद हिम्मत बँधी इन लड़कों की और वे हिन्दी बोलने लगे। फिर ऐसा हुआ कि छात्रावास में रात के बाद और दिन के उजाले में वह इंग्लिश और हिन्दी, दोनों यहाँ की एक तरह से लिंग्वाफ्रेंका हो गई। यह थोड़ी-सी पृष्ठभूमि बनी, यह बताने के लिए कि जवाहरलाल नेहरू यूनिवर्सिटी में लिंग्विस्टिक डाइवर्सिटी की एक मिसाल है। उस जमाने में जो हम लोगों की एडमिशन पॉलिसी थी, वह आज की तरह से रिजर्वेशन वाली नहीं थी और वह ज्यादा अच्छी थी। जो रीजनल डिप्रिवेशन हम लोग देते थे

क्योंकि पूरे हिन्दुस्तान को बाँटा था हम लोगों ने कि जो पिछड़े हुए इलाके हैं—उड़ीसा बहुत पिछड़ा हुआ है—उस जमाने में उड़ीसा से आनेवाले लड़के बहुत हुआ करते थे तो रीजनल डिप्रिवेशन देते थे। उसमें प्वाइंट लिखा रहता था। फिर इकोनॉमिक डिप्रिवेशन देते थे और उनको रेवेन्यू का रिकॉर्ड देना पड़ता था कि अगर वे किसान के बेटे हैं तो वे कितनी लगान देते हैं। उस हिसाब से इकोनॉमिक डिप्रिवेशन पर प्वाइंट दिये जाते थे ताकि गरीब लड़के भर्ती हो सकें, केवल पैसेवाले ही न हों। जो रीजनल डिप्रिवेशन, इकोनॉमिक डिप्रिवेशन तीन-चार और एक्चुअल जो एकेडमिक रिकॉर्ड है उनका, वह दिया जाता था। इसके बाद यूनिवर्सिटी टेस्ट लेती थी। उसे टेस्ट के नम्बर दिये जाते थे और टोटल मिलाकर हम लोग तय करते थे। नतीजा यह होता था कि पिछड़े हुए इलाके के लड़के उस जमाने में भरे हुए थे। बिहार के लड़के कभी आ नहीं सकते थे, झारखंड के आ नहीं सकते थे, छत्तीसगढ़ के आ नहीं सकते थे। तो यह कोशिश की गई थी। वह ज्यादा डेमोक्रेटिक था कास्ट डिप्रिवेशन क्योंकि कांस्टिट्यूशन में हमारे एस.सी., एस.टी. की कैटेगरी तो थी तब भी, लेकिन ओ.बी.सी. वगैरह—यह सब चक्कर नहीं था। बहरहाल, यह पृष्ठभूमि मैंने दी और लगा कि यह छोटा-मोटा हिन्दुस्तान। पढ़ाई का सैमेस्टर, सिस्टम, भाषाओं को छोड़कर, अंडरग्रेजुएट स्टडीज हमारे यहाँ नहीं थी। बाकी पोस्ट ग्रेजुएट और एम.फिल. डिग्री ही थी। और सबसे बड़ी चीज थी—'टीचर टॉट इंट्रैक्शन'। यह वन-वे ट्रैफिक नहीं था कि लेक्चर देकर लोग चले जाएँ। डिस्कशन होता था; सेमिनार पेपर्स, टर्न पेपर्स लिखे जाते थे और 25 से ज्यादा लड़के एक क्लास में नहीं होते थे। दोपहर तक पढ़ाई होती थी। लंच के बाद बाहर से लोगों को हम इनवाइट करते थे—स्पेशलिस्ट को और यही एल 3 में कोई दिन खाली नहीं जाता था कि किसी गेस्ट लेक्चरर को हम न बुलाएँ। सोशल रिफार्म्स को बुलाते थे, साइंटिस्ट को बुलाते थे और वहाँ लेक्चर होता था और डिस्कशंस होते थे। और यह यहीं खत्म नहीं होता था बल्कि सबसे महत्त्वपूर्ण तो हॉस्टल लाइफ होती थी। रात के डिनर के बाद 9 बजे से लेकर 12 बजे तक हर हॉस्टल में कोई न कोई प्रोग्राम होता था जिसमें लड़के पार्टीसिपेट करते थे। कल्चरल प्रोग्राम होते थे। सांग्स होते थे। छोटे-छोटे नाटक होते थे और हॉस्टल के बाद आम तौर से जो चाय की दुकान हुआ करती थी, 2-3 बजे रात तक और सबसे अच्छी बात यह थी कि शुरू में तो हॉस्टल ऐसा था कि एक ही हॉस्टल का एक रो लड़कियों की होती थी तो दूसरी रो लड़कों की होती थी। कोई भी ऐसी घटना नहीं होती थी। कभी सुनी नहीं। बाद में वे अलग हो गए लेकिन लंच के बाद हॉस्टल से बाहर लड़के-लड़कियाँ फ्री मिलते थे, बहस करते थे, घूमते थे। उनमें दोस्ती होती थी। उस दोस्ती के बीच में कुछ जीवनसाथी होकर निकलते थे बाहर। ऐसे बहुत से हैं जिन्होंने शादी कर ली।

मैं कहना चाहता था कि केवल मैं लिंग्विस्टिक डाइवर्सिटी की बात नहीं करना चाहता बल्कि हिन्दुस्तान शायद बेमिसाल मुल्क है। हर तरह की, जिसको डाइवर्सिटी

कहते हैं—विविधता, बहुलता, भिन्नता। जितनी भाषाएँ भारत में बोली जाती हैं, दुनिया के किसी एक मुल्क में कहीं नहीं बोली जातीं। जब अंग्रेज यहाँ आए थे और उन अंग्रेजों में से एक वह जो आयरलैंड के रहनेवाले थे—सर जार्ज अब्राहम ग्रियर्सन। सिविल सर्विस के आदमी थे। आई.सी.एस. थे और कलेक्टर, कमिश्नर नॉर्थ इंडिया के कई इलाकों में रहे। आज का कलक्टर जिस तरह का काम करते हैं, उससे आप अन्दाजा लगा सकते हैं। उन्होंने 'लिंग्विस्टिक सर्वे ऑफ इंडिया' की योजना बनाई। इसके पहले भारत में कितनी भाषाएँ बोली जाती हैं, हर भाषा के बोलनेवाले कितने लोग हैं, हमारे पास कोई रिकॉर्ड था नहीं। एक पूरी अलमारी भरी हुई है। अभी भी 'लिंग्विस्टिक सर्वे ऑफ इंडिया' है, रिन्यू नहीं किया जा सका है। नई योजना अभी बनी है जिसको रिन्यू किया जाए और नॉर्थ इंडिया से लेकर के जितने डाइलेक्ट्स हैं, बोलियाँ हैं, उनके नमूने उन्होंने इकट्ठे किए और नमूने इकट्ठे करके एनालिसिस की और तब मालूम हुआ कि हिन्दुस्तान में सैकड़ों में नहीं, हजारों की तादाद में बोलियाँ हैं, भाषाएँ हैं। अमेरिका में, इंग्लैंड में, अफ्रीका में, यूरोप में कहीं ऐसा नहीं है। कितने परिवार की भाषाएँ बोली जाती हैं। हम लोग नॉर्थ में ज्यादातर बोलते हैं आर्य परिवार की भाषा, इंडो आर्यन जिसे कहते हैं। ये इंडो यूरोपियन फैमली भी है क्योंकि आर्य परिवार की भाषाओं में ग्रीक भी है, इंग्लिश भी है, जर्मन भी है, रशियन भी है। यह भी यूरोपियन फैमिली की है, जो इंडो यूरोपियन फैमिली है, सबसे बड़ा परिवार यही है। लेकिन, इंडो यूरोपियन फैमिली की भाषा भी भारत में सबसे ज्यादा हैं और जिन्हें हम बोली कहते हैं, डाइलेक्ट कहते हैं। ये भाषाएँ डाइलेक्ट कहने के लिए हैं। इनका बड़ा विशाल साहित्य है, समृद्ध है और अब यह जानना इसलिए जरूरी है लिंग्विस्टिक प्राविंसिस। आपको याद होगा, आजादी मिलने के बाद अंग्रेजों ने तो एडमिनिस्ट्रेटिव यूनिट बनाए थे। फैसला किया देश का कि हम लोगों का यानी तेलगू बोलनेवाले कई टुकड़ों में बँटे हुए थे। तेलगू बोलनेवाले एक मद्रास स्टेट हुआ करती थी जिसमें तमिलनाडु भी था, मालाबार का हिस्सा भी था, इसलिए मलयालम बोलनेवाले भी थे, कन्नड़ बोलनेवाले भी थे, तमिल बोलनेवाले तो थे ही। तो तमिल, तेलगू, कन्नड़ और मलयालम बोलनेवाले एक स्टेट में रहते थे। लिंग्विस्टिक प्राविंसिस जब बनाए गए तो समझा गया कि ज्यादा बेहतर होगा कि एक भाषा बोलनेवाले एक हों और मालाबार केरल का हिस्सा हो गया। शायद आप लोगों को मालूम होगा कि बहुत लम्बे अरसे तक केरल कन्याकुमारी तक था और नागरकोइ का इलाका जो तमिलभाषी है, वह केरल का हिस्सा था। जो स्टेट हाउस है कन्याकुमारी का, केरल स्टेट ने बनवाया था। आज भी मौजूद है वहाँ। लेकिन लिंग्विस्टिक प्राविंसिस के बेसिस पर देखा गया तो बहुत बाद में नागरकोइ को तमिलनाडु का हिस्सा बना दिया गया। कन्याकुमारी अब तमिलनाडु का हिस्सा हो गया, केरल का हिस्सा नहीं है। आन्ध्र प्रदेश का एक बहुत बड़ा निजाम

शाही के जमाने में मराठी-भाषी लोग हैदराबाद स्टेट के हिस्से थे। आपको याद होगा कि विशाल आन्ध्र का आन्दोलन चला था। यह आज बताना इसलिए जरूरी है कि आज फिर विशाल आन्ध्र का आन्दोलन चला। तोड़कर लोग तेलंगाना अलग बनाने की कोशिश कर रहे हैं, बाकी हिस्सा अलग बनाने की कोशिश कर रहे हैं। लड़ाई हुई थी और रामलू ने अनशन किया और मृत्यु उसकी हुई विशाल आन्ध्र बनाने के लिए कि एक भाषा-भाषी का एक राज्य होना चाहिए। आज तोड़ने की कोशिश हो रही है। इसी तरह से संयुक्त महाराष्ट्र का आन्दोलन चला था। आपको याद होगा कि बाम्बे स्टेट हुआ करती थी और बाम्बे स्टेट में गुजराती बोलनेवाले भी थे और मराठी बोलनेवाले भी थे। बाम्बे राजधानी थी उसकी। स्टेट का नाम बाम्बे था। उसी संयुक्त महाराष्ट्र आन्दोलन का नतीजा हुआ कि गुजरात एकदम अलग हो गया। पहले जो मिनिस्टर मोरारजी भाई रह चुके हैं, वह एक गुजराती भाषी आदमी बाम्बे स्टेट का चीफ मिनिस्टर हुआ था तो गुजरात अलग हुआ। इसके अलावा हमें यह नहीं भूलना चाहिए कि अंग्रेजों ने तो बहुत टूटा-फूटा हिन्दुस्तान दिया था। हिन्दुस्तान का एक-तिहाई से ज्यादा हिस्सा ब्रिटिश इंडिया नहीं था बल्कि स्टेट्स थीं, रियासतें थीं। वे रियासतें जब मिलीं तो सौराष्ट्र पूरा का पूरा ब्रिटिश इंडिया का हिस्सा नहीं था। सौराष्ट्र में छोटे-छोटे राज्य थे, स्टेट्स थे। उनको मिला करके गुजरात पूरा का पूरा मुकम्मल बना। और बड़ी तकलीफ गुजरातियों को हुई थी कि उनको मुम्बई से अलग किया जा रहा है। जबकि करोड़पति लोग और बहुत सारे कॉरपोरेट सेक्टर जिसे कहते हैं वे गुजरात, मुम्बई का दखल था और मुम्बई पर गुजरात का दखल था। मराठी लोग तो किसान और मवाली हुआ करते थे, बिजनेस क्या जानें! यह जानना इसलिए जरूरी है कि आज बाला साहब ठाकरे मुम्बई को मराठी वालों का घोषित कर रहे हैं जबकि मुम्बई में बहुत से पारसी थे जो गुजराती-भाषी थे। टाटा गुजराती-भाषी हैं। अम्बानी जो हैं, गुजराती हैं।

यह पृष्ठभूमि मैंने दी। जब हम लिंग्विस्टिक डाइवर्सिटी की बात करते हैं तो हम लोगों ने एक लम्बे स्वाधीनता-संग्राम के दौरान यह शिक्षा ली कि इस विविधता की पहचान करके भाषाओं का सम्बन्ध केवल भाषा से नहीं है बल्कि भाषा आदमी की पहचान है, आइडेंटिटी है। जब तक आप चुप हैं तब तक पता नहीं है कि आप कौन हैं। जैसे ही मुँह खोलते हैं तो पता चल जाता है कि आप कौन हैं। आपके उच्चारण से मालूम हो जाएगा कि आप कौन हैं। अंग्रेजी बोलें, एक ही इंग्लिश पूरे हिन्दुस्तान में बोली जाए तो इंग्लिश के उच्चारण से समझ में आ जाता है कि यह तमिलियन है, कि पंजाब का है, गुजराती है, मराठी है, भोजपुरी है। अपनी भाषा की इतनी गहरी छाप होती है। यह रीजनल वैरिएशन इंग्लिश में है। इंग्लिश से यह पता चल जाएगा कि फ्रेंच है, कि जर्मन है, कि रशियन है, कि चाइनीज है, कि जैपेनीज है। है इंग्लिश ही, लेकिन हर भाषा के इतने गहरे संस्कार होते हैं कि आप जब भी बोलेंगे, पता चल

जाएगा। हिन्दी के ही कई रजिस्टर हैं। भाषाविज्ञान का मैं विद्यार्थी रहा हूँ। पूना में समर स्कूल ऑफ लिंग्विस्टिक के दो कोर्सेस मैंने किए थे और भाषाविज्ञान ही मैं पढ़ाता था। यह डाइवर्सिटी इसलिए जरूरी है कि ग्रियर्सन ने तब बनाया था। अभी एक योजना शिक्षा मंत्रालय से बनी है कि ग्रियर्सन की बनी 'लिंग्विस्टिक सर्वे ऑफ इंडिया' को अपडेट किया जाए। कोशिशें तो हो रही हैं, कमेटियाँ तो बनी हैं लेकिन मुझे नहीं लगता कि हम लोग कर पाएँगे जो ग्रियर्सन कर गए हैं। उससे लेकिन एक चीज मालूम हुई है कि कई भाषाएँ हैं जिनके बोलनेवाले अब नहीं हैं। वे मर गई हैं। खास तौर से, हमारे सरहदों के, नॉर्थ ईस्ट के लिए ऐसा कहा जा रहा है। ग्रियर्सन की आलोचना करते हुए लोगों ने कहा कि कुछ भाषाओं के बोलनेवाले एक आदमी हैं। एक कैसे हो सकता है? दो तो कम-से-कम होने चाहिए। बोलता किससे है? एक भाषा बोलनेवाला एक कैसे हो सकता है, दो तो कम-से-कम होने चाहिए—भले ही वे मियाँ-बीवी हों! अंडमान निकोबार की कुछ अलग कहानियाँ हैं। उन भाषाओं पर बहुत काम, हमारे बीच जे.एन.यू. की एक लेडी हैं, उन्होंने किया है। खास तौर से जो बॉर्डर एरिया की भाषाओं का पता लगाया तो पता चला कि तादाद कुछ भाषाओं की बढ़ गई हैं। ग्रियर्सन ने जिनको 100 कहा था, आज बोलनेवाले 2000 हैं। ऐसा नहीं है कि कुछ भाषाओं के बोलनेवाले अगर नहीं रह गए हैं तो कुछ भाषाओं के बोलनेवाले बढ़ गए हैं, उनकी तादाद बढ़ी है। अगर उन भाषाओं को देखेंगे तो कुछ भाषाओं के बँटवारे के बावजूद तादाद बढ़ी है। कम नहीं हुई है। मिसाल के तौर पर, पंजाबी का। आप लोगों में से जो लोग गए होंगे पाकिस्तान, खुशकिस्मत हूँ कि मुझे भी मौका मिला है और तब मालूम हुआ कि जैसे हमारे यहाँ राजभाषा हिन्दी है, शिया के जमाने में उर्दू को उन लोगों ने पाकिस्तान की स्टेट लैंग्वेज घोषित किया। लेकिन पाकिस्तान के पंजाब सूबे में अगर जाएँ तो हर आदमी एक-दूसरे से पंजाबी ही बोलता है, उर्दू कोई नहीं बोलता है। सारा काम-काज पंजाब सूबे में पंजाबी में होता है बावजूद इसके कि स्टेट लैंग्वेज उर्दू घोषित है और लगभग यही हालत पख्तून लोगों की है, बलूचिस्तान वालों की है जिनकी बलूची भाषा है। सिंध वालों की भाषा सिंधी है, उर्दू वहाँ किसी की भाषा नहीं है। जबर्दस्ती उर्दू तो हिन्दुस्तान की भाषा है। हिन्दीभाषी इलाका, उर्दूभाषी इलाका। एक है पंजाब, उर्दू का नहीं है। वह परशियन स्क्रिप्ट चलती थी इसलिए बहुत सारी चीजें गुरुवाणी की। ऐसी भी पुरानी मैनुस्क्रिप्ट मिलती हैं जो उर्दू स्क्रिप्ट हैं लेकिन जबान जो है, पंजाबी है। साहित्य सिंधी का है लेकिन स्क्रिप्ट परशियन है। तो स्क्रिप्ट लैंग्वेज से भी कभी-कभी धोखा होता है। रोमन में फ्रेंच भी लिखी जाती है, जर्मन भी लिखी जाती है, स्पेनिश भी लिखी जाती है लेकिन जर्मन, स्पेनिश, फ्रेंच, बाकी पुर्तगीज का भी यही हाल है। एक रशियन को छोड़कर यूरोप की सारी भाषाएँ रोमन में लिखी जाती हैं। लेकिन सारी भाषाएँ अलग-अलग हैं तो यह बड़ा पेचीदा मामला है।

मैं जिसकी ओर इशारा करना चाहता हूँ कि भाषायी विविधता डाइवर्सिटी जो है, यह हमारी नेमत है, पूँजी है। डर के घबराने की चीज नहीं है, सँजो के रखिए, बचा के रखिए, वरना आदमी ही नहीं मरता है, भाषाएँ भी मरती हैं। दुनिया की कई भाषाएँ हैं जो मर गई हैं। रेड इंडियंस की लैंग्वेज अमेरिका में अमेरिकनों ने मार दिया, अफ्रीका की कई भाषाएँ मर गईं। गनीमत है कि हिन्दुस्तान में वे भाषाएँ बची रह गई हैं। इसलिए यह हमारी पूँजी है, बहुत बड़ी पूँजी है। इसको बचा के रखना चाहिए। एक भाषा मरती है तो उसके साथ पूरा कल्चर, जिन्दगी के बहुत सारे तजुर्बे, कहानियाँ, किस्से—सारी-की-सारी दास्तां मर जाती है, मैथोलॉजी मर जाती है। तो यह घबराने की चीज नहीं है। सवाल यह है कि इसको मैनेज कैसे किया जाए ? इस विविधता से, केवल भाषा की विविधता के अलावा मैं कहना चाहूँगा कि शुरू से इस विशाल देश में असल में लिंग्विस्टिक डाइवर्सिटी की बात नहीं करनी चाहिए, कल्चरल डाइवर्सिटी की बात करनी चाहिए। सांस्कृतिक विविधता और इसका बहुत गहरा अहसास इस देश को था। इस डाइवर्सिटी में सूत्र बना हुआ है—'यूनिटी इन डाइवर्सिटी'। डाइवर्सिटी की बात जब भी आप करेंगे, जब आप यूनिटी की बात करेंगे तो तुरंत आदमी डाइवर्सिटी की ओर बढ़ने लगता है और तब डाइवर्सिटी पर आप जोर देंगे। एक जमाने में गलती हम लोगों से हुई—यूनिटी डाइवर्सिटी, आजादी की लड़ाई के सिलसिले में क्योंकि बिखरा हुआ था। डाइवर्सिटी थी, तो बार-बार कहते थे कि राष्ट्रीय एकता। राष्ट्रीय एकता को बहुत जोर दिया गया और मर्ज बढ़ता ही गया, ज्यों-ज्यों दवा की। इतना ज्याद जोर दिया हम लोगों ने कि उसका नतीजा देख रहे हैं, राज्य टूट करके छोटे-छोटे राज्य बन रहे हैं। इतना जोर दिया यूनिटी पर कि बिहार टूट गया, विचित्र बात है कि क्यों यूनिटी पर जोर देगा ? हम हिन्दी वाले इतने बद-दिमाग, दिमाग खराब हो गया इनका—राजभाषा हो गई। राष्ट्रभाषा हो गई इसलिए समझते रहे—पूरे हिन्दुस्तान की भाषा हिन्दी है और हो जानी चाहिए। नतीजा क्या हुआ ? सबसे पहले हिन्दी प्रदेश ही टूटा। उत्तर प्रदेश टूटा और उसमें से उत्तरांचल एक अलग राज्य बन गया। बिहार टूटा और उससे झारखंड बन गया और दूसरी ओर देखें तो मध्य प्रदेश से छत्तीसगढ़ बन गया। फिर इधर मायावती जी की मेहरबानी है कि बुंदेलखंड अलग बन जाए। यानी हिन्दी प्रदेश पहले टूटा। आपने देखा कि पिछला चुनाव जो आन्ध्र प्रदेश का हुआ था, जो अलगावाद की माँग करनेवाले थे, हार गए। नहीं टूटा आन्ध्र प्रदेश। इतना झगड़ा सब होते हुए तमिलनाडु टूट करके छोटा बना था, बड़ा हुआ। महाराष्ट्र फिर करीब है हिन्दी प्रदेश के। वहाँ कुछ हिन्दी प्रेमी जैसे लोग जो मराठी प्रेमी हैं, राजनीतिक विचारधारा के कारण विदर्भ की माँग चली आ रही है। और इत्तफाक से मैं जिसका चांसलर हूँ—'महात्मा गांधी अन्तरराष्ट्रीय हिन्दी विश्वविद्यालय'? जो गांधी जी के नाम पर बना है और गांधी जी वर्धा के थे, तो वहाँ आश्रम अपना बनाया था। तो इत्तफाक से हमारा

विश्वविद्यालय नागपुर के पास वर्धा में है। मुझे अखिल भारतीय मराठी साहित्य सम्मेलन में मुख्य अतिथि के रूप में पिछले साल बुलाया गया था और वहाँ विदर्भ की माँग, चूँकि नागपुर में सम्मेलन हो रहा था, जो जानबूझकर किया गया था कि इससे विदर्भ राज्य को लेकर पत्रकारों ने मुझसे पूछा कि आपकी क्या राय है? नागपुर में सम्मेलन हो रहा है, विदर्भ अलग होना चाहिए। बड़ा विकास हो गया है आपके यहाँ विदर्भ में। जरूर अलग होंगे आप लोग। भूल गए कि नागपुर पहले तो राजधानी हुआ करती थी। सेंट्रल प्रोविंसिस होता था मध्य प्रदेश, जब नहीं बना था। सी.पी. कहलाता था, एम.पी. नहीं था। सी.पी. की राजधानी नागपुर हुआ करती थी और उसके बाद मध्य प्रदेश जब बना तो विदर्भ का पूरा का पूरा हिस्सा महाराष्ट्र में चला गया। इन पुरानी चीजों को लोग भूल जाते हैं। इसलिए एकता पर बहुत ज्यादा जोर देंगे तो भिन्नता का आग्रह बढ़ेगा। भिन्नता पर जोर देकर सही काम किया है आपने कि डाइवर्सिटी रखा है, यूनिटी नहीं रखा है। बहुत सोच-समझकर आपने किया है। डाइवर्सिटी पर जब जोर देंगे तब देखेंगे और इस डाइवर्सिटी का अहसास जब होगा, जब-जब होगा तब हम लोग तलाश करेंगे कि हम लोगों में मिलती-जुलती कौन-कौन सी, एकता नहीं कहूँगा मैं, कॉमन प्वाइंट है कि नहीं। मैं यूनिटी शब्द का इस्तेमाल नहीं करता, कॉमनिटी। क्या कॉमन है जो हम लोगों को जोड़ती है, वह महीन धागा ही हो और यह अपनी परम्परा है, ट्रेडिशन है, सबक लें। उसकी एक मिसाल मैं आपके सामने रखना चाहता हूँ।

बहुत पहले न जाएँ—शंकराचार्य, आदिशंकर जो कालाडी, केरल के रहनेवाले थे, शैव थे। अद्वैत ब्रह्म की स्थापना करनेवाले फिलॉसफर थे। साधु आदमी थे। शादी-वादी नहीं की थी। जाने क्या उस आदमी के दिमाग में आया कि केरल का रहनेवाला और वह उत्तर गया और उत्तर जाकर कहते हैं कि शंकराचार्य ने चार धाम कायम किए। चाहते तो कालाडी को ही क्योंकि जो आदमी आजकल जहाँ पैदा होता है, उसी को राजधानी बनाना चाहता है। चाहते तो कालाडी को ही बना देते लेकिन संस्कृत में लिखते थे, मातृभाषा उनकी मलयालम थी। बावजूद इसके, उस आदमी को लगा कि यह जो भिन्नता है, इसके लिए कुछ करना चाहिए। तो पहला धाम जो स्थापित किया उन्होंने, बद्रीधाम पहुँचे इतनी कठिन चढ़ाई चढ़के। आजकल तो बहुत आसान हो गया लेकिन उस समय कितना कठिन रहा होगा कि कालाडी से चलकर वह आदमी बद्रीधाम पहुँचा—गंगा के किनारे चलते-चलते और बद्रीधाम में, कहते हैं—जो पुराणों में कहानी पढ़ते हैं, शिव पुराण आप पढ़ेंगे तो पता चलेगा कि वहाँ शिव रहते थे लेकिन जो आश्रम बद्री का है अगर आप गए हों, यदि नहीं तो जाकर देखिए तो मालूम होगा, विष्णु की उपासना होती है बद्रीनाथ में। कहते हैं कि शिव को वहाँ से, जैसे ही स्थापित किया तो उसके बाद वहाँ से हटकर केदार चले गए—केदारधाम में। और न बोलिए, इसका असर यह हुआ कि हेमकुंड वहाँ

है। सिखों का सबसे बड़ा तीर्थ उसी पहाड़ी पर बना है। गुरुनानक देव, जो अब पश्चिमी पंजाब का हिस्सा है, वहाँ के थे लेकिन अमृतसर में गुरुद्वारा बनाया और वहाँ से चलकर सिख लोगों को क्या सूझ आई कि हिमालय में जा करके हेमकुंड बनाया। सिखों का बहुत बड़ा तीर्थ हेमकुंड में है। आप बद्रीनाथ की यात्रा करते समय जाएँगे तो एक रास्ता जाता है। उन्होंने विष्णु का मन्दिर वहाँ बनाया। फिर वहाँ से चल करके वह आदमी आया जगन्नाथधाम। कृष्ण का मन्दिर बनाया। वैष्णव का कृष्ण से कोई सम्बन्ध नहीं है। द्वारका में जा करके उन्होंने फिर समुद्र के किनारे चुना पहाड़ से क्योंकि हिमालय और हिन्द महासागर के बीच हिन्दुस्तान बसा हुआ है तो सरहदों को चुना उन्होंने। एक सबसे ऊँची सरहद थी, वहाँ बनाया। फिर बंगाल की खाड़ी के पास पुरी में आकर। भुवनेश्वर में नहीं, कटक में नहीं, पुरी में जगन्नाथ की कृष्ण की मूर्ति स्थापित की। द्वारका में फिर जाकर कृष्ण की मूर्ति स्थापित की। रामेश्वरम् में जब गए तो उन्होंने शिव का मन्दिर नहीं बनाया। रामेश्वरम् में एक विचित्र बात है कि शिव की पूजा के दो रूप हैं—एक तो नटराज की है जो आप देखते हैं, बहुत सुन्दर है। उन्होंने कहा कि शिव की मूर्ति नहीं बनेगी, बल्कि शिव तो लिंग के रूप में रहेंगे। इसलिए आप देखेंगे कि शिव के मन्दिर जितने मिलते हैं—काशी विश्वनाथ भी जाएँ आप, तो वहाँ लिंग की पूजा होती है। लिंग माने—चिह्न, प्रतीक, कोई प्रतिमा नहीं होती है। कोई चेहरा नहीं होगा, मूर्ति नहीं होगी, एक निशान होगा। लिंग पहचान को कहते हैं। चार धाम उस आदमी ने चार दिशाओं में बनाए तो किसलिए बनाए? माना जाए कि सबसे बड़ा पुण्य आदमी को तब होता है जब चार धाम की आप यात्रा करेंगे। चार धामों की यात्रा का क्या मतलब हुआ? इस भारत भूमि की प्रदक्षिणा कर रहे हैं एक तरह से। चारों धाम जाने का मतलब हुआ कि पूरे भारत की परिक्रमा। जो आदमी ब्रह्म एक है मानता है, तो उसी से जुड़ा हुआ था क्योंकि देश भी एक है। सारी भिन्नताओं के बावजूद एक सूत्र में, एक धागे में बाँधने के लिए उस आदमी ने कहा—अगर चार धाम जो आदमी आएगा तो देखेगा कि हम कहाँ के रहनेवाले हैं। अपनी प्रान्तीयता की भावना नष्ट होगी। जगन्नाथपुरी में जाने पर उड़िया लोगों से मिलेंगे, घूमेंगे। जब यात्रा करेंगे तो आप जिन इलाकों से होकर गुजरेंगे तो समय लगेगा। आजकल तो लोग ट्रेन से, हवाई जहाज से चले जाते हैं। कार से अपने-आप चले जाते हैं। आप जाएँगे, किसी गाँव में रुकेंगे, दूसरे गाँव में रुकेंगे। धीरे-धीरे, सराय बनी हुई है। इसलिए मैं कह रहा हूँ कि भारत को एकता की सूत्र में जोड़ने का काम कुछ लोग कहते हैं कि अंग्रेजों ने भारत में रेल बनाकर, सड़क बनाकर एक सूत्र कायम करने की कोशिश की। उस समय न तो रेल थी, न कोई सड़क थी। शंकराचार्य ने यह काम किया जो नवीं शताब्दी के आदमी थे। इसका मतलब कि पहले भी रहा होगा। अकेले उन्होंने तो नहीं किया। इसलिए जिससे पता लगा होगा कि कितनी भाषाओं के लोग हैं। सबसे बड़ी खूबी

यह है इस एकता के नाम पर जब भाषायी एकता के साथ आप देखेंगे कि शंकराचार्य ने धार्मिक उदारता दिखाई, केवल शैव मत का प्रचार नहीं किया—शैव होते हुए भी; बल्कि शैवों और वैष्णवों में युद्ध हुआ है। अनेक मन्दिर हैं जिसकी दास्ताँ कहते हैं कि शैव मन्दिर को बदल करके कृष्ण मन्दिर बनाया गया और कृष्ण मन्दिर को बदल करके शैव मन्दिर बनाया गया। संघर्ष हुए हैं, लड़ाइयाँ हुई हैं। लेकिन सब बने रहे और इसी में हमारा यही अकेला देश है जहाँ धर्म है। यों कहें, धार्मिक विविधता का देश है, म्यूजियम है, अजायबघर है। इतने ज्यादा धर्म शायद ही दुनिया में कहीं होंगे। केवल हिन्दू, मुसलमान, पारसी, ईसाई ही नहीं हैं—बहुत से धर्म हैं, सम्प्रदाय हैं अलग-अलग।

स्थिति यह हो गई है इसलिए धार्मिक विविधता जुड़ी हुई है—भाषा की विविधता से। आदमी विविधता चाहता है। वेरायटी चाहता है। एक ही खाना रोज नहीं खाता, बदलता रहता है। आदमी वेरिएशन चाहता है। उबाऊ होती है एकता। बहुत से लोग सोचते हैं, जो आदमी एकता स्थापित करेगा, वह मिट जाएगा। कई लोगों ने राष्ट्रीय दृश्य के नाम पर दो देशों को उकसाया। जवाहरलाल नेहरू यूनिवर्सिटी को लोग लाल किला ही समझते थे। लेकिन यहाँ दूसरे विचारों के लोग भी थे, उतने ही आधुनिक थे। तो मैं कह रहा था कि यहाँ पर कुछ लोगों को सनक सवार हुई। यहाँ भी कुछ लोगों की मनोवृत्ति बदली। चीन में शुरू में एक पोशाक बनाई गई थी—माओवादी बन्द गले वाले कोट और ट्राउजर और उनकी सारी की सारी पोशाक एक रंग की थी। और अब चीन में जाएँ तो कलरफुल मिलेगा। अब एक पोशाक नहीं मिलेगी। मास्को में भी यही हुआ था एक पोशाक स्तालिन के दौर में—एकरूपताई। यूनिफार्मिटी लोग कायम करने की कोशिश करें तो एक ही भाषा चलेगी। नतीजा यह हुआ कि टुकड़े-टुकड़े हो गए। एकता जब भी आप कायम करने की कोशिश करेंगे तो आदमी का यह स्वभाव है कि वह टिक नहीं सकती, इसलिए न भाषायी एकरूपता चल सकती है। अगर आप चाहें, एक ही तरह का खाना यहाँ से वहाँ तक लोग खाएँ, हमारी यह खूबी है और डर है कि अंग्रेजियत और ग्लोबलाइजेशन से सबसे बड़ा खतरा दिखाई पड़ रहा है कि सभी जगह पीजा वगैरह-वगैरह खाना चले, लेकिन चलेगा नहीं। स्थिति यह है कि अब भी आप देखें तो आम तौर से लोग जायका बदलने के लिए कभी-कभी आज साउथ इंडियन खाना खाएँगे, बदलाव चाहेंगे। साउथ के लोग भी वहीं इडली, बड़ा, उत्पम वगैरह-वगैरह ही नहीं। उनके मन में भी आता है कि उत्तर भारतीय भोजन खाना चाहिए। अगर एक ही रंग हो समाजवादी देशों में लाल रंग, चूँकि झंडा लाल होता है तो हर आदमी की पोशाक भी लाल होती है। हर आदमी लाल टाई पहने घूमता रहे। लाल रंग आँखों को चुभता है। लाल बड़ा खूँखार, खून लगता है। औरतों को ही कहिए कि सब-के-सब लाल पहनेंगे। क्यों पहने भई? शादी-ब्याह के मौके पर पहन ले तो लाल बहुत अच्छा

लगता है। लेकिन बहू अगर रोज लाल कपड़ा पहने तो बहुत बुरा लगेगा, तकलीफ होगी। हम उसे हरा-भरा देखना चाहते हैं। नीला भी कभी पहने, पीला भी कभी पहने। प्रकृति ने इतने रंग दिये हैं। इतनी रंग-बिरंगी प्रकृति की शोभा इसी में है। सोचिए कि किसी देश की प्रकृति एक ही रंग की दिखाई पड़े। पश्चिम इस मामले में बड़ा उदास है। हिन्दुस्तान बहुत कलरफुल है। क्योंकि हम लोग ट्रापिकल कंट्री में रहते हैं। ट्रापिकल कंट्री कलरफुल होती है।

ठंडे मुल्कों में देखेंगे तो कम कलर मिलेंगे, नहीं? इसलिए जो जीवन में रंग है, और रंगीनी है तो इसका मतलब है कि कई रंग होने चाहिए। हम लोग भाग्यशाली हैं कि हमारे यहाँ इतने रंगों की विविधता है। फूलों में देखें आप, पौधों में देखें आप। तो एक धार्मिक विविधता, बहुलता है। यह बहुत जरूरी है। बहुत अच्छा लगता है। जरा सोचिए, उस आदमी की क्या जिन्दगी होगी जो हिन्दू धर्म का है, शैव है, एक ही मन्दिर में जाता है? कृष्ण मन्दिर में जाए जरा सा, रास लीला होता है, नाच देखे। वह गुरुद्वारे में जाए, देखे, गुरुवाणी सुने। इसलिए धर्मों के साथ संगीत जुड़ा हुआ है। गहरा सम्बन्ध है संगीत का। हमारा देश समृद्ध है इस मामले में। केवल शास्त्रीय संगीत ही नहीं है कि एक मात्र यही संगीत है। लोकसंगीत हमारा इतना समृद्ध है। बंगाल का अलग है, महाराष्ट्र का अलग है, गुजरात का अलग है, पंजाब का अलग है, केरल का अलग है। डांस इतने प्रकार के हैं हमारे यहाँ, केवल भरत नाट्यम ही नहीं है। कथकली भी बहुत अच्छा डांस होता है तो संगीत, नृत्य कला की माँग ही है। एक ही तरह का गाना होगा, एक ही तरह के चित्र होंगे, एक ही तरह का नृत्य होगा तो ऊब जाएँगे हम। जिन्दगी जीने लायक नहीं रहेगी कि एक तरह का खाना, एक ही तरह का गाना, एक ही तरह का नाचना! केवल रोना ही बस एक तरह का होता है। हँसना अलग-अलग होता है। हर आदमी की हँसी एक तरह की नहीं होती। इसलिए रोना तो एक तरह का होता है। उन आँखों से आपके आँसू आएँगे, वहीं रोएँगे, वहीं रो-रो करके ऐ-ऐ, में-में करेंगे और क्या करेंगे? रोना एक होता है, हँसना अलग-अलग होता है। खुशियाँ अलग-अलग होती हैं, कलाएँ अलग-अलग होती हैं। इसलिए भाषायी विविधता की जब हम बात करते हैं तो उसके पीछे जीवन का एक दर्शन, एक फिलॉसफी है और वह है, जिसे मैं कहूँगा—जिन्दगी में 'लेट अस सेलिब्रेट डाइवर्सिटी'। यह उत्सव मनाने की चीज है। यूनिटी सेलिब्रेट करने की चीज नहीं है। यूनिटी को हम लक्ष्य रहने दें। मंजिल रहने दें जो कभी हासिल न हो। जिस दिन हासिल हो जाएगी, उस दिन जिन्दगी खत्म हो गई। मंजिल तो एक ही हुआ करती है, वह मौत को कहते हैं। इसलिए मंजिल पर पहुँचना एक तरह की मौत है। आखिरी मंजिल वही है। इसलिए डाइवर्सिटी मैंने कहा, 'लेट अस सेलिब्रेट डाइवर्सिटी'। यही है जो उत्सव मनाने की चीज है और यही वजह है कि उत्सव में जीवन है क्योंकि उत्सव एक जैसा नहीं होता। आप देखेंगे, हर त्योहार का उत्सव अलग-अलग ढंग

का होता है। एक ही तरह का उत्सव नहीं होता। हर त्योहार में अलग-अलग होता है। इसलिए डाइवर्सिटी की जो फिलॉसफी है, लैंग्वेज है, हमें सिखाती है कि भाषाओं की विविधता, उनकी सुन्दरता जो उनकी आवाजें हैं, जो म्यूजिक है हर भाषा का, वह हमें अपनी ओर खींचता है और वह डाइवर्सिटी कभी-कभी। लिपि एक होती है लेकिन भाषाएँ अलग-अलग होती हैं। लिपि किसी चीज को जड़ बना देती है। स्टैंडर्डाइज कर देती है, बाँध देती है और यही वजह है कि जो स्पोकेन लैंग्वेज है, जो बोली हुई भाषा है, भाषा माने बोलना। भाषा का मतलब लैंग्वेज, रिटेन। राइटिंग तो बाद में आई है। हर देश में हर भाषा का आरम्भ ओरल रूप में हुआ है। लम्बे अरसे तक हमारे यहाँ दुनिया का सबसे पुराना ग्रन्थ जो माना जाता है, अभी तक तो वह वेद है और ऋग्वेद आप अच्छी तरह से जानते हैं कि कई हजार साल तक ऋग्वेद को लोगों ने याद रख करके ओरल ट्रेडिशन सुरक्षित रखा था। वेद लिखा नहीं गया था फिर भी बचा रह गया। हर वंश के लोगों ने, अपने गुरु ने शिष्य को पढ़ाया, पिता ने पुत्र को पढ़ाया। याद करके पूरा-का-पूरा ऋग्वेद पहली बार 19वीं शताब्दी में मैक्स मूलर ने लिपिबद्ध करके प्रकाशित किया, वरना वेद तो मौखिक था और दुनिया का बहुत बड़ा काम हुआ है। बाइबल बहुत बाद में चलकर लिखी गई। धर्मग्रन्थों में और जो धर्मग्रन्थ लिख दिया जाता है, उससे बड़ी कट्टरता बढ़ती है। जब तक मौखिक रहता है तब तक कट्टरता नहीं होती है। रिटेन वर्ड जो है, लोहे की लकीर बन जाता है, टस-से-मस नहीं कि क्या लिखा हुआ है, देखिए। बहुत से देशों में ऐसा माना गया है कि उदाहरण के लिए, इंग्लैंड का कांस्टिट्यूशन कोई रिटन कांस्टिट्यूशन नहीं है। सबसे बड़ा लोकतंत्र है लेकिन कोई लिखा हुआ कांस्टिट्यूशन उनका नहीं है। अमेरिका में पहली बार कांस्टिट्यूशन लिखा गया और उसकी नकल करके हिन्दुस्तान ने भी कहा कि लिख दो। अंग्रेजों ने अपने यहाँ नहीं बनाया। हम लोगों ने इंडियन पैनेल कोड बनाया और कहा कि मनुस्मृति के आधार पर बना रहे हैं और लिखा गया है, इसलिए इतने ज्यादा मुकदमे हो रहे हैं और पूरी की पूरी कौम वकीलों की कमाई खाने के लिए बन गई है। रिटेन कांस्टिट्यूशन हो गया, रिटेन धर्म जिस दिन से हो गया, उस दिन से पुरोहितों की तादाद बढ़ गई। भाई, पंडित जी से पूछो, शास्त्र का क्या मतलब होता है? तो कमाने-खाने वाले लोग बढ़ गए। इसलिए भाषा की विविधता की बात जब आप करते हैं तो मतलब स्पोकेन लैंग्वेज, ओरल भाषा की विविधता होती है। अब हिन्दी में बोलियाँ नई नहीं बन सकतीं। खड़ी बोली लिख दी गई है। स्टैंडर्डाइज हो गई है। दुर्भाग्य से राजभाषा हो गई है। शामत उसकी आ गई है और तब से खराब हो गई है। जीवित भाषा जो है, जबान पर होती है। बदलती है, मुहावरे आते हैं, जान होती है उसमें। रिटेन लैंग्वेज डैड लैंग्वेज, डैड रिटेन कहते हैं।

यह बात कानून के बारे में भी लागू होती है। हिन्दू धर्म का सत्यानाश हो गया, मैं भी हिन्दू हूँ, क्या करूँ?—जिस दिन से मनु ने अपनी स्मृति बना दी। वर्ण, जातियाँ

रही होंगी बदलती और बड़ी मोबाइल होती थी। कास्ट सिस्टम इतना कठोर नहीं था। मनु ने संहिता बनाई। चार वर्ण बड़े ही। यदि पुरानी कहानियाँ आप पढ़ें तो उन पुरानी कहानियों में लगेगा कि कौन ब्राह्मण से क्षत्रिय हो गए और कौन क्षत्रिय से ब्राह्मण हो गया। कौन ब्राह्मण कब शूद्र हो गया, कौन शूद्र कब ब्राह्मण हो गया। दुनिया भर की दास्तानें आपको पुराणों में मिलेंगी। अगर न होती तो वाल्मीकि क्या थे? वाल्मीकि आज तो भंगी अपने को लिखते हैं न। वाल्मीकि शूद्र थे। व्यास जिससे पैदा हुए थे मछुवारे की बेटी से, कब के ब्राह्मण थे? कौन वेद पढ़नेवाला था? सारे ऋषि-मुनियों की अगर आप दास्तां देखें तो जिनको ऋषि के रूप में माना जाता है, पूजा जाता है, ये सब-के-सब लोअर कास्ट के थे। मनु महाराज ने मनुस्मृति बनाई, रिजिड हो गई कास्ट। शादी-ब्याह के नियम बना दिये गए। शादी-ब्याह में गोत्र के हिसाब से हम लोगों के यहाँ शादी-ब्याह करते समय कुंडली देखी जाती है और विचार किया जाता है कि सगोत्र समिल विवाह नहीं होगा। पूछा—भइया, कब से यह बात विचारना हो गई? मनु के पहले तो बराबर होता था। पांडवों ने शादी की तो कौन जन्म-कुंडली देखकर की थी? मनु तो थे नहीं। किस गोत्र से, किस जाति से, किस कुल से विवाह किया? बहुत मोबाइल फ्लेक्सिबल था। कोडिफाई जैसे ही आप करेंगे तो कोडिफाई करने से भाषा की ग्रोथ रुक जाती है। बोलचाल की जब तक रहती है, इसलिए बोलियों में जान है आज भी क्योंकि लिखी नहीं गई है। हर भाषा की बोलियाँ आप देखे तो उन बोलियों की मिठास। गुरुग्रन्थ साहब की जो स्टैंडर्ड पंजाबी है, उससे भिन्न जो बोली जाती है और कभी-कभी जो लोग कहते हैं कि मिठास उस इलाके की, जो पश्चिमी इलाके के बुल्लेशाह वगैरह की जुबानियाँ हैं, उनमें जो मिठास है—आगे चल करके ग्रन्थों में नहीं मिलती है। यही बात जीवित रहती है कहानियों में, कविताओं में, उपन्यासों में। फणीश्वरनाथ रेणु का 'मैला आँचल' आप पढ़ें जो बहुत ही दिलचस्प है—अगर मौका मिले। अंग्रेजी अनुवाद भी उसका हुआ है। राही मासूम रजा का 'आधा गाँव' आप पढ़ें। ओनियाल सिंह का 'मणि रतिवा' आप पढ़ें, पंजाबी की मिठास आपको मिलेगी। हिन्दी की मिठास और बोलियों की छौंक जो 'मैला आँचल' में मिलेगी, प्रेमचन्द की जुबान से ज्यादा जानदार आंचलिक छौंक देकर जो लिखे हुए उपन्यास हैं, यह बात आपको बंगला में भी मिलेगी। उड़िया में भी मिलेगी। गोपीनाथ भारती के उपन्यासों को आप पढ़ें तो लगेगा कि इसे उपन्यासों में, कविताओं में बोलचाल की भाषा से ताकत ले करके लिखी जाती हैं। समझ लीजिए कि स्टैंडर्ड इंग्लिश जिसे कहते हैं, किंग्स इंग्लिश में शेक्सपियर ने नाटक नहीं लिखे हैं। शेक्सपियर के नाटक की जो जान है, किंग्स इंग्लिश नहीं है। सेरिन किट्स वारन की कविता यह जो स्टैंडर्ड इंग्लिश, जिसे किंग्स इंग्लिश कहा जाता है, उसमें ग्रामर लिखा जा सकता है, उसमें सरकारी फाइलें लिखी जा सकती हैं लेकिन क्रिएटिव राइटिंग जिस जानदार भाषा में होती है, वह जानदार

भाषा ग्रामर और डिक्शनरी से बनी हुई नहीं है बल्कि लोगों की जबान और दिल-दिमाग से निकलनेवाली भाषा है। और वह डाइवर्सिटी है भाषाओं की जान और विविधता। चूँकि मैं इसलिए कह रहा हूँ, जब डाक्यूमेंट्स आप पढ़ेंगे, कुछ हैं, मिलते हैं, अपने एक्सपीरिएंस से लिखे हैं। जो इंग्लैंड से सिविल सर्विस के लोग आते थे जो कलेक्टर होते थे या पुलिस सर्विस में थे तो उन लोगों ने अपने मेमायर्स लिखे। उन मेमायर्स में बताया गया है कि तुम जिस इलाके में जाते हो, उस इलाके के लोगों की जबान क्योंकि पब्लिक डीलिंग तुम्हारी है। फाइल वाला काम नहीं करना है तुम्हें। तो शुरू में आप देखेंगे, आते थे, बहुत से अंग्रेज गाँव में जा करके, चौपाल में चारपाई पर बैठ करके हुक्का पीते थे। तसवीरें आपको मिलेंगी कि कुछ अफसर लोग अंग्रेज जो हुक्का पीते पाए गए हैं, वह खाली दिखावे के लिए नहीं था। जब तक उनका विश्वास नहीं जीतोगे, उनके मन को नहीं जानेंगे आप, जिन पर राज करना है, जानो कि उनके दिमाग में क्या चल रहा है, क्या सोचते हैं, क्या कहते हैं, तब राज करोगे। फाइलों का जहाँ होता है, वहाँ तो हो रहा है और उन लोगों ने जो मेमायर्स लिखे, सब कुछ किए। आज के अफसर यह काम नहीं करते। मैं कहना चाहता हूँ कि अंग्रेज ने एक जमाने में राज करने के लिए सिविल सर्वेंट को जो ट्रेनिंग दी जाती थी, उस समय आई.ए.एस. की पढ़ाई विलायत में हुआ करती थी और वहाँ जो पाठ्यक्रम रखा गया था, उन लोगों को जो हिन्दी इलाके में काम करनेवाले थे, उनको हिन्दी पढ़ाई जाती थी। हिन्दी की किताबें और डाइलॉक्स पढ़ाई जाती थी। वह भाषा पढ़ाई जाए। मैं नहीं जानता कि आजकल हमारे यहाँ जो सिविल सर्वेंट को जो ट्रेनिंग दी जाती है, बाकी लोगों में यह कितना जोर इस बात पर दिया जाता है कि जब फील्ड में जाओगे तो जा करके फील्ड में काम करने के लिए उसकी भाषा, बोली का पूरा ज्ञान होना चाहिए। कम-से-कम केन्द्र में यह न पढ़ाई जाए लेकिन फील्ड में काम करने के तौर-तरीके सीखने की जरूरत पड़ेगी। इसलिए डाइवर्सिटी भाषा के क्षेत्र में करते समय चूँकि आप लोगों को मैदान में जाना है। ऑफिस में काम करने के लिए तो ठीक है लेकिन जो लोग फील्ड में काम करते हैं, उनके लिए जरूरी है कि भारत की इस भाषायी विविधता, बहुलता का पूरा-का-पूरा अहसास हो। वाकिफियत हो उससे। और उसको अभिशाप न समझ करके वरदान समझें क्योंकि वहीं जिसको कहूँ कि लोहा तो इस्पात बाद में बनता है लेकिन जो धरती से निकाला जाता है, कोयला भी वही नहीं होता जो इस्तेमाल किया जाता है। हर चीज को साफ-सुथरा करके इस लायक बनाया जाता है, इसलिए हम लोगों को खदानों के बीच, जिस तरह से पदार्थ सारे मैटेरियल होते हैं, उसी तरह से जिन्दगी की उन खादानों के अन्दर जाने का हौसला चाहिए। मैं तो आम तौर से मानता हूँ कि यह हौसला बड़ी चीज है और साहित्य का चूँकि विद्यार्थी हूँ, 'तयारे फन में मंजिले भी जहाँ फर्जी हैं'। कला की दुनिया में मंजिलें भी फर्जी होती हैं, इमेजिनरी होती हैं, तयशुदा नहीं हुआ करतीं। ऐसे

दौर में तमाम उम्र भटकने का हौसला चाहिए। तयारे फन में जहाँ मंजिलें भी फर्जी हों, तमाम उम्र भटकने का हौसला चाहिए। भटकने के लिए भी हौसले की जरूरत होती है। यों नहीं कि आप अटक जाएँ, इसलिए मैं चूँकि साहित्य और भाषा की दुनिया में काम करनेवाला हूँ और भटकते हुए मैंने 80 पार कर लिया है। आप लोग तो अभी दूर हैं मंजिल से और बहुत कुछ सीखने के लिए है। बुढ़ापे में आदमी भूलता ज्यादा है जो सीख चुका है। नया सीखने का जज्बा खत्म हो जाता है। लेकिन आप जैसी पीढ़ी के लोगों से मिल करके एक बार फिर हौसला होता है कि अभी सीखने की उम्र खत्म नहीं हुई है, तमाम नहीं हुई है। तमाम उम्र भटकने का हौसला चाहिए।

कोई बात पूछना चाहे, जरूरी नहीं है, हर सवाल का जवाब मेरे पास हो। उस गुरु या उस्ताद या वली के पास न जाइए जिसके पास हर सवाल का जवाब हो। उस आदमी के पास जाइए, जो यह कह सके कि कुछ ऐसे भी सवाल हैं जिनका जवाब मेरे पास नहीं है। मैं उन लोगों में हूँ।

[सचिवालय प्रशिक्षण तथा प्रबन्ध संस्थान के प्रशासनिक ब्लॉक, जे.एन.यू. कैम्पस (ओल्ड) में 20 जून, 2008 को दिया गया व्याख्यान]

खंड-II

प्रेम-भक्ति का सागर : मीरा

मुझे मीरा पर बातचीत करनी है, पर मेरे सामने कई चुनौतियाँ हैं। मैं मीरा पर ऐसा क्या कहूँ जिससे आप परिचित न हों और जो पहले कभी न कहा गया हो।

जब 'जीव गोस्वामी' जी से मिलने मीरा वृन्दावन गईं तो उन्होंने मीरा से मिलने से इनकार कर दिया क्योंकि मीरा एक स्त्री थीं और स्त्रियों से मिलना तो दूर, उन्हें देखना भी जीव गोस्वामी जी को गवारा न था। मीरा ने हँसते हुए कहा कि उन्हें पूर्ण विश्वास है कि संसार में सिर्फ कृष्ण ही एकमात्र पुरुष हैं, शेष सभी स्त्रियाँ हैं। यह सुनकर जीव गोस्वामी जी काफी शर्मिन्दा हुए और अपनी गलती को सुधारते हुए उन्होंने मीरा से मुलाकात की।

आज के सन्दर्भ में अगर पुरुष सिर्फ एकमात्र वही है तो इस तर्क के आधार पर, यहाँ मौजूद सभी स्त्रियाँ हैं। शायद मीरा के बारे में कुछ भी कहने से पूर्व यह न्यूनतम अर्हता अर्जित करनी आवश्यक है कि हर पुरुष अपने मन की गहराइयों में खुद को स्त्री समझे। इस समझदारी के बिना कोई मीरा के बारे में चर्चा करने के विषय में भला कैसे सोच सकता है ? शायद इसी वजह से जो यह बात नहीं समझ पाते, वे मीरा के विषय में चुप्पी साधे रहते हैं।

राठौर-वंश के इतिहास में मीराबाई का कोई उल्लेख नहीं मिलता। चित्तौड़ के सिसोदिया-वंश के इतिहास में भी मीरा कहीं नहीं आती। मीरा का जिक्र पहली बार नाभादास के भक्ति-साहित्य में मिलता है।

नाभादास जो एक भक्त होने के साथ-साथ जाति के डोम या दलित थे। मैं यहाँ यह उल्लेख क्यों कर रहा हूँ, इस पर बाद में विस्तार से चर्चा करूँगा। नाभादास ने पहली बार एक भक्त के रूप में मीरा की उपस्थिति दर्ज की।

अगर मैं उनके उद्धरण की व्याख्या करूँ तो कहा जा सकता है कि मीरा ने गोपियों की ही तरह कलियुग में कृष्ण की अलौकिक भक्ति-साधना की। मेरा विश्वास है कि मीरा पर इससे बेहतर टिप्पणी कभी किसी ने नहीं की है। उनके द्वारा की गई कुछ अन्य टिप्पणियाँ इस प्रकार हैं : लोक लाज कुल-शृंखला तजि, मीरा गिरधर भजीं।

नाभादास के अतिरिक्त अन्य लोगों ने मीराबाई के विषय में अपने लेखन में क्या कहा है ? शायद यही कि वे समाज की परवाह नहीं करतीं और लोगों की चिन्ता

किए बगैर कृष्ण के प्रेम में उन्मत्त नाचती रहती हैं। तथ्य तो यह भी है कि परिवार सिर्फ सम्बन्धों की निर्मिति ही नहीं करत, वह उनकी कैद में भी तब्दील हो जाता है। इसी के खिलाफ मीरा ने बगावत की। अपने गीतों के माध्यम से उन्होंने रसिक-जनों को रस-धारा से आप्लावित किया। ये दोनों कार्य एक साथ सम्भव नहीं।

यहाँ 'नाभादास' का उल्लेख इसलिए भी महत्त्वपूर्ण है क्योंकि राजपूतों का इतिहास 'मीराबाई' पर पूरी तरह खामोश है। आज के बुद्धिजीवी वर्ग ने मीरा को समझने की कोशिश बस शुरू ही की है। गुजरात और राजस्थान के लोक-जीवन में मीराबाई के पदों को वर्षों से गाया जाता है, पर वे कौन से गायक हैं जो मीरा के गीत गाते हैं? यह शोध ऑक्सफोर्ड यूनिवर्सिटी प्रेस से प्रकाशित पुस्तक 'अप होल्डिंग द कम्यूनिटी' में दो विदेशी महिलाओं ने किया है। गाँवों में घूमते हुए उन्होंने यह पाया कि मीरा के पद उन जनजातियों और लोगों में गाए जाते हैं जिन्हें हम अछूत मानते हैं। अपनी बैठकों एवं जमावड़ों में मीरा के भजनों को लोकगीतों की तरह गाते हैं, खास कर गुजरात एवं पश्चिमी राजस्थान में। इन गीतों का न तो कभी संकलन किया गया है और न ही रिकॉर्डिंग। इन्होंने बड़ी संख्या में गीतों को दर्ज किया है जबकि सौ से अधिक गीत मीरा पर प्रकाशित संकलनों में मिल जाते हैं।

यह महज इत्तफाक नहीं है कि नाभादास मीरा का स्मरण करते हैं। उच्च वर्ग के भक्तों में ऐसा कोई नहीं जो मीरा पर बात करने को इच्छुक हो। 18वीं सदी में, कृष्ण-भक्त नागरीदास की पुस्तक आई जिनके बारे में शायद आप जानते होंगे। दरअसल किशनगढ़ के छोटे राजकुमार सावन्त सिंह ही नागरीदास नाम से प्रसिद्ध हुए थे। वही किशनगढ़, जो अपनी 'किशनगढ़-चित्रकला' एवं शिल्पकला के लिए विख्यात है। नागरीदास राज्य के उत्तराधिकारी नहीं थे, उन्होंने राज्य छोड़ दिया और वे वृन्दावन चले गए। वे कृष्ण-भक्त बन गए थे और अपने शुरुआती दिनों में मीराबाई के प्रशंसक थे। उन्होंने एक अनुपलब्ध, अनुपम पुस्तक लिखी : पद-प्रसंग-माला। इस पुस्तक में उन्होंने पूर्ववर्ती भक्त-कवियों की अपने पदों में चर्चा की है। यहाँ हमें राणा के शोषण के खिलाफ कई पद मिलते हैं कि कैसे राणा ने मीरा को जहर का प्याला भेजा और साँप से डँसवाने की कोशिश की, आदि। सिर्फ यही नहीं, चित्तौड़ से द्वारका तक की उड़ान का उल्लेख भी इस पुस्तक में मिलता है। यह वर्णन भी मिलता है कि राणा ने कैसे अपने आदमियों को मीराबाई को खोजकर वापस लाने का काम सौंपा और कैसे वे अन्त में अपने आराध्य की मूर्ति में समाकर एकाकार हो गईं। उन्होंने पहले अपने आराध्य की मूर्ति को देखने की अनुमति माँगी और फिर उसी में विलीन हो गईं। 18वीं सदी की पद-प्रसंग-माला में कई अन्य घटनाओं का वर्णन भी मिलता है। इसके बाद उनका नाम 20वीं शताब्दी के पूर्वार्द्ध में गुरुदेव रवीन्द्रनाथ ठाकुर एवं महात्मा गांधी के लेखन में मिलता है।

1914 में प्रकाशित रवीन्द्रनाथ ठाकुर की कहानी 'स्त्रीर पत्र' (एक स्त्री का पत्र) में मृणाल अपने पति को एक लम्बा पत्र लिखती है। यह कहानी इसलिए बहुत महत्त्वपूर्ण है कि इसमें एक स्त्री, जो पन्द्रह वर्षों तक अपने पति एवं ससुराल वालों के शोषण का शिकार रही है, अन्ततः उन्हें त्यागकर घर छोड़ने का निर्णय लेती है। एक स्त्री इस तरह अपने विवाह को चुनौती देते हुए उस पर प्रश्नचिह्न लगाने का साहस एवं जोखिम उठाती है, और ऐसे अवसर पर वह मीरा का उल्लेख करती है, 'मीराबाई भी मेरी ही तरह एक स्त्री थीं, उनकी बेड़ियाँ मुझसे कुछ कम भारी न थीं और उन्हें भी जीने के लिए मरना पड़ा था।' मृणाल अपने पत्र के अन्त में लिखती हैं, 'आपके चरणों के आश्रय से दूर, मृणाल।'

यह कोई सामान्य घटना नहीं है, विशेषकर तब, जब हम जानते हैं कि वह किस परम्परा से आती है। वह मीरा का हवाला देती है, प्रश्न पूछने के लिए और विद्रोह के लिए, जिससे प्रमाणित होता है कि रवीन्द्रनाथ के भीतर भी एक स्त्री का हृदय मौजूद था। उन्होंने लिखा है कि 'हमारे भीतर ही कहीं एक विरह-विदग्ध स्त्री है' और एक स्त्री का दर्द वही समझ सकता है, जिसके पास 'स्त्री-हृदय' हो। इसी कहानी में वे कहते हैं कि सिर्फ एक पत्नी होना ही स्त्री जीवन की उपलब्धि नहीं है। अगर वह कष्ट में है और उसका सम्बन्ध उसके लिए कैद बन चुका है, तो उसके भीतर इस सम्बन्ध से मुक्त होने की आन्तरिक शक्ति होनी चाहिए। इसीलिए मैं कहता हूँ कि रवीन्द्रनाथ ठाकुर ने मीरा को विद्रोह एवं वेदना के प्रतीक के रूप में दरशाकर एक साहसिक पहल की।

महात्मा गांधी ऐसे दूसरे व्यक्ति हैं जिनका मैं जिक्र करना चाहता हूँ। सन् 1915 से ही गांधी जी के पत्रों, व्याख्यानों और लेखों में मीराबाई का उल्लेख लगातार आता है। किसी ने गांधी जी के बारे में कहा है कि 'बापू मेरी माँ हैं।' उनके भीतर भी 'स्त्री हृदय' कहीं-न-कहीं छिपा है। अपने एक पत्र में वे लिखते हैं कि मीरा ही 'पहली सत्याग्रही' थीं। एक राज-परिवार में जन्मी मीरा ने सामन्ती व्यवस्था के खिलाफ विद्रोह कर दिया। इस तरह गांधी जी की समझ में पहला विद्रोह मीरा ने किया, पर टैगोर एवं गांधी के विचारों में अन्तर है। गांधी मीरा को तो पहला विद्रोही मानते हैं लेकिन जब मैडेलिन स्लेड, जिनका नाम उन्होंने मीरा रखा था, उनके प्रति आकर्षित होती हैं तो वे सबसे पहले उनके बालों पर उस्तरा फिरवा देते हैं। इस घटना का उल्लेख सुधीर कक्कड़ भी अपनी पुस्तक 'मीरा एंड द महात्मा' में करते हैं। जब भी किसी महिला ने उनसे इस तरह की चर्चा की, उन्होंने जोर देकर कहा कि पति-पत्नी का सम्बन्ध एक पवित्र रिश्ता है और वे उसे तोड़ने की सलाह कदापि नहीं देंगे। इस बात के बावजूद कि वे मीरा को पहला सत्याग्रही मानते थे, उनके विचार इस बिन्दु पर टैगोर से भिन्न थे। मैं इन दोनों घटनाओं के बारे में बताना इसलिए जरूरी समझता हूँ कि मैं 18वीं से 20वीं शताब्दी

तक नाभादास, नागरीदास, टैगोर से गांधी तक की परम्परा की शृंखला की कड़ियों को चिह्नित कर सकूँ।

इन घटनाओं के आलोक में चूँकि इतिहास मीरा पर मौन है, यह बहुत जरूरी हो जाता है कि मीरा पर उपलब्ध मौखिक कथाओं का न केवल पुनर्पाठ किया जाए, अपितु उन्हें पुन: स्थापित किया जाए।

लोगों के दिमाग से मौखिक इतिहास को लोकमत एवं विश्वास से अलग करना बेहद मुश्किल है, खास कर तब जब ऐसे ही विवरण मीरा के पदों में भी मौजूद हों। मीरा का जीवन और साहित्य इस तरह आपस में गुँथा हुआ है कि दोनों को अलग करना लगभग असम्भव है। इस सन्दर्भ में लिखित दस्तावेज और प्रमाण उपलब्ध नहीं हैं। क्या मीरा शादीशुदा थीं या फिर वह पहले से ही विधवा थीं? उन्होंने कब अपना घर छोड़ दिया, इसका कोई पक्का प्रमाण नहीं मिलता। मौखिक इतिहास में दोनों तरह के विवरण मिलते हैं। सामान्य लोकमत यही है कि उनके पति का देहावसान हो चुका था और वे एक विधवा थीं। राजपूत परिवारों में विवाह एक तरह की कैद ही है और उसमें विधवा की स्थिति अपने-आपमें एक त्रासदायक अनुभव है। इससे जुड़ी कुछ अन्य घटनाओं का उल्लेख हमें मीरा के पदों में मिलता है। मीरा के कथनानुसार उनका विवाह बचपन में ही गिरिधर गोपाल से हो गया था। इसीलिए जब वे कहती हैं : 'मेरो तो गिरिधर गोपाल दूसरो न कोई' तो बलाघात 'दूसरो न कोई' पर है।

बचपन में जब मीरा ने अपनी माँ से प्रश्न किया कि उनका विवाह किससे होगा तो माता का उत्तर था कि उनका विवाह तो गिरिधर गोपाल की मूर्ति से पहले ही हो चुका है। हालाँकि यह एक दंतकथा है पर इससे यह जरूर पता चलता है कि मीरा को 'मेरे तो गिरिधर गोपाल' का अर्थ तब भी पता था। वे जानती थीं कि कोई दूसरा कभी उनका नहीं हो सकता क्योंकि वे कृष्ण की विवाहिता हैं। अत: किसी और से विवाह का प्रश्न ही नहीं उठता। दंतकथाएँ इसलिए बेहद महत्त्वपूर्ण हैं क्योंकि वे सिद्धान्तों पर आधारित हैं और इस सन्दर्भ में सिद्धान्त निष्ठा की ओर संकेत कर रहा है।

एक घटना जिसकी ओर ध्यान नहीं दिया गया और जो सम्भवत: सबसे बड़े विद्रोह का सर्वाधिक मुखर रूप है। अगर मीरा विधवा थीं, जैसाकि प्रचलित लोक-मान्यता है तो उन्होंने सती होना स्वीकार नहीं किया। सती न होना राजपूत-परम्परा से सीधी बगावत थी। मीरा ने सती बनना शायद इसलिए भी स्वीकार नहीं किया क्योंकि वे खुद को विधवा नहीं मानती थीं। ऐसे न जाने कितने पद हैं जिनमें वे गिरिधर गोपाल से अपने विवाह का उल्लेख करती हैं। उनका गिरिधर गोपाल तो वही अनश्वर, अलौकिक सर्वशक्तिमान है। ऐसी स्थिति में एक मरणशील सामान्य मनुष्य उनके किस काम का?

मीरा के पदों की अनेक व्याख्याएँ सम्भव हैं। एक मरणधर्मा सामान्य मनुष्य से विवाह का क्या औचित्य जबकि उनका विवाह पहले से ही सर्वशक्तिमान से हो चुका है जो जीवन और मृत्यु से परे है? वे क्यों एक मरणशील सामान्य मनुष्य से विवाह कर खुद को एक विधवा मानें? उनके जीवन में एकमात्र पुरुष वही अलौकिक ब्रह्म है, शेष सब स्त्रियाँ हैं। ऐसी स्थिति में एक स्त्री का विवाह दूसरी स्त्री से कैसे हो सकता है? सिर्फ वही एक परमात्मा है और जब परमात्मा को खोज लिया है तब किसी अन्य आत्मा से क्या प्रयोजन? अत: यह जरूरी नहीं कि हम सत्य को प्रमाणित करने के लिए इतिहास का संधान करें क्योंकि इन मौखिक इतिहास वृत्तों एवं दंतकथाओं में भी अर्थ की अनन्त सम्भावनाएँ निहित हैं।

भारत के विभिन्न भागों में कई लड़कियों का नाम मीरा है पर क्या हमने कभी सोचा है कि इन नामों का अर्थ क्या है? मुझे किसी शब्दकोश में इस नाम का कोई अर्थ नहीं मिला। अगर किसी को किसी अर्थ की जानकारी मिलती है तो वे कृपया मुझे बताएँ। साथ ही दो शब्दों का उल्लेख मिलता है—मीरा एवं मीराँ। अत: प्रश्न उठता है कि उनका वास्तविक नाम क्या था—मीरा या फिर मीराँ?

संस्कृत भाषा बहुमुखी प्रतिभासम्पन्न है। संस्कृत के विद्वानों को आप कोई भी शब्द दें, वे आपको उसका अर्थ ढूँढ़ देंगे। एक सम्भावित अर्थ हो सकता है कि 'मीरा' संस्कृत के शब्द 'मीर' से बना। मीर का अर्थ है—सागर और इस तरह 'मीरा' का अर्थ हुआ सागर या फिर सागर का कोई भाग। कुछ अन्य विद्वान मीरा को समुद्र-कन्या या लक्ष्मी भी मानते हैं। एक अन्य अर्थ 'एक पेय' या 'मदिरा' भी है। दोनों ही अर्थ तर्कसंगत हैं, मुफीद हैं क्योंकि वे प्रेम-भक्ति का सागर भी थीं और उसके प्रभाव से उन्मत्त भी।

मैं मीरा के विद्रोह की प्रकृति को रेखांकित करना चाहता हूँ क्योंकि पश्चिम के नारीवादी विद्वानों ने मीरा का उपयोग पुरुषों के खिलाफ एक धारदार हथियार के रूप में किया है, जबकि तथ्य यह है कि मीरा का हथियार प्रेम है जो उनके द्वारा इस्तेमाल किए गए हथियारों का बेहतर विकल्प है। वे अपनी ताकत का इस्तेमाल उस तरीके से नहीं करतीं जिस तरह आज की महिलाएँ पुरुषों की मुखालफत के लिए करती हैं। आप उनकी कविताओं में कहीं भी राणा के खिलाफ एक पंक्ति भी नहीं खोज सकते। वे राणा के बारे में सिर्फ उन्हीं घटनाओं का उल्लेख करती हैं जहाँ राणा द्वारा भेजा गया विष भी अमृत में तब्दील हो जाता है। वे कहीं नहीं कहतीं कि उन्होंने इस पात्र को राणा के मुँह पर फेंक दिया बल्कि वे जिक्र करती हैं कि राणा द्वारा भेजा गया साँप भी फूलों में बदल गया। इस तरह दंतकथाएँ मीरा के विद्रोह की प्रकृति की ओर संकेत करती हैं। मीरा के विद्रोह की इस शैली ने ही गांधी को प्रभावित किया और परिणामस्वरूप गांधी ने दंड-

स्वरूप कारागार में कैद होने को स्वीकार किया। गांधी ने कहा कि उन्होंने सरकार की खिलाफत कर अपराध किया है और उन्हें दंडस्वरूप कारागार में बन्द कर देना चाहिए। उन्होंने कहा कि वे सरकार की नीतियों से असहमत हैं और वे कानून का पालन नहीं करेंगे। इसी तरह भक्तों ने भी परम्परा पर प्रश्नचिह्न लगाया और 'प्रेम का अर्थ महान है'—के सिद्धान्त का पालन किया।

भारतीय परम्परा में चार पुरुषार्थों का वर्णन मिलता है—धर्म, अर्थ, काम, मोक्ष और सम्भवत: पहली बार भक्तों ने इसमें पाँचवें पुरुषार्थ को शामिल किया—जो 'प्रेम' था। हमारे यहाँ तीन, चार और पाँच की अद्‌भुत परम्पराएँ विद्यमान हैं। हमारे यहाँ चार वेद हैं, चार ही पुरुषार्थ हैं—सभी चार हैं। अगर इन चार के बाद भी हम कुछ विशेष जोड़ना चाहें तो हम कह सकते हैं कि यह पाँचवाँ है। यह कहते हुए ध्यान इस बिन्दु की ओर है कि परम्परा में इस पाँचवें को जोड़ना हमारे अपने समय की माँग है। उदाहरण के लिए 'महाभारत' को पाँचवाँ वेद भी कहा जाता है। भरतमुनि द्वारा रचित 'नाट्यशास्त्र' को भी पाँचवें वेद की संज्ञा से अभिहित किया जाता है। जब लोग पाँचवें को जोड़ते हैं तो वे परम्परा को खारिज नहीं करते, वे सिर्फ इतना भर कहते हैं कि चार तो पहले से ही मौजूद हैं और यह पाँचवाँ है। यही वह परम्परा है जिसमें मीरा आती हैं—पाँचवें वेद की परम्परा, प्रेम की परम्परा और यह इसलिए बेहद खास है क्योंकि इस परम्परा की शुरुआत एक स्त्री ने की, शायद इसीलिए उस पर अनेक दंतकथाएँ मिलती हैं।

एक प्रश्न जो अक्सर मीरा के सम्बन्ध में पूछा जाता है कि वे किसकी शिष्या थीं? कई लोग कहते हैं कि वे रैदास की शिष्या थीं। पता नहीं, ऐसा सिर्फ मीरा के बारे में ही क्यों कहा जाता है कि वे रैदास को अपना गुरु मानती थीं? कोई क्यों नहीं पूछता कि उन्होंने कब रैदास से दीक्षा ली? मीरा का रचना-समय क्या था और रैदास किस काल-खंड से सम्बन्धित हैं? वे एक-दूसरे से कभी मिले भी थे—इसका कोई प्रमाण नहीं मिलता।

हमारे समाज में जहाँ चार जातियाँ हैं, वहीं एक पाँचवीं भी है। दलित जो हमारे यहाँ चौथी जाति है, उसे दक्षिण भारत में पाँचवीं माना जाता है। महाराष्ट्र में भी पाँच जातियाँ हैं। अम्बेडकर के वर्गीकरण के अनुसार 'दलितों में भी महादलित' पाँचवीं जाति है। जाति-व्यवस्था पर आधारित रूढ़िबद्ध समाज में—'स्त्री', फिर चाहे वह किसी भी जाति की क्यों न हो, पाँचवीं जाति में ही शुमार होती है। शायद इसी वजह से शोधकर्ताओं के अनुसन्धान में यह साफ परिलक्षित होता है कि मीरा के गीत उन्हीं लोगों एवं जनजातियों में ज्यादा गाए जाते हैं, जो कबीर के पद गाते हैं। दोनों के बीच एक गहरा सम्बन्ध है, पर मीरा अपने-आपमें इतनी प्रभावशाली हैं कि उनकी कोई भी आलोचना उनके प्रभावी व्यक्तित्व के सम्मुख बौनी ही प्रतीत होती है।

मीरा के साहित्य में प्रेम सबसे महान जीवन मूल्य के रूप में चित्रित है। यह प्रेम कालिदास की परम्परा का अवदान नहीं है जिनके यहाँ प्रेम अधिकांशत: रत्यात्मक एवं शृंगारिक है।

अगर प्रेम को एक जीवन-मूल्य के रूप में प्रस्तुत किया जाए तो वह निश्चित तौर पर भक्तों एवं सूफियों का योगदान है। संस्कृत भाषा के ह्रास के बाद सभी भाषावैज्ञानिक परम्पराओं में हम रूमी और हाफिज के प्रेम-सन्देश पाते हैं, जिन्होंने प्रेम को महानतम मूल्यों के रूप में स्थापित किया। यह निस्सन्देह सूफियों की वजह से मुमकिन हुआ कि व्यापक जन-जागरण ने आधुनिक भारतीय भाषा एवं साहित्य में चौदहवीं-पन्द्रहवीं शताब्दी में अपनी जगह बनाई। पंजाबी सिख गुरुओं ने भी इस विषय पर बहुत कुछ लिखा। लाल देद ने भी 'काश्मीरी' भाषा में यही काम किया। यह सिलसिला सिन्धी एवं अन्य भारतीय भाषाओं में भी देखा गया। दक्षिण भारतीय भाषाओं को भक्ति का स्रोत माना जाता है। हमें यह याद रखना चाहिए कि संगम काल की तमिल एवं आलवार भक्तों की क्लासिकी तमिल एक नहीं है। शुरुआती संस्कृत आधारित तमिल बिलकुल भिन्न है। सूफियों का प्रभाव कन्नड़, तमिल, मलयालम और तेलगू सभी भाषाओं पर देखा जा सकता है। ऐसा कहा जाता है कि दक्षिण भारत में इस प्रभाव के फलस्वरूप रामानन्द का उदय हुआ।

कुल मिलाकर यह कहा जा सकता है कि भक्ति-आन्दोलन चाहे गुजराती में हो या मराठी में, 'प्रेम' ही इसके सबसे महत्त्वपूर्ण मूल्य के रूप में उभरता है। इस परम्परा में पहली बार हम स्त्रियों को कवियों के रूप में देखते हैं। बुनकर, मछुआरे, मोची और कारीगरों का उदय भी कवियों के रूप में होता है और शायद इसीलिए शासकों से, अभिजनों से यह कविता बर्दाश्त नहीं हुई, लिखना तो दीगर बात है। मीरा को आधुनिक मध्यवर्ग की पहुँच तक लाकर रुचिकर बनाना निश्चित रूप से गांधी एवं रवीन्द्रनाथ ठाकुर का योगदान है। ये हमें वहाँ ले गए जहाँ राजा और सत्तासीन मठाधीश आज भी नहीं पहुँच पाए हैं और न ही वे प्रेम-भक्ति के सागर के प्रतीक-रूप में मीरा का स्मारक ही बना पाए हैं।

[अंग्रेजी में उपलब्ध व्याख्यान का हिन्दी में अनुवाद गोपिका जडेजा जी द्वारा]

[साभार : वाणी प्रकाशन द्वारा 2015 में प्रकाशित पुस्तक 'संस्कृति का ताना-बाना' से]

रहीम की उद्यत भावभूमि

टूटे सुजन मनाइए जो टूटे सौ बार।
रहिमन फिर फिर पोहिए टूटे मुक्ताहार॥

इशारा उस मुक्ताहार की ओर है जो अकबर के जमाने में बड़े जतन से तैयार किया गया था : प्रेम के कच्चे धागे में गुँथा हुआ मुसलमानों और हिन्दुओं के दिलों का एक बहुमूल्य मुक्ताहार! निश्चय ही उस हार के निर्माण में अनेक हाथ लगे थे लेकिन इसमें कोई शक नहीं कि अब्दुर्रहीम खानखाना के हाथ भी शामिल थे। दुर्भाग्य से आज वह हार टूटा पड़ा है—दुःख, गुस्सा, परस्पर दोषारोपण और पश्चात्ताप अपनी जगह, सबसे ज्यादा जरूरत तो उस हार को फिर से जोड़ने की है। धागे जहाँ से भी आएँ, हाथ जितने भी जुटें—कम हैं। आज अगर कबीर और नजीर अकबराबादी जरूरी हैं तो रहीम भी कम जरूरी नहीं। आखिर रहीम में कुछ तो था कि उनके समकालीन कवि आचार्य केशवदास ने 'खानखाना एक रामचन्द्रजू के तीर से' कहा था। अब्दुर्रहीम खानखाना का बड़प्पन इस बात में नहीं है कि वे खानखाना थे। सच तो यह है कि उन्हें बादशाहों की सोहबत से नफरत हो गई थी। एक दोहे में तो उन्होंने साफ लिखा है :

आदर घटे नरेश ढिग, बसे रहे कछु नाहिं।
जो रहीम कोटिन मिले, धिग जीवन जग माहिं॥

रहीम को इस बात का पूरा एहसास था कि राजा के पास रहने से आदर घट जाता है—आदर अर्थात् आत्मसम्मान! करोड़ों की सम्पत्ति प्राप्त होने के बाद भी ऐसे जीवन को वे धिक्कार के योग्य समझते थे। रहीम एक बड़े अमीर भले ही रहे हों पर उनकी निगाह में हमेशा गरीब-गुरबा रहते थे। वे छोटे-से-छोटे आदमी का भी महत्त्व समझते थे—यही उनका बड़प्पन था। यह दोहा भी रहीम का ही है :

रहिमन देखि बड़ेन को, लघु न दीजिए डार।
जहाँ काम आवै सुई, कहा करै तरवार॥

याद रहे कि छोटी-सी सुई के महत्त्व को समझनेवाला आदमी तलवार का धनी था। इन्हीं छोटे समझे जानेवाले आदमियों से रहीम ने कविता और कविता की भाषा, दोनों लीं। अवधी बरवै लिखने की प्रेरणा रहीम को अपने एक नौकर की

नवविवाहित पत्नी से मिली। अगर यह कोरी किंवदन्ती भी हो तो इससे रहीम के जीवन की एक सच्चाई का आभास होता है। आखिर तुर्की, अरबी, फारसी और संस्कृत के पंडित होते हुए भी रहीम ने अपने मन की कविता के लिए पहले अवधी और फिर ब्रज भाषा का वरण किया तो इसके पीछे आम आदमी से गहरा लगाव ही सूचित होता है। वैसे यह तो निर्विवाद सत्य है कि अवधी में बरवै पहले-पहल रहीम ने ही लिखा। यहाँ तक कि तुलसीदास को भी उन्होंने बरवै लिखने के लिए प्रेरित किया। आज सभी स्वीकार करते हैं कि बरवै में अवध के लोकजीवन की जो मिठास रहीम ने पैदा की, वह तुलसीदास की 'बरवै रामायण' में भी सम्भव न हो सकी। जैसे यही एक बरवै देखिए :

लै के सुघर खुरपिया पिय के साथ।
छइबै एक छतरिया बरसत पाथ॥

बरवै की तरह ही रहीम ने दोहे में भी अपनी काव्य-प्रतिभा का जौहर दिखाया। इधर कुछ दिनों से उर्दू में दोहे लिखने की एक लहर-सी दौड़ चली है, जो लोक जीवन से जुड़ने की ललक का सूचक है। ये नये दोहे लिखनेवाले रहीम के दोहों से कितने परिचित हैं, पता नहीं; लेकिन अभी तक इनमें से किसी को यह कहते नहीं सुना कि 'कहते हैं, अगले जमाने में इक रहीम भी था।'

सच पूछिए तो दोहा सिर्फ एक छन्द नहीं, बल्कि एक पूरी संस्कृति है—ग़ज़ल की ही तरह। रहीम को दोहे की इस क्षमता का पूरा-पूरा एहसास था। उन्होंने लिखा है :

दीरघ दोहा अरथ के, आखर थोरे आहिं।
ज्यों रहीम नटकुंडली सिमिटि कूदि चढ़ि जाहिं॥

थोड़े से अक्षरों में बहुत अर्थ भरकर रहीम ने दोहा को कला की पराकाष्ठा पर पहुँचा दिया था। उनमें जीवन के अनेक मार्मिक अनुभव भरे हुए हैं। सम्भवत: इसी कारण रहीम के दोहे आज भी लोककंठ में बसे हुए हैं। इसलिए हिन्दी के सबसे बड़े आलोचक और तुलसीदास के परम प्रशंसक आचार्य रामचन्द्र शुक्ल को स्वीकार करना पड़ा कि 'तुलसी के वचनों के समान रहीम के वचन भी हिन्दी-भाषी भूभाग में सर्वसाधारण के मुँह पर रहते हैं।' वस्तुत: रहीम को सर्वसाधारण का प्यार इसीलिए मिला कि उन्हें सर्वसाधारण से सच्चा प्यार था।

अपने इस लोक-प्रेम को रहीम ने सूफियों और भक्तों की तरह अध्यात्म का कोई गाढ़ा रंग नहीं दिया, बल्कि उसे बहुत कुछ लौकिक भूमि पर ही रहने दिया; और यही उनकी अपनी विशेषता भी है। वैसे उन्होंने कृष्ण और राम के प्रति भी अपनी भक्ति-भावना व्यक्त की है; स्तुति अन्य हिन्दू देवी-देवताओं की भी है; नदियों में यमुना और विशेष रूप से गंगा के प्रति उन्होंने गहरे अनुराग से परिपूर्ण पंक्तियाँ लिखी हैं। इन सबसे लगता है कि वे सन्त या भक्त भले न रहे हों, किन्तु उन्हें एक सच्चे भक्त का हृदय मिला था। उनकी धार्मिक उदारता का भी रहस्य

सम्भवत: यही है। रहीम की हिन्दी कविताओं को पढ़ते समय सर्वसाधारण जन यह भूल ही जाते हैं कि वे एक आस्थावान मुसलमान थे। स्पष्ट है कि रहीम भाव की उच्च भूमि पर पहुँच गए थे जहाँ एक मुसलमान मुसलमान होकर भी सिर्फ मुसलमान नहीं रह जाता और न हिन्दू ही हिन्दू रह जाता है। खास बात यह है कि रहीम की उद्यत भावभूमि इसी लोक के बीच की है, इसे किसी अलौकिक अध्यात्म के आधार की आवश्यकता नहीं। आज के सन्दर्भ में रहीम की सबसे बड़ी प्रासंगिकता यही है।

सन्त तुकाराम और भक्ति परम्परा

आरम्भ में ही एक विनम्र आत्मस्वीकार। मराठी के सन्त कवि तुकाराम पर कुछ भी कहने का अधिकार मुझे नहीं है। मूल मराठी पाठ के मर्म से वंचित। अभंग के आन्तरिक संगीत से अनभिज्ञ। अन्तत: एकमात्र आधार अनुवाद ही है और सभी जानते हैं कि वह कितना निराधार है। विशेष रूप से कविता के सन्दर्भ में। गोस्वामी तुलसीदास की अँगुली पकड़कर कहूँ तो 'कविहिं अरथ आखर बल साँचा। अनुहरि ताल गतिहिं नट नाचा।'

कैसे तो नाच के लिए भी कला चाहिए, उसके अभाव में कुछ उछल-कूद ही की जा सकती है—एक तनी हुई रस्सी पर डगमग पग नर्तन का अभिनय। निवेदन है कि इस वक्तव्य को एक अभिशप्त अध्येता के स्वागत-संलाप के रूप में ही ग्रहण किया गया। ऐसी दशा में इतना तो कर ही सकता हूँ कि 'बोलूँ अल्प, न करूँ जल्पना।'

तुकाराम अपने अभंगों में बार-बार 'तुका म्हणे' बोलते हैं। प्राय: इस भणिता पर ध्यान नहीं जाता। मुझे ऐसा लगता है, मानो वे कह रहे हैं कि 'हम भी मुँह में जुबान रखते हैं।' यह इतिहास के एक 'मूक नायक' की आवाज है। यह 'मूक नायक' बाबा साहब अम्बेडकर का पूर्वज है। यही आवाज सदियों पहले कबीर के मुँह से भी निकली थी—'कहत कबीर, सुनो भाई साधो।' भारतीय साहित्य के इतिहास में यह क्रान्तिकारी घटना है। प्राय: सभी सन्त और भक्त इसी अन्दाज में बोलते दिखाई पड़ते हैं। इस स्वर में ललकार भी है, धिक्कार भी और व्यथा भी। यह समाज के सबसे निचले तबके की 'अस्मिता' का विस्फोट है। तुका के शब्दों में :

बरा कुणबी केलों। नाहीं तरि दम्भंचि असतों मेलो ॥ 1 ॥
भलें केलें देवराया। नाचे तुका लागे पायाँ ॥ 2 ॥
विद्या असती कांही। तरी पडतों अपयीं ॥ 3 ॥
सेवा चुकतों सन्ताची। नागवण हे फुकाची ॥ 4 ॥
गर्व होता ताठा। जातों यमपंथे वाटा ॥ 5 ॥
तुका म्हणे थोरपणें। नरक होती अभिमाने ॥ 6 ॥

संक्षेप में भावार्थ : हे देवराज! तूने अच्छा किया, मुझे कुणब बनाया। ब्राह्मण बनाया होता तो उसी दम्भ तले घुट-घुट कर मरता रहता। अब तुका तेरा नाम लेता है, तेरी भक्ति की मस्ती में नाचता है और तेरे चरणों का आश्रय पा सका है।

इस कुणबी कवि की अपनी जमा-पूँजी सिर्फ 'शब्द' है और इसी शब्द को वह हथियार के रूप में इस्तेमाल करता है और लड़ने का हौसला रखता है। तुका के कुछ अभंग इसी विषय के हैं, जो हिन्दी में इस प्रकार हैं :

घर पै हमारे शब्दों के ही रत्न।
शब्दों के ही शस्त्र युद्ध हेतु॥
शब्द ही हमारे प्राणों का जीवन।
बाँटे शब्द-धन जन लोक में॥
कहे तुका देखो शब्दार्थ ही देव।
शब्द ही गौरव पूजा करें॥

[अनुवाद—चन्द्रकान्त पाटील]

दिलीप चित्रे ने इसी बात को अंग्रेजी में कुछ बेहतर ढंग से पेश किया है जिसे प्रस्तुत करना आवश्यक प्रतीत होता है :

Words are the only
Jewels I posses;
Words are the only
Clothes I wear;
Words are the only food
That sustain my life;
Words are the only wealth
I distribute among the people.

कहना न होगा कि इस 'शब्द' की शक्ति के साथ भारतीय समाज में 'व्यक्ति' अस्तित्व में आया और एक कवि-व्यक्तित्व का उदय हुआ। सामान्यतः इस कवि-व्यक्तित्व के उदय का श्रेय आधुनिक रोमांटिक उत्थान को दिया जाता है, जबकि भारतीय साहित्य में इसका आरम्भ भक्ति युग में हो चुका था।

प्रमाण हैं तुकाराम के अनेकशः आत्मचरितपरक अभंग। प्रस्तुत हैं नमूने के लिए कुछ अंश। पहले मूल मराठी में, फिर चन्द्रकान्त पाटील के हिन्दी अनुवाद :

बरे झाले देवा निघाले दिवाले।
बरी या दुष्काले पीडा केली॥
अनुतापे तुम्हे राहिले चिन्तन।
झाला हा वमन संवसार।
बरे झाले देवा बाइल कर्कशा॥

बरी ही दुर्दशा जनामध्ये।
बरे झाले जगी पावलो अपमान।
बरे गेले धन ढोरे गुरे॥
बरे झाले नाही धरिली लोकलाज।
बरा आलो तुज शरण देवा॥
बरे झाले तुझे केले देवाइल।
लेकरे बाइल उपेक्षिली॥
तुका म्हणे बरे व्रत एकादशी।
केले उपवासी जागरण॥

हिन्दी रूपान्तर :

अच्छा हुआ भगवन् निकाला दीवाला।
अच्छा है अकाल पीड़ा देता॥
अनुताप से तेरा न हुआ चिन्तन।
हो गया वमन संसार ये॥
अच्छा हुआ भगवन् बीवी है कर्कशा।
अच्छी यह दुर्दशा लोगों के बीच।
अच्छा हुआ पाया जग में अपमान।
अच्छा गया धन; मवेशी भी॥
अच्छा हुआ, नहीं लोकलाज मानी।
अच्छा, तेरे चरणों की शरण आया।
अच्छा हुआ तेरा मन्दिर बनाया।
बीवी-बच्चों ने किया उपेक्षित॥
कहे तुका, अच्छा व्रत-एकादशी।
किया उपवासी जागरण॥

सन्तप्त तुकाराम के मुँह से बार-बार 'बरा, बरी, बरे' सुनते-सुनते अनायास ही प्रेमचन्द की कहानी 'पूस की रात' का गरीब किसान 'हल्कू' याद आ जाता है। रात में नील गायें खेत का सफाया कर गईं और पत्नी ने सुबह आकर जगाया तो हल्कू ने प्रसन्न मुख कहा, 'अच्छा हुआ। रात की ठंड में यहाँ सोना तो नहीं पड़ेगा।'

यही है गम की कहानी, मजे ले-लेकर कहने की कला!

गौरतलब है कि तुकाराम की इस 'आपबीती' में 'जगबीती' भी है।

ये अभंग सोलहवीं शताब्दी के ऐतिहासिक दुर्भिक्ष की भी कहानी कहते हैं। इस तरह 'कुछ आपबीती और कुछ जगबीती' दोनों। गीत में महाकाव्य। ग.मा. मुक्तिबोध के शब्दों में 'महाकाव्य-पीड़ा'।

इसी 'महाकाव्य पीड़ा' के क्षेत्र में विट्ठल के एकनिष्ठ भक्त के मुख से सहसा ऐसा उद्गार निकला होगा :

मेरे तईं तो मर गया है प्रभु।
जिनका होगा, होगा उन्हें॥

तुकाराम अपने विट्ठल के निश्चय ही अनन्य भक्त थे, लेकिन अन्धभक्त नहीं। इस योद्धा कवि का संघर्ष दोहरा था। यह अभंग भी तुकाराम का ही है :

रात्रि दिवस आह्मां युद्धा चा प्रसंग।
अन्तर्बाह्य जग आणि मन॥

अर्थात् :

रात दिन हमें युद्ध का प्रसंग
अन्तर्बाह्य जग और मन॥

कुल मिलाकर इस विलक्षण सन्त कवि का व्यक्तित्व काफी जटिल है। जैसाकि उनके मुख से अन्ततः यह उक्ति निकल ही गई :

बोल में अबोल, मरकर भी जीना।
हो के भी न होना, ऐसे हम॥
भोग में है त्याग, संग में असंग।
आना जाना मार्ग दोनों तोड़े॥
कहे तुका, नाहीं जैसा मैं दीखता।
विट्ठल से पूछो, पूछना हो तो॥

गरज कि सारी जिम्मेदारी विट्ठल की। वैयक्तिकता भी नितान्त निर्वैयक्तिकता! घनीभूत पीड़ा में एकदम निःसंग, जैसेकिसी और के बारे में कह रहे हों—अपने बारे में नहीं!

तुका के अभंगों में जो बात सबसे ज्यादा आकृष्ट करती है, वह है वाक्-संयम। तुलसीदास के शब्दों में कहें तो 'अरथ अमित, अति आखर थोरे'। नपे-तुले थोड़े से शब्दों में कहीं ज्यादा अर्थ भरने की कला। शायद इसीलिए वह हर आदमी की जबान पर बस जाती है और समय-असमय मुँह से फूट पड़ती है।

फिर भी यह मानना पड़ेगा कि वह निरा भावोच्छ्वास नहीं है। निश्चय ही वह एक आविष्ट कवि की वाणी है और सम्भवतः इसीलिए संक्षिप्त भी, किन्तु सुविचारित और सुस्थ। (स्वस्थ नहीं)

किंवदन्ती है कि तुका अन्त में इन्द्रायणी में डूब गए। सच जो भी हो, लेकिन उनकी कविताओं से यह तो स्पष्ट है कि तुका ने जो भी गाया, डूबकर गाया। जगत से वे चाहे जितना ऊबें, उनके अभंगों में अप्रतिम तन्मयता का गुण मिलता है और गाए जाने पर जादू का सा असर करता है। यह कालजयी कृति का लक्षण है।

यही वजह है कि चार सौ वर्षों के बाद भी तुकाराम आज के कवि मालूम होते हैं। ताजमहल को देखकर जैसे लगता है, वह मानो अभी कल ही बना है, उसी तरह प्रत्येक कालजयी कविता भी प्रत्येक युग में ताजा मालूम होती है।

दिलीप चित्रे और अरुण कोल्हटकर जैसे मराठी के आधुनिक वरिष्ठ कवियों की तुकाराम में गहरी दिलचस्पी इस बात का स्पष्ट प्रमाण है।

विडम्बना यह है कि आज भी आधुनिक प्रतीत होनेवाले तुकाराम को इतिहासकार अपने कल्पित 'मध्ययुग' में स्थान देकर सन्तुष्ट हो जाते हैं। अवसर का तकाजा है कि तुकाराम के साथ-साथ भक्तिकाल की ऐतिहासिक जगह पर पुनर्विचार हो जाए क्योंकि वे अन्य सभी सन्तों और भक्तों के साथ ही भक्ति आन्दोलन की उपज थे। निश्चय ही यह एक स्वतंत्र और अत्यन्त गम्भीर प्रश्न है। फिर भी इस ओर ध्यान आकृष्ट करना आवश्यक प्रतीत हो रहा है।

सवाल यह है कि जिस भक्ति आन्दोलन से आधुनिक भारतीय भाषाओं के साहित्य का उदय हुआ, उसे 'मध्यकाल' क्यों कहा जाए? मध्यकाल स्पष्टत: यूरोपीय इतिहास का तथाकथित Medieval और Middle Age है जिसे वहाँ 'अन्धकार युग' के रूप में याद किया जाता है, जबकि आधुनिक भारतीय भाषाओं का भक्तियुग जगमगाता हुआ प्रकाश-पुंज है। यदि हम पश्चिमी विद्वानों की प्राच्यवादी इतिहास-दृष्टि के आतंक से मुक्त होकर अपने पूर्ववर्ती इतिहास पर दृष्टिपात करें तो लगभग एक सहस्राब्दी के बीच फैला हुआ विशाल भारतीय भक्ति आन्दोलन सच्चे अर्थों में 'लोकजागरण' है, जिसमें निर्णायक भूमिका तथाकथित शूद्रों और स्त्री कवियों ने अदा की थी।

तुकाराम इस महान लोकजागरण के अन्तिम चरण के कवि हैं, जब उसकी सर्जनशीलता पराकाष्ठा पर थी। उनके उत्तर समकालीन सन्त कवयित्री बहिणाबाई ने ठीक ही कहा था :

ज्ञानदेव ने नींव डाल दी।
तुका बन गया परम शिखर अब!

चार सौ साल के बाद वह शिखर आज भी आलोक स्तम्भ की तरह चारों दिशाओं में प्रकाश फेंक रहा है। कविता के इस अक्षय प्रकाश-पुंज को शतश: नमन!

[साहित्य अकादमी द्वारा सन्त कवि तुकाराम की चार सौवीं जन्मशती पर इंडिया इंटरनेशनल सेंटर में 19 फरवरी, 2009 को आयोजित कार्यक्रम का उद्घाटन भाषण]

ग़ालिब : हिन्दी में

'ग़ालिब गैर नहीं हैं, अपनों से अपने हैं। ग़ालिब की बोली ही आज हमारी बोली है।' ऐसा कहनेवाले त्रिलोचन आज के हिन्दी कवियों में अकेले नहीं हैं। इसी सुर में सुर मिलाते हुए, लेकिन अपने खास अन्दाज में एक दिलचस्प टिप्पणी शमशेर ने भी की है, 'यह कम कौतुक की बात नहीं कि हिन्दी संसार में ग़ालिब के लिए एक अलग खाना है और शेष उर्दू के लिए अलग। जहाँ उर्दू से विलगाव की भावना है, ग़ालिब के लिए नहीं। इतने दुरूह कवि होते हुए भी ग़ालिब हिन्दी पाठकों के अपने हो गए! ऐसा क्यों है, इसका जवाब देना आसान नहीं है।' शमशेर अपने-आपको 'उर्दू और हिन्दी का दोआब' कहते थे, इसलिए उनको ऐसा कड़वा सच कहने का हक हासिल था।

शमशेर खुद ग़ालिब की ग़ज़लों में कितने रसे-बसे थे, इसकी एक झलक उनकी मई, 1940 की 'डायरी' के इस अंश से मिलती है। 'आशिकी सब्र तलब...' गुनगुनाते हुए वे लिखते हैं :

'विनय के संसार में आज का जीवन कठोर है। वह ताकत जो अपनी कमजोरी पर सब्र करने से मुझे मिलती है; वह राग जो अपने ऊँचे, सही, मगर अकेले, अलग नीड़ में बैठे बुलबुल के दिल में उठता है; वह मुक्त, पर खोलकर उड़ने का राग नहीं—ऐसी ग़ालिब की गहरी और तेज भावनाओं और अनुभूतियों से भरी ग़ज़लें। तसव्वुफ की ग़ज़ल का भारी गम्भीर स्वर उठा।'

फिर :

एक काफिले का अबदी सफर...दाग़ में।

कहना न होगा कि यह ग़ालिब की कोई व्याख्या नहीं, बल्कि एक निहायत आत्मनिष्ठ 'इम्प्रेशन' है और मुक्तिबोध के शब्दों में 'इम्प्रेशनिस्ट' कवि शमशेर इसके सिवा और कुछ कर भी नहीं सकते थे।

बहरहाल, त्रिलोचन और शमशेर जैसे हिन्दी के नये और प्रगतिशील कवियों को ग़ालिब विरासत में निराला से मिले थे। शमशेर ने खुद निराला को अक्सर ग़ालिब का यह शेर गुनगुनाते हुए सुना था :

रगों में दौड़ने फिरने के हम नहीं कायल,
जो आँख ही से न टपका तो फिर लहू क्या है।

निराला की आँख से टपके लहू का रंग देखना हो तो डॉ. रामविलास शर्मा की 'निराला की साहित्य-साधना' के पहले भाग में अंकित उस प्रसंग पर नजर डालें :

'डॉ. ऐजाज हुसेन एक दिन निराला से मिलने उनके घर गए। निराला बोले—वे दिन याद हैं या नहीं, जब हम लोग ईरान में घोड़े दौड़ाते थे और लोग हमारी जियारत को आते थे?

ऐजाज़ हुसेन ने धीरे से कहा :

कुछ न समझे खुदा करे कोई।

निराला ने सुन लिया। फौरन बोले : पहला मिसरा क्यों नहीं पढ़ते? :

बक रहा हूँ जुनूँ में क्या-क्या कुछ!

उन पर जुनून चढ़ा है, दूसरे लोग यह देख रहे हैं—निराला अपने को, जुनून को, देखने वालों को देख रहे थे।'

ग़ालिब से निराला का रिश्ता इस तरह का था। निराला का ग़ालिब से एक और रिश्ता भी था और वह था दर्शन के स्तर पर। यह बात उन दिनों की है, जब वे कलकत्ता में थे और विवेकानन्द के नववेदान्त के रंग में रँगे थे। जमाना इस सदी की दूसरी दहाई का था। इस रंग का असर उनके उन लेखों में मिलता है, जो रामकृष्ण मिशन की पत्रिका 'समन्वय' में प्रकाशित हुए थे, जिसका वे सम्पादन करते थे। उन निबन्धों में से एक निबन्ध है : 'साहित्य की समतल भूमि', ('समन्वय' के जुलाई, 1926 अंक में प्रकाशित)। इस निबन्ध में नजीर अकबराबादी की विस्तार से चर्चा करने के बाद निराला ग़ालिब पर आते हैं और ग़ालिब का यह शेर उद्धृत करके अपनी टिप्पणी देते हैं। पहले ग़ालिब :

न था कुछ तो खुदा था कुछ न होता तो खुदा होता,
डुबोया मुझको होने ने, न होता मैं तो क्या होता।

फिर निराला :

'ग़ालिब युक्ति लड़ा रहे हैं और दो लाइन में कुल वेदान्त छाँटकर रख देते हैं। देखिए, कैसी मजबूत युक्ति है! इस संसार का अस्तित्व, ग़ालिब कहते हैं कि मैं हूँ, चूँकि मैं ही उसे देख रहा हूँ। मुझी में वह है। मैं अगर न होता तो यह संसार भी न होता।...यह वेदान्त का निचोड़ है। ग़ालिब चुटकियाँ लेते हैं, कहते हैं, एक खुदा ही था जब कुछ न था—जब मैं निर्विकार था—जाहिर करने के लिए उसके ('मैं' के) पास उसी के सिवा और कुछ न था। लेकिन बुरा हो इस 'होने' का—'भव' का—संसार का—'मैं' की स्वप्निल प्रगति का—उसके बहुत-सी वस्तुओं के अपनाव का, जिसने मुझे डुबो दिया है—मेरा महत्त्व छीन लिया है—मुझे छोटा कर

दिया है। फिर वे कहते हैं—लेकिन भई, साथ ही इतना यह भी तो समझो कि अगर मैं न होता तो क्या यह संसार, इसकी अनेक वस्तुएँ, यह चहल-पहल रहती? —सब खो जाता 'मैं' के न रहने पर। ग़ालिब की यह भूमि सार्वजनिक है। संसार के उन्नत और परिमार्जित विचार वाले मनुष्य उनके साथ सहमत हैं। यहाँ हिन्दू, मुसलमान और ईसाई का घेरा नहीं।'

जरूरी नहीं कि सुखन दाँ निराला की इस व्याख्या से सहमत हों ही, लेकिन हैं ये निराला के अपने ग़ालिब और निराला का अपना मैं!

बजरिये निराला, डॉ. रामविलास शर्मा जैसे मार्क्सवादी आलोचक भी ग़ालिब की ओर मुखातिब हुए। उनकी 'भाषा और समाज' (1961) नाम की पुस्तक में, जो निराला को ही समर्पित है, प्रसंगवश ग़ालिब पर एक संक्षिप्त किन्तु अत्यन्त सटीक टिप्पणी है, जो भारी-भरकम आलोचनात्मक पोथियों पर भी भारी पड़ती है :

'उर्दू के सबसे बड़े कवि ग़ालिब हैं। उन पर सामन्ती संस्कृति का असर है, साथ ही उसका तीव्र अन्तर्विरोध भी है। वह बादशाह से तनखाह माँगते हैं, साथ ही शायरी को इज्जत का जरिया नहीं मानते। वह मुफलिसी और फाकेमस्ती के गीत भी गाते हैं (जिन्हें स्वभावतः निराला जैसा हिन्दी कवि अपनी परिस्थितियाँ देखकर गुनगुनाता रहा है।) उनमें रोमांटिक कवियों की आत्मविभोर गेयता है, अपनी व्यक्तिगत भावनाओं की जबर्दस्त रूढ़ि-विरोधी व्यंजना भी है। उनकी सबसे बड़ी विशेषता यह है कि भवभूति, दान्ते और शेक्सपियर की तरह वह करुणा और दुःख के अन्यतम कवि हैं। हैमलेट और मैकबेथ की तरह वह रात को सो न सकने की व्यथा पहचानते हैं। ग़ालिब ने मनुष्य की वेदना को बहुत गहराई से अनुभव किया है और उसे बहुत ही मुहावरेदार लाक्षणिक शैली में चित्रित किया है। उनमें सूफी परम्परा के अवशेष मौजूद हैं। इसलिए उनके काव्य में वेदान्त से मिलते-जुलते विचार भी हैं।

'ग़ालिब में—निराला की तरह—चुनौती का स्वर भी है। उन्हें जन्नत की हकीकत मालूम है। दोजख से उन्हें डर नहीं। वह स्वर्ग को भी उसी में मिला लेने की बात करते हैं, जिससे सैर करने को और जगह हो जाए।'

ग़ालिब ने जहाँ सरल भाषा का प्रयोग किया है, वहाँ इतने लोकप्रिय हुए हैं कि उनकी पंक्तियाँ कहावतें बन गई हैं और बीसियों पंक्तियों ने लोकोक्तियों का रूप ले लिया है, जैसे, 'मुश्किलें मुझ पर पड़ीं इतनी कि आसाँ हो गईं।'

ग़ालिब की लोकप्रियता का आधार निश्चय ही उनका उर्दू दीवान है और उनके सैकड़ों शेर लोगों की जबान पर हैं, लेकिन उनके पत्रों का महत्त्व भी कम नहीं है—खास तौर से उनका गद्य! गद्य तो वह मैदान है, जिसमें ग़ालिब के आगे कोई मीर भी न था। ग़ालिब के पत्रों के लिप्यन्तरकार डॉ. श्रीराम शर्मा

ने अपनी 'भूमिका' (1958) में ठीक ही लिखा है : 'ग़ालिब के पत्र हिन्दी और उर्दू की मिली-जुली सम्पत्ति हैं।...इन पत्रों का महत्त्व केवल उर्दू के लिए ही नहीं है, हिन्दी गद्य के लिए इन पत्रों का उतना ही महत्त्व है। सौ वर्ष पहले हिन्दी गद्य का इतना परिमार्जित रूप अन्यत्र देखने को नहीं मिल सकता। खड़ी बोली के विकास को समझने में ये पत्र अत्यन्त सहायक सिद्ध होंगे। खड़ी बोली की जो परम्परा विकसित हुई है, ग़ालिब के पत्रों की भाषा उसी परम्परा की कड़ी है।'

विडम्बना यह है कि आज उर्दू-हिन्दी गद्य के लिए ग़ालिब के पत्र इतने महत्त्वपूर्ण हो रहे हैं, उसी गद्य को लिखते हुए ग़ालिब के मन में बहुत झिझक थी। अपने एक शागिर्द मुंशी शिवनारायण 'आराम' के नाम 11 दिसम्बर, 1858 के पत्र में मिर्ज़ा लिखते हैं : 'जनाब हेनरी स्टुअर्ट रीड साहब की फरमाइश है उर्दू की नस्र, वो अंजाम पाए तो उसके साथ उनको खत लिखूँ। मगर भाई, गौर करो, उर्दू में मैं अपने कलम का जोर क्या सर्फ करूँगा? और उस इबारत में मानी नाजुक क्योंकर भरूँगा?' हफ्ता बीतते-बीतते 18 दिसम्बर, 1858 को उन्हीं मुंशी शिवनारायण को मिर्ज़ा दुबारा लिखते हैं : 'मैं उर्दू में अपना कमाल क्या जाहिर कर सकता हूँ? उसमें गुंजाइश इबारत आराई की कहाँ है? बहुत होगा तो ये होगा के मेरा उर्दू बनिस्बत औरों के उर्दू के फसीह होगा। खैर, बहरहाल, कुछ करूँगा और उर्दू में अपना जोर-ए-कलाम दिखाऊँगा।'

ग़ालिब को खबर न थी कि उस उर्दू नस्र की दाग बेल वे अपने खतूत में डाल चुके थे और वह नस्र किसी किस्से या कहानी का मोहताज न था। इससे बड़ी विडम्बना और क्या होगी!

डॉ. श्रीराम शर्मा ने अपनी 'भूमिका' में ग़ालिब के पत्रों की कुछ विशेषताओं का भी जिक्र किया है, जिसमें से कुछ एक यहाँ बानगी के तौर पर पेश किए जाते हैं।

पत्र-लेखन में ग़ालिब को पुरानी रूढ़ियाँ पसन्द थीं। एक अजीज को लिखते हैं : 'तुम मेरे हमउम्र नहीं, जो सलाम लिखूँ। मैं फकीर नहीं जो दुआ लिखूँ। तुम्हारा दिमाग चल गया है, लिफाफे को करेदा करो। मसविदे के कागज को बराबर देखा करो, पाओगे क्या? याने तुमको वो मुहम्मदशाही रविशें पसन्द हैं, यहाँ खैरियत है, वहाँ की आफियत मतलूब है। खत तुम्हारा बहुत दिन के बाद पहुँचा। जी खुश हुआ। हमेशा इसी तरह खत भेजते रहो। क्यों, सच कहिए। अगले के खुतूत की तहरीर की यही तर्ज थी या और? हाय, क्या अच्छा शेवा है! जब तक यों न लिखो, वो खत ही नहीं है। ...अगर तुम्हारी खुशनूदी उसी तरह की निगारिश पर मुन्हसिर है तो भाई, साढ़े तीन सतरें वैसी भी मैंने लिख दीं।'

पत्र-कला का अपना आदर्श भी ग़ालिब ने एक खत में बयान कर दिया है : 'मैंने दो अन्दाजे तहदीर ईजाद किया है कि मुरासिले को मुकालिमा (बातचीत) बना दिया है। हजार कोस से ब-जबाने कलम से बातें किया करो। हिज्र में विसाल के मजे लिया करो।'

मिसाल के लिए : 'अहा, हा, हा! मेरा प्यारा मीर मेंहदी आया। आओ भाई, मिजाज तो अच्छा है? बैठो। ये रामपुर है...।' एक और खत की शुरुआत इस तरह होती है : 'कोई है? जरा यूसुफ मिर्ज़ा को बुलाइयो। लो, साहब वो आए। मियाँ, मैंने कल खत तुमको भेजा है मगर...।' फिर निहायत ही बेतकल्लुफ अन्दाज में किसी और को लिखते हैं : 'लो भाई, अब तुम चाहे बैठे रहो, चाहे जाओ अपने घर। मैं तो रोटी खाने जाता हूँ। अन्दर-बाहर सब रोजेदार हैं। यहाँ तक के बड़ा लड़का वाकर अली खाँ भी। सिर्फ एक मैं और एक मेरा प्यारा बेटा हुसेन खाँ, ये हम रोजा खार हैं। वही हुसेन अली खाँ जिसका रोजमर्रा है, 'खिलौने मँगा दो, मैं भी बाजा़र जाऊँगा'।'

यह है ग़ालिब के नस्त्र की फसाहत! इसे जी चाहे उर्दू कहिए, जी चाहे हिन्दी! बुनियाद है उन्नीसवीं सदी की देहली की बोलचाल की भाषा!

ग़ालिब के इस गद्य के सच्चे वारिस हैं हिन्दी के इस दौर में हरिशंकर परसाई। मिर्ज़ा के एक और मुरीद! गद्य के साथ-साथ विरासत में परसाई ने पाया ग़ालिब का व्यंग्य-विनोद, गहरी करुणा, गम—कुछ गमे जानाँ और कुछ गमे दौराँ, ईमान और कुफ्र के बीच का तनाव और एक तमन्ना भी।

परसाई का एक लेख है : 'ग़ालिब की पारसाई'। लिखा था 1969 में, जब सारे मुल्क में ग़ालिब शताब्दी मनाई गई थी। ग़ालिब की यादगार में लिखा हुआ वह एक अनूठा लेख है—तमाम लेखों की भीड़-भाड़ में सबसे अलग। कुछ-कुछ ग़ालिब के ही अन्दाज में। ग़ालिब की 'दावा पारसाई का' काफिया वाली ग़ज़ल के दो अशआर उद्धृत करके परसाई लिखते हैं :

'किसी दुबे, किसी चौबे, मिश्रा, वर्मा, शर्मा का जिक्र न कर ग़ालिब ने सिर्फ परसाई को याद किया। मेरा दावा इन दो शेरों से साबित हो जाता है। सच कहता हूँ कि झूठ की आदत नहीं मुझे।

ग़ालिब ने मेरे लिए इतना किया है कि खुदा और प्रेमिका के बाद परसाई को याद किया है। मेरा भी उनके प्रति कुछ फर्ज हो जाता है। मैं पूरी कोशिश कर रहा हूँ कि उनकी याद के जलसे कामयाब हों। इस साल टोटल 17315 समारोह ग़ालिब की याद में होंगे। इतने समारोहों के उद्घाटन के लिए इतने साधारण विद्वान न मिलेंगे। पर देश में पंचायती विद्वानों की कमी नहीं है। मैं सारे पंचायती विद्वानों के लिए नमूने का एक भाषण लिख दे रहा हूँ, जिससे उनकी तकलीफ दूर होगी, ग़ालिब समारोह सफल होंगे और ग़ालिब के प्रति मेरा फर्ज निभ जाएगा—हक तो यह है कि हक अदा न हुआ!'

'जो वेद न पढ़े, वे भी वैदिक धर्म मानते हैं। जो शस्त्र नहीं पढ़े, वे शास्त्रों में विश्वास रखते हैं। जो ग़ालिब को नहीं समझते, वही ग़ालिब को समझ सकते हैं। ग़ालिब ने खुद कहा है :

जो ग़ालिब को नहीं समझे,
वही उसको सही समझे।

अगर ग़ालिब इस उम्दा शेर को अपने गले डालने से इनकार करें तो यह मीर को दे दिया जाए। अगर मीर भी इस जोखिम को न उठाना चाहें तो इसे मेरा ही मान लिया जाए।'

इसी बुनियाद पर यह वक्तव्य खड़ा होता है। बाकी वक्तव्य का अन्दाज आप खुद लगा सकते हैं, क्योंकि उसे यहाँ पेश करना खतरे से खाली नहीं। हममें से कुछ को वह आईना लग सकता है। उसका मजा वही ले सकता है, जिसमें ग़ालिब और परसाई की तरह अपने आप पर हँसने का माद्दा हो!

'ग़ालिब की पारसाई' से वाकिफ हो जाने के बाद औरों पर हँसने से पहले अपने आप पर हँसी आना लाजिमी है और जब यह नौबत आ जाए तो इसी नुक्ते पर कायदे से इस पर्चे को यहीं खत्म भी हो जाना चाहिए। लेकिन सवाल है, हिन्दी में ग़ालिब की मुकम्मल तसवीर पेश करने का। यही नहीं, बल्कि खुद परसाई की तसवीर भी अधूरी ही है।

परसाई ने एक और लेख लिखा था : 'हम इक उम्र से वाकिफ हैं'। यह वाकया तब का है, जब वे अपनी टूटी टाँग लिये आखिरी दिनों चारपाई से लगे थे। उस लेख का ताल्लुक फ़ैज़ अहमद के उस शेर से है :

हम इक उम्र से वाक़िफ हैं अब न समझाओ,
के लुत्फ क्या है, मेरे मेहरबाँ, सितम क्या है।

अब परसाई 'लुत्फ' और 'सितम' के बीच के फर्क को समझने की कोशिश कर रहे थे तो कहना न होगा कि उनके जेहन में ग़ालिब की ग़ज़ल का वह मिसरा भी जरूर रहा होगा : 'रकीब पर है अगर लुत्फ तो सितम क्या है'। गरज कि परसाई की पहुँच ग़ालिब तक बजरिये फौज भी थी। और इस मामले में वे हिन्दी के अकेले लेखक न थे। हिन्दी में आज ऐसे शायर और अदीब और भी बहुत हैं, जो बजरिये ग़ालिब सिर्फ फौज से ही नहीं, बल्कि ग़ालिब के बाद की उर्दू अदब की बेहतरीन रवायत से जुड़ सके हैं।

मेरी मुश्किल यह है कि मैं अब भी ग़ालिब को समझने की कोशिश में ही लगा हूँ, इसलिए दूसरों को समझाने की हिमाकत नहीं कर सकता। हिन्दी में भी ग़ालिब को खोलकर समझानेवाले सुखन दाँ हुए हैं और ऐसी विद्वत्ताभरी आलोचना की किताबें प्रकाशित भी हुई हैं, लेकिन आज भी मेरी याद में जो छोटी-सी किताब टिकी रह गई है, वह है बाबू रामानुज लाल श्रीवास्तव की, जिसमें ग़ालिब

के चुने हुए अशआर की सटीक व्याख्याएँ ही हैं। प्रसंगवश, रामानुज लाल श्रीवास्तव परसाई जी के गहरे दोस्तों में से थे और जबलपुर की शामों के साथी भी। उन्हीं की किताब से मैंने जाना कि ग़ालिब की सादगी में भी कितनी पुरकारी है। मसलन वह अतिपरिचित शेर :

इश्क़ पर जोर नहीं, है ये वो आतश ग़ालिब
कि लगाए न लगे और बुझाए न बने।

यहाँ सवाल यह है कि कहाँ लगाए न लगे और बुझाए न बने तो कहाँ? यह सवाल भी रामानुज लाल जी ने ही उठाया और जवाब दिया कि इश्क़ वह आग है, जो माशूक के दिल में तो लगाए न लगे और आशिक के दिल में जहाँ पहले ही से लगी हुई है, बुझाए न बने।

इसी तरह की सूक्ष्म व्याख्या उन्होंने उसी ग़ज़ल के इस सीधे-सादे शेर की भी की है :

बोझ वह सर से गिरा है, कि उठाए न उठे,
काम वह आन पड़ा है, कि बनाए न बने।

इस शेर की व्याख्या करने के लिए, जहाँ तक मुझे याद है, बाबू रामानुज लाल ने खुद ग़ालिब के ही किसी खत का हवाला दिया है। किसी ने ग़ालिब से ही पूछा था कि जो बोझ सर पर पहले से था, उसे गिराने के बाद दुबारा उठाने में क्या दिक्कत है? ग़ालिब ने शायद किसी तेलिन के सर पर रखे तेल के मटके की मिसाल दी थी। अब इस शेर को ग़ालिब के गोद लिये हुए बेटे आरिफ की मौत के सन्दर्भ में रखकर देखें तो मतलब साफ हो जाता है। यह बोझ और कुछ नहीं, अपने एक अजीज की लाश है। जीते-जी जिसकी जिम्मेदारी सर पर ली थी, अब उसी की लाश को कन्धे पर उठाने की नौबत आ गई है।

बाबू रामानुज लाल उस परम्परा से पूरी तरह वाकिफ थे, इसीलिए वे ग़ालिब की ग़ज़लों की व्याख्या करने में किसी हद तक कामयाब रहे। दुःख के साथ कहना पड़ता है कि हिन्दी में ऐसे प्रयास कम ही हैं, बहुत कम। इसलिए उन सबकी चर्चा तफसील में जाकर करने की जरूरत फिलहाल नहीं मालूम होती। डॉ. वागीश शुक्ल कई साल से इसी काम में लगे हुए हैं और उम्मीद की जाती है कि ग़ालिब की ग़ज़लों, कसीदों वगैरह की उनकी टीका के प्रकाशित होने पर ऐसी किसी प्रकार की शिकायत का मौका न रहेगा।

ऐसी हालत में स्वभावत: दृष्टि हिन्दी के उन कवियों और लेखकों पर जाती है, जिनके अपने रचनाकर्म में ग़ालिब को समोकर अपने ढंग से उनकी तखलीकी तर्जुमानी की है। निराला, शमशेर, त्रिलोचन और हरिशंकर परसाई की चर्चा इसीलिए आज कहीं ज्यादा सार्थक है। निराला ने ग़ालिब के बारे में जो कुछ लिखा है, उससे कहीं ज्यादा महत्त्वपूर्ण हैं वे कविताएँ, जिन्हें पढ़ते हुए सहसा ग़ालिब याद आते हैं।

निराला जब 'मैं अकेला' कविता का अन्त इस पंक्ति से करते हैं : 'हँस रहा यह देख कोई नहीं मेला' तो अपने-आप पर हँसते हुए वे ग़ालिब की बरबस याद दिलाते हैं। इसी तरह है उनकी वह कविता : 'मरा हूँ हजार मरण।' गोया ग़ालिब की तरह ही निराला मौत की आँखों में आँखें डालकर देख रहे हैं।

इसी तरह निराला के 'कुल्ली भाट' के गद्य में भी ग़ालिब के खुतूत के गद्य की गूँज सुनाई पड़ती है और 'कुल्ली भाट' के दाह-संस्कार के अवसर पर समस्त धार्मिक रूढ़ियों के तिरस्कार में ग़ालिब का काफिराना अन्दाज झलक जाता है।

यही बात शमशेर के सन्दर्भ में भी सच है। शमशेर ने ग़ालिब के बारे में जो भी कहा, वह अपनी जगह। लेकिन ग़ालिब उनके इस कते और शेर में ज्यादा मुखर हैं :

मैं कई बार मिट चुका हूँगा,
वर्ना इस जिन्दगी की इतनी धूम।

इल्मो-हिकमत, दोनों-ईमाँ, मुल्को-दौलत, हुस्नो-इश्क़ आपको / बाजार से जो कहिए ला देता हूँ मैं।

इसलिए शमशेर को ही यह कहने का हक हासिल है कि :

वो अपनों की बातें, वो अपनों की खू-बू,
हमारी ही हिन्दी, हमारी ही उर्दू।

कहना न होगा कि इस हिन्दी और इस उर्दू में ग़ालिब के उर्दू-हिन्दी दीवान की भी खू-बू है और ग़ालिब के उर्दू-हिन्दी खुतूत की भी।

और अन्त में त्रिलोचन शास्त्री का ग़ालिब के अन्दाज में लिखा हुआ यह सॉनेट :

वही त्रिलोचन है, वह—जिसके तन पर गन्दे
कपड़े हैं। कपड़े भी कैसे फटे-फटे हैं,
यह भी फैशन है, फैशन से कटे-कटे हैं।
कौन कह सकेगा इसका जीवन चन्दे
पर अवलम्बित है। चलना तो देखो इसका—
उठा हुआ सिर, चौड़ी छाती, लम्बी बाँहें,
सधे कदम, तेजी, वे टेढ़ी-मेढ़ी राहें
मानो डर से सिकुड़ रही हैं, किसका किसका ध्यान
इस समय खींच रहा है। कौन बताए,
क्या हलचल है इसके रुँधे-रुँधाए जी में
कभी नहीं देखा है इसको चलते धीमे
धुन का पक्का है, जो चेते वही चिताए

जीवन इसका जो कुछ है पथ पर बिखरा है
तप तप कर ही भट्ठी में सोना निखरा है

यह है हिन्दी में आज ग़ालिब की परम्परा के रचनात्मक विकास की एक हलकी-सी झलक और वह भी छोटे से हिस्से की।

[साभार : 'हिन्दुस्तानी जबान', त्रैमासिक पत्रिका, जनवरी-मार्च, 2018]

प्रेमचन्द और स्वतंत्रता-संग्राम

प्रेमचन्द (1880-1936) की एक कहानी है : 'दुनिया का सबसे अनमोल रतन'। राजकुमारी दिलफरेब की यह शर्त थी कि जो नौजवान दुनिया की सबसे अनमोल चीज लाकर उसे देगा, उसी से वह शादी करेगी। दिलफिगार सोच में पड़ गया। अन्त में निराश होकर उसने आत्महत्या करने का फैसला किया। वह पहाड़ से नीचे कूदने ही वाला था कि हजरते खिज्र हाजिर हो गए और बोले—मर्द बन और यूँ हिम्मत न हार। पूरब की तरफ एक देश है जिसका नाम है हिन्दोस्तान, वहाँ जा और तेरी आरजू पूरी होगी। वह हिन्दोस्तान आया। यहाँ उसने देखा, एक लड़ाई के मैदान में बहुत से लोग मरे हुए पड़े हैं। लेकिन एक आदमी मरा नहीं है, कराह रहा है। पूछने पर वह कहता है, 'मैं अपनी माँ का बेटा और भारत का सपूत हूँ।' खून से तर जमीन पर अपने पास बिठाकर वह दिलफिगार से कहता है, 'यही दो अंगुल जमीन है जो मेरे पास बाकी रह गई है और जो सिवाय मौत के कोई नहीं छीन सकता। अफसोस है कि तू यहाँ ऐसे वक्त में आया जब हम तेरा आतिथ्य-सत्कार करने के योग्य नहीं। हमारे बाप-दादा का देश आज हमारे हाथ से निकल गया और इस वक्त हम बेवतन हैं। मगर हमने हमलावर दुश्मन को बता दिया कि राजपूत अपने देश के लिए कैसी बहादुरी से जान देता है।' दिलफिगार ने उसके घाव को कपड़े के एक टुकड़े से ढक दिया। कपड़ा खींचकर उसने कहा, 'खून निकलने दे, इसे रोकने से क्या फायदा? क्या मैं अपने ही देश में गुलामी करने के लिए जिन्दा रहूँ? ऐसी जिन्दगी से मर जाना ही अच्छा है। इससे अच्छी मौत मुमकिन नहीं।' दिलफिगार ने समझा, अब काम तमाम हो गया कि मरनेवाले ने धीमे से कहा, 'भारत माता की जय!' और उसके सीने से खून का आखिरी कतरा निकल पड़ा। एक सच्चे देश-प्रेमी और देशभक्त ने देशभक्ति का हक अदा कर दिया। दिलफिगार ने महसूस किया कि खून का वह आखिरी कतरा जो वतन की हिफाजत में गिरे, दुनिया का सबसे अनमोल रतन है। वही बूँद लेकर दिलफिगार अपनी प्रेमिका के पास आता है और वह उसे स्वीकार कर लेती है।

इसी कहानी के साथ प्रेमचन्द की एक और कहानी प्रकाशित हुई थी : 'यही मेरा वतन है'। एक भारतवासी अमेरिका में जा बसता है। खूब पैसा कमाने के बाद

नब्बे साल की उम्र हो जाने पर अपने देश वापस आता है। अमेरिका में वह सुखी था, फिर भी उसके मन में एक काँटा चुभा करता था, 'यह देश मेरा नहीं है, मैं इस देश का नहीं हूँ।' बम्बई उतरने पर वह देखता है, काले कोट-पतलून पहने टूटी-फूटी अंग्रेजी बोलते मल्लाह, अंग्रेजी दुकानें, फिर वह अपने गाँव का रास्ता लेता है। यहाँ भी उसे चारों तरफ देखकर दुःख होता है और वह सोचता है—यह मेरा प्यारा देश तो नहीं। यह तो कोई और देश है। ऊख पेरने के बदले अब वहाँ सन लपेटनेवाली मशीन है। यह देशप्रेमी बूढ़ा आदमी कई लोगों से कहता है, मैं परदेसी मुसाफिर हूँ, रात भर पड़े रहने के लिए मुझे जगह दे दो लेकिन सभी कहते हैं—यहाँ जगह नहीं है, आगे जाओ। गाँव में धर्मशाला थी। सोचा, वहाँ तो रहने को जगह मिल ही जाएगी। लेकिन वहाँ जाकर देखा—धर्मशाला की इमारत ज्यों की त्यों थी, लेकिन वहाँ शराबियों, जुआ और बदचलनी का अड्डा था। उस बूढ़े आदमी ने फिर कहा, 'नहीं, नहीं, यह मेरा वतन, मेरा प्यारा देश, मेरा प्यारा भारत नहीं है! यह कोई और देश है, यह यूरोप है, अमेरिका है, मगर भारत हरगिज नहीं।'

रात यों ही बीत गई। तभी स्त्रियों के गाने की आवाज आई और उसे लगा, अपने देश का कोई राग है। वह खड़ा हो गया है और उसने देखा, पन्द्रह-बीस औरतें बूढ़ी, कमजोर, सफेद धोतियाँ पहने हाथों में लोटे लिये स्नान को जा रही हैं और गाती जाती हैं, 'प्रभु मोरे, अवगुन चित न धरो।' उसने देखा, कुछ लोग गंगा नहाने जा रहे हैं और उसे लड़कपन में गंगा नहाने की याद आई। गंगा किनारे उसने देखा, कुछ आदमी डुबकी लगा रहे हैं, कुछ बालू पर बैठे गायत्री जप रहे हैं, कुछ हवन कर रहे हैं, कुछ माथे टीका लगा रहे हैं, कुछ वेदमंत्र पढ़ रहे हैं। और इस बार उसने कहा, 'हाँ, हाँ, यही मेरा देश है, यही मेरा प्यारा देश है, यही मेरा प्यारा भारत है और इसी के दर्शन की, इसी की मिट्टी में मिल जाने की आरजू मेरे दिल में थी।' उसने कोट-पतलून उतार दिये और गंगा में कूद पड़ा।...फिर तो वह गंगा के किनारे झोंपड़ी बनाकर रहने लगता है। इस तरह कहानी यहीं खत्म हो जाती है।

ये दोनों कहानियाँ जिस कहानी-संग्रह में संकलित हैं, उसका नाम 'सोज़े वतन' है। यह वही किताब है जिसकी सारी कॉपियाँ हमीरपुर के कलक्टर ने मँगवाकर अपने सामने जलवा दी थीं। क्योंकि साहब के मुताबिक उसमें 'राजद्रोह' की बातें थीं। प्रेमचन्द अंग्रेजी सरकार के मुलाजिम थे। उन्हें नौकरी से निकाला भी जा सकता था और जेल की सजा भी हो सकती थी। इसलिए यदि कलक्टर ने किताब जलाकर ही प्रेमचन्द को छोड़ दिया तो इसे साहब की उदारता ही समझा गया। यह वाकया 1908 का है। यह वही साल है जब तिलक को गिरफ्तार कर मांडले जेल भेज दिया गया था और विरोध में बम्बई के मजदूरों ने जबर्दस्त हड़ताल करके आजादी का बिगुल बजाया था। देशभक्ति उस युग की पहली पुकार थी और 'सोज़े वतन' के द्वारा प्रेमचन्द ने देश की उस भावना को वाणी दी।

1919 में प्रेमचन्द ने 'जमाना' में एक लेख लिखा : 'पुराना जमाना : नया जमाना'। इस लेख में उन्होंने लिखा : 'आनेवाला जमाना अब किसानों और मजदूरों का है, दुनिया की रफ्तार इसका साथ जरूर दे रही है। हिन्दुस्तान इस हवा से बेअसर नहीं रह सकता। हिमालय की चोटियाँ उसे इस हमले से नहीं बचा सकतीं। जल्द या देर से, शायद जल्द ही। हम जनता को केवल मुखर ही नहीं, अपने अधिकारों की माँग करनेवाले के रूप में देखेंगे और तब वह अपनी किस्मतों की मालिक होगी। तब आपको अपनी बेइंसाफियाँ याद आएँगी और आप हाथ मलकर रह जाएँगे। जनता की इस ठहरी हुई हालत के धोखे में न आइए। इंकलाब के पहले कौन जानता था कि रूस की पीड़ित जनता में इतनी ताकत छिपी हुई है?'

उस समय तक रूस में 1917 की समाजवादी क्रान्ति हो चुकी थी और गांधी जी के नेतृत्व में भारत का स्वतंत्रता-संग्राम एक नया मोड़ ले रहा था। गांधी जी की ही तरह प्रेमचन्द की दृष्टि शहर से हटकर गाँव की ओर और पढ़े-लिखे लोगों के सीमित दायरे से बाहर निकलकर देश के किसानों की ओर गई। प्रेमचन्द के सामने स्पष्ट हो गया कि किसान ही इस नये जमाने का 'हीरो' है, जिसके बिना स्वतंत्रता-संग्राम में सफलता सम्भव नहीं है। स्वतंत्रता-संग्राम में किसानों का विशाल समुदाय तभी शामिल हो सकता था जब स्वाधीनता-आन्दोलन किसानों की अपनी माँगों का आन्दोलन बन जाए। इसका स्पष्ट अर्थ है कि लड़ाई जमींदारों और ताल्लुकेदारों के खिलाफ भी छेड़ी जाए। प्रेमचन्द ने काफी पहले किसानों के असन्तोष को भाँप लिया था। स्वतंत्रता-संग्राम के अनेक नेता जिस समय 'जनता की ठहरी हुई हालत से धोखे में थे', प्रेमचन्द को अवध के किसानों के विस्फोट का भी आभास था और सम्भवतः चौरीचौरा का भी। 'प्रेमाश्रम' उपन्यास जमींदारों के खिलाफ किसानों के इसी संघर्ष का अपूर्व महाकाव्य है। इस उपन्यास में बलराज के रूप में भारतीय किसान का एक नया नौजवान प्रतिनिधि प्रकट होता है। एक प्रसंग में बलराज कहता है, 'तुम लोग तो ऐसी हँसी उड़ाते हो, जानो काश्तकार कुछ होता ही नहीं! वह जमींदार की बेगार ही भरने के लिए बनाया गया है। लेकिन मेरे पास जो पत्र आता है, उसमें लिखा है कि रूस में काश्तकारों का ही राज है। वह जो चाहते हैं, करते हैं। उसी के पास कोई देश बलगारी है। वहाँ अभी हाल की बात है, काश्तकारों ने राजा को गद्दी से उतार दिया है और किसानों और मजदूरों की पंचायत राज करती है।'

उल्लेखनीय है कि 'प्रेमाश्रम' के किसान जबान से ही क्रान्तिकारी नहीं हैं, बल्कि वे अन्याय के खिलाफ हथियार भी उठा लेते हैं।

'प्रेमाश्रम' की ही अगली कड़ी है : 'रंगभूमि', जो गांधी जी द्वारा असहयोग आन्दोलन वापस लेने के बाद 1924 में प्रकाशित हुआ। 'रंगभूमि' का हीरो है अन्धा भिखारी सूरदास, जो जात का चमार है। जानसेवक अपना कारखाना खड़ा करने के लिए सूरदास की जमीन का टुकड़ा हड़प लेता है। जानसेवक के पास दौलत है,

उसकी पीठ पर कलेक्टर, कमिश्नर, पुलिस कप्तान वगैरह सभी ताकतवर लोग हैं और कई जमींदार-ताल्लुकेदार भी साथ देनेवाले हैं। गरीब सूरदास बहुत अकेला-सा है, फिर भी वह ताकत के खिलाफ डटकर खड़ा हो जाता है। सूरदास के अथक लड़ाकूपन का अन्दाजा बातचीत के इस टुकड़े से लग सकता है। प्रसंग जली हुई झोंपड़ी की राख पर सूरदास और मिठुआ बैठे हुए बात करते हैं :

मिठुआ—दादा, अब हम रहेंगे कहाँ?

सूरदास—दूसरा घर बनाएँगे।

मिठुआ—और जो कोई फिर आग लगा दे?

सूरदास—तो फिर बनाएँगे।

मिठुआ—और फिर लगा दे?

सूरदास—तो हम भी फिर बनाएँगे।

मिठुआ—और जो कोई हजार बार लगा दे?

सूरदास—तो हम हजार बार बनाएँगे।

सूरदास मृत्युशय्या पर पड़ा हुआ कहता है, 'हम हारे तो क्या, मैदान से भागे तो नहीं, धाँधली तो नहीं की। फिर खेलेंगे, जरा दम ले लेने दो, हार-हारकर तुम्हीं से खेलना सीखेंगे और एक-न-एक दिन हमारी जीत होगी, अवश्य होगी।'

सबको पता है कि 1924 में राष्ट्रीय स्तर पर कोई आन्दोलन नहीं चल रहा था। गांधी जी सहित प्राय: सभी बड़े नेता जेलों में थे। चारों तरफ पस्ती का आलम था। ऐसे माहौल में भी प्रेमचन्द के किसान हार-हार कर भी लड़ने का हौसला रखते हैं। आजादी की लड़ाई में जनता के मनोबल को कायम रखने की कोशिश करते हुए प्रेमचन्द अपने ढंग से योगदान कर रहे थे।

प्रेमचन्द की दलित चेतना के सुपाठ की जरूरत

संयोग से मेरी शिक्षा जहाँ हुई, उदय प्रताप कॉलेज, वह संस्था लमही से एक मील की दूरी पर है और आम तौर से सारनाथ जाते हुए जब मैं छात्र था तो लमही होते हुए हम लोग सारनाथ जाया करते थे और पहला ठिकाना लमही हुआ करता था। यह दुर्भाग्य है मेरा कि यह घटना 1940-41 की है। प्रेमचन्द को देखने का सौभाग्य तो नहीं प्राप्त हो सका लेकिन अम्मा को देखा और हम उन्हें अम्मा ही कहते थे शिवरानी देवी को और सरस्वती प्रेस जो गोदौलिया चौराहे पर है, वह हमारा अड्डा हुआ करता था। अमृत वहीं रहते थे श्रीपत शहर में थे। श्रीपत चले गए थे इलाहाबाद। बाद में अमृत भी चले गए। साहित्य से जुड़े होने के नाते हमारे बीच में आम तौर पर सरस्वती प्रेस हुआ करती थी और अम्मा के यहाँ हम लोग जाया करते थे। अम्मा ऊपर छत पर रहती थीं। छत पर कमरा था और लमही से अम्मा के यहाँ आम तौर से मौसम में गन्ने आया करते थे, गन्ने का रस आया करता था और अम्मा हमें गन्ने भी चूसने को देती थीं। उसके साथ ही गन्ने का रस भी पिलाती थीं।

वे पुराने दिन, प्रेमचन्द की बात उठी है तो याद आते हैं। अम्मा, श्रीपत, अमृत, सरस्वती प्रेस और ये प्रसंग...इस नाते भी सम्बन्ध था। जहाँ तक प्रेमचन्द के साहित्य का सवाल है, मेरी एक किताब है। आशीष त्रिपाठी ने जो किताबें संकलित की हैं, उनमें एक किताब है : 'प्रेमचन्द और भारतीय साहित्य'। इसका प्रकाशन 2010 में हुआ और इसमें 18 लेख हैं। उनमें से दो लेखों में से कुछ अंश उसके वर्णन पर लिखा है, उन पर संक्षेप में आपसे मैं चर्चा करूँगा। अन्तिम दोनों भाषण हैं। एक है 'गोदान' को फिर से पढ़ते हुए और दूसरा है 'दलित साहित्य और प्रेमचन्द'। चूँकि भाई जयप्रकाश कर्दम ने दलित साहित्य से शुरू किया है इसलिए उसी के बारे में दो-एक शब्द मैं कहूँगा और यह विचित्र बात है, एक कहावत कहते हैं हमारे यहाँ : 'जेही खातिर चोरी करे उहे कहे चोरवा'। प्रेमचन्द ने दलितों के बारे में लिख करके सवर्णों के बीच बदनामी हासिल की और वही दलित लोग, दलित लोगों में से अगर सभी नहीं तो कम-से-कम एक ने पूरी-की-पूरी किताब लिखी। भाई जयप्रकाश कर्दम जानते होंगे उन्हें—डॉ. धर्मवीर और डॉ. धर्मवीर ने 'कफन' कहानी की व्याख्या की है और उन्होंने, जानते हैं, क्या कहा है—प्रेमचन्द सामन्त का मुंशी! किस

राजा के, किस जमींदार के वे मुंशी थे ? कुछ पता लगा लेते तो पता चलता, प्रेमचन्द तो कायदे से कहिए कि मुंशी तो थे लेकिन वे 'हंस' के सम्पादक थे, जो कलम चलानेवाले थे। हल तो उन्होंने न चलाया, न चलवाया। 'हंस' में यह सही है कि प्रेमचन्द 'मुंशी प्रेमचन्द' कहे जाते थे। इसलिए आप उनको मुंशी इंतिखाब लगाना बहुत जरूरी समझते हों तो रखें। लेकिन उन्होंने अद्‌भुत व्याख्या की है। उसका एक नमूना मैं, केवल एक नमूना पढ़ता हूँ कि दलित लोग कैसे प्रेमचन्द को पढ़ते हैं और बाकी दूसरे साहित्य को भी पढ़ते हैं। इसको सुपाठ कहें कि कुपाठ कहें। कर्दम ने पढ़ा होगा उनका लेख। धर्मवीर ने 'प्रेमचन्द सामन्त का मुंशी' में 'कफन' कहानी की व्याख्या की है। अब यह कहें कि 'मारेसि मोहिं कुठाँव'। जो मर गई औरत, उसके बारे में टिप्पणी करते हैं कि अपनी गर्भवती बहू के मरने के बाद घीसू-माधव बैठकर मयखाने में शराब पी रहे हैं। उनकी बातचीत होती है। वे कहते हैं कि 'अपनी गर्भवती बहू बुधिया को प्रसव-पीड़ा में इसलिए मर जाने देते हैं कि उन्हें पूरा यकीन है कि उसके पेट में किसी गैर-दलित बाभन या ठाकुर का बच्चा पल रहा है।' यह कहाँ से उन्होंने पता लगा लिया ? उस कहानी में यह कैसे मालूम हुआ ? यह बड़ी खोज की बात है। इसलिए मर जाने दिया। मरने के कारण हैं उसमें और उस कहानी में मौजूद हैं तो प्रेमचन्द का कुपाठ करनेवाले लोग, मैं समझता हूँ कि मुझे शक होता है कभी-कभी कि वे बाबा साहेब अम्बेडकर का भी कुपाठ करते हैं। मेरा सही कहना है कि कम-से-कम राजनीतिक दुनिया के बारे में जो पाठ करें, उस पर मुझे कोई टिप्पणी नहीं करनी है लेकिन साहित्य का जो मन्दिर है, पवित्र है, कम-से-कम उसमें वह पाठ करें जो पाठ बेहतर हो। इतने सब्जेक्टिव न हो जाएँ...।

और 'प्रेमचन्द सामन्त का मुंशी' पढ़ने के बाद फिर मेरी इच्छा नहीं हुई कि मैं धर्मवीर को और पढ़ूँ। अब उनको इसलिए दिखाई पड़ा था कि शायद उन्होंने एक आत्मकथा लिखी या सुनी है। मेरी पढ़ी नहीं है वह। वह आत्मकथा है : 'मेरी पत्नी भेड़िया'। तुम्हारी पत्नी ने तुम्हारे साथ दगा किया तो ठीक है लेकिन हर औरत को तुम समझो कि वही है, यह निहायत सब्जेक्टिविज्म है। साहित्य का मन्दिर बड़ा पवित्र मन्दिर होता है। यह सरस्वती का मन्दिर है। इसमें आप जाएँ तो अपने पूर्वग्रहों को छोड़ करके, अपनी ग्रन्थियों को छोड़ करके देखें कि आपको क्या मिलता है, कैसे पढ़ें ? इसलिए मैं नहीं जानता कि भाई कर्दम जी कितने सहमत हैं धर्मवीर जी से—हैं या होंगे...। गांधी जी ने स्वयं कांग्रेस में रहते हुए दलितों के अधिकारों के लिए किया ही और यह तो इतिहास का तथ्य है कि कांग्रेस में लोग अम्बेडकर को पसन्द नहीं करते थे। गांधी जी के कहने पर उन्हें मंत्रिमंडल में शामिल किया गया। गांधी जी के ही सुझाव पर कहा गया कि संविधान के चेयरमैन होंगे डॉ. अम्बेडकर। वही लिखेंगे संविधान। गांधी जी तो तथ्य हैं इतिहास के। यह और बात है कि अन्त में अम्बेडकर को जवाहरलाल के मंत्रिमंडल से हटना पड़ा।

गांधी जी अम्बेडकर के महत्त्व को समझते थे। नेहरू समझें या न समझें, बाकी कांग्रेसी समझें या न समझें। इसलिए मैंने जानबूझकर चुना कि प्रेमचन्द के दलितों के बारे में एक लम्बा सिलसिला चलता है, विकास होता है और अन्तिम जो कहानी है, उसका जिक्र किया गया है। गांधी जी का स्वतंत्रता-संग्राम शीर्ष पर था। 'रंगभूमि' उस समय छपी थी जब स्वाधीनता-संग्राम की लड़ाई पहुँची तीव्रता पर, 1923-24 में। 'रंगभूमि' का जो नायक है सूरदास, मैं समझता हूँ कि समूचे हिन्दी साहित्य में वह अन्धा लाठी लेकर चलनेवाला और इत्तफाक से उन्हीं के गाँव के पास का है। जगह उन्होंने जो ली है, वह लमही थी। लमही के पास का रहनेवाला सूरदास और उस सूरदास की समस्या दलितोद्धार की नहीं है। राष्ट्रीय मुक्ति में गांधी जी के आह्वान पर भाग लेने का सवाल है और मन्दिर में कीर्तन होता है तो उसमें औरों के साथ सूरदास भी शामिल होता है और कीर्तन के बाद सहभोज में सूरदास शामिल होता है। यह प्रेमचन्द लिखते हैं। प्रेमचन्द का कोई हीरो—अन्धा और भिखारी—अगर वह चुनौती देता है कोठी को, महलों को, पूरी बादशाहत को चुनौती देता है, तो ऐसा ताकतवर हीरो पूरे हिन्दी साहित्य में नहीं है। यह 1924 में प्रेमचन्द दलित की शक्ति को दिखाते हैं। उस पर इल्जाम लगते हैं तरह-तरह के—उसके यहाँ जो औरत रहती है, उसे लेकर। लेकिन वह अडिग खड़ा हुआ, चुनौती देता हुआ, लाठी लिये हुए—जैसे दूसरे रूप में स्वयं गांधी हो! ऐसा मालूम होता है। यदि हिन्दी उपन्यास में गांधी को देखना हो तो प्रेमचन्द के सूरदास को जानिए। इसके बाद जैसे-जैसे स्वाधीनता-आन्दोलन बढ़ता है, उसमें दलितों की भागीदारी बढ़ती है। कांग्रेस का विस्तार होता है।

यह दौर है 1930-31 के आसपास का और उस समय उन्होंने 'कर्मभूमि' नाम का उपन्यास लिखा। उस 'कर्मभूमि' में सवाल खड़ा हुआ—हरिजनों का मन्दिर-प्रवेश। हरिजनों के मन्दिर-प्रवेश पर ब्रह्मचारी उठे और वे पिटाई करने लगे। उपन्यास का नायक जो अमरकान्त है, वह हरिजन नहीं। वह समरक्रान्ति की घोषणा करता है कि 'अब मन्दिर का द्वार दलितों के लिए खुल गया है। और अब चाहें तो मन्दिर में प्रवेश कर सकते हैं।' प्रेमचन्द की टिप्पणी है कि 'उस दिन पुजारी बहुत खुश हुआ था क्योंकि चढ़ावा बहुत मिला। मन्दिर-प्रवेश हरिजनों को तो कराया, उसमें भी मतलब है स्वार्थ का।' यह प्रेमचन्द टिप्पणी कर रहे हैं। 'याद रखिए, इस समय हरिजनों को नौकरी देना आदि-आदि जो सरकार कर रही है, खरीद रही है जनाब आपको।' यह प्रेमचन्द जैसा आदमी तब देख रहा है।

तीसरा उपन्यास है : 'कायाकल्प'। नाम से मालूम होता है कि दूर-दूर तक दलितों से इसका क्या सम्बन्ध है। 'कायाकल्प' में वे दलितों को मजदूर के रूप में या किसान के रूप में देखते हैं। तब तक प्रेमचन्द समझ गए थे कि दलितों पर एहसान की जरूरत नहीं है। प्रेमचन्द का मत गांधी जी से अलग। वे समझ गए थे

कि जब तक जात-पाँत की व्यवस्था नहीं तोड़ी जाएगी तब तक दलितों की मुक्ति नहीं होगी। बुनियादी चीज उनको रियायत देना नहीं, उनकी सुविधा के लिए कुछ टुकड़े डाल देना नहीं—जब तक जात-पाँत की व्यवस्था नहीं तोड़ी जाएगी, तब तक दलितों की मुक्ति नहीं होगी। यह प्रेमचन्द समझते थे।

अन्तिम उपन्यास उनका है : 'गोदान'। 'गोदान' में पंडित मातादीन और सिलिया चमारिन का सम्बन्ध दिखाया गया है। सिलिया गर्भवती होती है और मातादीन की पिटाई होती है। मातादीन अन्त में कहता है कि 'मैं ब्राह्मण नहीं, चमार ही रहना चाहता हूँ।' यह प्रेमचन्द इस कहानी में दिखाते हैं। 'गोदान' की कहानी में।

अन्तिम दिनों में जो कहानियाँ लिखी गई हैं, उनमें उनकी 'सद्‌गति' है, 'ठाकुर का कुआँ' है, 'दूध का दाम' है। सत्यजीत रे ने फिल्म बनाई थी 'सद्‌गति' पर। उन दिनों फिल्म आई थी तो तमाम भीड़ उमड़ी थी बनारस में। अद्‌भुत फिल्म सत्यजीत रे की बनाई हुई थी। 'सद्‌गति' की इस कहानी में उनकी कला कैसे विकसित होती है, देखिए। 'सद्‌गति' में दुक्खी लकड़ी की गाँठ तोड़ रहा है। गाँठ सिम्बल है, प्रतीक है और गाँठ टूट नहीं रही है, वह चला रहा है कुल्हाड़ी। दुक्खी है, इसलिए जो दलित आन्दोलन कर रहे थे, यह न समझें कि दुक्खी चमार सिर्फ गाँठ तोड़ रहा है। यह वर्ण-व्यवस्था भारत की गाँठ है लकड़ी की, टूट नहीं रही है और अन्त में बेहोश हो जाता है। प्राय: मर जाता है। यह गाँठ जो है, जाति-व्यवस्था है।

'सद्‌गति' पुरोहित के अत्याचार की कहानी है, तो 'ठाकुर का कुआँ' राजपूत जमींदार के अत्याचार की कहानी है। दोनों एक-दूसरे के पूरक हैं। इन दोनों कहानियों को साथ मिलाकर पढ़ना चाहिए। तीसरी कहानी है : 'दूध का दाम'। जमींदार की बेटियों पर बेटियाँ हो रही हैं। संयोग से एक बेटा हुआ तो नार काटने के लिए भंगिन को बुलाया गया। भंगिन को भी एक बेटा था मंगल। माँ सहसा मर गई। मंगल उसके घर में टुकड़ों पर पलता था। अन्त में उसे एक दिन मार के निकाल दिया गया। वह एक आवारा कुत्ते के साथ बैठकर बतिया रहा था। दोनों की बातचीत होती है—कुत्ते में और उस बेटे में, 'लात मारी रोटियाँ भी न मिलतीं तो क्या करता?'

लात मारी रोटियाँ?—टामी दुम हिलाता है।

वह कहता है, 'सुरेश को अम्मा ने पाला था, कहते हैं, दूध का दाम कोई नहीं चुका सकता और मुझे दूध का दाम मिल रहा है।'

टामी ने फिर दुम हिलाई।

इन तीनों दलित कहानियों के साथ प्रेमचन्द की यथार्थवादी कला अपने शिखर पर पहुँच गई थी। अन्तिम, मेरी दृष्टि में, प्रेमचन्द की ये कथाकृतियाँ—उपन्यास और कहानियाँ—सभी तथाकथित दलित साहित्य के लिए चुनौती हैं। लिखें दलित साहित्य। दलित अच्छी कहानियाँ लिख करके दिखाएँ। क्योंकि 'आराधन

का दृढ़ आराधन से दो उत्तर।' ज्ञान के क्षेत्र में ज्ञान से लड़ाई होती है—लाठी, डंडे, तलवार, बन्दूक से नहीं। अब तक जितने लोगों ने लिखा है...दलितों ने अच्छी कहानियाँ कौन-कौन सी लिखी हैं' उन अच्छी कहानियों को चुनौती के रूप में आप दिखाइए!

...जैसे मजदूरों के हक के लिए किसी जमाने में बहुत कविताएँ लिखी गई थीं—दो कौड़ी की। अब कोई नहीं पढ़ता है। इसमें दलित पर लिखी हुई कलात्मक रूप से चुनौती है। साहित्य के क्षेत्र में—साहित्य में अच्छी कहानियाँ आप लिखें। साबित करें कि दलित के बारे में प्रेमचन्द से बेहतर कहानी लीजिए, बेहतर उपन्यास लीजिए। निराला ने कहा है, 'आराधन का दृढ़ आराधन से दो उत्तर।' आराधन का उत्तर आराधन से होता है, लाठी, डंडों से नहीं होता है, तो इसलिए सवाल सिर्फ विमर्श का नहीं। दलित-विमर्श बहुत हो रहा है। सवाल सर्जना का है। क्रिएटिविटी का है। किएटिविटी—चुनौती दो कि ऐसा कोई लिखकर दिखाए। दलित-विमर्श तो बहुत हो चुका। स्वयं दलितों द्वारा लिखा हुआ साहित्य-सृजन कहाँ है? यह पक्ष मैं छोड़े जा रहा हूँ उनके लिए भी, जो दलित नहीं हैं और उनके लिए भी, जो स्वयं दलित हैं। कपोल कपोल से मसला जाता है। कपोल आटा की तरह गूँधा नहीं जाता है। किसी का कपोल आप मसल दें और उसको दर्द करने लगे...कपोल कपोल से मसला जाता है। 'साहित्य की लड़ाई साहित्य-सृजन से होती है।' इन्हीं शब्दों के साथ मैं क्षमा चाहता हूँ कि मुझे जाना पड़ रहा है।

[साभार : 'अन्यतम' पत्रिका, जनवरी-फरवरी-मार्च, 2014]

राहुल सांकृत्यायन

एक महान जीवन-यात्रा का अन्त

14 अप्रैल, 1963 को 11 बजकर 45 मिनट पर महापंडित राहुल सांकृत्यायन ने अपनी जीवन-यात्रा समाप्त की। जीवन और चिन्तन के क्षेत्र में सत्तर वर्षों की अविराम रोमांचक यात्रा के बाद एक अप्रतिहत यात्री ने अन्ततः अपनी मातृभूमि की सीमा के पास विश्राम लिया। मस्तिष्क के रक्तस्राव से एक और अन्वेषणरत मस्तिष्क चेतनाशून्य हो गया। एक सृजनशील लेखनी मृत्यु के सम्मुख अवरुद्ध हो गई। आज के गाढ़े समय हम एक क्रान्तिकारी व्यक्तित्व से वंचित हो गए।

अभी 13 अप्रैल की शाम को पश्चिम बंग हिन्दी साहित्य सम्मेलन ने अपने चतुर्थ अधिवेशन के अवसर पर महापंडित के शीघ्र स्वास्थ्य-लाभ की मंगल-कामना का प्रस्ताव पास किया था। प्रस्ताव, संयोग से, मुझे ही उपस्थित करना पड़ा था। विडम्बना के सिवा इसे क्या कहा जाए कि कुछ ही घंटों में वह मंगल-प्रस्ताव शोक-प्रस्ताव में बदल गया!

वैसे, अन्त का आभास सालभर पहले ही लग गया था। अन्तिम बार उन्हें पिछली गर्मियों में देखा था। मास्को जाने से पहले—नई दिल्ली के कांस्टिट्यूशन क्लब वाले क्वार्टर्स में। देखा, वे कोई पुस्तक लाने के लिए आग्रह कर रहे हैं। कुछ देर में पता चला, वह पुस्तक है—उन्हीं की 'जीवन-यात्रा'। मालूम हुआ, एक शाम तो वे 'जीवन-यात्रा' के दोनों जिल्दों को हाथ से इस तरह पकड़े टहलते रहे, जैसे वे दो बच्चे हों और राहुल जी उनकी अँगुली पकड़े चल रहे हों! लेकिन उस समय तो वे सिर्फ अपनी जीवन-यात्रा को उलट-पुलटकर देख रहे थे। लगता था, जैसे यात्री को मंजिल तक पहुँचने का आभास मिल गया है!

यात्रान्त का वह सिंहावलोकन! वे तो स्मृतिहीन थे। आज जबकि वे स्मृति-शेष हो गए तो उस महान 'जीवन-यात्रा' को स्मरण करते-करते विस्मय होता है और साथ ही 'रोमहर्षश्च जायते!'

एक सामान्य मानव-आयु में राहुल जी ने जितना किया, वह किसी के लिए भी सुखद स्पर्धा का विषय हो सकता है। यों तो 'विश्वकोशधर्मी' ज्ञान के रूप में

कुछ नामों का उल्लेख प्राय: हुआ करता है, किन्तु हिन्दी में पहला नाम निर्विवाद रूप से राहुल जी का ही लिया जाता है। अधिक लिखनेवाले और भी होंगे, लेकिन महापंडित का बहुविध लेखन हिन्दी में जो-जो नहीं है, उसे किसी अन्य को करते न देख लाचार स्वयं ही कर डालने का विराट प्रयास है। उनके सहकर्मी जानते हैं कि उन्होंने अपने जीवन के एक-एक क्षण का अधिक-से-अधिक उपयोग किया। 'रामकाज कीन्हें बिना मोहिं कहाँ विश्राम'—उनके मुख से अनेक लोगों ने सुना होगा और अनेक बार। जाने वह कौन-सा 'रामकाज' है जिसने उन्हें कभी विश्राम लेने नहीं दिया। क्या श्रम के इस मूल्यबोध ने ही उन्हें अन्त में करोड़ों श्रमजीवियों के साथ ला खड़ा किया या इस श्रम की प्रेरणा उन्हें अपने साथी श्रमजीवियों से ही मिली थी? एक किसान की तरह उन्होंने कभी वर्षा-घाम की परवाह नहीं की, एक मजदूर की तरह उन्होंने कभी हाथ ढीला नहीं किया, एक प्रहरी की तरह उन्होंने कभी पलक न झपने दी। अकेले ही जैसे उन्होंने हम सबके लिए काम किया और एक जीवन में ही जैसे अनेक जीवन जी गए। उन्हें पुनर्जन्म में विश्वास करने की क्या जरूरत थी?

भारतीय विद्या के विशेषज्ञ महापंडित की विद्वत्ता के प्रति हमेशा की तरह आज भी अपनी श्रद्धांजलियाँ अर्पित कर रहे हैं : उनके सामने सम्भवत: 'प्रमाण वार्तिक' है, 'सरह दोहा कोश' है, 'मध्य एशिया का इतिहास' है। शायद और भी ग्रन्थ होंगे। निस्सन्देह अकेले 'प्रमाण वार्तिक' का सम्पादन ही उन्हें भारतीय विद्या के इतिहास में अमर रखने के लिए काफी है। 'मध्य एशिया का इतिहास' और 'सरह दोहा कोश' जैसे ग्रन्थ किसी भी भाषा के लिए गौरव हो सकते हैं। केवल इन्हें पढ़ने के लिए विशेषज्ञ हिन्दी सीखने को लाचार होंगे। पटना के 'काशी प्रसाद जायसवाल शोध-संस्थान' में सुरक्षित तिब्बती पांडुलिपियाँ शताब्दियों तक अन्वेषक राहुल के जीवट की गाथा सुनाती रहेंगी। 'वोल्गा से गंगा', 'सिंह सेनापति', 'जय यौधेय' आदि ऐतिहासिक कथाकृतियों ने प्रकाशन के साथ ही किस प्रकार साहित्य में हलचल पैदा कर दी—इसकी स्मृति आज भी बहुतों के मन में ताजा होगी। उनके यात्रा-विवरणों एवं 'घुमक्कड़-शास्त्र' ने जाने कितनों को यात्री बना दिया और पंगु गिरिवर-गहन चढ़ गए। ज्ञान की पिपासा और व्यापक जगत के नये-नये जीवन-प्रयोगों को देखने की आकांक्षा में देश-विदेश की खाक छाननेवाले इस भारतीय जय-यात्री ने भारत के लिए अनेक दिशाओं में खुलनेवाली अवरुद्ध खिड़कियाँ खोली हैं।

परन्तु हम युवकों के लिए जो सबसे प्रेरणादायक वस्तु रही है, वह है—राहुल जी का क्रान्तिकारी व्यक्तित्व! 'तुम्हारी क्षय हो' पढ़कर हमने सीखा है कि जर्जर रूढ़ियों पर कितने निर्मम प्रहार की आवश्यकता है। 'भागो नहीं, दुनिया को बदलो' पुस्तक ने तो हमें एक नारा ही दिया है। जब हम देखते हैं, संस्कृत और

पालि-प्राकृत का एक पंडित अपनी लोक-बोली भोजपुरिया में नाटक और कहानियाँ लिखने के लिए आगे आया था तो एक दिशा मिलती है कि जनता तक पहुँचने के लिए हमें जनता की भाषा में बात करनी होगी। राहुल जी ने साहित्य-रचना करते हुए किसान-आन्दोलनों में सक्रिय भाग लेकर साबित कर दिया कि राजनीति साहित्य के लिए बाधक नहीं होती बल्कि लेखक की कलम को धार देती है। जिस युग में कथनी और करनी के बीच भारी अन्तर देखकर बड़े-बड़े लोगों की बड़ी-बड़ी बातों से विश्वास उठ चला हो, उस समय राहुल जी ने स्वयं अपनी जीवनचर्या के द्वारा क्रान्तिकारी जीवन-मूल्यों की अर्थवत्ता में हमारी निष्ठा दृढ़ की। अपने लम्बे जीवन-संघर्ष के द्वारा उन्होंने यह उदाहरण रखा कि बड़ी-से-बड़ी कीमत चुकाकर ही सत्य की रक्षा की जा सकती है। अनकहे ही जैसे उनकी जीवन-गाथा कहती है कि विचारों का मूल्य मनुष्य के व्यक्तिगत बलिदानों से अंकित होता है।

इधर अखबारों में यह बात छिपाई जा रही है कि राहुल जी कम्यूनिस्ट थे। वस्तुत: वे एक कम्यूनिस्ट की तरह जिए और एक कम्यूनिस्ट की तरह मरे। एक लम्बी चिन्तन-यात्रा के बाद वे कम्यूनिज्म तक पहुँचे थे—हिन्दू धर्म के सनातन संस्कारों को तोड़ते हुए क्रमश: आर्यसमाज और बौद्ध धर्म तक, फिर सत्याग्रह-युगीन स्वाधीनता-संग्राम के अनुभवों से गुजरते हुए कम्यूनिस्ट पार्टी तक। उनके विचार से एक आधुनिक भारतीय मस्तिष्क के विकास की दिशा सम्भवत: यही हो, और साथ ही इतिहास की गति भी। हो सकता है, इससे सभी लोग सहमत न हों, किन्तु राहुल जी के जीवन का यह ऐसा अमिट तथ्य है जिसे मिटाया नहीं जा सकता। यह राहुल जी के सम्पूर्ण व्यक्तित्व की विशालता ही है कि विचारों में विरोधियों के होते हुए भी उनका व्यक्तिगत शत्रु शायद एक भी न मिले। विरोध उन्होंने चाहे जिसके विचारों का किया, किन्तु उनके मुख से निन्दा किसी की कभी भी न सुनी गई। विचारों में समझौता उन्होंने तनिक भी नहीं किया किन्तु जीवन में सहिष्णुता अक्षुण्ण बनी रही। उनका जीवन एक अजातशत्रु क्रान्तिकारी का जीवन था।

आज सचमुच ही हमारा एक स्तम्भ टूट गया, किन्तु हमारा दृढ़ विश्वास है कि उसकी स्मृति सदैव प्रकाश-स्तम्भ की तरह कायम रहेगी।

[साभार : नया ज्ञानोदय/ज्ञानोदय—यह लेख शम्भूनाथ सिंह के साथ बैठकर लिखा था। ज्ञानोदय, मई, 1963 और नया ज्ञानोदय, अगस्त, 2015 में प्रकाशित हुआ था]

आज के कलमघसीटू दौर में गद्य

हिन्दीभूषण शिवपूजन सहाय न्यास से मैं आरम्भ से जुड़ा हूँ। इस न्यास की ओर से पटना और दिल्ली में पहले जो भी कार्यक्रम हुए हैं, उन कार्यक्रमों में भी भाई मंगलमूर्ति जी की प्रेरणा और पहल से मैं कुछ कहता-बोलता रहा हूँ। मुझे खुशी है कि उस कड़ी में यह आयोजन काशी हिन्दू विश्वविद्यालय में हो रहा है। इस अवसर पर भी भाई मंगलमूर्ति जी ने यह उपयुक्त समझा कि इस मिट्टी से पैदा होनेवाले एक व्यक्ति को यहाँ शिवजी को याद करने को उपस्थित होने के लिए कहा जाए। मैं आपके सामने हूँ। पहले भी मैं कहता रहा हूँ कि मैं तो बनारस आने के बहाने ढूँढ़ता रहता हूँ तो यह एक बहाना है। काशी से शिवजी का क्या और कितना सम्बन्ध रहा है, भाई आनन्द कृष्णजी इसे बेहतर बता सकते हैं। मैंने उन्हें पहली बार काशी में 1945 के आसपास नागरी प्रचारिणी सभा की स्वर्ण जयन्ती के अवसर पर देखा था और उसके बाद तो कई बार देखने का मौका मिला। उन्होंने 'हिमालय' नाम की पत्रिका लहरिया सराय से सम्पादित करके निकाली थी। जब मैं इंटरमीडिएट का विद्यार्थी था तो बाल चापल्यवश मैंने भी एक चिट्ठी ठोंक दी थी। उनकी उदारता, विशाल हृदयता को देखिए कि उन्होंने बालक के उस पत्र का जवाब दिया। मेरे पास अब भी सुरक्षित है वह चिट्ठी। मैंने दोबारा पत्र लिखा और उन्होंने दोबारा उसका जवाब दिया। उसके बाद तो उनके दर्शन के अवसर कई बार आए। मंगलमूर्ति जी उनके निश्चय ही आत्मज हैं। यदि 'हृदयज' कोई शब्द बनता 'आत्मज' की तरह तो उनके हृदयज लोगों में से मैं भी एक हूँ। आज का विषय है : 'आज के कलमघसीटू दौर में गद्य'। कुछ लोगों को यह 'कलमघसीटू' शब्द अटपटा लगा है। टाँगघसीटू लोग तो बहुत से होते हैं, टाँग-खींचू भी होते हैं। इसलिए मैंने कहा कि यदि अकादमिक आलोचना की शास्त्रीय भाषा में ही विषय रखा जाए जो जरा गरिमामय मालूम होता है। उस मिथ्या-गरिमा और मिथ्या-भव्यता को तोड़ने के लिए मैंने यह शब्द चुना। कई तरह से इस दौर का नाम लिया जाता है पर समझता हूँ कि यह दौर कलमघसीटू है। सचमुच यह दौर टाँग-खींचू और कलमघसीटू दौर है। इस दौर में गद्य की चर्चा की जाए तो गद्य ही ऐसी चीज है जो आपमें से कुछ लोगों को गद्‌गद जरूर करेगी। उस गदगदायमन मन:स्थिति में आप इस बातचीत

को ग्रहण करें। गद्य पर इस विश्वविद्यालय में ही सम्भवतः पहले मैं कुछ बोल चुका हूँ। कुछ और बातें सूझीं, उनकी ओर इशारा करना चाहता हूँ। आज सुलेख गायब हो गया है। आज सुलेख लिखने की परम्परा खत्म हो गई है। हम लोग जब प्राइमरी में पढ़ते थे तो सुलेख की एक छपी कॉपी मिला करती थी और हमारे अध्यापक पहला काम सुलेख लिखाने का किया करते थे। सरकंडे की कलम से हम लोग लिखते थे। पट्टी को खूब घिसकर चिकनी बनाते थे और खड़िया वाली स्याही से उस पर लिखा करते थे। दवात हुआ करती थी। कलम सरकंडे की होती थी। वह हम उनकी मेज पर रख देते थे और हमारे मास्टर पहला काम यह करते थे कि सबकी कलम काटकर कत लगाकर हर विद्यार्थी को दिया करते थे। सुलेख बहुत आवश्यक समझा जाता था। यह परम्परा हिन्दी में सम्भवतः उर्दू से आई हो क्योंकि उर्दू में दो चीज चला करती थीं, उर्दू में शिकस्त लिखने की परम्परा थी यानी घसीटकर लिखना। कचहरियों में काम करनेवाले, कागज-पत्र लिखनेवाले लोग 'शिकस्त' उर्दू लिखते थे। जानबूझकर लिखते थे कि उसको पढ़वाने के लिए उनके पास आना पड़ेगा और लोग उनकी फीस देंगे। शिकस्त की परम्परा के साथ 'खुशखत' लिखना भी उर्दू की एक कला थी। कैलियोग्राफी की पेंटिंग बनी हुई है, भाई आनन्द कृष्णजी बेहतर जानते होंगे, बताएँगे कि पुरानी जो चित्रावलियाँ मिलती थीं। इस 'खुशखत' शब्द का हिन्दी में हम लोगों ने अनुवाद किया है—'सुलेख'। इस तरह की परम्परा थी। अब कटी हुई कलम का रिवाज तो खत्म हो गया। फाउंटेन पेन आया, वह भी उठ गया। बॉल पेन आ गया है और इसके बाद तो आप घसीटेंगे ही बॉल पेन पर। और सबसे अच्छा हस्ताक्षर करनेवाला आदमी वह है कि ऐसा हस्ताक्षर करे कि पढ़ा ही न जा सके। इसलिए इस दौर को मैंने 'कलमघसीटू' कहा है। एक जमाने में बड़े-बड़े सुल्तान और बादशाह कुरान शरीफ खुशखत अपने हाथ से लिखा करते थे। इतिहास में आप पढ़ेंगे। दिल्ली सल्तनत में कई लोग थे। उसी से उनका खर्चा चलता था। यही बात पुरानी पांडुलिपियों को लिखने में नागरी लिपि में भी लोग किया करते थे। हिन्दी से शिरोरेखा गायब हो गई है लेकिन मराठी में, नागरी लिपि में शिरोरेखा अब भी पूरी लिखी जाती है। किसी मराठी लेखक को देख लीजिए, वह शिरोरेखा के साथ लिखता है। उसका प्रभाव भाषा पर भी पड़ता है। शिरोरेखा में न लिखने के कारण 'भ' और 'म' का फर्क मिट जाता है। 'घ' और 'ध' का फर्क मिट जाता है। ऐसे कई अक्षर हैं। इसलिए मैंने कहा कि यह 'कलमघसीटू' दौर है। जहाँ तक लिपि या लेखन का सवाल है, सुलेख छोड़कर विकृत हस्तलेख भी एक बड़ा भारी गुण और आभूषण हो गया है। पहले टाइपराइटर और अब कम्प्यूटर प्रिंटिंग के चलते लगता है कि वह हाथ जो लिखने में मजता था, एक-एक शब्द को लिखते समय लगता है, तो आप की भाषा भी ठीक हो जाती है। घसीटकर लिखेंगे तो आप गलतियाँ भी बहुत करेंगे और जिसको कहते हैं—सन्देह का लाभ, वह आप लेंगे।

तो यह दौर है। इस दौर के चलते मैं गद्य की चर्चा करना चाहता हूँ। एक तो शिव जी सुलेख में विश्वास करनेवाले आदमी थे। पत्रिकाओं के सम्पादन के क्रम में जो लेख उनके पास आते थे, उनमें कभी-कभी लेखों को शुद्ध करके, अपने हाथ से लिखकर प्रेस में देते थे। केवल संशोधन करके लाल स्याही से छोड़ नहीं देते थे। गलतियाँ जब बहुत हो जाती थीं तो अपने हाथ से लिखकर प्रेस में दिया करते थे। मैं बात कहना चाहता हूँ कि सम्पादन की तरह गद्य लेखन में भी वह उतनी ही सावधानी बरतते थे। यह बात एक स्वर से उस दौर के कई लोगों ने लिखी है— मैं केवल दो आदमियों के उद्धरण आपके सामने देना चाहूँगा : एक केसरी कुमार का लिखा हुआ है और दूसरा प्रसिद्ध नाटककार जगदीशचन्द्र माथुर का।

केसरी कुमार लिखते हैं, 'पद्मभूषण होने से पहले ही वे हिन्दी जगत के भूषण हो चुके थे। यह जनोपाधि उन पर खूब फबती थी। केवल शिवपूजन बाबू को पढ़कर कोई तत्कालीन हिन्दी में प्रचलित समस्त लेखन शैलियों को जान सकता है। एक शैली में उन्होंने नहीं लिखा। भाषा की ऐसी मँजाई उन्होंने की थी और उसे इतनी वशवर्तिनी बनाया था कि हर प्रकार की शैली में लिखना उनके लिए हस्तामलकवत् था। एक ही रचना में वे कादम्बिनी की कलित-ललित-अलंकृति और मुहावरों की बाँकी-झाँकी दिखा सकते थे, जैसे मुंडमाल में। वे परिनिष्ठित हिन्दी के सम्पादकीय लिखते और टकसाली हिन्दी में 'चलती चक्की' नाम का कॉलम लिखा करते थे। वे लिखकर बहला सकते थे और अगिया बैताल बनकर दो घड़ी बहका सकते थे। भट्टनायक नाम से उच्छ्वास-मुक्त भाषा में उन्होंने दो साहित्य इतिहासों—बाबू श्यामसुन्दर दास कृत 'हिन्दी भाषा और साहित्य' तथा पंडित रामचन्द्र शुक्ल कृत 'हिन्दी साहित्य का इतिहास'—के अभावों, त्रुटियों, आयु प्रयोगों के अनौचित्य तथा बिहारवासियों की उपेक्षा पर लिखा। उच्छ्वासकष्ठी भाषा में तो उन्हें महारथ हासिल थी ही। अतिरेक निरपेक्ष, विकल्प शंकित पग-पग पर आघातों से सजग जो भाषा थी, उनके जीवन के शेष काल में बनी रही। केसरी कुमार ने लिखा कि शिवजी का गद्य पढ़कर पाठक हिन्दी में प्रचलित समस्त को जान सकता है। केसरी कुमार का गद्य है—अतिरेक निरपेक्ष, विकल्प शंकित। ये शब्द हिन्दी में नहीं मिलेंगे। आज कोई इस्तेमाल नहीं करेगा। गद्य कैसा लिखा जा रहा था—अतिरेक निरपेक्ष, विकल्प शंकित पग-पग पर आघातों से सजग इत्यादि। शिवपूजन सहाय पर हिन्दी की उपाधि इसलिए भली फबती थी कि वे अन्तिम साँस तक हिन्दी के सजग प्रहरी और संरक्षक रहे। दूसरा उद्धरण है जगदीश चन्द्र माथुर का। वे आई.सी.एस. थे। विख्यात नाटककार थे। उनके नाटकों से आप परिचित हैं। वे लिखते हैं, 'शिवपूजन जी को सुललित और सन्तुलित वाक्य को लिखने, सुडौल और समाकार अक्षरों को कागज पर उतारने, एक त्रुटिपूर्ण पृष्ठ का सांगोपांग सम्पादन करने एवं प्रेस के भूतों के मायाजाल का विकीर्ण करके एक ही पन्ने का भली भाँति प्रूफ संशोधन करने में वही

आनन्द मिलता था जो किसी सेठ को अपने शेयरों के सूद का मिलान करने पर मिलता है और किसी पेटू पांडे को स्वाद भोजन पाने पर।'

दो लेखकों का गद्य आप देखें—किस तरह लिखा गया होगा। किसके बारे में लिखा जा रहा है और लिखते समय लिखनेवाले की कलम कितनी सधी हुई चलती है कि कहीं टोक न दे वह बीच में आकर, यदि कहीं कलम में स्खलन हो जाए तो? ऐसा गद्य इसी दौर में लिखा गया है। इस दौर में नहीं, इस दौर के कुछ दशक पहले लिखा गया है। इसलिए नमूने मैंने आपको दिये। भाषा के बारे में उनकी जो समझ थी, उसका एक नमूना उनके एक लेख में मिल जाएगा। भाषा की ताकत संज्ञा, सर्वनाम शब्दों या विशेषणों में नहीं होती है। किसी भाषा की ताकत क्रियाओं में होती है। क्रियाओं से भाषा कुछ की कुछ बन जाया करती है। हमारे गुरु आचार्य केशवप्रसाद मिश्र ने क्लास में एक दिन बताया था कि विश्वविद्यालय के लड़के गंगाजी में नौका विहार करके वापस लौट रहे थे, तो एक लड़के ने दूसरे लड़के से कहा कि आज हम गंगा जी में खूब रोए। वह रोइंग करने के अर्थ में कह रहा था, हिन्दी के रोने के अर्थ में नहीं। हर भाषा की पहचान उसकी क्रियाओं से होती है। आज के निष्क्रिय लोग क्रिया की ताकत नहीं पहचानते हैं, बल्कि संज्ञा और विशेषणों पर ज्यादा समय बरबाद करते हैं। हिन्दीभूषण शिवपूजन सहाय का एक लेख है: 'तुलसी प्रयुक्त क्रियाएँ'। तुलसीदास केवल रामकथा लिखने के लिए नहीं जाने जाते बल्कि अपनी भाषा के कारण भी जाने जाते हैं। भाषा पर जैसा अधिकार तुलसीदास को है, वैसा अधिकार हिन्दी में किसी दूसरे आदमी को नहीं—न तब था, न उसके बाद। अच्छी हिन्दी लिखने के लिए, भाषा लिखने के लिए, तुलसी को पढ़िए—आप कहेंगे कि अवधी और ब्रज पढ़कर खड़ी बोली लिखना कैसे सीखेंगे, फिर भी पढ़िए। तब पता चलेगा। अगर आचार्य शुक्ल का गद्य आपको एक आदर्श गद्य लगता है तो उसके पीछे छिपी हुई ताकत रामचरितमानस और तुलसी साहित्य है, जिसको उन्होंने घोंट डाला था। अन्तिम दिनों में वे चाहते थे कि अवकाश प्राप्त करने के बाद तुलसी घाट पर बैठकर रामकथा पढ़ें। यह मेरे गुरु केशवजी ने बताया था। बाबू शिवपूजन सहाय ने 'तुलसी प्रयुक्त क्रियाएँ' लेख लिखा। उनका कहना था कि हिन्दी में जो कमजोरी आई है—अवधी और ब्रज के सामने—आज तुलसीदास जैसी भाषा क्यों नहीं लोग लिखते हैं? तो उत्तर यह है कि एक जमाने में हिन्दी में क्रियाओं की बहुलता थी। संज्ञाओं को भी क्रिया के रूप में बना देते थे। 'नाम धातु' जिसे संस्कृत में कहते हैं। शिवजी ने लिखा है, 'भारतेन्दु युग के प्रमुख गद्यकार भी छमिये, रमिये, सेवते हैं, छलते हैं, भावते हैं, अवगाहते हैं, प्रतिपालते हैं, संकोचते हैं, आचरते हैं, अनुमानते हैं, आदि प्रयोगों को अंगीकृत कर चुके हैं।' हिन्दी जब से खड़ी बोली हुई तब से उसने पुरानी परम्परा छोड़ दी है। बहुत-सी क्रियाएँ अब भी गाँव की बोलियों में हैं। 'जुतियाने' में जो ताकत है, वह 'जूते से मारने' में नहीं है। खूब

'बतियाने' में जो बात है, वह 'बात करने' में नहीं है। इसलिए पहले के लोग इन क्रियाओं का इस्तेमाल करते थे। शिवजी की नजर इस पर थी कि क्रियाओं के प्रयोग हम भूल गए हैं, जो पहले आम तौर से किया करते थे। उनकी विनम्रता देखिए कि वे अपने को भाषातत्त्वविद् नहीं मानते। अच्छा था कि वे अपने को भाषातत्त्वविद् नहीं मानते थे। सबसे भ्रष्ट हिन्दी भाषाविज्ञान वाले लिखते हैं, 'तजहुँ तात तुमको हम जानी, निश्चय भाषाविज्ञानी'। छन्द याद कीजिए। काशीनाथ जी ने कभी लिखा था। शिवजी लिखते हैं, 'मैं भाषातत्त्वविद् नहीं हूँ पर पुराने कवियों और गद्यकारों के सुहाने प्रयोग देखकर ऐसी इच्छा होती है कि आधुनिक हिन्दी गद्य के प्रभावशाली लेखक इस तरह की क्रियाओं को टकसाली बनाने का प्रयास करने में तत्पर हों तो हिन्दी का अंग सँवरेगा, कोई सहृदय साहित्यानुरागी उसे दूसेगा नहीं।' क्रिया का प्रयोग 'दूसेगा नहीं'। गाँव की बोलियों में जो ताकत है तो इसलिए कि वे धड़ल्ले से संज्ञाओं को क्रिया की तरह इस्तेमाल करती हैं। वहाँ नाम धातुओं का खूब प्रयोग होता है। खड़ी बोली में ऐसा कुछ खड़खड़ापन आया कि संस्कृत से तो हम लेने लग गए पर भूल गए कि संस्कृत में ऐसा बहुत होता है। वहाँ नाम धातुओं की सूची बहुत लम्बी है। इन्द्र से इन्द्रयते बना देते हैं, रामायते बना देते हैं, कृष्णायते बनाते हैं। संस्कृत में यह ताकत थी। यह परम्परा तुलसीदास में मौजूद थी, भारतेन्दु-युग के लेखकों में मौजूद थी। आधुनिक युग में मैं कहूँ कि जब से महावीरप्रसाद द्विवेदी ने खड़ी बोली चलाई—व्याकरण वाली—उसके कारण हुआ या उससे भी ज्यादा कहूँ तो स्वाधीनता प्राप्त होने पर जो रघुवीरी हिन्दी चली, उसके कारण यह हुआ है, इसलिए शिवजी की स्मृति में मैंने सोचा कि गद्य की चर्चा की जाए। आपके सामने मैं सुझाव नहीं दे सकता लेकिन कम-से-कम इस परम्परा को हम लोग याद कर सकते हैं।

बालमुकुंद हिन्दी मुहावरे के पक्षधर थे। इसलिए उन्होंने यही बताया कि लेखक ने अंग्रेजी बोतल का टुकड़ा पीसकर हिन्दी की खिचड़ी में मिलाया है। गुप्त जी ने कहा कि द्विवेदी जी को 'को' की बड़ी बीमारी है। 'बहुत से वाक्यों 'को' न समझ सके।' अब 'बहुत से वाक्य न समझ सके' लिखिए। यहाँ 'को' की कोई जरूरत नहीं है। कर्म कारक वहाँ ही नहीं होता जहाँ 'को' होता है बल्कि जहाँ नहीं भी होता है, वहाँ भी कर्म कारक होता है। 'सीधी सी बात है—बहुत से वाक्य न समझ सके। जिनको हिन्दी न जाननेवालों की सोहबत है, वे इसी प्रकार 'को' की भरमार करते हैं।' यह जो बहस थी—रामविलास जी ने भी इस पर टिप्पणी की है और बहुत सही टिप्पणी की है। भारतेन्दु-युग और द्विवेदी-युग में आचार्य शुक्ल ने भाषा को लेकर लोगों का, खास कर बिहार वालों का मजाक उड़ाया है। मसलन बिहार वाले व्याकरण की किताबें बहुत लिखते हैं। क्षमा कीजिएगा मंगलमूर्ति, यह आप पर नहीं है। एक जमाने में हिन्दी व्याकरण पर किताबें सबसे ज्यादा बिहार वाले लिखा करते

थे। आचार्य शुक्ल के पास व्याकरण की एक पाठ्य-पुस्तक आई। उसमें लिखा हुआ था कि तुम गधा हो। इस पर शुक्लजी ने लिखा है कि मैंने आकाशे दृष्टिं बद्ध्वा, आकाश की ओर दृष्टि करके वाक्य को शुद्ध पाठ दोहरा दिया क्योंकि 'तुम गधे हो' होना चाहिए। 'तुम गधा हो' हिन्दी में हो ही नहीं सकता, शब्द बदल जाएगा। जो छोटी-छोटी चीजें हैं, इन चीजों पर एक जमाने में विचार होता था। जब हम स्वाधीन हुए, तो स्वाधीनता-प्राप्ति के पश्चात् इस तरह की परम्परा में पले हुए विद्वान थे। स्वाधीनता के पहले से यह काम करते आ रहे थे और स्वाधीनता-प्राप्ति के बाद 'बिहार राष्ट्रभाषा परिषद' के जब वे पहले सचिव रहे, फिर निदेशक हुए और जो ग्रन्थ उन्होंने प्रकाशित किए हैं, क्या मजाल कि उन पुस्तकों के पहले संस्करण में छापे की कोई भूल आपको मिल जाए। उस दौर में सम्पादकों का काम महत्त्वपूर्ण था। अब कोई भी आदमी देखिए तो पत्रिका निकालने के लिए सम्पादक बन जाता है। एक अंक, दो अंक, भड़ास निकली, इसके बाद पत्रिका बन्द हुई। सम्पादक होने का क्या मतलब? सम्पादन नाम की एक चीज भी होती है। 'कल्पना' पत्रिका के सम्पादक मंडल में कात्यायन नाम के उस्मानिया विश्वविद्यालय के संस्कृत के प्रोफेसर थे। उन्होंने 'काव्यायन' नाम से 'यह बेचारी हिन्दी' नाम का कॉलम 1955 के आसपास शुरू किया। फिर उसी परम्परा में 1964 में जाकर दूसरा कॉलम बालकृष्ण राव ने 'अनमोल बोल' नाम से लिखा। उसमें वे नमूने केवल कोट कर देते थे, बिना टिप्पणी के, निशान लगाकर कि यह देखिए—यह लिख रहे हैं। तीसरा कॉलम जो यहाँ के लिए ज्यादा प्रसंगानुकूल है, बालकृष्ण राव 'प्रोफेसरी हिन्दी' नाम से लिखते थे। 'प्रोफेसरी हिन्दी' में पहले शिकार हुए हिन्दी के भूतपूर्व प्रोफेसर अध्यक्ष विजयपाल सिंह। उनके शोध ग्रन्थ से उन्होंने नमूने दिये। दूसरा हमला उन्होंने किया माताप्रसाद गुप्त पर—मंझन की 'मधुमालती' से उदाहरण देकर। कुमार पंकज खिन्न होंगे लेकिन इलाहाबाद वालों की हिन्दी सचमुच गड़बड़ है। यद्यपि स्वयं प्रो. धीरेन्द्र वर्मा आर्यसभा के संस्कारों वाले थे। भाषा में भी शुद्धता पर उनका बल था। स्वयं उनसे गलती नहीं होती थी, पर क्या करें, उनके पढ़ाए हुए लोग ऐसे निकल जाते थे। एक उदाहरण प्रसंगवश केवल बता रहा हूँ। भारतीय हिन्दी परिषद का छठवाँ अधिवेशन इलाहाबाद विश्वविद्यालय में हुआ था और उसके अध्यक्ष थे दीनदयाल गुप्त। वे प्रोफेसर, अध्यक्ष लखनऊ विश्वविद्यालय थे। सीनेट हॉल में उनका भाषण हो रहा था, शीर्षक था : 'भारतीय हिन्दी परिषद षष्ठम अधिवेशन का अध्यक्षीय भाषण'। मैं भी मौजूद था। मेरे बगल में गुरुजी मौजूद थे। उनके साथ मैं भी गया था। धीरेन्द्र जी वहीं बैठे हुए थे। पंडित जी ने कहा, अभी मालूम हो जाएगा कि छापे की गलती है कि पं. दीनदयाल जी की गलती है। दीनदयाल जी भाषण पढ़ने खड़े हुए और स्वयं उन्होंने कहा कि 'इस षष्ठम अधिवेशन में', और एक बार नहीं, दस बार 'षष्ठम' दोहराया होगा। पंडित जी ने धीरेन्द्र जी की ओर देखकर कहा

कि यह छापे की गलती है? जो संस्कृत नहीं जानते हैं, वे आम तौर से संस्कृत का अतिरिक्त ज्ञान दिखाते हैं। नवम् होता है, दशम् होता है, सप्तम् होता है, पंचम होता है। दुर्भाग्य से पंचम और सप्तम् के बीच में 'षष्ठम' नहीं होता है, 'षष्ठ' ही होता है। इसलिए तद्भव में छठ है। लोकबोलियों के लोग ज्यादा सावधान हुआ करते हैं। बिहार में छठ का पर्व हुआ करता है। छठ 'षष्ठ' से बना हुआ है। छट्टम कोई नहीं लिखता है। इसलिए आम जनता षष्ठ का छठ कर रही है और आप बड़े भारी हिन्दी के प्रोफेसर बने हैं। इसलिए फिर से एक पत्रिका में कॉलम 'प्रोफेसरी हिन्दी' चलाया जाना चाहिए। शोध-प्रबन्धों में और जो कमजोरियाँ हों, दरकिनार कर दें, लेकिन भाषा की सारी की सारी गलतियाँ टंकणगत भूलें नहीं हुआ करती हैं। टाइप का सहारा लेकर अपनी अशुद्धियों को ढकने की कोशिश की जाती है। 'कल्पना' में जो काम काव्यायन और बालकृष्ण राव जैसे ने शुरू किया, उसमें योगदान भी दिया था। यह चिन्ता लोग सत्तर के दशक तक करते थे। दिन पर दिन यह घटती गई। लगभग 1960 के अंत के बाद 'कल्पना' जब से बन्द हुई है और कॉलम बन्द हो गया, मैंने नहीं देखा कि किसी पत्रिका ने इस बेचारी हिन्दी या 'प्रोफेसरी हिन्दी' या 'अनमोल बोल' कॉलम निकाला हो जो लोगों की भाषा की गलतियाँ बताए! बड़े लोगों से अब गलतियाँ होती हैं, छोटों की बात नहीं है। ये विद्यार्थियों की चीजें नहीं हैं। इसकी आज बहुत जरूरत है। ऐसे समय हम याद करते हैं कि काश, आज हिन्दीभूषण शिवपूजन सहाय होते! इस प्रसंग में उनको आज याद करना बहुत जरूरी है। यह मेरे व्याख्यान का एक पहलू है।

हिन्दी भाषा की ताकत देखना हो तो इस दौर में भी उपन्यासों, कहानियों, कुछ अंश तक नाटकों में देखा जा सकता है। यह ठीक है कि ज्यादा नहीं लिखे गए हैं लेकिन आप देखें तो मुख्य रूप से हिन्दी की ताकत कुछ निबन्धों में, चिन्तनप्रधान ग्रन्थों में, जहाँ अधिकांश साहित्य कुल मिलाकर लाइब्रेरी में देखा जाएगा तो इसलिए कि इतिहास आप कविता में नहीं लिख सकते। अब वह जमाना गया कि 'राजतरंगिणी' आप कविता में लिखें। भारत का इतिहास अब गद्य में ही लिखा जाएगा। भूगोल गद्य में लिखा जाएगा, दर्शन गद्य में ही लिखा जाएगा। कई कारिकाओं में अब दर्शन नहीं लिखा जा सकता। इसलिए विज्ञान, समाजविज्ञान, इतिहास, राजनीति, अर्थशास्त्र गद्य में लिखा जाएगा। और इसलिए इस जीवन की गाथा उपन्यासों में, कहानियों में, नाटकों में, निबंधों में लिखी जाएगी और इसलिए इस युग के गद्य की ताकत आप देखेंगे तो कविता से ज्यादा कथा साहित्य में मिलेगी और यह शुरुआत प्रेमचन्द से होती है और आज के दौर में भी आएगी। चूँकि अक्सर मुख्य मुद्दा और मुख्य बात लोग भूल जाते हैं। मैं नाम किसी का जानबूझकर नहीं ले रहा हूँ। यद्यपि मेरे प्रिय गद्य लेखक हैं और कुछ आज भी मौजूद हैं। उनके गद्य को प्रमाण मानें, अध्यापकों के लिखे अपठनीय शोध ग्रन्थों में नहीं। तो मेरा सबसे खराब गद्य जो है,

वह 'कविता के नए प्रतिमान' का है। कुछ सनक सवार रही होगी सैद्धान्तिक लिखने की। दूसरे कुछ और लेख हैं, कुछ पुस्तकें हैं—उनके कुछ गद्य मुझे अच्छे लगते हैं। मुझे अपने से ज्यादा अच्छा गद्य काशी का लिखा हुआ फिक्शन में दिखाई पड़ता है। वह माध्यम ऐसा है कि जिन्दगी से जुड़ा हुआ गद्य। वहाँ उभरकर आता है। अच्छा गद्य लिखनेवालों में हरिशंकर परसाई का गद्य अच्छा लगता है, निर्मल जी का गद्य मुझे बहुत अच्छा लगता है और खास तौर से उनका गद्य उनके लेखों में, निबन्धों में नहीं। उनकी कहानियों में, उनके उपन्यासों में दिखाई पड़ता है। इसलिए यह गद्य युग अगर है तो इस गद्य युग में कम-से-कम हम लोग उस गद्य की गरिमा सुरक्षित रखें। गद्य की शक्ति को पहचानें, उसकी जीवंतता को पहचानें। अनेक शैलियाँ होंगी लेकिन यह बहुत बड़ा काम है। विश्वविद्यालयों में मेरा बस चले तो सारे सवालों के जवाब सही लिखे हुए हों, लेकिन यदि भाषा भ्रष्ट हो तो मैं उसमें से 50 फीसदी अंक काट लूँ। अगर ये संस्कार बने, चूँकि मैं अपनी ही विधा भूमि में कह रहा हूँ और यहाँ हमारे दो वरिष्ठ प्रोफेसर बैठे हैं, उन लोगों की उपस्थिति में केवल अत्यन्त विनम्रता से सिर झुकाकर कहना चाहता हूँ कि हम लोग यह अगर जिम्मेदारी उठा लें तो हिन्दीभूषण बाबू शिवपूजन सहाय की विरासत पर आज जो चर्चा हो रही है, उसका सचमुच कोई सन्देश हम ग्रहण कर सकेंगे और दूसरों तक दे सकेंगे। कहने की बहुत-सी बातें थीं, उन्हें छोड़ दिया है। किसी और व्याख्यान में या कहीं लिखने का मौका मिला तो लिखने की कोशिश करूँगा। मुझे उम्मीद है—यही कहूँगा कि मेरी बातों को समझ, तल्खी या तकरीर न देख। वक्तृत्व कला पर और इस पर न जाइए। जो कहना चाहता हूँ, जिस दर्द के साथ कहना चाहता हूँ, गुस्से में नहीं, उस दर्द को अगर आप समझ सकें तो तकरीर की उस तल्खी को पहचानिए।

[साभार : 'आजकल', जुलाई, 2018]

सज्जाद ज़हीर और प्रगतिशील आन्दोलन

मित्रो! जिस दौर से अयोध्या और फैजाबाद (इसमें अयोध्या का ही नाम आता है, फैजाबाद का नाम गुम है। दोनों जुड़े हुए हैं एक-दूसरे से बेहद) गुजर रहे हैं, उस दौर में जरूरत है सज्जाद ज़हीर के उस मिशन की, उस मशाल की। खास तौर से इसलिए कि अभी कहा गया है, प्रेमचन्द ने कहा था, साहित्य वह मशाल है जो राजनीति के पीछे नहीं, आगे-आगे चलती है। अयोध्या को लेकर राजनीति के लोग खेल खेल रहे हैं। ऐसे दौर में अदीबों और कलाकारों की जरूरत है जो जनता से खेल नहीं खेलते। शतरंज का खेल नहीं है यह। शतरंज के खिलाड़ी हम नहीं हैं।

उस सच्चाई की आवाज बुलन्द करना जरूरी है और प्रगतिशील लेखक थोड़े से हैं, मुट्ठी भर हैं। जयप्रकाश धूमकेतु हमारे साथ हैं और सेक्रेटरी जनरल हैं, हमारे उत्तर प्रदेश के। बहुत बड़ी फौज नहीं है हमारी। उस समय भी मुट्ठी भर लोग थे। बहुत बड़ा आन्दोलन जिसे कहते हैं, उसे आगे लानेवाला संगठन बहुत छोटा था। लेकिन उस संगठन ने वह काम किया था जो उस दौर में और कोई अदीब साहित्यकार, विद्वान नहीं कर रहा था। कहने के लिए हिन्दी साहित्य सम्मेलन था और अंजुमन तरक्की-ए-उर्दू जैसी संस्थाएँ थीं। लेकिन ये वह काम नहीं कर रही थीं जो 1936 में जवाहरलाल नेहरू ने लखनऊ कांग्रेस से शुरू किया था—समाजवाद का नारा दिया था—एक नया हिन्दुस्तान बनाने का।

थीं साहित्यिक संस्थाएँ—उर्दू की थीं, हिन्दी की थीं, और भाषाओं की भी थीं लेकिन कोई संगठन, कोई आन्दोलन—ऐसा नहीं था, जो आजादी की लड़ाई में, लड़ाई जो एक नया मोड़ ले रही थी 1936 में, कांग्रेस के साथ, जवाहरलाल के साथ समाजवाद को साहित्य में बढ़ाता। प्रगतिशील लेखकों का पहला सम्मेलन, ठीक लखनऊ कांग्रेस के समय हुआ था, अप्रैल में। उस समय सज्जाद ज़हीर ने इसकी शुरुआत की थी और वे थोड़े से मुट्ठी-भर लेखकों ने जो किया, उसका जायजा अगर आप लें तो सारे हिन्दुस्तान में साहित्य की जो हवा थी, वह बदल गई थी। हर भाषा—न केवल उर्दू का बल्कि हिन्दी का, बांग्ला का, तमिल का, मलयालम का, गुजराती का, मराठी का साहित्य का इतिहास आप पढ़ें तो 1936

के बाद साहित्य की धारा बदल गई थी। लोग तब किसानों, मजदूरों, गरीबों, अवाम के बारे में नहीं लिखते थे...ये साहित्य के विषय पहले नहीं बने थे। प्रेमचन्द ने शुरू जरूर किया था, लेकिन 1936 के बाद एक लहर-सी चली और आप अगर उसको पहचानना चाहते हैं कि सन् 1936 से लेकर, बहुत दूर न भी जाएँ तो बाद के पच्चीस वर्षों का इतिहास हर भाषा का देखें, तो जितने बड़े लेखक उस दौर में थे, मैं नाम गिनाकर समय नहीं लेना चाहूँगा, उसमें वक्त लगेगा। हर जबान में, आप लोग देखें, उर्दू शायरी ही नहीं, हिन्दी कविता में निराला का स्वर बदल गया है। 1936 के आसपास की कविताएँ देखें निराला जी की। सुमित्रानन्दन पन्त का स्वर बदल गया था कविता का, महादेवी वर्मा का बदल गया था। दिनकर, बालकृष्ण शर्मा 'नवीन' के स्वर भी बदले। यह वही दौर है जब यशपाल अपनी कहानियों, उपन्यासों के साथ आए थे। रांगेय राघव आए थे। एक पूरी फौज आ गई थी। उसके बाद आप देखें तो पच्चीस-तीस साल में एक नई हवा बह रही थी। भारतीय साहित्य का इतिहास जब आप पढ़ेंगे तो हर भाषा में एक नई हवा थी जो, वह अवाम जो साहित्य के मरकज में, सेंटर में आ गई थी, आम जनता, उसकी लड़ाई, उसके दुःख-दर्द ही नहीं बल्कि उसका हौसला, उसका सपना भी साहित्य में आ रहा था, और यह जिसको मैंने कहा कि संगठन बहुत छोटा था। पहले प्रगतिशील लेखकों का संगठन बना और उसके बाद इप्टा का बना। और इप्टा की 'धरती के लाल' नाम की, जो बाद में फिल्म बनी है, जो नाटक खेले गए थे, इप्टा के जो जलसे हुए थे, उससे नाटक की हवा बदल गई थी। रंगमंच दूसरा हो गया था। वो पर्दा गिराओ-उठाओ वाले नाटक नहीं— बिना किसी पर्दे के नुक्कड़ नाटक खेले जाते थे सड़कों पर। और वे जो सभाएँ हुआ करती थीं, आप देखें उसको, बाद की बनी हुई फिल्मों और उसके बाद के बने हुए नाटक देखें। एक नया मंच मिला था और लगा था कि एक रिवोल्यूशन था, एक क्रान्ति थी जो कल्चर की दुनिया में हो रही थी।

जिस सेकुलरिज्म पर बार-बार आजकल जोर दिया जाता है, सच्चे अर्थों में वह पुराने धर्मों की कथाएँ और गाथाएँ नहीं बल्कि आज के जिन्दा इनसानों की जिन्दगी है जिन पर कहानियाँ, उपन्यास लिखे जाने लगे थे, नाटक लिखे जाने लगे थे, कविताएँ लिखी जाने लगी थीं। भाषा बदल गई थी। खुद उर्दू शायरी की वह जबान बदल करके किस शक्ल में आई है आज मजाज़ की, 'जो उस आँचल का एक परचम बना लेती तो अच्छा था', 'आवारा' जैसी नज़्म देखें...कविता की पूरी-की-पूरी तसवीर ही बदल गई थी...सुमित्रानन्दन पन्त 'ग्राम्या' लिख रहे थे। बन्ने भाई ने एक खत, जो रजिया आपा को लिखा है, उसमें जिक्र किया है कि मैंने 'ग्राम्या' पन्त जी की देखी और देख करके मैं दंग रह गया कि सुमित्रानन्दन पन्त जो 'पल्लव' और 'गुंजन' लिखा करते थे, वे 'ग्राम्या' लिख रहे हैं।

पाकिस्तान की जेल में बैठे बन्ने भाई 'ग्राम्या' पढ़ रहे थे कि पन्त जी में बदलाव आया है। इसलिए यह छोटी-मोटी घटना नहीं थी जो बन्ने भाई ने शुरू की थी। मुट्ठी-भर लोगों के द्वारा हवा का रुख बदल दिया गया था। आप और सारा छोड़ दें तो साहित्य अकादमी के (चौवन में कायम हुई है) चौवन से लेकर चौंसठ तक ही सही, बाकी छोड़ भी दें तो साहित्य अकादमी के अवार्ड जिन्हें मिले हैं, उनकी सूची आप देख लें तो वो सब लोग वे हैं जो एक जमाने में तरक्कीपसन्द तहरीक से, प्रगतिशील आन्दोलन से जुड़े हुए लोग थे और उनका लिखा हुआ साहित्य प्रगतिशील है। देर से शुरू होनेवाले ज्ञानपीठ पुरस्कार की सूची आप देखें तो शुरू के दस आदमी आपको ऐसे मिलेंगे जो सारे...उमाशंकर जोशी वगैरह...सब प्रगतिशील आन्दोलन से जुड़े हुए थे। सारी भाषाओं में लेखक थे। वह ऐसा आन्दोलन था जो एक क्रान्ति थी।

इसलिए हम बन्ने भाई का नाम, प्यार से हम बन्ने कहते हैं उनको, घर का नाम बन्ने था...और इसलिए बन्ने भाई की वह शख्सियत...वह व्यक्तित्व...वे बहुत बड़े अदीब नहीं थे...उनसे बड़े शायर और अफसानानिगार, नॉवेलनिगार, उर्दू में बहुत से थे। भारतीय भाषाओं में भी थे...लेकिन कभी-कभी...ऐसे आदमी होते हैं जो एक आन्दोलन हों, और हम सब लोग उनके बनाए हुए लोग हैं। आपके सामने मैं खड़ा होने लायक नहीं था। मैंने पहली बार बन्ने भाई को इलाहाबाद में अगस्त या सितम्बर, 1947 में देखा था। उसके बाद वे पाकिस्तान चले गए, उनको भेज दिया गया था। इलाहाबाद में कर्फ्यू लगा हुआ था और हिन्दी के प्रगतिशील लेखकों का सम्मेलन था। मंच पर मैंने बैठे हुए देखा। बीस साल की उम्र थी मेरी, बी.ए. के पहले वर्ष में मैंने दाखिला लिया था, बनारस से चलकर इलाहाबाद पहुँचा था। कर्फ्यू की वजह से अग्रवाल विद्यालय में वह जलसा हुआ था। रघुवंशी साहब जैसा कोई उदार रहा होगा। उसने...पहले तो मुमानियत थी कि साहब, कर्फ्यू लगा हुआ है, आप सम्मेलन करेंगे...तो विद्यालय में, चौक में जगह दे दी गई थी। वहीं हुआ था जलसा। जो मुकर्रर जगह थी, वहाँ नहीं हो सका।

मंच पर मैंने देखा महापंडित राहुल सांकृत्यायन, उनके बगल में भिक्खु वेश धारण किए भदन्त आनन्द कौसल्यायन बैठे हुए थे, बगल में यशपाल बैठे हुए थे और यह वह था कि उस जमाने में शायद आप लोगों में कुछ को हैरत होगी—अज्ञेय जी भी उसमें आए थे, मौजूद थे। रायकृष्ण दास कलाविद् उसमें बैठे हुए थे, आए हुए थे। माचवे थे, रामविलास जी थे। एक तरफ थे और दूसरी तरफ यशपाल के बगल में बन्ने भाई बैठे हुए थे। पूरे सम्मेलन में एक लफ्ज नहीं कहा उन्होंने, क्योंकि सम्मेलन हिन्दी लेखकों का था। और आप अन्दाजा लगा सकते हैं कि उस जमाने में हिन्दी, हिन्दुस्तानी और उर्दू की बहस चल रही थी। लग रहा था, तक्सीम और बँटवारे का माहौल था तो केवल हिन्दू-मुस्लिम विरोध ही नहीं था। मुसलमानों

की जबान उर्दू है—और हिन्दी, हिन्दुओं की है, और उनके बीच में लग रहा था कि एक तनाव-सा था। और हिन्दी राजभाषा बने, राष्ट्रभाषा बने, हिन्दी वालों का कहना था। गलतफहमी थी और डर था कि इस सम्मेलन में कहीं ऐसा न हो कि कोई प्रस्ताव भाषा के बारे में रखा जाए, जिससे बहस हो, बदमजगी हो। फिर भी प्रगतिशील हिन्दी के लेखकों के सम्मेलन में बन्ने भाई इस हैसियत से आए थे कि ऑल इंडिया प्रोग्रेसिव राइटर्स कॉन्फ्रेन्स के वे सेक्रेटरी जनरल थे। इस हैसियत से आए थे, ऑब्जर्वर की हैसियत से बैठे हुए थे, और मुँह नहीं खोला।

लेकिन पहली बार मैंने छह फीट के, गोरा-चिट्टा दमकता हुआ चेहरा लिये ऐसे खूबसूरत, इन तसवीरों से गलतफहमी होगी, बन्ने भाई को देखा। लड़के अन्दाजा नहीं लगा सकते कि वे कैसे थे। और उन पर मुज्तबा हुसैन ने एक खाका लिखा है; मैंने दिल्ली में भी सुनाया था, वह मुस्कान, वह जिसके बारे में कहा कि वह मुस्कान या तो मोनालिसा की मुस्कान सुनी गई है या फिर वह बन्ने भाई की जादू भरी मुस्कान थी। उस मुस्कान के बारे में लिखा है कि बन्ने भाई की जो मंत्र-मुग्ध करनेवाली मसरूफ बन्ने भाई की मुस्कुराहट थी, वह मुस्करा देते थे तो लफ्ज और मानी के दफ्तर खुल जाते थे। वह मुस्कुराहट बजाते खुद एक जबान थी/एक रस्मुलखत थी/बन्ने भाई की मुस्कराहट फैलकर एक अकीदा, एक नजरिया और एक तहरीक बन जाती थी।

बहुत बरसों बाद मैं उमाशंकर भाई के साथ अहमदाबाद से दिल्ली आ रहा था। बातचीत चली प्रगतिशील लेखकों की, बोले, 'नामवर! बन्ने भाई के साथ रहे तो काफी होंगे।' हमने कहा, 'हाँ, मौका तो मिला था।' फिर बोले, 'कभी तुम्हारी नजर उनके हाथों पर गई ?' मैं चौंका। उमाशंकर जोशी कह रहे थे, 'इतने खूबसूरत हाथ मैंने नहीं देखे। और उन हाथों को जब मैंने पहली बार मिलाया तो जी चाहा, उन्हें लिये रहूँ देर तक। वह हाथ, वह नर्मी और एक खास तरह की गर्मी, गर्माई जो थी। जी चाहता था कि उनके हाथों को न छोड़ूँ।'

काश, आप मिले होते उनसे और कभी आपकी पीठ पर हाथ रखा होता उन्होंने तो अन्दाजा लगाते आप कि बहुत कुछ वे बिना जुबान के अपने हाथों से कहते थे। लेकिन बहुत बड़े, बहुत अच्छे स्पीकर वे नहीं थे, खराब भी नहीं थे। लेकिन आम तौर से जो ओरेटरी होती है, वह नहीं थी। लेकिन इतने कमसुखन आदमी एक मिनट मिलकर किसी का दिल जीत लेनेवाले और दिमाग बदल देनेवाले थे। ऐसी शख्सियत की जरूरत थी हमारे प्रगतिशील आन्दोलन के शुरुआत के दिनों में। आज वे होते आपके बीच तो मैं तो वहाँ (श्रोताओं में) बैठा होता, हम लोग वहाँ होते। कभी अकबर इलाहाबादी ने कहा था :

बुद्धू मियाँ भी आजकल गांधी के साथ हैं,
वो मुश्तेख़ाक हैं मगर आँधी के साथ हैं।

हम लोग तो खाक थे, एक जर्रा थे। मैं बी.एड. का एक स्टूडेंट और हम लोग खिंचकर चले आए—उत्तर प्रदेश जैसी जगह में, जो सबसे पिछड़ा हुआ इलाका है। हर तरह से, सांस्कृतिक दृष्टि से भी, बावजूद इसके कि बड़े-बड़े साहित्यकार यहाँ हैं, और हम लोग मऊ में मिले थे। हिम्मत करके धूमकेतु ने कोशिश की कि भाई, कुछ किया जाए, और हम लोग देख रहे हैं कि नहीं कर पा रहे हैं। और उस अंग्रेजी राज में उस आदमी ने एक ऐसी तहरीक खड़ी की कि पूरे हिन्दुस्तान के अदब और कल्चर का नक्शा बदल गया। उससे बड़े-बड़े लोग पैदा हुए। सारे लेखक जो आज दिखाई पड़ रहे हैं, हम लोग उसकी ही उपज हैं, पैदावार हैं।

फ़ैज़, मजाज़, सरदार, कैफी—इन सब लोगों के नाम जो सुनाई पड़ते हैं, जिनको हम जपते हैं और पढ़ते हैं, वे बन्ने भाई की तहरीक से पैदा हुए थे। और आज भी हम लोग जो खेती कर रहे हैं, दिखाई नहीं पड़ रहे हैं। फैजाबाद में कई साहित्यकार हैं, अनेक नौजवान लोग हैं, आए हुए हैं। बस्ती के गाँव में संस्कृत पढ़ानेवाले अष्टभुजा आए हुए हैं। एक कवि अनिल कुमार जो इलाहाबाद से आया है, फैजाबाद में (बहुत गुस्सा, बहुत नाराज था मुझसे कि आपको कितनी बार बुलाया, हमारे कॉलेज में आप नहीं आए) अनेक लिखनेवाले लोग हैं। कल यही आन्दोलन है जो हम लोग—जिसका कहीं अखबारों में जिक्र भी नहीं आता, इससे लोग पैदा होंगे यानी कि वह जज्बा आपमें मौजूद है जो रोशनखयाल हैं, इसमें से निकलेंगे।

बन्ने भाई ने जो लिखा है, बहुत कम, लेकिन जो लिखा है, वह एक मिसाल है। उनकी सारी किताबों का जिक्र किया गया है, जब 1971-72 के आसपास वे लौटे थे। लन्दन से आए थे, किसी काम से गए थे। हौजखास वाले मकान में मैं उनसे मिलने गया था। तो एक नोटबुक थी, भरी हुई थी, और बोले, 'मैंने बहुत पहले 'जिक्रे हाफिज' नाम की एक किताब लिखी थी। अभी गया था तो बहुत कुछ जखीरा मिला है, मैं लेकर आया हूँ,' और नोट्स दिखा रहे थे। 'उनको रिवाइज करना चाहता हूँ लेकिन फुर्सत नहीं मिल रही है। मैं हाफिज पर फिर लिखना चाहता हूँ।' हाफिज का क्या मुकाम है फारसी में? हम लोग तो अपने एक अमीर खुसरो को जानते हैं लेकिन उससे अन्दाजा लगाएँ कि हाफिज क्या थे। हम लोग ग़ालिब को, मीर को जानते हैं—अपने उर्दू में। वे कहते थे कि मैं जानना चाहता हूँ कि तुम्हारे यहाँ हिन्दी में लोगों ने या संस्कृत के कालिदास पर या तुलसीदास पर, सूर पर क्या लिखा है।

प्रगतिशील होने का यह मतलब नहीं है कि हमारी जो विरासत है, जो बेहतरीन चीजें हैं, जिसे हुस्न का मेयार बदलनेवाली बात कहते हैं न, तो उन्होंने कहा कि उस हुस्न को, उस जमाल को, उस जमालियात को सदियों से इस मुल्क ने, इस दुनिया ने रचा है। शीतला सिंह जी सही कह रहे थे कि हम लोग

रुपये-पैसे से कम हों लेकिन विरासत का जहाँ तक सवाल है, एक मामूली मजदूर या गरीब...कोई किसान है, उसको सारी दुनिया की विरासत मिली हुई है। जो खूबसूरत, बेहतरीन चाहे यूनान में, चाहे मिस्र में बनाया गया हो, दुनिया के किसी कोने में और अपने मुल्क में हो, कोई कमी नहीं है। इस सबके हम वारिस हैं और इसकी हिफाजत की जरूरत है क्योंकि ऐसा जमाना आ रहा है कि सरमायादारी, मार्केट, बाजार के चलते हुए यह सारी-की-सारी विरासत बिकाऊ होने लगेगी। बेचने, खरीदने की चीज होगी। इसकी खूबसूरती पर नजर नहीं जाएगी।

वह बात तब हमारे समझ में नहीं आती थी। आज समझ में आ रही है। बस चले इनका तो ताजमहल का भी टेंडर कर दें। अजन्ता-एलोरा टूरिस्टों की चीज बनकर रह गई है। हमारी विरासत नहीं है यह जिसकी खूबसूरती को बचाकर रखें। बन्ने भाई कहते थे कि हम तरक्कीपसन्द लोग केवल आज और आगे के बारे में नहीं सोचते और लिखते हैं। हम वह सब कुछ जो सुन्दर रचा गया है, दुनिया में बनाया गया है, उसको नई रोशनी में पेश करने का काम भी हमारा है। इसलिए मैंने इकबाल पर नहीं लिखा है। हाफिज पर लिखना जरूरी समझा, लिखा है।

हाफिज उनके बड़े प्रिय शायर थे। 'रौशनाई' जो उनकी किताब है, 'यादें' नाम का हिस्सा उनका आखिर में जोड़ा हुआ है, जो बाद में छपा है। उसका अन्त उन्होंने हाफिज के एक शेर से किया है जो उनको बहुत पसन्द था। शेर है :

आशिक न शुदी कि आशिकी बदबख्त अस्त,
गाहे बीनी गहे न बीनी सख्त अस्त।

यह आशिकी, औसत साधारण आशिकी नहीं। हम लोग आशिक जानते हैं, लेकिन यह कई तरह की आशिकी है। मार्क्स, मार्क्सवाद, कम्यूनिस्ट पार्टी की भी एक आशिकी है। एक विचार की, एक सच की आशिकी भी है। बदबख्त कितनी कि इसकी मिसाल है कि एक वह आशिकी लगी तो बेवतन भी होना पड़ता है, जेल भी जाना पड़ता है, फाँसी पर भी चढ़ना पड़ता है। इसलिए आशिकी 'बदबख्त अस्त'।

उनको अपना मुल्क छोड़कर पाकिस्तान जाना पड़ा था। जेल में रहना पड़ा था। बड़ी मुश्किल से, न होते जवाहरलाल तो हिन्दुस्तान फिर लौट के आते भी नहीं। और 'गाहे बीनी गहे न बीनी सख्त अस्त' यानी कभी दिखाई पड़ती है, कभी नहीं दिखाई पड़ती है। प्रेमिका रोज दिखाई पड़े तो हर आशिक खुश होगा। लेकिन कभी-कभी वह नहीं दिखाई पड़ती है। समाजवाद कहाँ दिखाई पड़ रहा है! साम्यवाद तो सपना है। 'गाहे बीनी गहे न बीनी' कभी 70 साल के लिए दिखाई पड़ गया था और 'गहे न बीनी सख्त अस्त' दिखाई नहीं पड़ रहा है।

इसी फैजाबाद में पहले किस तरह से रहते थे लोग और फिर छह दिसम्बर के बाद फिर लगता है कि वह माहौल कब आएगा—वह मिला-जुला भाईचारा, वह दोस्ती? इसलिए हाफिज को एक नये सन्दर्भ में, नये दौर में, एक नई-मीनिंग के साथ वे हाफिज को पढ़ रहे थे। तो यह वह आशिकी नहीं बल्कि एक और तरह की आशिकी थी। इसलिए सज्जाद ज़हीर से मैंने अपनी परम्परा को, यहाँ जो बैठे हुए लोग हैं, अनेक लोगों ने, प्रगतिशीलों ने वाल्मीकि को, कालिदास को, महाभारत को, कबीर को नई रोशनी में नहीं देखा है।

कबीर का नाम कुछ रहस्य और योग के लिए जाना जाता था :

लाली मेरे लाल की जित देखूँ तित लाल।
लाली देखन मैं गई खुद भी हो गई लाल॥

इस लाली को देखकर लाल झंडा भी याद आ सकता है। ऐसा नहीं है कि यह साधु-सन्तों का गेरुवा-भगवा है। उनको हर जगह भगवा याद आता है। यह लाली, यह तो हमारे लाल की ही हो सकती है।

इसलिए प्रगतिशील आन्दोलन के बाद कबीर की लाली इसी असली रूप में दिखाई पड़ने लगी थी। यह रंग कुछ और रंग ला रहा था। इसलिए बन्ने भाई के साथ, प्रगतिशील आन्दोलन के साथ हमारी पूरी विरासत है जिसको आज हथियाने की कोशिश कर रहे हैं सब। वेद को, कालिदास को, गनीमत है कि अयोध्या में राम तो याद आ रहे हैं उनको, लेकिन तुलसी के राम नहीं याद आ रहे हैं। तुलसी नहीं याद आ रहे हैं। होंगे कथावाचक खाने-कमानेवाले, तुलसी को पढ़कर बेचनेवाले।

इसलिए इस पूरी विरासत के साथ हम एक बेहतर भविष्य का निर्माण करना चाहते हैं। यह बन्ने भाई ने सिखाया था। चेहरा-मोहरा देखकर और यह पढ़कर कि उन्होंने 'लन्दन की एक रात' लिखी। लोग यह भूल जाते हैं कि अरबी और फारसी पर कितना कमांड था उनका। उनकी पूरी पढ़ाई हुई थी, अगर आप पढ़ें 'रौशनाई' तो मालूम होगा।

ज्यादा वक्त मैं आपका नहीं लूँगा। 'रौशनाई' किताब उर्दू में थी और सन् 1967 में जब फिर से हम लोगों में वे आए, मुर्दा पड़ी थी संस्था, फिर जिलाया उन्होंने। नौजवानों को साथ लिया, मुझे भी साथ लिया। इत्तफाक से मैं दिल्ली आ गया था तो उनका सहायक सचिव बन गया। 'शुरू करो,' उन्होंने कहा। बातचीत चली तो बोले, 'मेरी एक किताब है 'रौशनाई' जो कि उर्दू में है। आउट ऑफ प्रिंट हो गई है। मैं चाहता हूँ कि हिन्दी में भी छपे।' तो अनुवाद हुआ। बोले, 'मैं चाहता हूँ कि केवल इसको ट्रांसलिट्रेट करो, जबान वही रहे। रस्मुलखत भले ही तुम हिन्दी कर दो। मैं चाहता हूँ कि नस्र, वो प्रोज, हमारा ज्यों-का-त्यों हिन्दी वाले पढ़ें।' कवर बना, उस पर लिखा हुआ था—'रौशनाई'। बोले, 'भाई, कवर ठीक करो। पहले तो

ये 'रौशनाई' है।' और बोले, 'जिसे तुम लोग हिन्दी में स्याही कहते हो, वह स्याही रौशनाई है। दरअसल इस रौशनाई का मतलब स्याही खाली नहीं है। इसलिए रोशनी लानेवाला आदमी ही 'रौशनाई' के नाम से उसका आन्दोलन लिख सकता है।' और मुझे हसरत मोहानी का एक शेर सुनाया जो बाद में कई लोगों ने गाया है, खास तौर से मेहँदी हसन वाला कैसेट मेरे पास है। सुनाया था उन्होंने :

रौशन जमाले यार से है अंजुमन तमाम।

जब बन्ने भाई कह रहे थे तो बार-बार मुझे खयाल आता था कि वह जमाले यार जो है वह खुद बन्ने भाई थे, जिससे हमारी अंजुमन तरक्की-ए-पसन्द तहरीक जो थी, वह उनके जमाल से रोशन थी। और 'दहका हुआ है आतिशे गुल से चमन तमाम'। हमारा चमन फूलों की आग से दहका हुआ था। इसलिए उस रौशनाई से जो रोशन हुआ है सौन्दर्य, और ब्यूटी की सृष्टि हम लोग करनेवाले लोग हैं। इस दुनिया को सुन्दर और खूबसूरत बनाना चाहते हैं।

हमारे दोस्त केदारनाथ जी को जब मैंने सुनाया था तो एक कविता उन्होंने लिखी। टोन तो प्रेम की ही मिलाई थी लेकिन उसमें एक झलक थी :

उसका हाथ
अपने हाथ में लेते हुए मैंने सोचा
दुनिया को
हाथ की तरह गर्म और सुन्दर होना चाहिए।

इसलिए एक सुन्दर दुनिया बने, एक समाज बने जिसमें खून न दहके और चमके बल्कि हमारे दिलों के जो रिश्ते हैं, वे दमकें। प्यार और मोहब्बत की दुनिया बने और आज अगर फैजाबाद में आकर यह बात नहीं कहेंगे तो लखनऊ से कहने का क्या मतलब है ? अमर सिंह ले उड़ेंगे उसे और किसी दूसरी तरह से इस्तेमाल करेंगे। मुलायम सिंह जी करेंगे।

इसलिए जो जद्दोजहद आज हम कर रहे हैं, अपने ढंग से कर रहे हैं, अपने झंडे के नीचे कर रहे हैं। मैं चाहता हूँ, जो यहाँ लिखनेवाले हैं जिनके हाथ में कलम है (गनीमत है कि उनके हाथ अभी कलम नहीं किए जा सके हैं), ये सभी कलाकार, साहित्यकार, साहित्यप्रेमी और अकेले शीतला सिंह जी एक मुद्दत से यहाँ लड़ रहे हैं। हम दिल्ली में बैठे हुए इनके कामों को और इनकी कलम की ताकत को देखते चले आ रहे हैं। मिल करके सचमुच गर बन्ने भाई को याद कर रहे हैं और फैजाबाद में वे कर रहे हैं। न भूलिए कि वे अवध के थे और अवधी बहुत अच्छी बोलते थे। मैं आपको बताऊँ, बन्ने भाई बहुत अच्छी अवधी बोलते थे क्योंकि उनकी माँ अवधी बोलती थीं, या तो वे अंग्रेजी बोलती थीं। सर वजीर हसन की बेगम लेडी थीं। या अंग्रेजी बोलती थीं या अवधी, उर्दू को तवायफों की जबान कहती थीं। डाँटती थीं। बेहद लगाव था उनको अवध की अपन्नी जबान से।

इसलिए आज का दिन यादगार रहे आपके लिए और मेरे लिए। मैं आपके साथ हूँ। मैंने कहा न कि सदन में आया था कभी, आज सड़क पर आपके साथ हूँ जो कि सचमुच हमारी जगह है। मैं अपने लोगों के बीच आया हूँ। इसलिए आप जानते नहीं कि आप मुझे क्या दे रहे हैं। बहुत कुछ आपने दिया है। मैं अठहत्तर साल से ऊपर उन्यासी में चल रहा हूँ। चन्द लमहे हैं, लेकिन जीने के लिए बहुत काफी, आपसे लेकर जा रहा हूँ।

बधाई !

[फैजाबाद में सज्जाद ज़हीर जन्मशती वर्ष पर आयोजित कार्यक्रम 'रौशनी के लिए' में दिनांक 21 नवम्बर, 2004 को दिया गया व्याख्यान। सुवनचन्द्र द्वारा टेप से लिपिबद्ध]

उपन्यासकार हजारीप्रसाद द्विवेदी

'जामिया मिल्लिया' में आने का अवसर तो पहले भी मिलता रहा है, लेकिन हिन्दी अकादमी के किसी समारोह में आने का यह मेरा पहला अवसर है। अतएव, अकादमी के प्रति भी आभार व्यक्त करना आवश्यक है। कहने की आवश्यकता नहीं है कि मुख्य आकर्षण आचार्य हजारीप्रसाद द्विवेदी जी के सम्बन्ध में संगोष्ठी ही है; लेकिन न यह आचार्य द्विवेदी का जन्मदिन है, न उनकी पुण्यतिथि है, फिर भी प्रयोजन जो भी हो—मनीषियों और साहित्यकारों पर चर्चा करने के लिए किसी मुहूर्त की आवश्यकता नहीं पड़ती। इसलिए इस गोष्ठी का आयोजन शुभ ही समझना चाहिए।

आज की गोष्ठी के प्रथम सत्र में आचार्य द्विवेदी जी के उपन्यासों की चर्चा हुई। चार निबन्ध पढ़े गए—विद्वत्तापूर्ण, गम्भीर, नई बातें भी उनमें कही गईं, जानकारी भी बढ़ी और चारों विद्वानों के भाषण सुनकर आपको आचार्य जी की याद आई होगी। ऐसे गम्भीर और विचारपूर्ण निबन्धों की श्रृंखलाओं के बाद मौखिक रूप से आचार्य जी के उपन्यासों के बारे में कहना कुछ कठिन ही है। यह पहला अवसर तो नहीं है मेरे लिए—एक बार और भी ऐसा ही मौका आया था। उनके उपन्यासों पर अभी तक मैंने कुछ लिखा नहीं है, उनका चिन्तन जरूर करता रहा हूँ और साहस बटोर रहा हूँ। जिस तैयारी की जरूरत है उनके उपन्यासों के बारे में कहने की—वह ठीक-ठीक अभी हो नहीं सकी। इसलिए अपने उन मित्रों और गुरु-भाइयों की दाद दूँगा जिन्होंने कम-से-कम साहस तो दिखाया और कुछ कहा तो सही।

पंडित जी ने 'पुनर्नवा' में कालिदास का एक श्लोक दिया है और ऐसा प्रतीत होता है कि यह सृजक और रचनाकार की वह वेदना है जो व्यक्त नहीं हो पाई। मेघदूत में यक्ष अपनी प्रिया का चित्र पत्थर की चट्टान पर गेरू से बनाता है और बार-बार वह चित्र मिट जाता है क्योंकि उसकी आँखों में आँसू हैं। उसकी बार-बार वेदना यही है कि 'एकत्र'—एक जगह तुम्हारे जैसा कहीं कुछ मिलता ही नहीं—कहीं कुछ मिलता है, कहीं कुछ मिलता है, लेकिन एक जगह वह सारा सौन्दर्य कहीं नहीं मिलता और उनकी रचनाओं में आपको एक यह भी क्रिया मिलेगी—माढव्य से कालिदास कहते हैं कि ठीक-ठीक जो मैं कहना चाहता हूँ—

कहने की कोशिश कर रहा हूँ—लगता है, मैं समझा नहीं जा रहा हूँ—ठीक-ठीक उसको समझा नहीं जा रहा है। इस पर विदूषक माढव्य कुछ चकित भी होता है कि ऐसी कौन सी बात है, कौन सी तुम्हारी वेदना है जो लोग समझते नहीं हैं और कहता है कि मेरी परेशानी भी कभी-कभी ऐसी ही होती है। बहुत से रचनाकार अपनी यह वेदना व्यक्त करते रहते हैं, लेकिन विडम्बना के साथ पंडित जी ही उस गम्भीरता को कम भी करते रहते हैं—अपने प्रति घटते भी रहते हैं, उनकी औपन्यासिक कृतियों पर बहुत समीक्षाएँ आईं—समय-समय पर आती रहती हैं—बातचीत के द्वारा अक्सर ऐसा लगा कि ठीक-ठीक न समझे जाने की उनकी पीड़ा बराबर बनी रही। यह बात 'बाणभट्ट की आत्मकथा' पर की गई समीक्षाओं से भी हुई—इसलिए नहीं कि उसे असफल कहा गया, इसलिए कि जो वे कहना चाहते थे, वह लोगों तक पहुँच नहीं पाया। यह बात 'पुनर्नवा' के बारे में भी थी और यह बात 'अनामदास का पोथा' के बारे में भी थी। इसलिए ऐसे संवेदनशील, सृजक कथाकार ने सचमुच जो कहना चाहा हो और उसे पीड़ा बराबर बनी रही हो, उसको समझा नहीं गया हो, उसके बारे में सचमुच ही कुछ कहना और ऐसे व्यक्ति के लिए जो उनके चरणों में बैठकर कुछ सीखने का अवसर पा सका हो—वह बहुत ही डरते हुए, संकोच के साथ कोई बात कह सकता है। मैं स्पष्ट करना चाहता हूँ कि मैं भी ठीक-ठीक नहीं समझ सका हूँ—कुछ उस दिशा में प्रयत्न कर सका हूँ।

द्विवेदी जी के निबन्धों को ललित निबन्ध कहना काफी नहीं है—ललित निबन्ध से जो समझा जाता है। हर बड़ा लेखक और बड़ा रचनाकार, सृजक दूसरों के बनाए और सिले-सिलाए रेडीमेड कपड़े नहीं पहना करता है, वह प्रत्येक विधा के अन्तर्गत एक नई विधा बनाता है। यह कार्य द्विवेदी जी ने अपने निबन्धों के माध्यम से भी किया था, और जो भी लिखा है, आचार्य द्विवेदी ने—प्रत्येक क्षेत्र में एक बनी-बनाई विधा का जो ढाँचा था—उस ढाँचे को उनकी सृजनात्मक प्रतिभा ने तोड़कर, गढ़ करके नया बनाया है और जब उन्होंने यह किया तो हर बड़े उपन्यासकार ने उपन्यास के नाम पर चली आती हुई पहले की विधा को तोड़ा। टॉल्स्टॉय ने 'वार एंड पीस' लिखा तो उपन्यास की परिकल्पना इस रूप में की ही नहीं गई थी। जब जेम्स यार्ड ने 'यूनीसिफ' लिखा तो उपन्यास की परिकल्पना इस रूप में नहीं की गई थी। इसलिए आचार्य द्विवेदी के उपन्यासों के सिलसिले में उपन्यासकार के रूप में जो भी है और वह है—उन्होंने 'पुनर्नवता' शब्द का प्रयोग किया है।

वह पुनर्नवता कई ध्वनियों का संकेत देता है, फिर अपने प्रिय कवि कालिदास से ही उन्होंने यह शब्द लिया है और उनके प्रिय ग्रन्थ 'कुमारसम्भव'—जो रवीन्द्रनाथ ठाकुर को भी बहुत प्रिय था और पंडित जी को भी—रघुवंश से भी ज्यादा प्रिय कुमार सम्भव—उस 'कुमार सम्भव' के पाँचवें अंक में जब वटवेशधारी शिव पार्वती की परीक्षा लेने के लिए आते हैं (पार्वती तपस्या कर रही थीं) और उलटी-

सीधी बहुत-सी बातें शिव के खिलाफ स्वयं शिव ने कही तो पार्वती कुपित हुईं और वे क्रुद्ध होकर जब चलने लगीं तो शिव अपने वास्तविक रूप में प्रकट हुए और हाथ बढ़ाकर शिव ने उन्हें रोक लिया। इसमें अन्तिम दो श्लोक हैं जिनमें अन्तिम श्लोक में 'चन्द्र मौलि' शब्द आता है। यहीं इससे 'चन्द्र मौलि' शब्द भी लिया है—पंडित जी की अपनी परिकल्पना है कि कालिदास का नाम 'चन्द्र मौलि' रहा हो और वे कालिदास उस दिन से हुए जब शिव ने 'आज से मैं तुम्हारा दास हूँ' पार्वती से कहा और जिस दिन से चन्द्र मौलि कालिदास बने उस दिन 'पुनर्नवता' था। पंडित जी ने उपन्यास को 'पुनर्नवता' कहा है। हर बड़ा कलाकार सारी जगह को पहले से मिली विधा को, पुनर्नवता देता है केवल नवता नहीं। वह कोरा प्रयोज्यशील नहीं है, प्रयोगधर्मा नहीं है कि नितान्त नये प्रयोग करते हैं, बल्कि पूर्ववर्ती बड़ी विधा को पुनर्नवता देता है। आचार्य हजारीप्रसाद द्विवेदी ने उपन्यास की विधा को अपने ढंग से 'पुनर्नवता' दिया है। इसीलिए जिस प्रकार अपने निबन्धों को वे 'गप' कहा करते थे, उसी प्रकार अपने उपन्यासों को भी वे 'गप' ही कहा करते थे, यद्यपि यह 'गप' उस 'गल्प' से निकला हुआ है जो 'गल्प' आख्यानक कृतियों के लिए, चाहे कहानी के लिए इस्तेमाल किया जाए—चाहे उपन्यास के लिए इस्तेमाल किया जाए, ये 'गल्प' मिलते ही पंडित जी की एक खास तकनीक हुआ करती थी—वे एक उदाहरण देते थे। यह 'गल्प' वस्तुतः 'कल्प' का ही उद्‌भव रूप है जो 'कल्प' और 'कल्प शिष्ट' की सर्वत्र पूर्णतया पर्याय मानी जाती है। इस 'कल्प', 'गल्प' और 'गप' की सृष्टि उन्होंने अपने उपन्यासों में की है। इसीलिए उपन्यासों के लिए उन्होंने अपने अनुरूप ढीला-ढाला एक ऐसा विन्यास चुना है जिसमें वह सब कुछ कह सकें जो कहना चाहते हों। जहाँ कथानक संरचना भी है, कुछ चरित्र भी हैं, लेकिन आप देखेंगे कि उनके उपन्यासों को पढ़ते समय आपको वह बहुत कुछ मिलेगा जैसाकि 'महाभारत' में एक कहानी भी मिलती है, चरित्र भी मिलते हैं, महाभारत में दर्शन भी मिलता है, राजनीति भी मिलती है, उपदेश भी मिलता है, गम्भीरता भी, कविता भी—उन कई चीजों के समावेश के लिए उन्होंने एक नई विधा का निर्माण किया था और इसलिए आप देखेंगे कि इन चारों उपन्यासों का यदि कथात्मक विन्यास के रूप में अध्ययन करें तो कोई एक उपन्यास अपने विन्यास में दूसरे से नहीं मिलता। 'बाणभट्ट की आत्मकथा' पारिवारिक ढाँचे के बहुत निकट है और बहुत ढीला-ढाला कथानक है। 'पुनर्नवा' अपेक्षाकृत कसा हुआ कथानक है, बल्कि देखेंगे कि उसमें कौतूहल अन्य उपन्यासों से कहीं ज्यादा है। पठनीयता का गुण कदाचित् उनके उपन्यासों में सबसे ज्यादा 'पुनर्नवा' में है। अन्तिम उपन्यास का 'अनामदास का पोथा' नाम उन्होंने दिया—और उस पोथे में उन्होंने उपनिषदों में कही जानेवाली कथाओं के अनुसार दर्शन भी बहुत भरा हुआ है, कहानी भी है। यह मामूली बात नहीं है—बहुत कम रचनाकार और कथाकार

होते हैं जो ऐसा कर पाएँ। आचार्य द्विवेदी ये उपन्यास लिखने के लिए न आए थे, न बने थे—बावजूद इसके अपने उपन्यासों की सृष्टि के क्रम में उन्होंने कहीं अपने को कथा-विन्यास में और औपन्यासिक रचना-विधान में दोहराया नहीं—यह मामूली सतर्कता और कलात्मक रुचि का सूचक नहीं है। इस विन्यास से बदलने का कारण केवल कथात्मक प्रयोग ही नहीं है, बल्कि मूल चीज है उन उपन्यासों में वे जो कहना चाहते थे—वह क्या चीज है। मेरी यह धारणा बनी है, उनकी कृतियों को पढ़ते हुए कि चारों-के-चारों उपन्यास मूलत: प्रेम के उपन्यास हैं, उनके मूल में सबमें प्रेम बसा है। किन्तु प्रेम का स्वरूप क्या है—आचार्य हजारीप्रसाद द्विवेदी का—यही समझकर उनके उपन्यासों को ठीक से समझा जा सकता है।

ऊपर से देखने पर 'बाणभट्ट की आत्मकथा', जैसा मित्रों ने बताया कि 'बाणभट्ट' एक पुरुष-दो स्त्रियों के बीच चलनेवाले त्रिकोण की प्रेम कहानी है। 'चारु चन्द्रलेख' फिर त्रिकोण की प्रेम कहानी है—दो पुरुष और एक स्त्री—एक 'चन्द्रलेखा' और दो पुरुष हैं—एक ओर नागनाथ और दूसरी ओर 'सातवाहन' है, लेकिन ज्यादा पेचीदा है कि एक पुरुष और दो स्त्रियाँ भी हैं उसमें—एक ओर 'सातवाहन' और दूसरी ओर एक तो 'चन्द्रलेखा' है और दूसरी जो पुरुष वेश में थोड़े समय के लिए स्त्री आती है—'मैना'—'मृणावली'। तो 'चन्द्रलेखा' और 'मैना' के मूल में 'सातवाहन' है।

तीसरा उपन्यास आप देखें 'पुनर्नवा'—कहने के लिए कालिदास एक चरित्र के रूप में आते हैं लेकिन 'पुनर्नवा' वस्तुत: 'चन्दायन की चरैणी' चन्दा की लोक-कथा का साहित्य रूपान्तर है जिसमें गोपाल आर्य पंडित जी की अपनी व्युत्पत्ति के अनुसार 'लावारिक' है, लोरिक है—और उस लोरिक की दो प्रियाएँ हैं—एक 'चन्द्रा' है जो पहले से विवाहिता है और दूसरी उसकी अपनी परिणीता पत्नी जो 'मृणाल मंजरी' है तो एक पुरुष और दो स्त्रियाँ 'पुनर्नवा' में हैं। 'अनामदास का पोथा' में यह स्थिति तो नहीं लेकिन थोड़ी झलक मिलती है कि एक स्त्री और दो पुरुष वहाँ भी दिखाई देते हैं : जवाला, रैक्व और रैक्व का मित्र ऋषि कुमार। आप देखें तो इस प्रकार एक पुरुष और दो स्त्री या दो पुरुष एक स्त्री से प्राप्त मिली-जुली तमाम चीजों के बीच पंडित जी ने लौकिक और सामान्य धरातल पर भी प्रेम के बारे में एक विचित्र कहानी कहने की कोशिश की है। इस त्रिकोण में आम तौर से ईर्ष्या का भाव नहीं है—कहीं दिखाई नहीं पड़ता और जैसे ये उपन्यास प्रत्याख्यान करते हैं कि प्रेम की इस त्रिकोण कहानी में अनिवार्यत: एक तनाव हो, द्वन्द्व हो, ईर्ष्या का भाव हो—बल्कि ये दोनों कहीं-न-कहीं पूरे हिस्से में दिखाई पड़ते हैं। इतना अच्छा, सफल, सुखी दाम्पत्य जीवन मैंने बहुत कम लोगों का देखा है, जैसा पंडित जी और माता जी का। ऐसा विद्वान, गम्भीर पंडित जिसके जीवन में कहीं भी विचरण या भटकाव का कोई उल्लेख नहीं हो—ऐसा आदमी जिस प्रेम की कहानी कह रहा हो और इस प्रेम की कहानी में आप देखें कि जिस ढंग से कथा, जिस

गहराई और संवेदनशीलता के साथ कह रहा हो—इसकी कायदे से जाँच की जानी चाहिए। जो लोग समझते हैं और शायद सही हो कि भोगनेवाला मनुष्य और रचनेवाला मन दोनों जितना अलग-अलग हुआ करते हैं—उतना ही स्थिर कलाकार हुआ करता है। हम लोगों की धारणा कुछ बन चली है कि भोगा हुआ यथार्थ और भोगा हुआ अनुभव कहनेवाले लोग कदाचित् गलत समझेंगे और समझेंगे कि आचार्य द्विवेदी लिख ही कैसे सकते थे प्रेम कहानी—लेकिन शायद उच्चकोटि की कलाकृतियों में जो 'क्लासिक' हैं, उन 'क्लासिक' कृतियों में कदाचित् यही होता है कि भोगनेवाला मनुष्य और रचनेवाला मन-मस्तिष्क, इन दोनों में एक-दूसरे से अलग हो जाने की जितनी बड़ी क्षमता होती है—वहाँ उच्चकोटि की 'क्लासिक' कलाकृतियाँ रची जाती हैं और लिखी जाती हैं। पंडित जी की रचनाओं को इतनी अधिक गहराई में जाने का न इतना समय है, न मेरी क्षमता है, किन्तु इस प्रेमानुभूति के उस रूप की ओर मैं संकेत करना चाहता हूँ जहाँ मैंने कहा कि आचार्य द्विवेदी प्रेम कथाकार हैं—सौन्दर्य के सृजक हैं। मैं नहीं जानता कि हिन्दी उपन्यास में और उपन्यासों के दौरान अपने वर्णन एवं चित्रण में सौन्दर्य का ऐसा दिव्य वर्णन कहीं किया गया है या नहीं। 'पुनर्नवा' का उठान जिस देवरात के व्यक्तित्व से जहाँ मृणाल मंजरी का पहला नृत्य होता है और संगीत होता है—वे दृश्य अपने-आपमें पढ़ने लायक साहित्य हैं, जिस सौन्दर्य की परिकल्पना पंडित जी करते हैं—जिस बारीकी से किसी स्त्री के अंग-विन्यास, अँगुलियों के संचालन का वर्णन करते हैं—पंडित जी जब कहते हैं, 32 लक्षणों से पूर्ण यह स्त्री शरीर मैं देख रहा हूँ तो उन 32 लक्षणों को केवल शाब्दिक रूप में नहीं कहते बल्कि सही और साकार विद्यमान रूप में उस सौन्दर्य को उन्होंने उतार भी लिया है। 'पुनर्नवा' का उठान जिस सौन्दर्य के दिव्य वर्णन से होता है—अद्वितीय है। 'चारु चन्द्रलेख' के प्रारम्भ में प्रथम मिलन 'सातवाहन' का है जो घोड़ा दौड़ाते हुए चला जा रहा है और पहली बार लाल साड़ी पहने हुए 'चन्द्रलेखा' से उनका परिचय होता है तो घोड़े पर बैठाकर चलने का अद्भुत वर्णन है। 'बाणभट्ट की आत्मकथा' में तो कहने की आवश्यकता ही नहीं है, अनेक ऐसे अवसर आए हैं—विशेष रूप से गंगा में बहती हुई उस नाव का—चाँदनी रात में बाहर प्रतीक्षा करती हुई 'भट्टिणी' और भीतर 'बाण' सोये हुए हैं। ऐसे अनेक अवसर आपको मिलेंगे। आम तौर से पाया जाता है कि मनुष्य जब क्रुद्ध होता है तो इन्द्रियाँ शिथिल होती हैं—दर्शन की ओर भागने लगता है। रचनाकारों में आप देखेंगे कि प्राय: युवावस्था समाप्त होने पर भोगावस्था के अन्त में जैसे-जैसे वृद्धावस्था की ओर बढ़ते हैं—सौन्दर्य देखने की क्षमता भी तेज होती है—सौन्दर्य के वर्णन की क्षमता भी तेज होती है। 'अनामदास का पोथा' 70 साल का एक आदमी लिख रहा है—और रैक्व का वह कौतूहल, वह उत्सुकता जिससे पहली बार उसने स्त्री को देखा था—जैसे वह खोज रहा हो—जीवन में पहली बार कि नारी क्या

होती है। छायावादी कवि 'सेंस ऑफ वंडर' के लिए बड़े विख्यात कहे जाते हैं। उनमें पन्त ने भी, निराला ने भी ये 'वंडर' नहीं देखा—सौन्दर्य की उत्सुकता और कौतूहल का जो 'वंडर' होता है। इस सौन्दर्य को देखनेवाली जो दृष्टि थी—जिसका निर्माण और इस सौन्दर्य का एक लोक रचा है आचार्य हजारीप्रसाद द्विवेदी ने अपनी औपन्यासिक कृतियों में—मैं नहीं जानता कि दूसरे और कौन से उपन्यास हैं—चरित्रों के चित्रण के लिए उपन्यास—देशकाल की परिस्थितियों के वर्णन के लिए उपन्यास गिनाए जा सकते हैं—और भी अन्य सामाजिक, ऐतिहासिक आदि बोधों के उपन्यास गिनाए जा सकते हैं। कदाचित् इन उपन्यासों में सौन्दर्य के प्रति चित्रण भी मिल जाएगा—लेकिन मनुष्य का सौन्दर्य—चाहे वह स्त्री का हो या पुरुष का हो, इस सौन्दर्य का वर्णन जिस प्रकार कलाकृतियों में किया जा सकता है—आज के उपन्यासों में बहुत कम मिलता है। आचार्य द्विवेदी के उपन्यास यदि और नहीं तो इस दृष्टि से अद्‌भुत अवश्य हैं। इस प्रकार के सौन्दर्य और प्रेम की परिकल्पना ही आचार्य हजारीप्रसाद द्विवेदी की सम्पूर्ण जीवन-दृष्टि है। आचार्य हजारीप्रसाद द्विवेदी के प्रेम का रूप बहुत अधिक व्यापक था। यह प्रेम छायावादी और रोमांटिक कवियों वाला गीला-गीला, तरल-तरल, भावुक-भावुक, पानी-पानी वाला प्रेम नहीं था। यह प्रेम तलवार की धार था और किस प्रकार तलवार की धार था, यह बात उनके चरित्रों में भी देखी जा सकती है। 'मैना' वाला प्रेम बहुत कम चरित्रों में मिलेगा—निपुणता में सहनशीलता—वेदना और पीड़ा को सहने की शक्ति के साथ आत्म-बलिदान की क्षमता और दृढ़ता—ये संयम दिखाई पड़ता है, निपुणता भी दिखाई पड़ती है। उनके उपन्यासों में सम्भवत: सबसे तेजतर्रार अगर कोई स्त्री है तो वह 'चन्द्रा' है—'पुनर्नवा' की 'चन्द्रा' में जो तेज शक्ति दिखाई पड़ती है—आचार्य द्विवेदी के प्रेम की परिकल्पना ही होती है। यह प्रेम वह शक्ति है जो धर्म और सामाजिक रूढ़ियों को काटती और तोड़ती है। आचार्य हजारीप्रसाद द्विवेदी का यह प्रेम जिसे आप सुविधा के लिए कहते हैं कि उस सामन्त विरोधी रूप में आता है जिसमें सूफियों का प्रेम प्रकट हुआ है—जहाँ मजहब की कठोर दीवारों को प्रेम का तीर तोड़ता है—यह भक्तों का प्रेम था जिसने सामाजिक बन्धनों और रूढ़ियों को तोड़कर विद्रोह किया। इसीलिए यह प्रेम, बराबर आप देखेंगे कि तमाम पुरानी रूढ़ियों, धार्मिक कर्म-कांडों और प्रथाओं के विरुद्ध है। 'पुनर्नवा' में यह स्पष्ट कहा गया है कि जब महापुरुष और धर्माचार्य बैठकर विचार कर रहे हैं कि क्या व्यवस्था करनी चाहिए—तो उस समय गुरुदेव कहते हैं कि 'हे तात, यदि धर्म की आप नई व्यवस्था नहीं करेंगे और उस स्वच्छन्द प्रेम के लिए जो गली-गली गूँज रहे हैं, इनका समावेश आप नहीं करेंगे तो धर्म भी टूटेगा, हम-आप भी टूटेंगे। इससे यह प्रेम तमाम पुरानी रूढ़ियों के विद्रोह के रूप में है। यही कारण है कि द्विवेदी जी इस प्रेम का आधार नारी को मानते हैं—पुरुष को नहीं। उनके उपन्यासों की नायिकाएँ

जो ज्यादातर हैं, एक शब्द में वे 'पतिताएँ' हैं। एक बार बातचीत के सिलसिले में उन्होंने कहा था कि 'मैंने उस उपन्यास में यह दिखा दिया है कि यह पुरानी रचना नहीं हो सकती।...और मैंने चुपके से रवीन्द्रनाथ की एक कविता जो 'पतिता' शीर्षक से है—उस कविता का पूरा अनुवाद उसमें डाल दिया है।' मैंने उसके बाद उनके एक प्रसंग में सुना कि शरत्चन्द्र ने रवीन्द्रनाथ ठाकुर को एक पत्र लिखा था जिसमें उन्होंने गुरुदेव को कहा था कि आपकी एक कविता ने मेरी जीवनधारा बदल दी, और वह कविता है—'पतिता'। वह 'संचयिता' में नहीं है, 'चयनिका' में है। और तब से समाज में जो स्त्रियाँ लांछिताएँ और पतिताएँ समझी जाती हैं, मेरा ध्यान उनकी ओर गया और मुझे लगा कि जितने दिव्य मानवीय गुण उनमें पाए जाते हैं, जितना तेज उनमें होता है, जितनी शक्ति उनमें मिलती है—वह उन लोगों में नहीं मिलती जो कुलवधुएँ होती हैं। शरत्चन्द्र का समूचा साहित्य जैसे उस 'पतिता' नाम की कविता का भाष्य है—चाहे वह 'ऋषिकान्त' हो या उसके बाद की कृतियाँ। उस कविता को सुनाने का अवसर नहीं है, किन्तु सार रूप में व्यक्तित्व की वह गूँज जो अनेक कृतियों में पढ़ने से दिखाई पड़ती है, वह यह है :

एक ऋषि कुमार...किशोरवय—प्रात:काल गंगा स्नान करने के लिए गया और उषा काल में जल में स्नान करती हुई एक स्त्री को देखता है; और देखते ही उसे ऐसा प्रतीत हुआ, जैसाकि उसने वेद की ऋचाएँ पढ़ रखी थीं और वेद में उसने 'उषा' का वातावरण और सरिता का वर्णन पढ़ा था। उसे लगा कि स्वयं साक्षात् वह कुशाली गंगा के जल से चली आ रही है और वह धड़ाधड़ वेद के मंत्र बोलने लगा—यानी दैवी ऋचाओं का प्रयोग एक सामान्य स्त्री के लिए जो स्नान करके निकल रही है—वह चकित हुई—ऋषि कुमार के भोलेपन पर मुस्काई, दया भी उसे आई और उसने कहा कि तुम नहीं जानते, मैं तो वेश्या हूँ और तब वह कहती है कि मैंने कोठे पर न जाने कितने राज-पुरुषों से, बड़े-बड़े आदमियों से अपनी प्रशंसा में 'चाटु' वचन सुने हैं, लेकिन जीवन में पहली बार मैंने एक भोले हृदय से उसकी वाणी में दिव्य वचन सुने हैं, आज मैं धन्य हूँ। अनजाने में उस ऋषि कुमार ने जैसे उसे अपने बारे में उसके स्वभाव का बोध कराया, उसकी अस्तित्वता का बोध कराया और उस वचन ने—उस क्षण ने जैसे उसके समूचे जीवन को, उसके पतित जीवन को एक दिव्य प्रभाव दे डाला। यह कविता 'पतिता' एक ओर शरत्चन्द्र की पूरी जीवन-दृष्टि को बदलती है और उनके समस्त चरित्रों की प्रेरक बनती है, कदाचित् पंडित जी जब सुना रहे थे तो कहाँ उनके मन में यह भाव रहा हो और जीवन के प्रसंग के सिलसिले में उन्होंने कहा था कि मैं जब बहुत छोटा था, गाँव में रहता था तो एक स्त्री, जिसको सभी लोग बहुत दुश्चरित्रा कहा करते थे, किन्तु मैंने पाया कि जितने मानवीय गुण—दया, सहानुभूति, सहनशीलता उस स्त्री में थे—मैंने बड़ी-बड़ी कुलवधुओं में नहीं देखे। शायद कहीं 'निउनिआ' के रूप में—और

भाई रवीन्द्र भ्रमर जी ने ठीक कहा, दरअसल वह 'नउनिआ' है एक छोटी जाति पतिता—लांछिता—जिसको पंडित जी ने प्रकृति का सहारा लेकर 'नउनिआ' को 'निउनिआ' किया और जो संस्कृत की निपुणिया बन गई। उस निपुणिया का चरित्र जिस महिमा के साथ व्यक्त हुआ है—अद्वितीय है।

इस प्रकार उनका प्रेम वह छायावादी कवियों का, रोमांटिक लोगों का—या 'शेखर : एक जीवनी' की शशि वाला प्रेम नहीं है। आचार्य द्विवेदी के उपन्यासों में प्रेम जो धार प्राप्त करता है, वह धार आती है एक 'पतित' स्त्री से—बहुत निचले तबके से आती है। यह आकस्मिक नहीं है कि सन्त साहित्य के प्रेमी यानी कबीर, रैदास आदि का साहित्य पढ़ करके जिस आचार्य ने समझा था कि समाज की इस विषम व्यवस्था में प्राय: इनसानियत जिसे कहते हैं—वह मानववाद और मानव-मूल्य अक्सर उन लोगों में सुरक्षित होते हैं जो समाज में सबसे छोटे समझे जाते हैं, सबसे पतित समझे जाते हैं—उनमें ही गुण ज्यादा होते हैं और वे गुण प्रेम की उस प्रखरता के साथ व्यक्त होते हैं जो पूरी ताकत के साथ पुरानी रूढ़ियों पर, पुरानी व्यवस्था पर प्रहार करते हैं। प्रेम का यह तेजस्वी रूप पंडित जी की आस्था में दिखाई पड़ता है। इस तेजस्वी रूप को आप देखेंगे कि इस तेजस्विता को पंडित जी ने क्रमश: भक्तिकाल से प्रेरणा लेकर जोड़ा है—दिव्यता और गरिमा से। पंडित जी की कृतियों में तंत्र की चाहे जितनी चर्चा हो; योग की, साधना की चाहे जितनी चर्चा हो, लेकिन तंत्र, योग, साधना, सभी अवनत होते हैं—प्रेम की तुलना में। जिस चन्द्रलेखा को सत्य नहीं प्राप्त हो सका नागनाथ के चरणों में रहकर—पारस साधना करके भी—अन्त में उस चन्द्रलेखा को नाटी माता के चरणों में उस प्रेम का सुख मिला। महारानी चन्द्रलेखा को भगवान के महान प्रेम का ज्ञान उस मामूली 'नट जाति वाली' नाटी माता के चरणों में बैठकर सम्भव हुआ और यह प्रेम जिस सत्य से जुड़ता है, उसमें कहा गया है कि 'निर्भय होने की शक्ति डालो'। कबीर ने लिखा था कि योग के क्षेत्र में भक्ति का बीज पड़ने से जो लगाव पैदा होता है, वह ही कबीर की वाणी है। प्रेम में यह शक्ति तंत्र और नाथों के दर्शन से आई थी। 'अभोर भयो एक ओर' कहते हैं, किसी से न डरो—वेद से भी नहीं, लोक से भी नहीं, गुरु से भी नहीं। ध्यान रखने की बात है कि वेद से न डरने की बात तो और कई लोग कहते हैं, गुरु से न डरने की बात और भी कई लोग करनेवाले हैं लेकिन लोक से न डरने की बात कम लोग करते हैं। इस सम्पूर्ण निर्भयता का सन्देश भक्ति के दर्शन से प्राप्त हुआ करता है। यही वह प्रेम शक्ति थी जिसने चाहे जायसी को ताकत दी जो अपने जमाने के बड़े-से-बड़े बादशाह के सामने न झुका। कबीर को यह ताकत दी, तुलसी को यह ताकत दी, सूर को यह ताकत दी। यह प्रेम का वह आराधक और साधक रूप है जो बड़ी-से-बड़ी सत्ता के सामने भी निर्भय और निर्भीक रह सकता है। स्वयं 'बाणभट्ट की आत्मकथा' में बाणभट्ट पहली बार जब राज

दरबार में गया, तो पान का बीड़ा उसे उठाना पड़ा था और उसके बाद वह कवि बना रह गया था—समय की परिस्थितियों का वर्णन आप पढ़ें तो बाणभट्ट के असमंजस का पता चलेगा, यही नहीं बल्कि पूरा उपन्यास राजसत्ता की अधीनता के अभिशाप की ट्रेजिडी है। बाणभट्ट की मृत्यु इसीलिए तो हुई थी कि 'निउनिआ' ने यही तो कहा था कि मुझे सन्त ने बताया है कि जिस दिन से तुम राजा की स्तुति करने लगोगे, उस दिन से तुम्हारी आयु घटने लगेगी। यइ इतना बड़ा कथन आचार्य हजारीप्रसाद द्विवेदी लिख सकते थे, कह सकते थे—इसलिए आप न समझें कि उनके कृतित्व की उदारता, विनम्रता आदि एक भ्रम है—उसके नीचे इस्पाती शक्ति छिपी हुई थी।

आचार्य हजारीप्रसाद द्विवेदी के उपन्यास प्रेम के उपन्यास हैं, लेकिन इस प्रेम में इतनी बड़ी शक्ति हुआ करती थी और वह शक्ति कितने रूपों में व्यक्त हुआ करती थी—चाहे वह देश-प्रेम के रूप में या विदेशी शक्तियों के विरुद्ध संघर्ष करनेवाली जनशक्ति के रूप में प्रकट होती हो, साधारण जनता के प्रति प्रेम के रूप में प्रकट होती हो, पुरानी रूढ़ियों के विरुद्ध विद्रोह के रूप में प्रकट होती हो—यह वह शक्ति है जो हिन्दी साहित्य में या तो प्रेमचन्द में दिखाई पड़ती है या फिर हजारीप्रसाद द्विवेदी के उपन्यास में दिखाई पड़ती है। इसकी मुझे थोड़ी-सी झलक मिली थी—मैंने प्रयास किया कि उस झलक से यदि आपका कुछ परिचय करा सका तो उनके चरणों में यह मेरी श्रद्धांजलि होगी। इन शब्दों के साथ एक बार फिर मैं आज की गोष्ठी में भाग लेनेवाले और गम्भीर निबन्ध पढ़नेवाले विद्वान मित्रों को बधाई देता हूँ और हिन्दी अकादमी, दिल्ली तथा हिन्दी विभाग, जामिया मिल्लिया इस्लामिया ने संयुक्त रूप से यह जो गंगा-यमुना बहाने की कोशिश की है, वह आचार्य द्विवेदी जैसे संयम वाले व्यक्तित्व के द्वारा ही सम्भव हो सकता था। इसके लिए उन लोगों को भी बधाई और आप सभी को जिन्होंने धैर्यपूर्वक सुना।'

रहस्यवाद का सामाजिक आधार और महादेवी की कविता

महादेवी जी पर यह गोष्ठी न होती तो शताब्दी उत्सव लगभग समाप्त हो गया होता और मैं कुछ न कह पाता। लगभग 50 साल पहले महादेवी पर एक पुस्तक प्रकाशित हुई थी। उस समय प्रसिद्ध समालोचक शिवदान सिंह चौहान के सम्पादन में 'आलोचना' पत्रिका की शुरुआत हुई थी। उसके दूसरे अंक में मैंने एक समीक्षा लिखी थी जो पुनः किसी पुस्तक में प्रकाशित नहीं की। उस समय शचिरानी गुर्टू सम्पादन का कार्य कर रही थीं। उन्होंने अनेक ग्रन्थों का सम्पादन किया था और लिखा भी था। उन्होंने महादेवी जी पर एक पुस्तक सम्पादित की थी, जिसमें अनेक लोगों से लिखवाया भी था। उस समय पुस्तक की समीक्षा करने के बहाने मैंने जनवरी, 1952 में पहली बार महादेवी पर कुछ लिखने की कोशिश की थी। उस समय में एक लेख डॉ. रामविलास शर्मा का था। रामविलास जी का महादेवी पर पहला लेख था। शर्मा जी ने महादेवी पर लिखा था, मैंने तो बस पुस्तक की समीक्षा की थी। उसके बाद 1953 में मैंने रहस्यवाद पर पहला लेख लिखा जो 'आधुनिक साहित्य की प्रवृत्तियाँ' में संकलित है। उनको दोबारा मैंने नहीं पढ़ा। 1954 में मैंने छायावाद पर किताब लिखी, जिसमें महादेवी वर्मा जी की चर्चा है—अन्य छायावादियों के समान। आपने इस कार्यक्रम के बहाने मुझे महादेवी जी को फिर से याद करने का अवसर दिया। मुझे भय है कि इसके बाद महादेवी जी पर मैं न बोलनेवाला हूँ, न लिखनेवाला हूँ।

महादेवी जी के साथ रहस्यवाद चिपक गया है। आचार्य रामचन्द्र शुक्ल ने अपने 'हिन्दी साहित्य का इतिहास' में लिखा है कि छायावादी कहे जाने ('कहे जाने' पर ध्यान दीजिएगा) वाले कवियों में महादेवी जी ही रहस्यवाद के भीतर आती हैं, छायावाद में रहस्यवाद के भीतर यही आती हैं। तब से मैं देखता हूँ कि महादेवी जी के साथ रहस्यवाद चिपक गया है। रामविलास जी ने अपने उसी लेख में महादेवी जी के साहित्य को रहस्यवाद के साथ बाँधकर देखने को उनके साथ अन्याय कहा है—उनकी कविताएँ भी और उनका समूचा साहित्य भी जो गद्य का

लिखा हुआ है। इसलिए महादेवी के मूल्यांकन के लिए आपने जो रहस्यवाद के सामाजिक आधार की बात की है, उसमें महादेवी जी को रहस्यवाद के दायरे में सीमित करना, उसे प्रशंसा में कहें या निन्दा में कहें, महादेवी जी को अधूरा देखना है और सच तो हिन्दी में यह दुर्भाग्यपूर्ण है। आचार्य रामचन्द्र शुक्ल जी ने 1928 के आसपास रहस्यवाद पर पुस्तक लिखी और उसके द्वारा सारे छायावादी कवियों को ध्वस्त करने की कोशिश की थी। आचार्य शुक्ल जी छायावाद के भी विरुद्ध थे और उसमें भी ततोलिक रहस्यवाद के तो घोर विरुद्ध थे। रामविलास जी ने 1946 में निराला पर एक किताब लिखी थी और उसी समय निराला ने शुक्ल जी के रहस्यवाद का भी खंडन किया था। निराला जी के उस खंडन को रामविलास शर्मा जी ने अपनी किताब 'काव्य साहित्य' में संकलित किया। इस खंडन में निराला जी कहते हैं कि पंडित रामचन्द्र शुक्ल की 'काव्य में रहस्यवाद' पुस्तक उनके आलोचना से पहले उनके अहंकार, हठ, मिथ्याभिमान तथा रहस्यवादी या छायावादी को जानेवाले कवियों के प्रति उनकी अपार घृणा सूचित करती है। ऐसा दुर्वासा समालोचक कभी भी किसी कृति शकुन्तला का कुछ बिगाड़ नहीं सके। अपने साख से उसको चमका दिया है। रामविलास जी ने इस पर उसी किताब में टिप्पणी की : 'शुक्ल जी और छायावादियों के विवाद में विजय छायावादियों की हुई। आज काव्य में रहस्यवाद एक मनोरंजन की वस्तु बनकर रह गई है, और छायावाद की अनेक रचनाएँ हिन्दी का कंठाहार बनी हैं।' इसलिए पहली बात यह है कि जो अकबर ने कहा है, 'अकबर नाम लेता है खुदा का इस जमाने में।' 2006 में हिन्दी विभाग रहस्यवाद की चर्चा करे, यह अपने-आपमें एक विडम्बना है लेकिन चूँकि यह हमारे इतिहास का एक अध्याय रहा है और इसके कारण कविता के मूल्यांकन में कई चीजें आई हैं। खास तौर पर मिस्टिसिज्म का यह दौर 1928 के आसपास का है।

रहस्यवाद एक नहीं है, अनेक है। अजीब बात यह है कि उस समय रहस्यवाद को हर जगह ढूँढ़कर शुक्ल जी ने उसका विरोध किया। उनको भ्रम हो गया था। रहस्यवाद का विरोध करने के दो कारण थे। प्रथम तो यह कि रवीन्द्रनाथ टैगोर को नोबेल पुरस्कार 'गीतांजलि' पर मिला। 'गीतांजलि' के जो गीत हैं, वे रहस्यवादी हैं। उसमें शुक्ल जी ने मिस्टिसिज्म देखा। उन्होंने कहा कि पुरस्कार इसलिए मिला है कि रवीन्द्रनाथ जी डब्ल्यू.बी. यीट्स के दोस्त हैं और उन्होंने पुरस्कार दिलवाया। यीट्स की गहरी छाप बच्चन पर है और बच्चन जी ने उन पर शोध भी किया है। यीट्स आयरिश मूल के थे। आयरिश मूल में क्रिश्चियनिटी और इसके कैथोलिक रूप एक हिस्से में बहुत ज्यादा है। इसलिए यीट्स के सम्पर्क से एक तो यह हुआ कि यूरोप से 'गीतांजलि' प्रभावित है। शुक्ल जी ने तुलना करने की कोशिश की ही नहीं, जबकि दोनों की कविता में बहुत फर्क है। जिस आदमी ने 'टावर' जैसी

कविता लिखी हो, जबकि रवीन्द्रनाथ ने ऐसी कोई कविता नहीं लिखी। तुलना नहीं की, बस, दोनों की मित्रता पर चले गए। सबसे खतरनाक यह लगा कि यीट्स में क्रिश्चियन मिस्टिसिज्म है। क्रिश्चियनिटी के कारण शुक्ल जी का हिन्दुत्व उभरा और उन्होंने कहा कि हिन्दी में एक तो पश्चिम का प्रभाव है। वह लेख पढ़ें, बहुत दिलचस्प है। विलियम ब्रेथ जो तीव्र रोमांटिक हैं, वह क्रिश्चियनिटी सम्प्रदाय से जुड़े हुए हैं। ब्रेथ में क्रिश्चियन मिस्टिसिज्म दिखाई पड़ता है तो उन्हें लगा कि जो अंग्रेजी की रोमांटिक कविता थी उसमें भी कहीं-न-कहीं मिस्टिक एलिमेंट था और उसमें क्रिश्चियन मिस्टिसिज्म। दूसरी बात है कि रोमांटिक लोग उसके खिलाफ थे। शुक्ल जी ने यह भी कहा है कि एक यूरोप और दूसरी क्रिश्चियनिटी यह बंगाल में पहले आई और बंगाल में ईसाइयत का प्रभाव, प्रचार-प्रसार भी बहुत हुआ था। रवीन्द्रनाथ की 'गीतांजलि' के प्रभाव से हिन्दी साहित्य व्यथित हो रहा है, नष्ट हो रहा है। उनकी नकल पर यहाँ ऐसी कविताएँ लिखी जा रही हैं, जो दूषित हो रही हैं। यूरोप के ईसाइयत को और उन्होंने कहा कि बंगाल में छायावाद और रहस्यवाद है, हिन्दी में भी आ रहा है। यह जानने की कोशिश नहीं कि 'हिस्ट्री ऑफ बांग्ला लिटरेचर' में कहीं 'छायावाद' शब्द का इस्तेमाल नहीं हुआ है। आचार्य हजारीप्रसाद द्विवेदी ने बहुत बाद में कहा कि बंगाल में छायावाद कोई जानता ही नहीं है। रवीन्द्रनाथ की कविताओं को छायावादी नहीं कहा जाता, रोमांटिक कहते हैं और रहस्यवाद का भी कहीं जिक्र बांग्ला कविता में नहीं किया है। इसलिए शुक्ल जी ने एक नया बड़ा नाम खोज लिया। छाया के समानान्तर उन्हें फैंटासमाटा मिला। अंग्रेजी कविता की आलोचना में कहीं फैंटासमाटा का प्रयोग नहीं मिलता। फैंटासमाटा छाया होती है। पन्त ने छाया पर एक कविता लिखी थी तो उन्होंने कहा कि यह कविता छायावादी है और 'फैंटासमाटा' शब्द उन्होंने गढ़ लिया। शुक्ल जी के बारे में कहूँगा कि बुद्धि हो तो इनसान क्या नहीं साबित कर सकता! शुक्ल जी का ज्ञान अध्ययन है। अंग्रेजी साहित्य की दो आलोचनात्मक पुस्तक को पढ़कर उन्होंने छायावाद, रहस्यवाद और पूरे यूरोप के बारे में लिख डाला है। नतीजा इस रहस्यवाद का इतना दूर तक हुआ कि 1928 से लेकर 1930-39 तक हिन्दी में चलता रहा। शुक्ल जी ने 'काव्य में रहस्यवाद' नामक पुस्तक लिखी। 'हिन्दी साहित्य का इतिहास' में उसी पुस्तक से छायावादी रहस्यवाद के बारे में लिखा।

'पद्मावत' का सम्पादन जो शुक्ल जी ने किया तो सूफियों के रहस्यवाद पर पूरा-का-पूरा विचार किया और सारी सूफी कविता रहस्यवाद के खाते में डाल दी। मैं कहना चाहता हूँ कि एक शब्द, एक धारणा जब विमर्श के अन्दर आ जाए तो उसके कारण अपने साहित्य की, समकालीन साहित्य की पूरी परम्परा के मूल्यांकन में कैसे हमारी दिशा भटक जाती है! इसलिए जरूरी है कि आप फिर से अपने पूर्व रहस्यवाद को देखें। प्रसाद जी ने 'रहस्यवाद' लेख लिखा कि वेद से लेकर तत्त्व

विद्या, दर्शन और अब तक आते हुए उन्होंने यह साबित कर दिया कि रहस्य की हमारी परम्परा तो बड़ी पुरानी है। इसलिए हम कोई अन्याय नहीं कर रहे हैं अपनी परम्परा के साथ। शुक्ल जी ने कहा कि यह यूरोप की चीज है, साहित्य की देन है तो उन्होंने साबित किया कि रहस्यवाद तो वेद की चीज है। महादेवी जी ने भी वेद से शुरू किया। वे संस्कृत की विदुषी महिला थीं। उन्होंने शुक्ल जी को जवाब देते हुए कहा कि हमारी परम्परा रहस्यवादी परम्परा है। यही नहीं, उन्होंने भक्तिकाल और सन्तकाल लिया और कबीर, जायसी को रहस्यवादी कहा। मध्यकाल रहस्यवाद हुआ। इसलिए वर्तमान को उचित ठहराने के लिए कवियों की बहुत बड़ी शक्ति अपनी परम्परा के पुनर्मूल्यांकन की ओर गई और इस तरह रहस्यवाद स्थापित हो गया। इस पृष्ठभूमि में रहस्यवाद के सामाजिक आधार बताने से पहले आपसे निवेदन करना चाहता हूँ कि रहस्यवाद एक नहीं है, अनेक प्रकार का है। उसमें भेद करने की जरूरत है।

एक तो निश्चित रूप से धर्म में रहस्यवाद है। शुक्ल जी ने कहा था कि यदि परम सत्ता को अज्ञात मानें बल्कि अज्ञात नहीं, अज्ञेय मानें तब वह रहस्यवाद होता है। परम तत्त्व, परम सत्ता क्या है? ईश्वर तो वेल डिफाइंड (Well Defined) है। ईश्वर के अतिरिक्त एक परम सत्ता, वह सत्ता अज्ञात और अज्ञेय है। धर्म की ताकत इसी बात में है कि परम सत्ता को अज्ञात और अज्ञेय समझे, तभी वह सबसे शक्तिशाली होगी। जो अमूर्त है, जान नहीं सकते, वह इन्द्रिय, बुद्धि से, मन से जो परे है वह पकड़ में नहीं आएगी तो आप क्या बिगाड़ लेंगे उसका? इसलिए धर्म का केन्द्र परम सत्ता है, जो जानी नहीं जा सकती, उसकी सत्ता बनी रहती है। जिस दिन जान जाते हैं, उस दिन मुट्ठी में कर लेते हैं। इसलिए स्वाभाविक है कि धर्म का बहुत बड़ा अंश रहस्यधर्मी हो, रहस्य बनाए रखे। कुंडलिनी आपके शरीर में है, आपको पता नहीं, कौन-सा है। जगाते रह जाते हैं, इसलिए बाबा लोगों की जो ताकत है, वह रहस्य में है, गुफा में जाकर बैठ जाते हैं। 'धर्मस्य तत्त्वम् निहिताम् गुफायाम्'—अगर गुफा में रहें तो एक रहस्य है। इसीलिए रहस्य में आकर्षण भी होता है और भय भी होता है, आतंक भी होता है। यह धर्म में तो है लेकिन भूल जाते हैं कि बहुत सारा साहित्य धर्म से प्रेरित रहा है—चाहे वह ईसाई, इस्लाम, हिन्दू धर्म या जैपनिज हो। उनका एक पहलू है। निश्चय ही उनका परम सत्ता की परिकल्पना के साथ रहस्य है। जिस दिन किसी ने कहा, 'अनहलक'—मैं ही सच हूँ, सूली पर चढ़ा दिया गया। यह कैसे हो सकता है कि आदमी दावा करे 'अहम् ब्रह्मास्मि'? वह सूली पर चढ़ा दिया गया। वह रहस्य है क्योंकि धर्म रहस्य के रूप में आता है। एक कौंध है, चमक है, जैसे मुसा को हुई थी और वे अन्धे हो गए थे। एक बिजली की तरह से ज्ञान पैदा होता है। वह कहाँ से आता है, यह कोई नहीं जानता। हर धर्म के पहलू में आपको रहस्य मिलेगा। एक तो यह और दूसरा यह कि साहित्य में रहस्य का आभास मिलेगा लेकिन

साहित्य में पहले हम जिन सूफियों के रहस्य की बात करते हैं और उसके बाद हम कबीर और जायसी का रहस्य एक ही नहीं कहते और जो रहस्य कबीर और जायसी के यहाँ है, वही महादेवी और निराला या प्रसाद में नहीं है। आगे चलकर उसी परम्परा में, साहित्य में रहस्य की परम्परा को देखें तो छायावाद के जमाने में पन्त जी में रहस्यवादी तत्त्व बहुत कम था, लेकिन रहस्यवाद तो मलेरिया बुखार है, जड़ से जाता नहीं। इसलिए पन्त जी में तब जो रहस्यवाद उतना नहीं आया था, वह आया 1942-43 ईस्वी में लिखी उनकी पुस्तक 'स्वर्ण-किरण' में। अरविन्द से प्रभावित होकर रहस्यवाद में नया उभार आया—नूतन रहस्यवाद। जबकि पन्त जी 'ग्राम्या' लिख चुके थे। आकाश से धरती पर उतर चुके थे। फिर जब अरविन्द की 'डिवाइन' (Divine) पढ़ी तो 'स्वर्ण-किरण' लिखी।

यही नहीं, क्रान्तिकारी कविता लिखनेवाले पंडित बालकृष्ण शर्मा 'नवीन' ने स्वतंत्रता मिलने के बाद 'क्वासी' नाम की पुस्तक लिखी। हमने सोचा कि पुराने छायावादी हैं, इनमें रहस्य की छौंक लग गई। 1960 के आसपास अचानक एक और रहस्यवाद नई कविता में पैदा हो गया। अज्ञेय जी ने 'असाध्य-वीणा' लिखी, 'असाध्य वीणा है, बज रही है, कोई नहीं है'। महादेवी की कविता समझ में आनेवाली है। न अज्ञात है, न अज्ञेय। इसलिए मैंने कहा, साहित्य में भी कई प्रकार का रहस्यवाद है : निर्गुण वाले कबीर, सूफी वाले जायसी, रामकृष्ण परमहंस और विवेकानन्द से प्रभावित निराला, शैव प्रत्यभिज्ञा दर्शन से प्रभावित होनेवाले प्रसाद, महादेवी और 'स्वर्ण-किरण' के पन्त, क्वासी के नवीन और फिर नई कविता के प्रयोगवादी 'असाध्य वीणा' वाले अज्ञेय जी। दर्शनों, प्रवृत्तियों के हिसाब से देखें तो मध्यकालीन धर्म साधन और आधुनिक दौर की रोमांटिक कविताएँ जिसे आप कहते हैं, फिर आप अज्ञेय जिनके समय में साहित्य में अस्तित्ववादी दर्शन का प्रभाव था, उनमें दिखाई पड़ती है रहस्यवादी कविता। इसलिए साहित्य में रहस्यवाद कई प्रकार का है, कई रंग में है। किस रहस्यवाद का सामाजिक आधार आप ढूँढ़ना चाहते हैं?

कई लोगों का खयाल है कि धर्म में ही रहस्यवाद है। शुक्ल जी ने एक पुस्तक 'रिडल ऑफ यूनिवर्स' (Riddle of Universe) का 1920 के आसपास हिन्दी में अनुवाद किया। लम्बी भूमिका लिखी गई। प्रसिद्ध भूमिका है। इसमें डार्विन के विवासवाद का योग था। इस किताब का अनुवाद शुक्ल जी ने अपने ढंग से किया। 'रिडल' को हिन्दी में 'पहेली' या 'रहस्य' कहते हैं, जबकि शुक्ल जी ने 'प्रपंच' किया। कायदे से इसका अनुवाद 'रहस्य' होना चाहिए। लेकिन विज्ञान के बारे में लिखी हुई किताब थी। विज्ञान को रहस्य कैसे कह देते? उनकी आस्था थी, विश्वास था, विज्ञान पर। लिखी हुई किताब धर्म का खंडन करेगी इसलिए उसका अनुवाद उन्होंने 'प्रपंच' नाम से किया। प्रपंच तो बड़ी सांसारिक चीज है। उसका

निष्कर्ष निकालते हुए आपको एक कोटेशन देना चाहता हूँ। सर ऐजवेल लाज का बड़ा जिक्र करते हुए उन्होंने कहा है कि 'सृष्टि में जिन रहस्यों को विज्ञान खोल चुका है, उनके सम्बन्ध में जो प्राचीन पौराणिक कथाएँ और कल्पनाएँ हैं, वह भाल, तलवार काम नहीं दे सकती। अब जिन्हें मैदान में आना है, वह मानव विज्ञानों से तथ्य संग्रह करके नीचे सीधे उस सीमा पर जाएँ जहाँ दो पक्ष अड़े हुए हैं : एक ओर आत्मवादी, दूसरी ओर अनात्मवादी। एक ओर जड़वादी, दूसरी ओर चैतन्यवादी। उनकी चेतना की नित्य सत्ता सर्वमान्य हो गई तो सब मतों की भावना का समर्थन हुआ, क्योंकि चैतन्य सर्वस्वरूप है। नाना भेदों में अभेद दृष्टि सच्ची तथ्य दृष्टि है। इसी के द्वारा सत्य का अनुभव और मत-मतान्तर, राग-द्वेष का संग्राहार हो जाता है।' इसलिए शुक्ल जी यह दिखाना चाहते हैं कि विज्ञान में रहस्यवाद की गुंजाइश नहीं है। फिर भी ज्ञान स्वयं मानता है कि विश्व हमारे लिए एक पहेली है। आइंस्टाइन का सिद्धान्त पढ़ें, आज भी यही मालूम है कि आकाश के बहुत से रहस्य अब भी अनसुलझे हुए हैं। विज्ञान स्वयं मानता है कि बहुत कुछ है इस ब्रह्मांड में। अनेक नक्षत्रों, तारों के बारे में हम नहीं जानते। सौरमंडल के बारे में भी हमारी जानकारी अभी तक पूरी नहीं हुई है। इसलिए विज्ञान आज भी बहुत सारे तथ्यों को रहस्य के परदे में मानता है। खास तौर से जो भौतिकी वाले वैज्ञानिक हैं, उनके अनुसार पृथ्वी के बारे में ही हमें पूरी जानकारी नहीं है। पृथ्वी के गर्भ में क्या कितना है, हम नहीं जानते हैं। अगर जानते होते तो सूनामी नहीं आती, कंट्रोल कर सकते थे। अचानक स्वयं पृथ्वी के अन्दर से ही ऐसी घटना हो जाती है जिसे आप जानते नहीं, अगर जानते तो अधिकर हो जाता। आप उसे रोक सकते हैं, बदल सकते हैं। अभी तक हमको धरती के प्राणियों के बारे में पूरी जानकारी नहीं है। कितने प्राणी हैं, हम जानते ही नहीं। इसलिए शुक्ल जी का यह भ्रम था कि विज्ञान है इसलिए वहाँ रहस्य नहीं है। रहस्य धर्म में है, रहस्य साहित्य में हो सकता है। रहस्य केवल साहित्य का ही आभूषण नहीं है अथवा कलंक नहीं है, बल्कि यदि कलंक है तो विज्ञान के सुन्दर माथे पर लगा हुआ है। वह दर्शन के भी माथे पर है, साहित्य के माथे पर है, सर्वत्र दिखाई पड़ा है।

ब्रह्म के बारे में भी यही कहा जाता है। एक शब्द ब्रह्म नाम की भी चीज होती है। यह शब्द ब्रह्म क्या है! शब्द का अर्थ क्या है, यह अपने-आपमें रहस्य है। भारत में यह परम्परा थी कि लोगों के बहुत से उपचार शब्द के द्वारा किए जाते हैं। मंत्र-वंत्र पढ़ा जाता है। कहते हैं, उसका भी असर पड़ता है। इसलिए ईसाई के बाइबल में लिखा गया है : 'The begining was word and word was God.' आरम्भ में, सृष्टि के आरम्भ में केवल शब्द था। वही कोई परम तत्त्व था, बाद में वह शब्द ईश्वर हुआ। हमारे यहाँ उसे ब्रह्म कहते हैं। भर्तृहरि नाम के एक आचार्य हो चुके हैं, उन्होंने 'वाक्यपदीयम्' में लिखा है—अपादिनिदम् ब्रह्म से पहला श्लोक शुरू

होता है तो वे शब्द ब्रह्मवादी थे। 20वीं सदी में एक बड़े अच्छे दार्शनिक विटगेंस्टाइन की एक किताब है, वह भी शब्द ब्रह्म पर विश्वास करनेवाले आदमी थे। सबसे मूल शक्ति ब्रह्म है। सारी सृष्टि रूप से भरी हुई है। जब तक उसे कोई नाम नहीं देते तब तक वह रूप में ही आती है। इसलिए बच्चा पैदा होता है तो हर धर्म में सबसे पहले उसे एक नाम दिया जाता है। नाम देने से रूप सुनिश्चित होता है। नाम देने का काम आदमी करता है। जितनी दूर तक जाते हैं उतना ही जानते हैं। जहाँ नहीं जानते, उस जगह पर हम चुप हो जाते हैं। अध्यापक पढ़ाते-पढ़ाते चुप हो जाए तो उसका मतलब यह कि आगे का अर्थ मालूम नहीं है। समझदार चुप हो जाते हैं और मूर्ख लोग बोलते चले जाते हैं। इसलिए विटगेंस्टाइन ने कहा है : 'There are one cannot be said, there are of must be silent.' जहाँ आप बोल नहीं सकते, कह नहीं सकते वहाँ पर मौन हैं। इसलिए शब्द रहस्यवाद होता है। शाब्दिक रहस्यवाद होता है, प्राकृतिक रहस्यवाद होता है, इसलिए रहस्यवाद एक नहीं है, अनेक है। साहित्य में भी रहस्यवाद की लहरें आती रही हैं समय-समय पर। हर लहर एक समाज-व्यवस्था से, समाज-तंत्र से जुड़ी है। 13वीं-14वीं शताब्दी के आसपास जो भारतीय समाज था, उसका सामाजिक आधार कबीर का और जायसी का एक है।

कबीर के रहस्यवाद का सामाजिक आधार वही नहीं है जो निराला के रहस्यवाद का हो सकता है। इसलिए गड़बड़ी हुई शुक्ल जी में। यदि वह भी अंग्रेजी के रोमांटिक कवियों के सामाजिक आधार को भूलकर हिन्दी के रोमांटिक कवियों के सामाजिक आधार पर विचार करते! अंग्रेजीवाद के जमाने का समाज निराला, महादेवी का समाज था। लोग मीरा, महादेवी को एक कर देते हैं लेकिन रजवाड़ों के जमाने की जो मीरा थी और अंग्रेजी राज के जमाने की जो महादेवी हैं, ये दो इतने भिन्न युगों की, इतने भिन्न समाज की स्त्रियाँ हैं कि एक नहीं हैं। बन्धन दोनों को है लेकिन 'शृंखला की कड़ियाँ' लिखनेवाली महादेवी की नारी कहीं नहीं है जो मीरा की थी। मीरा के लिए जो सूली थी, वह महादेवी जी के लिए तो सूली का सवाल नहीं था। 'सूली ऊपर सेज पिया की', यह इमेज आ ही नहीं सकती थी महादेवी में क्योंकि उन्हें कोई सूली देनेवाला नहीं था। सूली का रिवाज ही नहीं था। इसलिए मीरा और महादेवी पहली महिला लेखिका हैं जिन्होंने 'मीरा उत्सव' प्रारम्भ किया। स्वयं पहल करके इलाहाबाद में किया। इसलिए अंग्रेजी रोमांटिसिज्म चाहे वह शेली, ब्लेक या वर्ड्सवर्थ का हो, यह तो औद्योगिक क्रान्ति की उपज थे। उस वक्त तो भारत में यह क्रान्ति हो ही नहीं रही थी, अब हो रही है। उस समय कितने कल-कारखाने उद्योग थे? हिन्दुस्तान का नक्शा बदला नहीं था। उभरते हुए क्रान्ति (औद्योगिक) में 'गुलिवर्स ट्रेवेल्स' लिखे गए, 'रोबिन्सन क्रूसो' जैसी किताब लिखी गई थी। सारी दुनिया में अपने जहाज ले करके उपनिवेशों की स्थापना

करनेवाले साम्राज्य के निर्माण करने का कार्य उद्योगपति कर रहे थे। उत्थानशील, प्रगतिशील मध्यवर्ग था। उसको व्यक्त करनेवाले लोगों में ब्लेक, शेली जैसे क्रान्तिकारी कवि थे। हमारे यहाँ 1857 में जो साहित्य लिखा गया, वह रोमांटिक साहित्य बन ही नहीं सकता था। रोमांटिक साहित्य पैदा हुआ 1920 में, जब गांधी का असहयोग शुरू हुआ। अगर रवीन्द्रनाथ में यह पहले दिखाई पड़ता है तो बंग-भंग के विरुद्ध पूरा बंगाल उठ गया था। इसलिए रोमांटिसिज्म—अंग्रेजी रोमांटिसिज्म और भारतीय भाषाओं का रोमांटिसिज्म—दोनों के इतने भिन्न युग थे। एक उभरते हुए पूँजीवाद, औद्योगिक क्रान्ति और साम्राज्य निर्माण करनेवाली जाति के थे। जो सारी दुनिया में नौकाएँ लेकर निकल पड़े, सारी दुनिया पर कब्जा करके चल रहे थे, एक वे थे। दूसरी ओर भारत के वे लोग थे जो देश को गुलामी से मुक्त करने के लिए स्वाधीनता की लड़ाई लड़ रहे थे। वहाँ के और यहाँ के छायावाद की सामाजिक पृष्ठभूमि वही नहीं हो सकती है। यह अन्तर करने की जरूरत है।

शुक्ल जी ने रहस्यवाद के सन्दर्भ में छायावादियों पर आरोप लगाया प्रतीकवाद का। इंग्लैंड में प्रतीकवाद का आन्दोलन नहीं चला, फ्रेंच में चला था। प्रतीकवाद फ्रेंच फिनोमेना है। पाल वालरी, मलार्मे, रेन्बो जैसे प्रतीकवादी कवि फ्रांस में हुए। हमने अंग्रेजी प्रतीकवाद जैसी कोई किताब कहीं नहीं पढ़ी। अंग्रेज जैसा दुकानदार आदमी वह हो नहीं सकता था। वह भाषा की नफासत नहीं आ सकती थी। फ्रेंच प्रतीकवाद में शब्द पर ज्यादा बल दिया गया है। शब्द ही रहस्य है। मलार्मे की कविता में कन्टेंट नहीं होता। कविता में शब्द ही होते हैं, अर्थ नहीं होता। शब्द ही, उसकी ध्वनि ही बहुत होते हैं। रहस्य की कविता अभिधावादी होती है, ध्वनिवादी होती है। व्यंजना के द्वारा व्यंजित होती है, ध्वनित होती है। घंटे की जो आवाज निकली, अन्तिम लहर होते-होते वह आवाज जहाँ मौन होती है, सच पूछिए तो पराकाष्ठा वह है। इसलिए रहस्यवाद का सामाजिक आधार ढूँढ़ते समय ध्यान में हमारे होना चाहिए कि स्वयं महादेवी वर्मा के रहस्यवाद का सामाजिक आधार क्या है?

अधिकांश लोगों ने कहा है कि महादेवी की कविताएँ निहायत पर्सनल (Personal) हैं। वे स्त्री हैं। लोगों को पता था कि शादी हुई थी लेकिन शादी को उन्होंने अस्वीकार किया। प्रेम किससे कर रही थीं, वह अज्ञात है। इसलिए उन कविताओं को लोगों ने नितान्त रिड्यूस (Reduce) कर दिया—पर्सनल पोएट्री (Personal Poetry) के रूप में। पर मैं समझता हूँ, कविता के साथ इससे बड़ा दुर्व्यवहार नहीं हो सकता। कोई स्त्री कविता लिख रही है इसलिए उनकी कविताएँ पर्सनल (Personal) हैं, यह मानना तर्कसंगत नहीं लगता। महादेवी रात के गीत गानेवाली नहीं, पन्त से ज्यादा प्रकाश उनमें है। दुःख से ज्यादा सुख है। 'नारी सुलभ शृंगार देता है'—सौन्दर्य है, सुख की परिधि घेरे हुए है। सामान्य जनों के

प्रति ममता, आत्मीयता भी है। छायावाद में सबसे ज्यादा सामाजिक कार्य इन्होंने ही किया। 1941-42 में गांधी पर कविता लिखी। 'जाग तुझको दूर जाना', 'पूछता शेष क्यों कितनी रात' जैसी कविताएँ लिखीं। 'नीर भरी दुःख की बदली में' पानी से ज्यादा रंग भरे हुए हैं आसमान के। प्रभात के अनन्त चित्र हैं। महादेवी ने रहस्य से ज्यादा सत्य के बारे में लिखा है, 'तू धूल भरा ही आया'। महादेवी का साहित्य लड़ाकू साहित्य है, संघर्ष का साहित्य है। निराला के विद्रोह का समानान्तर रूप महादेवी जी की कविताओं में मौजूद है। रहस्य वाली कविताएँ तो महादेवी में कम हैं। कविताएँ यथार्थ की ठोस जमीन पर हैं। महादेवी आधुनिक मीरा हैं। मीरा की जो परिणति हुई, वह महादेवी की कम-से-कम नहीं हुई। विद्रोह का स्वर, संघर्ष की मुद्रा महादेवी के पद्य, गद्य एवं विचारों में कसी हुई है। एक भी कविता हल्की मालूम नहीं पड़ती। सामाजिक धरातल से उठी हुई कविता है। उनकी कविता का सामाजिक आधार मूल रूप में यही है।

[15 नवम्बर, 2006 को हिन्दू कॉलेज में दिया गया वक्तव्य।
कैसेट से लिप्यन्तरण : मनीषा अरोड़ा]

[साभार : हस्ताक्षर, अंक-4, पत्रिका हिन्दू कॉलेज, दिल्ली विश्वविद्यालय]

त्रिलोचन का अनूठापन

था पथ पर मैं भूला-भूला
फूल उपेक्षित कोई फूला।

आज जब त्रिलोचन शास्त्री नहीं हैं तो जाने क्यों उनकी कविता की यही पंक्तियाँ याद आ रही हैं! अपने समकालीनों में त्रिलोचन सबसे अधिक उपेक्षित रहे। उनकी उपेक्षा विडम्बनापूर्ण लगती है। अपने समकालीनों में पहला कविता संकलन सबसे पहले त्रिलोचन का ही प्रकाशित हुआ : 'धरती' (1945)। केदारनाथ अग्रवाल की 'युग की गंगा' और अज्ञेय का 'इत्यलम' 1945 में और नागार्जुन का 'युगधारा' 1953 में आया। इस दृष्टि से त्रिलोचन की 'धरती' का ऐतिहासिक महत्त्व है। 'धरती' की वह पहली प्रति आज भी मेरे पास है जिस पर उनके हस्ताक्षर के साथ 1 मई, 1946 की तारीख पड़ी है। पार्सल का बंडल लेकर भरी दुपहरी में वे सीधे बनारस के उदय प्रताप कॉलेज के प्रथम छात्रावास के मेरे कमरे में आए थे और दो लोटा पानी पीने के बाद प्रकाशित प्रति की प्रूफ रीडिंग करने बैठ गए थे। छपाई की कुछ भूलों को ठीक करने के बाद वे यह देखकर खिन्न हुए कि एक कविता को दो टुकड़े करके अलग-अलग छाप दिया गया है। वह मशहूर कविता है : 'धूप में जगरूप सुन्दर'। इस कविता के उत्तरार्द्ध की 25 पंक्तियाँ 'सघन पीली उर्मिचीं में बौर' शीर्षक से आठ पृष्ठों के बाद छपी है। कहने की आवश्यकता नहीं कि उनसे मेरी यह पहली मुलाकात नहीं थी। हम लोग पाँच साल पहले ही मिल चुके थे—खैर!

'धरती' की पहली समीक्षा 1946 में ही 'हंस' में प्रकाशित हुई। समीक्षक थे गजानन माधव मुक्तिबोध। वही मुक्तिबोध जो 1943 में प्रकाशित 'तार सप्तक' जैसे ऐतिहासिक काव्य संकलन के प्रथम कवि थे। यह संयोग ही है कि त्रिलोचन और मुक्तिबोध 'हंस' के कार्यालय सरस्वती प्रेस में कई साल तक साथ-साथ काम किया करते थे। त्रिलोचन 'तार सप्तक' में शामिल नहीं थे, फिर भी मुक्तिबोध त्रिलोचन की काव्य-प्रतिभा से भली भाँति परिचित थे। 'धरती' की लम्बी समीक्षा में मुक्तिबोध को जो बातें पसन्द आईं, उनमें पहली तो यह कि 'त्रिलोचन में प्राच्य क्लासिकी संयम है और साथ ही पाश्चात्य गद्यात्मकता भी।' दूसरी विशेषता यह कि

'कवि की प्रगतिशीलता अट्टहासपूर्ण आन्तरिक क्षतिपूर्ति के रूप में नहीं आई, वरन् कवि के अपने जीवन संघर्ष से मँज-घिसकर तैयार हुई है।' तीसरी विशेषता है कि 'कवि त्रिलोचन में 'सेंटीमेंटलिटी' का लेश भी नहीं है।'

विचित्र विडम्बना है कि 'धरती' की ऐसी प्रशंसात्मक और सूक्ष्म समीक्षा के बाद भी वर्षों तक हिन्दी में कहीं न 'धरती' की चर्चा हुई, न कवि त्रिलोचन पर किसी की दृष्टि गई। दृष्टि तो मुक्तिबोध पर भी नहीं गई। गरज कि समीक्षक के साथ-साथ कवि भी वर्षों तक उपेक्षित रहा।

मुझे 'धरती' की वह बहुचर्चित कविता आज भी याद है : 'चम्पा काले अक्षर नहीं चीन्हती'। कवि सम्मेलनों में त्रिलोचन प्राय: यही कविता सुनाया करते थे और जब कविता की अन्तिम पंक्तियाँ पढ़ी जातीं तो लोग हँस पड़ते थे। लोग इसे हास्य रस की कविता समझते थे। आज स्त्री-विमर्श के दौर में सम्भव है, यह दूसरे ढंग की सहानुभूति प्राप्त करे। पंक्तियाँ इस तरह हैं :

'चम्पा बोली—तुम कितने झूठे हो, देखा/हाय राम, तुम पढ़-लिखकर इतने झूठे हो/मैं तो ब्याह कभी न करूँगी/और कहीं जो ब्याह हो गया/तो मैं अपने बालम को संग-साथ रखूँगी/कलकत्ता मैं कभी न जाने दूँगी/कलकत्ते पर बजर गिरे।'

उपेक्षा का एक कारण शायद यह भी हो सकता है कि त्रिलोचन किसी बनी-बनाई लीक पर नहीं चले। उन्हीं दिनों की लिखी एक कविता में उन्होंने स्वयं कहा, 'बनी-बनाई राह मुझे कब कहाँ सुहाई/गहन विपिन में धँसा, नहीं की राम दुहाई।'

त्रिलोचन की एक और कविता है जिसमें वे कहते हैं, 'प्रगतिशील कवियों की नई लिस्ट निकली है/उसमें कहीं त्रिलोचन का नाम नहीं था/शुद्धि-पत्र देखा, उसमें नामों की माला/छोटी न थी/यहाँ भी देखा, कहीं त्रिलोचन नहीं।'

यह बात 1950-51 की है। कई दशक बीत जाने के बाद प्रगतिशील कवियों की एक मेरिट लिस्ट निकली। पहला स्थान केदारनाथ अग्रवाल का है। दूसरा नागार्जुन का। तीसरा स्थान खाली है। त्रिलोचन उस योग्य भी नहीं। कविता की गली शायद प्रेमगली से कम सँकरी है। इसलिए दो कवि समा गए। वरना समाई तो एक ही की थी।

दरअसल त्रिलोचन न विचारधारा के फीते पर फिट, न 'सुरुचि' के साँचे में। हर चौखट में अनफिट। हर शिविर से बाहर। 'धरती' और 'दिगंत' के कवि की समाई कहीं नहीं। त्रिलोचन की कविता में ऐसा क्या है जो 'इनके' लिए भी असुविधाजनक और 'उनके' लिए भी? न यह प्रगतिवाद है, न प्रयोगवाद। न नई कविता और न साठोत्तरी कविता ही। त्रिलोचन की अपनी पहचान यही है शायद। ये बातें मैंने 1985 में लिखी थीं जब त्रिलोचन ने अपनी उम्र के सत्तर बरस पूरे किए थे। मैंने उन्हें 'साधारण का असाधारण कवि' कहा था। त्रिलोचन की काव्य-यात्रा को आज देखता हूँ तो वे अपने समकालीनों में सम्भवत: सबसे लम्बी पारी खेलनेवाले कवि हैं। 1944 से 2004 तक लगभग साठ वर्षों तक वे लगातार लिखते रहे और

किसी भी रचना में वार्धक्य की शिथिलता नहीं आई। प्रमाण है उनके अन्तिम दिनों की यह रचना : 'मेरा घर'। 'पृथ्वी मेरा घर है/अपने इस घर को/अच्छी तरह मैं ही नहीं जानता/भीत नहीं दीखती/दुआर भी नहीं है/मोहार का पता नहीं चलता/भटक रहा हूँ/यही जीवन है/हाथों में वायु है/आँखों में आकाश/सूरज की आभा से देखता हूँ/चाँदनी थोड़ा झलकाती है/थोड़ा छिपाती है/तारे सब सहचर हैं मेरे/पेड़ अपनी उँगलियों-टहनियों को/हिला-हिलाकर मुझे बुलाते हैं/कानों में कहते हैं/आओ, आओ यहाँ मेरे पास/बैठो जरा सुस्ताओ/लम्बी साँस लेकर/बैठ जाता हूँ और/ऊँचे स्वर में/बोल पड़ता हूँ मैं/सर्वे भवन्तु सुखिनः।'

त्रिलोचन ने तुलसी और ग़ालिब से भाषा सीखी, कबीर से रूढ़ियों पर प्रहार करना और डंके की चोट पर अपनी बात कहना। इन सबमें एक समानता है कि ये सभी विद्रोही थे और अपने दौर में उपेक्षित। त्रिलोचन इसी परम्परा के कवि हैं। निराला से उन्होंने प्रयोगशीलता सीखी। त्रिलोचन का अनूठापन ही उन्हें महत्त्वपूर्ण बनाता है।

त्रिलोचन का जो अन्तिम चित्र छपा है, उसमें वे कुछ लिख रहे हैं। अन्तिम समय तक वे कुछ लिखना चाहते थे। अपनी पौत्री से उन्होंने कागज और कलम माँगा। पर लिख न सके। सम्भवतः न लिख पाने की पीड़ा ही उनके अचानक चले जाने का एक कारण बनी। साठ साल तक लगातार लिखते रहना सचमुच एक चमत्कार है।

[प्रस्तुति : अजित राय]

[साभार : वसुधा पत्रिका, अंक : अक्टूबर-दिसम्बर, 2007]

हरिशंकर परसाई
एक अविस्मरणीय चरित-नायक

हिन्दी गद्य का निर्माण स्वाधीनता-संग्राम के जुझारूपन और लड़ाकूपन के बीच हुआ—संघर्ष के हथियार के रूप में। प्रतापनारायण मिश्र, बालकृष्ण भट्ट, बालमुकुन्द गुप्त की पीढ़ी के बाद 'प्रताप' के सम्पादक गणेश शंकर विद्यार्थी और उनकी पीढ़ी के अन्य अनेक पत्रकार उसी परम्परा का विकास करते हैं। निराला और प्रेमचन्द के गद्य को धार इसी पत्रकारिता के वातावरण में मिली। इधर के लेखकों में हरिशंकर परसाई के गद्य में मुझे उसी परम्परा का विकास मिलता है।

मुझे अफसोस है कि मेरा ध्यान उस हद तक नहीं गया, परसाई जी तो व्यंग्य के लेख भी लिख रहे थे, लेकिन वे शुरू में कहानियाँ भी लिख रहे थे। उन्हीं आरम्भिक दिनों की उनकी 'भोलाराम का जीव', 'भूत के पाँव पीछे', 'जैसे उनके दिन फिरे' जैसी चीजें आई थीं, यद्यपि मैं इनकी चर्चा नहीं कर सका उन दिनों; क्योंकि मैंने एक लम्बी योजना बनाई थी और सोचा था कि कुछ कहानियों के इर्द-गिर्द लेख लिये जाएँ, जो पूरी नहीं हो सकी।...तो उस समय परसाई जी की इन कहानियों की ओर ध्यान जाना चाहिए था...वह दरअसल यशपाल की व्यंग्य करनेवाली, चोट करनेवाली कहानियों की परम्परा में लेकिन किसी सपाट फार्मूले के मुताबिक लिखी गई कहानियाँ तो नहीं थीं...जैसेकि यशपाल की कहानियों में साफ मालूम होता है कि वर्ग-भेद सम्बन्धी जिन्दगी की समस्याओं का एक फार्मूला तैयार है उनके पास और उन्होंने चोट की इसके तहत।...तो तकनीक तो वही थी, परम्परा भी वही थी, लेकिन परसाई जी जिन चीजों को ले रहे थे, उनकी और कहानियों में कई और भी चीजें ऐसी थीं जिनकी व्याख्या जरूरी थी और वह मैं कर नहीं पाया।...परसाई जी के बारे में एक बात मैं कहूँ जिसकी जाँच की जानी चाहिए कि वे क्रमशः कहानी की दुनिया को छोड़ते हुए उन निबन्धों की ओर बढ़ने लगे जो घटनाओं को केवल उदाहरण के रूप में लिया करते थे। मुख्यतः उनका ध्यान निबन्धों की ओर गया। इसलिए इनकी रचनाधर्मिता की अच्छी तरह जाँच की जानी चाहिए कि आखिर वह कौन-सी चीज रही है जो

परसाई जी को कहानियों की दुनिया से निबन्धों की ओर ले गई। निबन्ध अपने-आपमें कोई कम महत्त्वपूर्ण विधा नहीं है। परसाई जी को आज भी याद किया जाएगा तो उनके तेज-तर्रार चुटीले निबन्धों के कारण किया जाएगा—यशपाल की शानदार परम्परा में। लेकिन कोई तो बात रही होगी, कहानीकार से अपेक्षा जिसकी की जाती है, उस दुनिया को छोड़ करके परसाई जी चले आए। कहानियाँ कम लिखी हैं उन्होंने। बहुत कम-कम। ज्यादातर कहानियाँ उन्होंने लिखी हैं जिनको मैं 'इलस्ट्रेटिव' कहानियाँ कहूँगा। एक बात का उदाहरण देने के लिए उन्होंने घटना चुन ली। ××× परसाई जी ने कम कहानियाँ लिखी हैं, लेकिन वे उल्लेखनीय हैं और अपनी अलग पहचान भी बनाती हैं। लेकिन कभी-कभी साहित्य की दुनिया में हुआ करता है और वह यह कि किसी लेखक का समूचा व्यक्तित्व उसकी रचना से बड़ा हुआ करता है। परसाई जी ने जो काम किया है, शायद कोई अकेला एक लेखक अपने दौर के लेखकों में नहीं कर सका है। उन्होंने बहुत बड़े पैमाने पर पढ़े-लिखे समुदाय को अपने आसपास की सच्चाई के बारे में सजग किया है, शिक्षित किया है, एक नई चेतना पैदा की है। यह इतना बड़ा काम है जिसकी तुलना में परसाई जी की कुछ कहानियाँ ही अपना अर्थ प्राप्त करती हैं, अपना महत्त्व ग्रहण करती हैं। अकेले उन तमाम रचनाओं से अलग करके केवल कहानियों का मूल्यांकन आप करने लगें तो परसाई जी का महत्त्व शायद उतना प्रकट न हो और उतना महत्त्वपूर्ण न भी मानें। मेरी यह समझ है उनकी रचनाओं के बारे में। यानी मैं कहूँगा कि परसाई जी के समूचे लेखन का जो चरित-नायक है...परसाई व्यक्ति नहीं, परसाई अपने सम्पूर्ण लेखन के एक 'कैरेक्टर' हैं और वह 'कैरेक्टर' जितना 'सिमिट्रिक'...मैं तो कहूँगा कि स्वयं मुक्तिबोध की रचनाओं में उनका एक 'मैं' नाम का जो 'कैरेक्टर' बनता है, जो भूमिका अदा करता है, आम तौर से हमारी नजर से ओझल हो जाता है...परसाई की समस्त रचनाओं में वह तेज, पैनी नजर वाला एक व्यक्तित्व है, जो इस दुनिया को तार-तार करके देखता है, चिकोटी काटता है, झकझोरता है, चुनौती देता है, वह उनके सम्पूर्ण लेखन का सबसे महत्त्वपूर्ण चरित्र है, जैसेकिसी उपन्यास का होना चाहिए। अपनी समग्रता में वह चरित्र बहुत महत्त्वपूर्ण है। परसाई जी की सबसे बड़ी सृष्टि, मैं कहूँगा, वह व्यक्तित्व : रचनात्मक और 'क्रिटिकल'। वह अविस्मरणीय चरित्र है और इस चरित्र के रूप में याद किया जाएगा वह आदमी। परसाई जी का सम्पूर्ण साहित्य जैसे एक विशाल 'फिक्शन' है और इस फिक्शन के अन्तर्गत वह आदमी एक 'कैरेक्टर' है। ××× आजादी के बाद के मोह को तोड़ने में मुक्तिबोध और परसाई, इन दोनों लेखकों ने जो भूमिका अदा की है, 'डिमिस्टिफाई' करने में जो भूमिका अदा की है हिन्दी के और किसी भी दूसरे लेखक ने यह भूमिका अदा नहीं की है। हम लोग एक मोह के दौर से गुजर

रहे थे और उस मोह से...मोहभंग हो भी रहा था लोगों का, लेकिन धक्का दे करके, हस्तक्षेप करके उस मोह को इन लेखकों ने तोड़ा। एक मायालोक था, जिसे मैंने 'नेहरू युग का मायालोक' कहा है। उस दौर में भारत की कम्यूनिस्ट पार्टी उसमें पूरी-की-पूरी मुब्तिला थी। आश्चर्य है कि इन दोनों लेखकों ने उस मायालोक को, उस मोह को तोड़ा। इसलिए परसाई और मुक्तिबोध केवल उस मोहभंग की अभिव्यक्ति करनेवाले लेखक नहीं हैं, उस मोह को तोड़नेवाले भी हैं। अब उस मोह को तोड़ने के साथ...अगर इतना ही वे करते तो निषेधात्मक कार्य होता। उस मोह के टूटने के दौरान जो पीड़ा हुई, जो खीज पैदा हुई, जो गुस्सा पैदा हुआ, ऐसे चरित्रों को लेकर भी इन दोनों ने लिखा। यहाँ मैं एक और भी प्रीतिकर आश्चर्य की चर्चा करूँ, जिसका अहसास मुझे तब नहीं हुआ था, बाद में हुआ कि ये दोनों लेखक ऐसे हैं जो मूलतः कहानीकार नहीं हैं। न मुक्तिबोध मूलतः कहानीकार हैं और न परसाई मूलतः कहानीकार हैं।

[साभार : साम्य, 14-15-16, जुलाई, 1990]

श्रीलाल शुक्ल : 'कस्मै देवाय...' का 'क'

अशीति पर श्रीलाल शुक्ल के सम्मान में एक सांस्कृतिक आयोजन का खयाल आया तो सहसा उन्हीं का लिखा वह लेख भी याद आ गया जिसका शीर्षक है : 'निराला के बहाने कुछ साहित्य चर्चा'। उस लेख का 'हम्बग' शब्द अभी तक हथौड़े की तरह मन पर बार-बार प्रहार कर रहा है, 'गुरु हथौड़ा हाथ / करती बार-बार प्रहार' वह तोड़ती पत्थर।

जन्मतिथि पर आयोजन कैसा हो? यही सवाल वहाँ भी है।

'गोष्ठी, सेमिनार, भाषणमाला, पुरस्कार-योजना या ऐसा ही कोई हम्बग या ढकोसला? वे सब प्रकार के 'हम्बग' को, मक्कारी और ढकोसलेबाजी को दूर से ही सूँघ लेते हैं और उसे बेमुरव्वती से एक किनारे छोड़ अपनी राह निकल जाते हैं।'

इसी क्रम में श्रीलाल आगे यह भी लिखते हैं, 'प्रसिद्ध कलाकार और साहित्यकार के लिए ऐसे 'हम्बग' से कई तरह का खतरा है, सबसे बड़ा खतरा यह है कि निरन्तर आत्मान्वेषण करने के बजाय कहीं वह अपने प्रशंसकों, चापलूसों, सेमिनार-उत्सव-गोष्ठी के दलालों की मानसिकता को अनजाने ही न ढोने लगे।...इस तरह 'हम्बग' से जुड़कर शायद वह खुद भी 'हम्बग' बन जाएगा।'

अन्ततः निष्कर्ष यही निकलता है कि 'साहित्यकार सब तरह से 'हम्बग' से वैसे ही स्वतंत्र रहे जैसेकि निराला ने रहना चाहा था।'

प्रसंगवश, यह लेख उस पुस्तक में शामिल है जो पिछले साल 'जहालत के पचास साल' नाम से प्रकाशित हुई है। इसे कोई चाहे तो देश की जहालत के पचास साल भी समझ सकता है, या फिर 'लेखक की जहालत के पचास साल' का आत्मव्यंग्य भी।

इस आत्म-सजगता का प्रमाण हमें तत्काल ही मिल गया। तय हुआ कि अस्सीपार का यह ऐतिहासिक जन्मदिवस 'सहस्र चन्द्रोदय' के नाम से मनाया जाए, क्योंकि अस्सी वर्ष की उम्र तक पहुँचते-पहुँचते मनुष्य एक सहस्र पूर्णचन्द्र के दर्शन कर लेता है। ज्योतिष की गणना भी यही कहती है और सम्भवतः दक्षिण भारत में प्रचलित ऐसी परम्परा भी है। कहना न होगा कि 'अमृत महोत्सव' जैसे घिसे-पिटे शब्द की जगह 'सहस्र चन्द्रोदय' शब्द हमें नया भी लगा और अधिक

आकर्षक भी। श्रीलाल जी को किसी तरह संयोग से इसकी भनक लग गई और उन्होंने इसे तत्काल खारिज कर दिया। फोन पर मुझे फिर वह 'हम्बग' की सी गूँज सुनाई पड़ी।

अनुमान यही है कि 'सहस्र चन्द्रोदय' के प्रभामंडल ने उनकी ठेठ अवधी रुचि को भड़का दिया होगा या कौन जाने उनके अवचेतन में कहीं वह 'प्रबोध चन्द्रोदय' नाटक भी रहा हो।

जो हो, उनका सम्पूर्ण लेखन समाज और साहित्य, दोनों में हर तरह 'हम्बग' के खिलाफ एक सर्जनात्मक अभियान है। प्रकारान्तरों से यही बात श्रीलाल जी ने अपने समानधर्मा साहित्यकार हरिशंकर परसाई के हवाले से भी कही है। परसाई का एक लेख है : 'साधना का फौजदारी अन्त'। इस लेख पर शायद ही किसी की दृष्टि पड़ी हो—न इससे पहले, न इसके बाद।

दरअसल यह लेख एक अपर डिविजन क्लर्क यानी एक यू.डी.सी. की कहानी है जो किसी आश्रमभोगी ठग अर्थात् गुरु के चक्कर में पड़कर सत्य की खोज का व्रत ले लेता है। अब परसाई और उस क्लर्क की बातचीत का एक टुकड़ा—पहले वह क्लर्क, फिर परसाई!

'मैं जानता हूँ कि आप भी सत्य की खोज करते हैं। आप जो लिखते हैं, उससे यही मालूम होता है।'

'यह तुम्हारा खयाल गलत है। मैं तो हमेशा झूठ की तलाश में रहता हूँ। कोने-कोने में झूठ ही ढूँढ़ता हूँ। झूठ मिल जाता है तो बहुत खुश होता हूँ।'

परसाई की टिप्पणी है : 'न वह समझा, न उसे विश्वास हुआ। वह मुझे अपनी ही तरह सत्यान्वेषी समझता रहा।'

अन्त में श्रीलाल शुक्ल जी की अपनी टिप्पणी : 'यहाँ परसाई ने व्यंग्य की एक विशिष्ट प्रवृत्ति का संकेत दिया है। स्पष्ट है कि वे जानबूझकर कोई सिद्धान्त निरूपण नहीं कर रहे हैं, पर उन्होंने कहा है, वह प्रसंगत: व्यंग्य को एक विशेष अर्थ में परिभाषित करता है—व्यंग्य सत्य की खोज नहीं, झूठ की खोज है। यही उसका पेचदार रास्ता है। झूठ की खोज के सहारे, या उसके बहाने ही यहाँ सत्य को पहचानने की प्रक्रिया चलती है।'

निष्कर्ष यह कि 'व्यंग्य के टेढ़े-मेढ़े रास्ते से गुजरकर हम उन मूल्यों तक पहुँचते हैं जो मूलत: उत्कृष्ट साहित्य का अन्तिम लक्ष्य रहे हैं।'

यह अन्तिम निष्कर्ष है और 'आधुनिक हिन्दी व्यंग्य : कुछ रंग, कुछ राग' शीर्षक पुस्तक में प्रकाशित है।

कहना न होगा कि 'राग दरबारी' से लेकर 'बिस्रामपुर का सन्त' तक श्रीलाल जी इसी झूठ की खोज करते हुए टेढ़े-मेढ़े रास्ते से सत्य को पहचानने की कोशिश करते रहे हैं और लोग इसे सिर्फ 'व्यंग्य' कहकर हाशिए पर डालते रहे हैं।

याद करें तो रघुवीर सहाय ने भी श्रीलाल शुक्ल की छोटी-सी पुस्तक 'यहाँ और वहाँ' के 'परिचय' में इसी बात को इन शब्दों में व्यक्त किया है कि 'उनका व्यक्तित्व विकृति की सृष्टि नहीं, विकृति की खोज करता है।'

यह 'विकृति' कहीं-न-कहीं श्रीलाल जी के 'पेचदार रास्तों' और 'टेढ़ा-मेढ़ा रास्ता' की ओर इशारा करती दिखाई पड़ती है। एक तरह से यह टेढ़ी अँगुली से घी निकालनेवाली बात है क्योंकि अक्सर घी सीधी अँगुली से नहीं निकलता।

कभी आचार्य रामचन्द्र शुक्ल ने भी कहा था कि 'प्रच्छन्नता का उद्घाटन कवि-कर्म का एक मुख्य अंग है' क्योंकि 'ज्यों-ज्यों हमारी वृत्तियों पर सभ्यता के नये-नये आवरण चढ़ते जाएँगे, त्यों-त्यों कवि-कर्म कठिन होता जाएगा।'

कहना न होगा कि सभ्यता के तथाकथित विकास के साथ-साथ छल-छद्म भी घना होता जा रहा है। उसे भेदना भी कठिन से कठिनतर हो रहा है। जिसे श्रीलाल जी ने 'टेढ़ा-मेढ़ा रास्ता' कहा है, वह लेखक के लिए टेढ़ी-मेढ़ी 'भाषा' ही है और उसी का नाम व्यंग्य है। संस्कृत के प्राचीन काव्यशास्त्र में उसी को वक्रोक्ति कहा जाता था। कुन्तल ने 'वक्रोक्ति' को 'वैदग्ध-भंगी-भणिति' के नाम से परिभाषित किया है। जब लेखक विदग्ध होगा—उसका हृदय विशेष रूप से दग्ध होगा, अत्यन्त जला हुआ होगा तो उसकी जबान भी टेढ़े-मेढ़े ही चलेगी और उसकी भाषा में विशेष प्रकार की भंगिमा होगी। यह आकस्मिक नहीं है कि श्रीलाल शुक्ल की भाषा की प्रशंसा करनेवाले भूल जाते हैं उस अन्दर के कोठे को, जहाँ से स्वर निकलते हैं।

वे व्यंग्य के छिटपुट स्फुलिंग या फुलझड़ियाँ नहीं छोड़ते बल्कि उनकी आद्यन्त भंगिमा ही ऐसी है। ऐसी भंगिमा के बूते पर वे 'राग दरबारी' के लगभग पाँच सौ पृष्ठों तक व्यंग्योक्ति को निभा ले जाते हैं जो किसी के लिए भी एक चुनौती है।

सच तो यह है कि जिस 'हम्बग', ढकोसला, छल-छद्म को वे तार-तार करके उघाड़ना चाहते हैं, उसके लिए सबसे कारगर हथियार यह वक्र और बाँकी भाषा ही है। विकल्प में या तो आक्रोश की भाषा है या फिर गाली-गलौज। लेकिन इस विकल्प के साथ दिक्कत यह है कि इससे क्रुद्ध लेखक कुछ देर के लिए अपने-आपको भले ही हल्का कर ले, सामान्य पाठक खाली-का-खाली ही रहता है। इस स्थिति में निश्चित रूप से श्रीलाल की वक्रता कहीं अधिक हृदय है, जिसे पढ़ने में मजा आता है, बल्कि जिसे बार-बार पढ़ने को जी चाहता है और कहना न होगा कि किसी साहित्यिक कृति के अस्तित्व की यह पहली शर्त है, जो दिन-पर-दिन दुर्लभ होती जा रही है।

श्रीलाल जी की कथाकृतियों का रस बहुत कुछ उनकी भाषा की अनन्यता में है। वे अपनी वाक्य-रचना को आराम से उसी तन्मयता के साथ रचते चलते हैं, जैसे 'मकान' का नारायण बनर्जी अपने सितार पर किसी राग को घंटों तबीयत से साधता

है—मीड़ और मुरकियों के साथ पूरी बंदिश को तरह-तरह से खेलते हुए, जैसे उसे द्रुत पर पहुँचने की कोई हड़बड़ी न हो! श्रीलाल की कथाकृतियों को पढ़कर बार-बार ऐसा लगता है कि वे किसी कवि से भी अधिक अपने गद्य की लय की बारीकियों में ज्यादा रस लेते हैं।

इस दृष्टि में यदि श्रीलाल शुक्ल को अपने युग के सर्वश्रेष्ठ शैलीकारों में गिना जाए तो अतिशयोक्ति न होगी। वैसे भी, उस वरमाला में उनका स्थान स्वभावत: सुमेरु का ही रहेगा, इसमें मुझे तनिक भी सन्देह नहीं।

बारीकियों में जाने की वृत्ति का एक छोटा सा उदाहरण लें तो 'राग दरबारी' का प्रस्तुत प्रसंग देखें :

'सब वर्गों की हँसी और ठहाके अलग-अलग होते हैं। कॉफी हाउस में बैठे हुए साहित्यकारों का ठहाका कई जगहों से निकलता है : वह किसी के पेट की गहराई से निकलता है, किसी के गले से, किसी के मुँह से और उनमें से एकाध ऐसे भी रह जाते हैं जो सिर्फ सोचते हैं कि ठहाका लगाया क्यों गया है। डिनर के बाद कॉफी पीते हुए, छके हुए अफसरों का ठहाका दूसरी किस्म का होता है। वह ज्यादा पेट की बड़ी ही अन्दरूनी गहराई से निकलता है। उस ठहाके के घनत्व का उनकी साधारण हँसी के साथ वही अनुपात बैठता है जो उनकी आमदनी का उनकी तनख्वाह से होता है। राजनीतिज्ञों का ठहाका सिर्फ मुँह के खोखल से निकलता है और उसके दो ही आयाम होते हैं, उसमें प्राय: गहराई नहीं होती। व्यापारियों का ठहाका होता ही नहीं है और अगर होता भी है तो ऐसे सूक्ष्म और सांकेतिक रूप में कि पता लग जाता है, ये इनकम टैक्स के डर से अपने ठहाके का स्टॉक बाहर नहीं निकालना चाहते। इन नौजवानों ने जो ठहाका लगाया था, वह सबसे अलग था। यह शोहदों का ठहाका था, जो आदमी के गले से निकलता है, पर जान पड़ता है, मुर्गों, गीदड़ों और घोड़ों के गले से निकलता है।'

हँसी के इस विविक्त-वर्णी विवरण के पीछे कहीं-न-कहीं स्वयं लेखक की भी हँसी है—छिपी हुई। फिर भी निराला के शब्दों में, 'वह हँसी बहुत कुछ कहती है—फिर भी अपने में रहती है।'

यह निर्लिप्तता और निपट निर्वैयक्तिकता सर्जक श्रीलाल शुक्ल की अभिव्यक्ति है, व्यक्ति है और शक्ति भी।

श्रीलाल शुक्ल कहानी कहने में जिस 'युक्ति' का प्रयोग करते हैं, उसका गुर, दरअसल, उनकी रहस्यपूर्ण अपराध कथा 'आदमी का जहर' में है। एक तरह से यह उपन्यास उनकी कथा-कृतियों में अत्यन्त तिरस्कृत है। किन्तु जाने क्यों मेरे मन में यह 'अत्यन्त तिरस्कृत अर्थ सदृश ध्वनि कम्पित करता बार-बार।'

इस उपन्यास के तिरस्कार में कुछ हाथ स्वयं लेखक का भी है। एक साक्षात्कार में उन्होंने ही अपने श्रीमुख से कहा है कि 'यह सिर्फ मनोरंजन के उद्देश्य से लिखी

गई थी। यह 'राग दरबारी' के पहले, एक अस्थायी आर्थिक कठिनाई के समाधान के लिए अलग-अलग दिनों में कुल सैंतीस घंटों में लिखी गई—लिखी भी नहीं, बोलकर लिखाई गई थी। पर शिल्प की बातें जाने दें, ऐसी कृतियाँ कोई सर्जनात्मक चुनौती नहीं देतीं, इसलिए उस अनुभव को दोहराया नहीं।'

सवाल यह है कि शिल्प की बातें जाने क्यों दें? आपको कोई सर्जनात्मक चुनौती न देती हों तो न दें। लेकिन यह सरासर झूठ है कि श्रीलाल ने उस अनुभव को दोहराया नहीं। 'मकान' और 'बिस्रामपुर का सन्त' अपराध कथा नहीं तो क्या है? क्या हत्या ही अपराध है? व्यभिचार अपराध नहीं है? ठेठ चोरी या चोरी-चोरी इश्क़ लड़ाने को अपराध में नहीं गिना जा सकता? वैसे तो नाजायज मुनाफाखोरी भी एक तरह से अपराध ही है और चुपके-चुपके दलाली और रिश्वतखोरी भी अपराध के ही अन्दर आती है। यहाँ तक कि असहाय गरीबों का शोषण भी अपराध ही है और मजदूरों की मेहनत की कीमत पर पूँजी की विशाल अट्टालिका खड़ी करना भी।

रहस्य इन सबमें भी है और रोमांच भी कम नहीं, अगर इनकी तह में जाने की कोशिश करें—आजकल के तथाकथित 'स्टिंग ऑपरेशन' की हद तक और दोस्तोयव्स्की के प्रसिद्ध उपन्यास 'अपराध और दंड' को याद करें तो अपराध के उपन्यास गम्भीर ही नहीं, कालजयी 'क्लासिक' भी हो सकते हैं।

फिलहाल तो हमारे सामने श्रीलाल ही का तिरस्कृत 'आदमी का जहर' ही है। संक्षेप में कथा इतनी ही है कि एक 'ब्लैकमेलर' की हत्या के लिए गोली दागी गई और अन्तत: उसकी मौत हो गई, लेकिन 'पोस्टमार्टम' से पता चला कि मौत जहर से हुई, गोली लगने से नहीं। जहर किसने दिया, यह रहस्य है और उपन्यास के अन्त तक इसी के निश्चित ठोस सबूत की तलाश चलती है। इस क्रम में एक और हत्या की उपकथा भी निकल आती है और रोमांच घना हो जाता है। खूबी यह है कि इस खोज में खुफिया पुलिस से ज्यादा निर्णायक और सक्रिय भूमिका एक उमाकान्त नामक पत्रकार अदा करता है और इसमें साथ देता है बादशाह कहलानेवाला एक घोषित चार सौ बीस, जो भूतपूर्व सजायाफ्ता भी है। इन सबसे बढ़कर जो फलश्रुति है, वह यह कि सारी भाग-दौड़ रूपी नाम की एक बेकसूर औरत की जान बचाने के लिए है क्योंकि जहर देनेवाले का ठीक-ठीक पता न चलने पर पुलिस की पड़ताल के मुताबिक उस औरत को फाँसी तयशुदा है। इस तरह कुल मिलाकर तलाश है जहर की।

सवाल यह है कि यह जहर क्या है? सिर्फ वही जहर जो शीशी में होता है या इसके अलावा कहीं और भी? और कहना न होगा कि इस उपन्यास में वह 'और' काफी साफ है। हत्या हुई है उस आदमी की जो स्वयं पीली पत्रकारिता का धन्धा करके लोगों को ब्लैकमेल करता है। यही नहीं, वह बम्बई से इस धन्धे की दीक्षा

लेकर एक छोटे से कस्बे में उसे आजमाने आया है। गरज कि आज के खौफनाक बाजार तंत्र और मीडिया के रंग-ढंग को देखें तो 'आदमी का जहर' एक आश्चर्यजनक पूर्वाभास है—पच्चीस-तीस साल पहले का लिखा हुआ।

ऐसा प्रतीत होता है कि स्वयं लेखक को भी 'आदमी का जहर' उपन्यास के इस नुक्ते का एहसास था। आखिर 'ब्लर्ब' पर अंकित इस वाक्य का और क्या अर्थ है कि 'यह पाठकों को कुछ सोचने के लिए भी मजबूर करेगा!' क्या सोचने का? क्या-क्या सोचने का? जवाब हमें देना पड़ेगा। स्वयं लेखक को जवाब देने की जरूरत नहीं है। वैसे भी, कहा तो यही गया है कि खुद कहानी क्या कहती है, यही सुनो, भरोसा लेखक के कहने का न करो।

प्रसंगवश याद आता है कि किसी ने कहानीकार को 'आत्मा का जासूस' कहा है। कहनेवाला निश्चय ही परसाई की कहानी 'साधना का फौदरी अन्त' के नायक की तरह कोई 'सत्यान्वेषी' होगा। श्रीलाल जी तो अपने-आपको खुद ही 'असत्यान्वेषी' मानते से प्रतीत होते हैं। इसलिए उन्हें 'आत्मा का जासूस' कहने की गुस्ताखी तो मैं कर नहीं सकता। 'आदमी का जहर' लिखनेवाले लेखक की दिलचस्पी साफ तौर से आदमी की सामाजिक स्थितियों और क्रिया-कलापों में ही ज्यादा दिखाई पड़ती है। और 'जासूस' का इस्तेमाल भी एक प्रकार की औपन्यासिक 'युक्ति' ही है। जरूरी नहीं कि इस युक्ति का साधन सदैव कोई जासूस ही हो। उदाहरण के लिए 'आदमी का जहर' में रहस्य का पता लगाने में कामयाबी उन्हें मिलती है जो पेशेवर जासूस नहीं हैं।

इसलिए मुख्य मुद्दा है किसी सामाजिक अपराधी की शिनाख्त और शिनाख्त करनेवाला चरित्र ऐसा हो जो हर तरह के खतरे उठाकर जासूस की तरह प्रश्नांकित व्यक्ति का पीछा करे और पता न लगने दे कि वह पीछा कर रहा है। इस तरह इसी युक्ति के दायरे में 'राग दरबारी' का रंगनाथ भी आता है जो रिसर्च स्कॉलर है और अपने रिसर्च के काम के लिए गाँव जाता है।

कहना न होगा कि इस युक्ति के द्वारा श्रीलाल जी साहित्यकार की भूमिका को एक निष्पक्ष पर्यवेक्षक और वस्तुनिष्ठ जाँचकर्ता के रूप में प्रस्तुत करना चाहते हैं। यह उनके विशिष्ट सर्जनात्मक व्यक्तित्व की उल्लेखनीय विशेषता है।

[साभार : व्यंग्य-यात्रा पत्रिका, अक्टूबर-मार्च, 2006]

चन्द्रशेखर : आधुनिक मित्रलाभ

चन्द्रशेखर की 'जेल डायरी' शुरू ही की कि पृष्ठ 35 पर आँखें ठिठक गईं। भारतेन्दु का एक लम्बा उद्धरण। 1884 के बलिया वाले प्रसिद्ध भाषण से। 'भाइयो, राजा-महाराजाओं का मुँह मत देखो। मत यह आशा रखो कि पंडित जी कथा में ऐसा उपाय बतलाएँगे कि देश का रुपया और बुद्धि बढ़े, तुम अपनी ही कमर कसो, आलस छोड़ो। कब तक अपने को जंगली हूस, मूर्ख, बोदे, डरपोकने पुकरवाओगे। हम इससे बढ़कर क्या कहें कि जैसे तुम्हारे घर में कोई पुरुष व्यभिचार करने आवे, तो जिस क्रोध से उसको पकड़कर मारोगे और जहाँ तक तुम्हारे में शक्ति होगी, उसका सत्यानाश करोगे, उसी तरह इस समय जो-जो बातें तुम्हारी उन्नति-पथ का काँटा हों, उनकी जड़ खोदकर फेंक दो। कुछ मत डरो। जब तक सौ-दो सौ मनुष्य बदनाम न होंगे, जात से बाहर न निकाले जाएँगे, दरिद्र न हो जाएँगे, कैद न होंगे वरंच जान से न मारे जाएँगे, तब तक कोई देश न सुधरेगा।'

यह उद्धरण चन्द्रशेखर ने डॉ. रामविलास शर्मा की भारतेन्दु पर लिखी पुस्तक से लिया था। यही पुस्तक उस समय वे पढ़ रहे थे। इस प्रसंग में चन्द्रशेखर की अपनी टिप्पणी : 'बलिया में दिये गए भाषण के उद्धरण से एक लगाव-सा हो गया, क्यों न हो। हर प्रकार से अपना ममत्व हो गया। स्थान, भावना, परिस्थिति और समाधान—सबमें कितनी अनुरूपता है!'

चन्द्रशेखर और भारतेन्दु! प्रीतिकर आश्चर्य। विश्वविद्यालय में वे विद्यार्थी राजनीतिशास्त्र के थे और उसके बाद भी पूरा जीवन राजनीतिक ही रहा। हिन्दी प्रदेश के कितने राजनीतिज्ञ ऐसे हैं, जो हिन्दी की साहित्यिक पुस्तकें पढ़ने के लिए समय निकाल पाते हैं? फिर पुस्तक भी साहित्यिक समालोचना की और वह पुस्तक भी किसकी? डॉ. रामविलास शर्मा की, जिनकी पुस्तकें अधिकांश विश्वविद्यालयों के हिन्दी विभागों के लिए भी वर्जित-सी रही हैं।

आश्चर्य इस बात पर भी कि वे दिन 1975 के आपातकाल के थे। चन्द्रशेखर की गिरफ्तारी भी आकस्मिक थी, यदि अप्रत्याशित नहीं। नजरबन्दी के दो हफ्ते ही हुए थे और अभी सब कुछ अनिश्चित था। एक ओर चंडीगढ़ जेल का यह माहौल और उसमें एक राजबन्दी ऐसा है, जो कभी प्रेमचन्द की जीवनी पढ़ रहा है, तो कभी

मोहन राकेश का नाटक 'लहरों के राजहंस' और कभी उषा प्रियम्वदा की कहानी 'कितना बड़ा झूठ!' और इसी क्रम में डॉ. रामविलास शर्मा की वह आलोचना-पुस्तक, जिसमें भारतेन्दु हरिश्चन्द्र के साहित्य का विवेचन है।

'जेल डायरी' में हिन्दी की साहित्यिक पुस्तकों के अध्ययन का यह क्रम अन्त तक चलता है; किन्तु इसमें मुख्य हैं फणीश्वरनाथ रेणु की कृतियाँ—शायद इसलिए कि रेणु जी जयप्रकाश के 'सम्पूर्ण क्रान्ति' वाले आन्दोलन से गहरे जुड़े थे। डायरी से ही यह पता चलता है कि रेणु की 'परती : परिकथा' उपन्यास चन्द्रशेखर गिरफ्तारी से पहले ही पढ़ चुके थे, लेकिन 'मैला आँचल' न पढ़ पाए थे। 'मैला आँचल' रेणु ने स्वयं भिजवाया और वह उन्हें 29 अक्टूबर, 1975 को पटियाला जेल में मिला।

डायरी से ही पता चलता है कि रेणु से चन्द्रशेखर का कोई विशेष सम्पर्क न था। किन्तु प्रथम साक्षात्कार का अनुभव डायरी में इस प्रकार अंकित है : 'आज ऐसा लगा, जैसे उनकी मधुर और सहमी-सहमी आवाज एक चीत्कार बनकर मेरे कानों में गूँज रही है, यह अन्याय, यह दमन, यह उत्पीड़न कब तक?' (पृ. 198)

इस क्रम में चन्द्रशेखर ने रेणु की रचना से एक मार्मिक उक्ति उद्धृत करके उतनी ही संवेदनशील टिप्पणी भी की है। फणीश्वरनाथ रेणु ने एक जगह लिखा है : 'आदमी का दिल होता है, शरीर को चीर-फाड़कर जिसे हम नहीं पा सकते। यह 'हार्ट' नहीं, अगम अगोचर जैसी चीज है, जिसमें दर्द होता है, लेकिन उसकी दवा एड्रिलिन नहीं। उस दर्द को मिटा दो, आदमी जानवर हो जाएगा। दिल वह मन्दिर है, जिसमें आदमी के अन्दर का देवता वास करता है।'

अब इस पर चन्द्रशेखर की भी अपनी टिप्पणी : 'पर रेणु जी ने जिस दिल को परखा है और बखाना है, वह केवल, अपने दिल में झाँककर लिखा है। उनका कथन सत्य है, पर केवल अर्द्धसत्य। दिल के मन्दिर में आदमी के अन्दर का देवता बसता है, पर यही वह गह्वर है, जिसमें उसके अन्दर का हिंस्र पशु भी रहता है। उसके अन्दर का दानव जब सिर उठाता है, तो एक दावानल जगता है और जिसमें झुलस जाती हैं वे कोमल भावनाएँ, स्नेह, प्यार, संवेदनशीलता, वह अनुभूति, जिसने रेणु जी के दिल में उस कलाकार की आत्मा को पाला है, जो केवल आदमी के अन्दर के देवता को ही जानती है।' (पृ. 205)

लेकिन अन्त में अपने ही कथन पर जैसे पुनर्विचार करते हुए चन्द्रशेखर कहते हैं : 'पर जो भी हो, दिल की रीति अनजानी है। अनचाहे भी यह क्या-क्या समेट लेता है और उसे सँजोए रखने के लिए सब कुछ सहता है। रेणु जी ने एक अर्थ में पूर्ण सत्य का निरूपण किया है। जिस दिल में मानव का देवता नहीं बसता, वह दिल नहीं, पत्थर है। दिल का यह देवता जागृतावस्था में शुभ काम की प्रेरणा देता है और सोये में स्वप्नलोक के उन्मुक्त आकाश में विचरण करने का अवसर। इस पर कोई 'मीसा' लागू नहीं।'

पूरे सन्दर्भ को अन्त का एक शब्द 'मीसा' आपातकाल के जाने कितने अर्थों को ध्वनित कर देता है।

डायरी में रेणु के 'मैला आँचल' से जुड़ा हुआ एक और मार्मिक प्रसंग है, जिसके साक्षी अब शायद ही कहीं हों। 'मैला आँचल' के बावनदास ने चन्द्रशेखर के अन्तर्मन को कहीं बहुत गहरे छुआ था। रेणु जी का बावनदास कहता है, 'उस पार्टी में बस एक जैपरकास बाबू हैं। हा-हा-हा! उनको भी कोई गोली मार देगा।' इस कथन को उद्धृत करने के बाद चन्द्रशेखर लिखते हैं : 'सोचता हूँ, गोली तो नहीं लगी, पर क्या बावन भगवान की भविष्यवाणी पूरी नहीं हो गई? कौन जाने, पर अब भी बावन का आशादीप टिमटिमा रहा है। कारागार की अँधेरी कोठरी में। उस लौ से ही प्रकाशपुंज प्रज्वलित हो सकता है। इस सम्भावना को कैसे भुलाया जाए? याद आई, रेणु जी ने पटना के भाषण में कहा कि इस वाक्य को पढ़कर प्रभावती जी कितनी मर्माहत हुई थीं और उलाहना भी दिया कि ऐसी अशुभ बात उन्होंने क्यों लिखी। उन्हीं सब यादों ने रेणु के अन्दर के कलाकार को झकझोर दिया था और सब कुछ होम करने के लिए वे सन्नद्ध हो गए थे।' (पृ. 206)

डायरी में इस प्रकार के मार्मिक प्रसंग और भी हैं, जिनसे पता चलता है कि कारावास में चन्द्रशेखर जो साहित्य पढ़ रहे थे, उसे साथ-साथ जी भी रहे थे।

अपने समय के जागरूक हिन्दी लेखकों की तरह चन्द्रशेखर की भी दिलचस्पी आज के कुछ पश्चिमी लेखकों की कृतियों में थी। ऐसे लेखकों में एक हैं—अल्बैर कामू। डायरी से ज्ञात होता है कि उन्होंने कामू की अनेक पुस्तकें कारावास में मँगवाकर पढ़ीं, जैसे—'प्लेग', 'अ सर्टेन डेथ' आदि। किन्तु इन सबमें जिस पुस्तक का जिक्र बार-बार आया है, वह है 'रिबेल' (विद्रोही)। 'रिबेल' में उनकी दिलचस्पी इस हद तक थी कि निर्मल वर्मा के एक लेख में उसका एक उद्धरण देखकर उन्होंने उनका पूरा लेख पढ़ डाला और फिर उस पर अपनी स्पष्ट प्रतिक्रिया भी व्यक्त की। यह बात 6 दिसम्बर, 1975 की डायरी में अंकित है। स्वयं निर्मल जी इस बात से अवगत हैं या नहीं, कह नहीं सकता।

निर्मल जी का वह लेख पिछले हफ्ते के 'दिनमान' में छपा था। चन्द्रशेखर ने पहले उस लेख से यह अंश उद्धृत किया है : 'हम जो हैं, उसे नकार कर हमें जो होना चाहिए, उसके अनुरूप अपने को तोड़ने-मरोड़ने की कोशिश करते हैं। (जैसे मनुष्य कोई धातु हो) और इस समूची प्रक्रिया में जिसे हम क्रान्ति का नाम देते हैं, खुद अपनी अस्मिता, अपनी सांस्कृतिक मनीषा, अपनी जीवनधारा को इतना विकृत कर देते हैं कि हम न तो वह रह पाते हैं, जो हम हैं; न उसे ही उपलब्ध कर पाते हैं, जिसकी खातिर हमने अपने को विकृत किया है। भविष्य की इस मरीचिका के पीछे भागता हुआ मनुष्य स्वतंत्रता के उस कस्तूरी-सौरभ को भी खो देता है, जो उसके वर्तमान की नाभि में मौजूद है और जिसे वह नहीं देख पाता।' (पृ. 274)

अब इस पर चन्द्रशेखर की टिप्पणी :

'निर्मल जी के इस कथन से पूरी तरह सहमत होना तो सम्भव नहीं, किन्तु इसमें आंशिक सत्य अवश्य है। भविष्य की कल्पना यदि स्पष्ट न हो और उसकी उपलब्धि के लिए जूझने का संकल्प, आस्था के अभाव में बिखर जानेवाला हो, तो ऐसा ही होगा। किन्तु मानव वर्तमान के अनुभवों से यदि सुन्दरतर भविष्य की ओर अग्रसर होने की कल्पना को ही छोड़ दे, तो फिर विकास की प्रक्रिया ही रुक जाए, उसमें भी सड़ाँध पैदा हो जाए, जीवन का सारा सौरभ ही समाप्त हो जाए।' (पृ. 275)

इस प्रकरण में विडम्बना यह है कि जयप्रकाश अभियान से चन्द्रशेखर और निर्मल वर्मा—दोनों की ही सहानुभूति थी। किन्तु 'सम्पूर्ण क्रान्ति' के जितने अन्ध-समर्थक निर्मल वर्मा थे, चन्द्रशेखर उतने ही सन्देहशील! यह और बात है कि इस मतभेद के बावजूद चन्द्रशेखर जेल में थे और निर्मल वर्मा जेल से बाहर! चन्द्रशेखर ने जेल में रहते हुए लगभग 900 पृष्ठों की डायरी लिखी और बाहर आते ही 1977 में उसे प्रकाशित किया, जबकि निर्मल जी ने आपातकाल खत्म होने के वर्षों बाद उसके बारे में 'रात का रिपोर्टर' जैसा एक उपन्यास लिखा और छपवाया भी।

दरअसल 1975-76 की आपातकाल जेल के गर्भ से हिन्दी में दो ही उल्लेखनीय साहित्यिक कृतियाँ प्रकट हुईं : एक नागार्जुन की काव्यकृति 'खिचड़ी विप्लव' और दूसरी चन्द्रशेखर की 'जेल डायरी' जैसी सर्जनात्मक गद्यकृति। देखें तो स्थितियाँ दोनों की ही विरोधाभासी और विडम्बनापूर्ण।

फिर भी कुल मिलाकर साहित्य है तो इस डायरी के हाशिये पर ही। एक दुनिया और है, जो साहित्य से ज्यादा बड़ी है, किताबों से अधिक जीवन्त है, जिसमें लोग-बाग हैं, पशु-पक्षी हैं और हैं पेड़-पौधे, फूल-पत्ते इत्यादि—जेल के अन्दर के भी और बाहर के भी। मिलनेवाले भी और न मिल पानेवाले भी। उनसे भी ज्यादा वे, जो ख्वाबों और खयालों में आते हैं। गरज कि चरित्रों की दृष्टि से यह डायरी एक 'एपिक' की व्यापकता-विविधता लिये अच्छा-खासा उपन्यास है। चरित्रों में भी सबसे दिलचस्प हैं जेल के कैदी—खास तौर से गरीब-गुरबा। लेकिन इन सबसे अच्छी तरह परिचित होने के लिए सीधे-सीधे डायरी से ही गुजरना होगा और लेखक की सहज स्वत:स्फूर्त सहानुभूति की मानवीयता का अनुभव भी होगा।

फिलहाल मेरी रुचि इस डायरी के 'हीरो' में है, विशेषत: उसके विडम्बनापूर्ण व्यक्तित्व में—वह व्यक्तित्व, जो डायरी से अन्तत: उभरता है। डायरी से गुजरते हुए दृष्टि सहसा पृष्ठ 141 पर ठहर गई। चन्द्रशेखर के अन्तर्मन से रहीम का वह दोहा उठता है :

यारो यारी छोड़ दो, अब रहीम वे नाहिं।
अब रहीम दर-दर फिरें माँगि मधुकरी खाहिं॥

जेल में तीन महीने से अधिक हो रहे हैं और मित्र याद आते हैं, वे नहीं जो हवा के साथ रुख बदलनेवाले हैं, पर वे जिनकी 'बात मन से नहीं उतरती, वही कभी-कभी मुझे भावुक बना देती है।' कुछ पृष्ठों के बाद : 'आज रामधन की याद बार-बार आई। कृपा ने बताया था कि उनके शरीर में फिर सूजन आ गई थी।' (पृ. 199) अगले पृष्ठ 185 पर : 'बहुत पहले 1971 में मैंने एक लेख में लिखा था कि मित्रता और चाटुकारिता में अलगाव करना कठिन हो जाता है। एक अत्यन्त सूक्ष्म रेखा का ही अन्तर इनमें होता है। चाटुकार हर स्थिति में विरुदावली गाता है, किन्तु मित्र आवश्यकतानुसार भूलों के प्रति चेतावनी भी देता रहता है। इस अन्तर को परखना आवश्यक है।' (पृ. 200) कुछ और आगे बढ़ने पर फिर यह टीप : 'आदमी सब कुछ सहन कर ले, किन्तु मित्रों द्वारा तिरस्कृत और विस्मृत कर दिये जाने की आशंका कितनी कष्टकारी होती है! जिन पर विश्वास हो, जिनके सहारे अनेक मंसूबे बनाए गए हों, यदि वे कहीं अनजान बन जाएँ, तो फिर आदमी एक कटी पतंग-सा हो जाए। किधर भटके, कहाँ गिरे, कौन जाने।' (पृ. 256)

डायरी के अन्दर मित्रों के बारे में ऐसे दु:खद संकेत काफी हैं और कुछ इसके विपरीत भी। कुल मिलाकर जो बात उभरकर आती है, वह यह कि चन्द्रशेखर के लिए मित्रता सबसे बड़ा नहीं तो एक बहुत बड़ा मूल्य है और सम्भवत: वे मित्रता को अपने जीवन की स्थायी निधि मानते हैं। कृष्णा सोबती से शब्द लेकर कहें, तो चन्द्रशेखर 'यारों के यार' हैं—यहाँ तक कि इस यारी के लिए उन्होंने कभी-कभी बदनामी भी झेली है। जो हो, इस बात का विरोध उनके विरोधी भी न करेंगे कि 'अपना राजनीतिक जीवन दाँव पर लगाकर भी वह सम्बन्ध का निर्वाह करते हैं।' इसे कुछ लोग 'सामन्ती संस्कार' भी कह सकते हैं।

किन्तु अभी कुछ समय पहले जाक देरिदा की 'मित्रता की राजनीति' : 'पॉलिटिक्स ऑफ फ्रेंडशिप' (1997) नामक पुस्तक मेरे हाथ लगी और पढ़ने पर लगा कि मित्रता को एक सामन्ती मूल्य मानकर खारिज करना जल्दबाजी होगी। पुस्तक का आरम्भ अरस्तू के इस वाक्य से होता है : 'O my friends, there is no friend' (ओ मेरे मित्रो, कोई मित्र नहीं है!) और यह वाक्य जैसे तीन सौ पृष्ठों की इस पुस्तक के ऊपर छाया रहता है। इसी सन्दर्भ में अरस्तू के इस कथन की भी याद दिलाई गई है कि मित्रों की संख्या कम ही होनी चाहिए। लेकिन कितनी कम? केवल एक? या एक और? इस और की सीमा क्या है? देरिदा ने मित्रता का सम्बन्ध लोकतंत्र से जोड़ा है और 'स्वतंत्रता, समानता और बन्धुता' के महामंत्र में 'बन्धुत्व' का पर्याय माना है। निश्चय ही यह अवसर 'मित्रता' की अवधारणा पर विस्तृत विमर्श का नहीं है।

इतना निश्चित है कि चन्द्रशेखर की यह 'जेल डायरी' गहरे अर्थों में एक मैत्रीपूर्ण हृदय की निश्छल अभिव्यक्ति है, साथ ही आपातकालीन निरंकुशता के प्रतिरोध में लिखी जाने के कारण लोकतंत्र का उद्घोष भी!

चन्द्रशेखर के मित्रों की श्रेणी में मैं नहीं आता और न मेरे मित्रों के वृत्त में चन्द्रशेखर आते हैं। मेरे एक बालसखा 'दोस्त' शब्द को 'दुष्ट' का अपभ्रंश कहा करते थे। इसलिए चन्द्रशेखर को मैं दोस्त भी नहीं कह सकता। वे मुझे 'भाई' कहते हैं, जो निश्चय ही गुजराती या गांधीवादी 'भाई' नहीं है। अधिक-से-अधिक मेरे लिए वे ऐसे भाई हैं, जिसे उन्नीसवीं सदी के उत्तरार्द्ध में भारतेन्दु ने 'दुर्लभ बन्धु' कहा था।

चन्द्रशेखर कभी मेरे सहपाठी भी नहीं रहे, जो साथ-साथ पढ़ने की निकटता होती। सहपाठी थे वे मार्कंडेय* (जो मेरे स्कूल के सहपाठी थे) के और उन्हीं के आवास पर चन्द्रशेखर से मेरी पहली मुलाकात हुई थी—1967 में। लेकिन पहली ही भेंट में उन्होंने भोजपुरी में प्यार से ताना मारा : 'का नामवर, कहाँ रहेला?' और 'परिचित से जाने कब के वे लगे उसी क्षण मुझको!'

उन्हें भ्रम है कि उम्र में वे मुझसे दो हफ्ते बड़े हैं। वह भ्रम तोड़कर उन्हें छोटा करने का इरादा मेरा नहीं है क्योंकि अपना ही घाटा है। क्या इतना काफी नहीं कि हम दोनों लगभग हमउम्र हैं—'लगभग जयहिन्द' की तरह।

अन्त में निराला के शब्दों में यही कहना चाहता हूँ कि :

जैसे हम हैं वैसे ही रहें
लिये हाथ एक-दूसरे का
अतिशय सुख के सागर में बहें।

21 मार्च, 2002

पुनश्च :

एक बात तो कहना भूल ही गया। कैसा संयोग है कि जिस वर्ष जयप्रकाश की जन्मशती मनाई जा रही है, उसी समय पचहत्तर वर्षीय चन्द्रशेखर का भी अमृत महोत्सव मनाया जा रहा है। यदि यह 'जेल डायरी' आपातकाल की निरंकुशता के विरुद्ध प्रतिरोध का अभिलेख है, तो उसकी तृतीय आवृत्ति एक ऐतिहासिक घटना है और इस अवसर पर उस इतिहास पुरुष का शतशः अभिनन्दन!

[साभार : राजकमल प्रकाशन द्वारा 2002 में प्रकाशित भूतपूर्व प्रधानमंत्री चन्द्रशेखर की पुस्तक 'मेरी जेल डायरी' की भूमिका]

* मार्कंडेय सिंह, कृतकार्य उपराज्यपाल, दिल्ली

विष्णुकान्त शास्त्री : तोहि मोहि नाते अनेक

अभी तक मैं ध्यानरस में मगन था। बड़ी मुश्किल से मन को बाहर किया है। यह उस एक दोहे का हिस्सा है जो तुलसीदास का है और इसे पहली बार कलकत्ता में विष्णुकान्त जी के मुँह से सुना था एक गोष्ठी में :

मगन ध्यानरस दंड जुग पुनि मन बाहेर कीन्ह।
रघुपति चरित महेस तब हरषित बरनै लीन्ह॥

इस दोहे की ओर मेरा ध्यान नहीं गया था। यह ध्यानरस क्या होता है? ध्यान तो सुना था लेकिन ध्यानरस में मगन होना! मन पुनि बाहेर कीन्ह! यद्यपि यह दोहा उन्होंने मेरा भाषण सुनने के बाद कहा था लेकिन स्वयं अनेक गोष्ठियों में विष्णुकान्त जी को बोलते हुए सुना है, तो मैंने अनुभव किया है कि वे जिस कोठे से बोलते हैं, वहाँ से सचमुच ही ध्यानरस में मग्न होने के बाद ही बोला जा सकता है। कुछ समय तक विचार या भाव में मग्न रहिए, फिर मन को बाहर कीजिए और बोलिए, तब तो बोलने का मतलब है। नहीं तो बक-बक करने के लिए तो यहाँ माइक है, बक-बक करते रहिए। आज वही क्षण, वही घड़ी है। युगों बाद मैंने भारती को देखा, छोटी-सी थी, सफेद फ्रॉक पहने हुए एक शिशु हंसिनी की तरह से आई थी वह मेरे सामने। मैं इस समय इलाहाबाद में नहीं हूँ, कलकत्ते में हूँ शास्त्री जी के चित्तरंजन एवेन्यू के मकान में। अनेक बार हम लोग उस घर में बैठे हैं, खाना खाया है। हमारे और विष्णुकान्त जी के सम्बन्धों की यह अर्द्धशती है। हम लोग 1954 में पहली बार मिले थे। यह 2004 है और शास्त्री जी 75 के हो गए हैं और 76 में प्रवेश कर चुके हैं। अपनी उम्र मैं नहीं गिना रहा हूँ। तो 75 पूरा किया है उन्होंने। कायदे से तो आज चाहिए था कि हम गुलाब के फूलों की माला नहीं, उन्हें हीरे का हार पहनाते। प्रसाद जी के शब्द हैं : 'और पहनाया हीरक हार'। मेरे पास शब्दों के हीरे हैं, मैं हीरों का व्यापारी नहीं हूँ। आज हीरे का हार पहनाने का दिन है और अर्द्धशती (50 साल) से हमारे-इनके सम्बन्ध हैं। तुलसीदास ने कहा है, 'तोहि मोहि नाते अनेक मानिये जो भावै'। मेरे-उनके नाते अनेक हैं। अब जो भावे, उसी को मानिए। यह उनके लिए भी है, मेरे लिए भी है। और ये सभी नाते जोड़नेवाले हैं। स्वामी अखंडानन्द जी सरस्वती महाराज हमारे कुलगुरु हैं और इनके दीक्षा गुरु हैं। उनके

चरणों में साथ-साथ भी बैठे हैं और अलग-अलग भी बैठे हैं। आचार्य हजारीप्रसाद द्विवेदी के प्रति उनका भी गुरु भाव है, मेरे तो गुरु हैं ही। इस तरह से हम दोनों उनके शिष्य हैं। संयोग से मैं पढ़ने का अवसर पा सका लेकिन इन्होंने उनका साहित्य पढ़कर उनको अपना गुरु मान लिया। पंडित विश्वनाथ प्रसाद मिश्र के प्रति उनका भाव-मेरा भाव एक जैसा है। डॉ. रामविलास शर्मा के प्रति मेरा भाव-उनका भाव एक जैसा है। तुलसीदास, उनका मानस, खास तौर से उनकी 'विनयपत्रिका' के प्रति उनका लगाव-मेरा लगाव एक जैसा है। कितनी चीजें हम लोगों को जोड़नेवाली हैं। हमारे बच्चे एक-दूसरे को जिस तरह से याद करते हैं, प्यार करते हैं, पारिवारिक सम्बन्ध हैं। इसलिए मैंने कहा कि 'तोहि मोहि नाते अनेक मानिये जो भावै'।

विष्णुकान्त जी उत्तर प्रदेश के राज्यपाल होकर आए। ठीक उसी समय मैं संयोग से लखनऊ विश्वविद्यालय गया था। किन्हीं कारणों से इन्हें भी आना था परन्तु विश्वविद्यालय में कुछ उपद्रव हो गया था तो कुलपति जी ने हाथ जोड़कर कहा कि आप इस समय न आइए। लेकिन उन्होंने इन्तजाम रखा और कुलपति जी से कहा कि नामवर जी को यहाँ भेज दीजिएगा। मैं इन्तजार करूँगा। राजभवन में बहुत प्रेम से मुझसे मिले। उसके बाद और जगहों पर मिले। दिल्ली में महादेवी वर्मा की रचनावली का लोकार्पण था। पधारे थे शास्त्री भगवान। आते ही तबीयत से गले मिले। हमारे-उनके बीच नोक-झोंक तो होती ही रहती है, उस दिन उन्होंने एक शेर पढ़ा : 'गुलशनपरस्त हूँ, नहीं गुल ही मुझे अजीज। काँटों से भी निबाह किए जा रहा हूँ मैं।' और मेरे मुँह से तुरन्त निकला, 'गुलों से खार बेहतर है जो दामन थाम लेते हैं।' यह रिश्ता जो है वह दामन थाम लेनेवाला रिश्ता है, जो बराबर बना रहा। वह नोक-झोंक हम लोगों में चलती रहती है। दिल्ली में मिले और आज खुशी है कि इलाहाबाद में हम साथ हैं। लखनऊ के बाद इलाहाबाद में मिलना ही चाहिए था। वे अविरोध में रहते हैं, मैं विरोध में रहता हूँ : 'केहि विधि मिलनो होय'। लेकिन सूली ऊपर सेज उनकी नहीं है, यह मैं नहीं कहूँगा। भले ही सेज काँटों की बनी हो, लेकिन कोई काँटा उन्हें चुभ नहीं सकता है, मैं जानता हूँ। कोई काँटा हिम्मत भी करे तो भी नहीं चुभ पाएगा। इसलिए आज इलाहाबाद में उनकी नई पुस्तक, संस्मरणों की पुस्तक, के लोकार्पण का अवसर मिला। कई मित्रों ने फोन करके मुझसे कहा कि आप न जाइए वहाँ। ये वे लोग हैं जो नहीं जानते मानवीय सम्बन्धों को और अपनी संस्कृति को।

छोटी उम्र की एक घटना अचानक याद आ गई मुझे। विषयान्तर हो तो क्षमा कर दीजिएगा। सन् 1951 की बात होगी। आचार्य द्विवेदी, हमारे गुरुदेव शान्तिनिकेतन से आए ही थे और उन दिनों मुझ पर मार्क्सवाद का नया रंग या नशा चढ़ रहा था जो आम तौर पर नये लोगों में होता है; आजकल बूढ़े होने पर भी दिखाई पड़ रहा है। उस समय कुछ चीजों को लेकर विचारों में बड़ी टकराहट चल रही थी, अत:

मैंने शाम को घूमते समय उनसे तुलसीदास का हवाला देते हुए कहा, तुलसीदास तो मानते थे कि 'नाते सबै राम के मनियत सुहृद सुसेव्य जहाँ लौं। जाके प्रिय न राम बैदेही। तजिए ताहि कोटि बैरी सम जद्यपि परम सनेही।' पंडित जी ठिठक गए, बोले, मैं इसे नहीं मानता। एक सहज-सी बात थी। बोले, तुलसीदास बैरागी आदमी थे। मैं गृहस्थ हूँ। उनके औरत नहीं, बीवी-बच्चे नहीं, उन्हें समाज में रहना नहीं था। वे नाते सबै राम के साथ चला सकते थे। मैं गृहस्थ हूँ। गृहस्थ में तो इतने अन्तर-वैयक्तिक सम्बन्ध होते हैं। यही नहीं बल्कि जिसे आगे चलकर एक उपन्यास में उन्होंने लिखा है। भागवत का कोई श्लोक सुनाया। फिर गीता का सुनाया और कहने लगे कि देखो, मन तो स्वयं पूरा-का-पूरा किसी से नहीं मिलता। 'मेघदूत' का एक श्लोक उन्होंने उद्धृत किया जो कालिदास के यक्ष की वेदना थी। वह अपनी प्रिया का उपमान ढूँढ़ता है। कुछ नदी में मिल जाता है, कुछ लता में मिल जाता है, कुछ चन्द्रमा में मिलता है लेकिन 'हन्तैकस्मिन्क्वचिदपि न ते चंडि सादृश्यमस्ति।' अर्थात् ऐसा कुछ भी नहीं है, सुन्दरी, जिसके साथ तुम्हारा पूरा सादृश्य हो। इकट्ठा एक जगह वे सारी चीजें नहीं मिलतीं जिनसे मन मिले। इकट्ठा एक आदमी कोई ऐसा दुनिया में नहीं मिलता जिससे आपका पूरा मन मिले। कुछ किसी में मिलता है, तो कुछ किसी में मिलता है। इसलिए भगवान के भी कई स्वरूप होते हैं। कोई सोलह कला के होते हैं तो कोई बारह कला के ही होते हैं। इसके बाद पंडित जी बोले, इसलिए तुलसीदास के लिए उनकी बात ठीक है लेकिन अपने लिए मेरा सुधर्म यह है—कि जब अपने अत्यन्त निकट-से-निकट व्यक्तियों से...मेरी पत्नी से मेरा मन सोलह आने नहीं मिलता, अपने भाइयों से नहीं मिलता, अपने गुरु से नहीं मिलता; तो जितनी दूर तक जिससे मन मिलता है उतनी दूर उससे निभाना यही मानवीय धर्म है। हम देवता नहीं हैं, हम मनुष्य हैं।—यह कहकर पंडित जी ने मुझे व्यवहार की पद्धति समझाई।

मार्क्स को माननेवाली यहाँ छत्तीसों पार्टियाँ बनी हुई हैं। और राम को माननेवाले भी कई तरह से राम-भक्त होते हैं। कृष्ण को माननेवाले इतने प्रकार के भक्त हैं कि उनके सम्प्रदाय अलग-अलग बने हैं। जब ये चीजें जीवन्त दिखाई पड़ रही हैं तो कौन-सा किताबी सम्बन्ध किससे निभाने में लगा जाए? इसलिए जब लोगों ने मुझसे कहा कि आप वहाँ न जाएँ तो मैंने कहा कि आज तो मैं अवश्य ही जाऊँगा क्योंकि हमारी संस्कृति की यह परम्परा रही है। किंवदन्ती है, झूठ हो या सच हो लेकिन जिसने समाज में किंवदन्ती प्रचलित की होगी, उसके मन में कुछ रहा होगा। कहते हैं कि नाभादास ने भंडारा किया था तो तुलसीदास को निमंत्रण नहीं दिया गया था। यह रामचन्द्र शुक्ल के इतिहास में लिखा हुआ है। और बिना बुलाए तुलसीदास जी अपने-आप पहुँच गए। अन्त में जब पंगत लगी हुई थी तो किसी सन्त का एक जूता उठाकर वहाँ बैठे हुए थे। जैसे ही नाभादास खीर परोसने गए तो वहाँ बैठे हुए

तुलसीदास को देखा और चरणों में गिर गए नाभादास जी। बोले, सन्त समागम हो रहा है, नहीं बुलाया तो क्या हुआ, साधु ने बुलाया। राम का भक्त है, बुला रहा है और चले गए। तो जब शुक्ल जी ने कहा है कि गए होंगे तो जरूर लेकिन जूता हाथ में लिया होगा खीर के लिए तुलसीदास ने? इस पर शुक्ल जी को विश्वास नहीं है। यह किंवदन्ती सत्य हो या नहीं लेकिन हमारी संस्कृति का यह सत्य है। यह निर्विवाद है इसीलिए लोकमानस में यह किंवदन्ती चली आ रही है और इसका सम्मान करना चाहिए। इसलिए राजनीति मात्र पूरा मनुष्य नहीं है। मनुष्य उससे कहीं ज्यादा भरा-पूरा अनेक जटिल भावों और विचारों का पुंज है। इस सन्दर्भ में मैं समझता हूँ कि यह हमारी संस्कृति विशेषत: सारस्वत संस्कृति है कि जिससे जितना मन मिले, उससे उतना सम्बन्ध निभाया जाए। यह सारस्वत सम्बन्ध है हम लोगों का जिससे हम यहाँ इकट्ठे हैं।

हम लोग प्रयाग में हैं जहाँ 'परिमल' और प्रगतिशील लेखकों के बीच तनाव रहे हैं, टकराव रहे हैं, पर साथ-साथ बैठे हैं, बहस होती रही है, लिखते रहे हैं, यह संगम की परम्परा है, और संस्कृति की परम्परा है। इसलिए मुझे खुशी है कि प्रयाग ने अपनी परम्परा की रक्षा करते हुए आज इस बहाने शास्त्री भगवान को लखनऊ से बुलाया है। वैसे भी उत्तर प्रदेश के राज्यपालों की बड़ी शानदार परम्परा भी है। यदि मैं भूलता नहीं तो सरोजिनी नायडू यहाँ की राज्यपाल थीं, के.एम. मुंशी राज्यपाल थे और उस परम्परा में मुझे और कोई नाम इस समय नहीं याद आ रहा है। विष्णुकान्त जी भी उस परम्परा के हैं। यह गर्व होना चाहिए उत्तर प्रदेश को। और गर्व है हमें इस बात पर। और फिर यह संग्रहालय है। संग्रहालय है तो संग्रह करना ही चाहिए। 'संग्रह' तुलसीदास का बड़ा प्रिय शब्द है। 'लोक-संग्रह' शुक्ल जी का बड़ा प्रिय शब्द है। इसलिए इस आयोजन के बहाने, एक पुस्तक के निमित्त, सभी विचारों के लोगों का संग्रह इलाहाबाद संग्रहालय ने किया है। पुस्तक पर कुछ कहने के पहले इन बातों का उल्लेख करने की अनुमति आप लोगों से मैंने माँगी है। कथाकारों ने संस्मरण अनेक लिखे हैं। कुछ आलोचकों ने भी संस्मरण लिखे हैं। आचार्य रामचन्द्र शुक्ल ने 'प्रेमघन की छाया स्मृतियों का' एक संस्मरण लिखा है। यद्यपि उनके इतिहास में अनेक संस्मरण के टुकड़े हैं। संस्मरण डॉ. रामविलास शर्मा ने भी लिखे हैं। पूरी 'अर्द्ध विराम' नाम की उनकी पुस्तक संस्मरणों की है। कुछ बड़े लोगों के लिखे हैं, कुछ सामान्य जनों पर लिखे हैं। उस परम्परा में विष्णुकान्त जी अन्यतम हैं। संस्मरणों के बारे में एक बात का मैं विशेष रूप से उल्लेख करूँगा। इस दौड़-भाग के युग में हम लोग, यह पूरा देश और खास कर जब से यह हाइटेक और तुरन्ता भोजनालय वाली संस्कृति चली है, तब से हम लोग स्मृति-भ्रंश के शिकार हो गए हैं। यह देश आज और अब को याद करने में इतना बँधा हुआ है कि अतीत की स्मृतियाँ, अतीत को याद करना पलायनवाद

माना जाता है। और गीता में कहा गया है कि 'स्मृतिभ्रंशात् बुद्धि नाशः बुद्धि नाशात् प्रणश्यति'।

जिस व्यक्ति की स्मृति भ्रंश हो जाए और जिस जाति का, जिस समाज का, जिस देश की स्मृति भ्रंश हो जाए, उसका विनाश निश्चित है। ऐसे दौर में संस्मरण एक विधा नहीं बल्कि ऐमनेशिया यानी स्मृतिभ्रंश के विरुद्ध एक प्रतिरोध है। कुछ व्यक्तियों को स्मरण करने के बहाने हम यह बराबर जाँचते-परखते रहें कि अभी हमारी स्मृति नष्ट नहीं हुई है। अभी मैं याद कर सकता हूँ। हम लोगों के पास तो यही एक पूँजी है। पूँजी मैं कैपिटल के अर्थ में कह रहा हूँ। सेठों की पूँजी और होगी। लेखक के पास, बुद्धिजीवी के पास तो स्मृति ही पूँजी है। और स्मृति की पूँजी की यह ताकत है कि ऋक् संहिता को, अपने वेदों की संहिता को स्मृतियों से हमने हजारों साल तक जिन्दा रखा। उन्हें लिखा बहुत बाद में गया। वेद छपा और बाद में, उसे याद रखा लोगों ने। इसलिए अपने पूर्वजों पर हमें गर्व होना चाहिए। इसलिए स्मृति संस्कृति को सुरक्षित रखती है, अपने पुरखों की परम्परा को सुरक्षित रखती है, अपने मित्रों की परम्परा को सुरक्षित रखती है। जब मैं नहीं रहूँगा तो कम-से-कम मुझे याद दिलाने के लिए विष्णुकान्त जी का संस्मरण तो होगा और यह बताऊँ कि मेरी याददाश्त भी तो बहुत बुरी नहीं है लेकिन शास्त्री भगवान जैसी स्मृति मैंने नहीं देखी। इस मामले में वे हाथी हैं। कहते हैं कि हाथी कुछ भूलता नहीं है। अद्‌भुत स्मरणशक्ति। एक-एक तथ्य। इस मामले में उनका दिमाग कम्प्यूटर है। बच्चन जी से मैं भी मिला हूँ, मिलता रहा हूँ। गुलमोहर पार्क वाले मकान में मैं भी कई बार गया हूँ लेकिन बच्चन जी पर इतना अच्छा संस्मरण, पूर्णतः विश्वसनीय, उनके पूरे व्यक्तित्व को उजागर करनेवाला संस्मरण, मैंने और दूसरा नहीं देखा। कहने को भारती वहीं बम्बई में रहते थे, धर्मवीर भारती। परन्तु उन्होंने बच्चन जी पर संस्मरण नहीं लिखा। इलाहाबाद वालों को थोड़ा शर्मिन्दा होना चाहिए, चुटकी भर शर्म यहाँ होनी चाहिए उन लोगों को, कोई बच्चन पर लिखे। जगदीश गुप्त पर जैसा संस्मरण शास्त्री जी ने लिखा, वैसा शायद ही किसी और ने लिखा हो, मुझे फिलहाल नहीं याद आ रहा है। क्षमा करें इलाहाबाद के लोग। ऐसी अद्‌भुत स्मृति के सन्दर्भ में एक ही शब्द कहूँगा, विष्णुकान्त जी के लिए—'छुआ छल नाहीं', तुलसीदास के शब्द हैं। हम लोग छलते हैं, छल है, छलावा है हममें से बहुतों में। ऐसा पारदर्शी व्यक्तित्व मैंने नहीं देखा है।

संस्मरणों की इस किताब का बड़ा अच्छा नाम रखा है। अपनी किताबों का नाम बहुत अच्छा रखते हैं शास्त्री जी। 'तुलसी के हिय हेरि', 'कुछ चन्दन की कुछ कपूर की', 'सुधियाँ उस चन्दन के वन की'। किताबों के इतने सुन्दर नाम रखते हैं कि कवि-हृदय भी ऐसा नाम नहीं रख सकता। सूरीनाम का संस्मरण पढ़ते हुए मुझे लगा कि ये तो कवि हैं। शास्त्री जी ने अपनी नानी माँ का एक संस्मरण

लिखा है। वह संस्मरण ही नहीं है बल्कि आत्मकथा है। अपने जीवन के अनेक तथ्यों को साहस के साथ उन्होंने लिखा है। सत्याग्रह में जेल गए उसके विभाग के प्रमुख रहे। इस तथ्य को ज्यों-का-त्यों और पहली बार सम्भवतः लिखित रूप में उन्होंने कहा। इस दृष्टि से भी वह संस्मरण महत्त्वपूर्ण है। जम्मू, जहाँ के ये हैं, और जब भी बात होती थी तो बड़े गर्व से वे जब कहते थे कि मैं डोगरा हूँ, मुझे बहुत अच्छा लगता था। अद्भुत संस्मरण है। 'तू मेरी बुलबुल' बड़ी नानी माँ पर लिखा हुआ सबसे मार्मिक संस्मरण है जिसमें उनके जीवन के अनेक मार्मिक प्रसंग नानी माँ के बहाने आए हैं। मुझे इनकी सबसे अच्छी पुस्तक 'तुलसी के हिय हेरि' लगती है। 'विनयपत्रिका' पर जितनी गहराई से उन्होंने लिखा है और अपनी सर्वोत्तम पुस्तक उन्होंने समर्पित की है, सुदर्शना इन्दिरा को, अपनी दिवंगता पत्नी को। सचमुच वे सुदर्शना थीं, मैंने उन्हें देखा है। मैं रघुवीर सहाय की एक कविता के साथ समाप्त करूँगा। कविता है :

तुममें कहीं कुछ है कि तुम्हें उगता सूरज,
मेमने गिलहरियाँ, कभी-कभी का मौसम
जंगली फूल पत्तियाँ टहनियाँ भली लगती हैं
आओ उस कुछ को हम दोनों प्यार करें।
एक-दूसरे के उसी विगलित मन को स्वीकार करें।

और अन्त में निराला ही याद आते हैं। 'अनामिका' के आरम्भ की वे पंक्तियाँ :

जैसे हम हैं वैसे ही रहें।
लिये हाथ एक-दूसरे का अतिशय सुख के सागर में बहें।

इस बुढ़ापे में और राज्यपाल पद से अवकाश ग्रहण करने के बाद हम दोनों इसी तरह लिये हाथ एक-दूसरे का, अतिशय सुख के सागर में बहें।

[18 मई, 2004 को इलाहाबाद में आचार्य विष्णुकान्त शास्त्री की संस्मरणात्मक कृति '...पर साथ-साथ चल रही याद' के लोकार्पण समारोह पर दिया गया वक्तव्य]

[साभार : विष्णुकान्त शास्त्री अमृत महोत्सव : अभिनन्दन ग्रन्थ-2004]

यादों में यादव

दिल भरा है और दिमाग खाली है। मन मानने को तैयार नहीं है कि राजेन्द्र यादव नहीं रहे। उनके व्यक्तित्व और कृतित्व पर तो विस्तार से फिर कभी लिखने की कोशिश करूँगा। फिलहाल उनके 'हंस' की भूमिका, खास तौर से स्त्री और दलित वर्ग के हक के लिए उन्होंने 'हंस' के द्वारा जो जेहाद किया, उसी सन्दर्भ में थोड़ी बात करना चाहूँगा। अभी मैं उनकी दो किताबें पढ़ रहा था। पहली किताब है : 'मैं हंस नहीं पढ़ता', जो 2006 में प्रकाशित हुई थी और दूसरी है : 'काश, मैं राष्ट्रद्रोही होता', जो 2007 में प्रकाशित हुई थी। राजेन्द्र यादव पर कुछ कहने से बेहतर मैं यही समझता हूँ कि इन पुस्तकों में से कुछ उद्धरणों को सामने रख दूँ। 'मैं हंस नहीं पढ़ता' में एक लेख है : 'पीड़ा के दावेदार', इसमें उन्होंने दलित लेखकों की हिमायत करने के साथ ही यह सन्देश दिया है :

'दलित लेखकों को इस पर भी विचार करना होगा कि उनका लेखन सिर्फ आत्माभिव्यक्ति का सुख नहीं है, एक संघर्ष और आन्दोलन का हिस्सा भी है। वह सिर्फ पीड़ा को कहकर उससे मुक्त (शास्त्रीय शब्दावली में 'विरेचित') हो जाना ही नहीं, उस पीड़ा को अपनों में बाँटकर सामूहिक मुक्ति का सपना भी है। सवाल यह भी है कि इसी वर्ण-व्यवस्था को बनाए रखकर क्या दलितों का संघर्ष खुद सवर्णों जैसा सम्मानित हो जाने तक जाता है या सारी व्यवस्था को ही बदलने की बात सोचता है? भूलना यह भी नहीं चाहिए कि उनका सवर्णों की तरह सम्मानित और सत्तावान बनना, दूसरे 'नये दलितों' को जन्म देना है—जो जितने अपनों में से होंगे उतने ही उन अपनों से बाहर—यही नहीं, सवर्ण बनने की आकांक्षा उन्हें ठीक उन्हीं कर्मकांडों और धार्मिक ढकोसलों में ढकेल देगी जो उनकी अपनी समझ से असली सवर्णों की शक्ति है। लालू, मुलायम और मायावती 'नये सवर्ण' नहीं तो क्या हैं? अगर आज राम को हटाकर घर-घर में बुद्ध या अम्बेडकर की मूर्तियाँ पूजी जाने लगें तो अब तक के पूजनीय राम क्या अधिकार-वंचित होकर चुप बैठे रहेंगे?—ये 'नये दलित' किसी रणनीति का सहारा तो लेंगे ही...'

दलित साहित्य की आलोचना से किंचित् भिन्न दृष्टि स्त्री साहित्य के प्रति है। वे लिखते हैं :

'प्रारम्भिक लड़खड़ाहट के बाद स्त्री-लेखन इसलिए हमारे अधिक निकट है कि वह हमारी ही भाषा, शैली, तकनीक में अपनी बात कहता है। स्त्री ठीक हमारी ही कलात्मकता के साथ 'शेष कादम्बरी' (अलका सरावगी) और 'तिरोहित' (गीतांजलि श्री) भी लिख सकती है तो कात्यायनी की कविताएँ या 'कस्तूरी कुंडल बसै' (मैत्रेयी पुष्पा) जैसी ठेठ स्त्री-चेतना से उपजी अलग रचनाएँ भी। मगर अधिकांश स्त्री-रचनाएँ अपने-आपको स्थगित करके ठेठ पुरुष मानसिकता और मूल्यों के आत्मसातीकरण से आती हैं। 'कलिकथा वाया बाईपास' (अलका सरावगी) की अतिशयोक्तिपूर्ण प्रशंसा के पीछे यह शाबाशी देने की भावना भी है कि स्त्री होने के बावजूद उसने पुरुषों की कलात्मकता को साधा है। यह स्त्री के अपने हस्ताक्षर न होने या स्वयं उसकी अनुपस्थिति की प्रशंसा है।'

'काश, मैं राष्ट्रद्रोही होता' की महत्त्वपूर्ण भूमिका 'जो जैसा है, वह मुझे वैसा ही स्वीकार नहीं है' के अन्त में उन्होंने लिखा है :

'मुझे यह स्वीकार करने में भी कोई संकोच नहीं है कि मैं स्कॉलर नहीं हूँ। हाँ, मैंने समय के सन्दर्भों में बातों को अपनी तरह कहने की कोशिश जरूर की है—बेबाक और दुस्साहसी होकर। असहमतियाँ और गालियाँ मेरी जीवनी शक्ति हैं।

मित्र मुझे हिन्दी का खुशवन्त सिंह कहते हैं। स्त्री-विजय की वैसी शेखियाँ मैंने कभी नहीं मारीं। मेरा वह क्षेत्र भी नहीं है। हाँ, अगर तुलना ही करनी हो तो मैं नीरद सी. चौधरी के साथ होना पसन्द करूँगा। सही है कि उनकी साम्राज्यवादी प्रतिश्रुतियों से मेरा आधारभूत विरोध है, मगर वे सच्चे अर्थों में प्रखर बुद्धिजीवी हैं—यानी मूर्तिभंजक।'

इस आत्मस्वीकृति से राजेन्द्र यादव के व्यक्तित्व का पूरा परिचय मिल जाता है। उनकी आखिरी किताब 'स्वस्थ व्यक्ति के बीमार विचार' नाम से एक आत्मकथा जैसी शैली की कृति हाल ही में प्रकाशित हुई है जिसे उन्होंने बोलकर लिखवाया था। यह पुस्तक लगभग 90 पृष्ठों की है और 11 अध्यायों में विभक्त है। हिन्दी में ऐसी बेबाक और वर्जनामुक्त आत्मकथा मेरे देखने में तो नहीं आई है। खास तौर से, अपने सेक्स सम्बन्धों का विवरण जितने उन्मुक्त और कुंठारहित ढंग से किया है, शायद ही किसी और लेखक ने हिन्दी में किया हो। देखना है, आगे हिन्दी में इस पुस्तक की क्या प्रतिक्रिया होती है। फिलहाल इन्हीं शब्दों के साथ अपने अभिन्न मित्र राजेन्द्र यादव को अपनी सजल श्रद्धांजलि अर्पित करता हूँ।

[प्रस्तुति : दिनेश कुमार]

[साभार : हंस पत्रिका, दिसम्बर, 2013]

विश्व में रिक्त व्यक्ति का स्थान नहीं भर सकता स्वयं दिगंत

मुझे आज भी अच्छी तरह याद है कि राजेन्द्र (यादव) से मेरी पहली मुलाकात सन् 1950 के आसपास आगरा कॉलेज में हुई थी। मैं काशी हिन्दू विश्वविद्यालय में एम.ए. (हिन्दी) का छात्र था और रामविलास (शर्मा) जी से मिलने आगरा गया था। राजेन्द्र भी तब एम.ए. (हिन्दी) का छात्र था। हम दोनों एक-दूसरे को बस नाम से जानते थे, मिले नहीं थे। उस पहली मुलाकात में ही कुछ ऐसा हुआ कि हमारे बीच एक रिश्ता बनता चला गया जो साठ-बासठ साल तक बना रहा। मैं जब पिछले साठ सालों की अपनी इस मित्रता को अब याद करता हूँ, खास कर राजेन्द्र के चले जाने के बाद, तो खुद को एक ऐसे खालीपन से लिपटा हुआ पाता हूँ जिसे दिगंत भी नहीं भर सकता।

राजेन्द्र मुझसे केवल दो साल ही तो छोटा था। इसी कारण मैं उसे 'तुम' कह सकता था और वह मुझे 'आप'। मन्नू (भंडारी) जी से भी मेरी मित्रता पारिवारिक ही थी और है।

जब मन्नू जी से उसकी अनबन शुरू हुई तो मैंने मन्नू जी की सारी बातें सुनीं और राजेन्द्र को समझाने की कोशिश की। यहाँ उन निजी बातों को कहने-सुनने का अब कोई अर्थ नहीं रह गया है।

आगरा के बाद हमारी मुलाकातें इलाहाबाद में अक्सर हो जाती थीं। वहाँ राजेन्द्र के साथ कमलेश्वर, शेखर जोशी, अमरकान्त और भैरवप्रसाद गुप्त भी होते थे। मैं याद करता हूँ तो कलकत्ते में राजेन्द्र के साथ की अनेक शामें हैं जब हमारी मित्रता प्रगाढ़ होती चली गई। उन दिनों उसकी किताब 'उखड़े हुए लोग' की बड़ी चर्चा थी।

जब काशी हिन्दू विश्वविद्यालय की नौकरी से मुझे अलग कर दिया गया तो मैं दिल्ली आ गया। मैंने भारतीय कम्यूनिस्ट पार्टी के टिकट पर चुनाव लड़ा था। पार्टी ने मुझे अपने अखबार 'जनयुग' के सम्पादन की जिम्मेदारी सौंपी। शीला संधू और उनके पति वामपंथी थे। उन्होंने कम्यूनिस्ट पार्टी से मुझे माँग लिया और राजकमल प्रकाशन का सलाहकार बनाया। बाद में व्यस्ततावश मुझे 'जनयुग' छोड़ना

पड़ा। तब राजकमल प्रकाशन से भीष्म साहनी के सम्पादन में 'नई कहानियाँ' नाम से एक मासिक पत्रिका निकलती थी जिसमें मैंने जनवरी, 1960 से दिसम्बर, 1962 तक 'हाशिए पर' नामक स्तम्भ लिखा। इसी स्तम्भ में मैंने राजेन्द्र की कहानी 'छोटे-छोटे ताजमहल' पर विस्तार से एक निबन्ध लिखा। मैंने इस कहानी की कुछ चीजों की तारीफ तो की, पर कई बातों की आलोचना भी की। उस आलेख का अन्तिम अंश इस प्रकार है :

'साधारण पाठक तो अनुभूतियों के वर्णन से अभिभूत हो जाता है—इतना अभिभूत कि इन अनुभूतियों के पीछे छिपे हुए 'दृष्टिकोण' की ओर ध्यान ही नहीं दे पाता; लेकिन इसके पीछे क्या कोई 'मुर्दा भोगवाद' नहीं है? अमेरिकी साहित्य-समीक्षक फिलिप रैव ने कुछ दिन पहले अमेरिकी कथा-साहित्य में बढ़ते हुए 'अनुभूतिवादी' खतरे के पीछे छिपी विचारधारा का निर्मम उद्‌घाटन किया था। क्या हमारे यहाँ भी उसी प्रकार का 'कल्ट ऑफ एक्सपीरिएंस' नहीं बढ़ रहा है? वैयक्तिक सम्बन्धों की बारीकियों में इतनी दिलचस्पी और नितान्त निजी अनुभूतियों के छोटे-छोटे क्षणों का ब्यौरा देने में ऐसी रुचि अन्ततः किस ओर ले जाएगी? बोस्टन सोसाइटी के बारे में टी.एस. इलियट ने एक बार कहा था कि 'दे आर क्वाइट रिफाइंड, बट रिफाइंड बियॉन्ड द प्वाइंट ऑफ सिविलाइजेशन!' क्या इन कहानियों की अति सूक्ष्मताप्रियता भी सभ्यता की हद के पार तो नहीं जा रही है? अत्यन्त सभ्य लेकिन सभ्यता की हद के पार! ऊपर से सुन्दर लेकिन नीचे प्राणहीन शव। छोटे-छोटे ताजमहल!'

राजेन्द्र तब दिल्ली आ गया था और किरोड़ीमल कॉलेज के पास शक्ति नगर में मन्नू जी के साथ रहने लगा था। मैं वहीं मॉडल टाउन में रहता था। हमारा अक्सर मिलना-जुलना होता था। मैंने पहले भी कहा है कि पढ़ाई और नौकरी के दौरान हमारा जीवन एक तरह से स्त्रीविहीन ही रहा था। पहली बार, मैं राजेन्द्र के घर में उन महिलाओं से मिला जो साहित्य-शिक्षा या सामाजिक जीवन में सक्रिय थीं। मन्नू जी के कारण ही निर्मला जैन से वहीं मित्रता हुई। फिर मैं कुछ सालों के लिए जोधपुर चला गया। उस दौरान हमारा मिलना कम हो गया।

मैं 1974 में जवाहरलाल नेहरू विश्वविद्यालय (दिल्ली) आ गया। राजेन्द्र और मन्नू जी हौजखास में आकर रहने लगे। मेरे घर से उनका घर बहुत दूर तो था नहीं। हमारी मुलाकातें फिर शुरू हुईं। हफ्ते में दो-तीन बार मिलना हो ही जाता था। राजेन्द्र के साथ की शामें बड़ी यादगार होती थीं।

जब राजेन्द्र ने 'हंस' निकालने का फैसला किया तो उसने मुझे बताया। मैं उसके इस फैसले से सहमत था। जुलाई, 1986 में 'हंस' शुरू हुई। मार्च, 1987 के अंक में मैंने राजेन्द्र के कहने पर एक लेख लिखा : 'उर्दू का सवाल, बासी भात में खुदा का साझा'। 'हंस' के अक्टूबर, 1987 के अंक में मेरा अगला लेख उसने

छापा : 'उर्दू के सवाल-शिकवा और जवाब-ए-शिकवा'। इससे पहले मैं 'हंस' के सितम्बर, 1986 अंक में भी एक लेख लिख चुका था : 'साम्प्रदायिकता और धर्मनिरपेक्षता'। मुझे याद है, जब-जब राजेन्द्र ने 'हंस' में कोई बहस चलाई, मुझे जरूर याद किया। उसके लिए मैंने अक्टूबर, 1993 में एक लेख और लिखा : 'शिक्षा : विचारधारा बनाम वैज्ञानिक दृष्टि'।

हमारे बीच कई मुद्दों पर असहमतियाँ बनी रहती थीं, तीखी बहसें भी होती थीं, लेकिन इसका कोई असर हमारे निजी रिश्तों पर कभी नहीं पड़ा। मसलन मैं साहित्य में आरक्षण के खिलाफ हूँ। नौकरियों में आरक्षण होना चाहिए, लेकिन एक पीढ़ी तक। कोई भी समाज स्थायी आरक्षण के बल पर विकास नहीं कर सकता। दलित, स्त्री, अल्पसंख्यक या पिछड़े वर्ग से आनेवाले लेखन को गुणवत्ता के आधार पर मुख्यधारा में स्वीकार कर लेना चाहिए। इनके लिए अलग से आरक्षण की जरूरत नहीं है। उसी तरह राजेन्द्र के दलित-विमर्श को मैंने कभी समर्थन नहीं दिया। यदि यह काम तुलसीराम या ओमप्रकाश वाल्मीकि करें तो बात समझ में आती है, पर राजेन्द्र करते थे तो यह मेरी समझ से परे है। कुछ लोग राजेन्द्र के इस काम को दलितों का नेता बनने की महत्त्वाकांक्षा के रूप में देखते थे। खराब रचना यदि कोई सवर्ण भी लिखे तो वह खराब ही कही जाएगी और अच्छी रचना यदि कोई दलित भी लिखे तो वह अच्छी ही कही जाएगी। साहित्य की कसौटी तो गुणवत्ता है, जाति नहीं।

राजेन्द्र की 'नई कहानी' वाली मंडली में सबसे सीधे और सच्चे राजेन्द्र ही थे। आम तौर पर मोहन राकेश अपने को थोड़ी ऊँचाई पर समझते थे। वे जालंधर से दिल्ली आए थे, राष्ट्रीय नाट्य विद्यालय में उनके नाटक होते थे; वे किसी को खास भाव नहीं देते थे। लगभग उसी होड़ में कमलेश्वर भी थे। वे मीडिया से जुड़े थे। टाइम्स ऑफ इंडिया समूह की पत्रिका 'सारिका' के सम्पादक हो गए थे। इनमें सबसे सहज राजेन्द्र ही थे, बाकी दोनों बड़े ही हाई-फाई और तिकड़मी थे। उन तीनों की दुनिया अलग-अलग थी।

राजेन्द्र से मेरी मित्रता की सबसे बड़ी वजह थी, उनका प्रगतिशील होना। प्रगतिशील लेखक संघ के अनेक कार्यक्रमों में हमारी मुलाकातें होती रहीं। साम्प्रदायिकता के मुद्दे पर उसने कभी समझौता नहीं किया। जब उसने 'हंस' निकालने का निर्णय लिया तो शुरू में ही तय हो गया था कि यह केवल साहित्य की पत्रिका नहीं होगी। वैचारिक संघर्ष की पत्रिका होगी, जैसा प्रेमचन्द निकालते थे। उस दौर में वैचारिक लड़ाई के लिए 'हंस' जरूरी हो गया था। जोखिम उठाना और अपनी जिद पर अड़े रहते हुए हस्तक्षेप करना राजेन्द्र का स्वभाव था। उसने प्रेमचन्द की परम्परा को न सिर्फ आगे बढ़ाया बल्कि उनके 'हंस' को एक बार फिर से प्रासंगिक बनाया। 'हंस' अपने समय की सबसे महत्त्वपूर्ण पत्रिका बन गई थी

क्योंकि उसमें रचना के साथ विचार को भी प्रमुख माना गया। यह भी सच है कि अपने समय की कई जरूरी बहसें 'हंस' ने चलाईं। राजेन्द्र के मन में कहीं भीतर तक यह बात बैठ गई थी कि वे मोहन राकेश और कमलेश्वर से कम महत्त्वपूर्ण न मान लिए जाएँ। वे केवल लेखक-प्रकाशक होकर नहीं रहना चाहते थे। मेरा खयाल है कि 'हंस' के लिए राजेन्द्र हमेशा याद किए जाएँगे।

राजेन्द्र बहुत अच्छे मित्र थे। मित्र-धर्म कोई उनसे सीखे। मैं उनके कई व्यक्तिगत गुणों का प्रशंसक रहा हूँ। उनका दिल बहुत बड़ा था और दिमाग बहुत तेज। वे बड़े खुले दिल के थे। अपनी तिकड़ी में सबसे बेहतर मनुष्य। मैं आज भी मानता हूँ कि राजेन्द्र कमलेश्वर से बेहतर लेखक थे। हालाँकि उस पीढ़ी में, मेरा खयाल है, निर्मल वर्मा सर्वश्रेष्ठ कथाकार थे। राजेन्द्र मोहन राकेश से भी बेहतर कथाकार थे। वैचारिक लेखन और चिन्तन में राजेन्द्र अपनी पीढ़ी में सबसे बेहतर थे। निर्मल वर्मा भी बेहतर चिन्तक थे लेकिन उनकी दुनिया बहुत छोटी थी। राजेन्द्र की दुनिया बड़ी थी—हम सबकी दुनिया से भी बड़ी।

मुझे राजेन्द्र के जाने के बाद इस बात का गहरा अहसास हो रहा है कि एक आदमी के जाने से जगह कितनी खाली हो जाती है। साहित्य में तो खालीपन आ ही गया है, मेरी निजी जिन्दगी में भी खालीपन आ गया है। उसके चले जाने से जो रिक्त है, उसे अब दिगंत भी नहीं भर सकता : 'विश्व में रिक्त व्यक्ति का स्थान/ नहीं भर सकता स्वयं दिगंत!'

[साभार : पत्रिका दृश्यान्तर, अंक : नवम्बर, 2013]

मार्कंडेय : ऐसा स्वाभिमान कम लोगों में होता है

मार्कंडेय से मेरी आखिरी मुलाकात मार्च महीने की छह तारीख को शाम पाँच बजे के करीब हुई। वे राजीव गांधी कैंसर अस्पताल में भर्ती थे। मुझे रवीन्द्र कालिया से यह खबर मिली तो उन्हीं की गाड़ी से हम दोनों साथ-साथ गए। उनकी बीमारी की खबर वैसे मुझे पहले मिल चुकी थी, जब वे इलाहाबाद में थे। उनकी हालत मुझे मालूम थी लेकिन अस्पताल में उस मार्कंडेय को देखना इतना हृदय विदारक था कि हम लोगों की आँखों में आँसू आ गए। वहाँ विद्या जी थीं, उनकी पत्नी, और लगभग उसी समय मालूम हो गया था कि अब गिने हुए दिन हैं। बहुत भरे हुए मन से हम वहाँ से आए। और 18 मार्च को एस.एम.एस. मुझे मिला कि वे अब नहीं रहे।

आज इतने दिनों बाद उनको याद करते हुए कुछ बातें छिटपुट याद आ रही हैं। लगभग 1953-54 ई. के आसपास की बात है। मैं बनारस विश्वविद्यालय में पढ़ रहा था। इलाहाबाद आता था अक्सर क्योंकि सरोज वहाँ रहती थी। वह हमारे पिता-तुल्य कामताप्रसाद जी विद्यार्थी, जो स्वतंत्रता-संग्राम सेनानी थे, उन्हीं की बेटी थी। वे मेरे पिता के मित्र थे और बचपन में मेरा समय आम तौर से उनके घर ही बीतता था, वहीं मैंने खादी पहनना सीखा। मेरी अपनी कोई बहन नहीं थी, तो सरोज ही मेरी बहन थी, वही मुझे राखी बाँधती थी। उसकी शादी श्रीकृष्णदास से हुई थी, तो वे मेरे बहनोई हुए। वे उन दिनों 2-डी, मिंटो रोड पर रहते थे। बगल में उनके अमृतराय थे, ओंकार शरद भी थोड़ी दूर पर रहते थे। इलाहाबाद में मेरा वहीं ठिकाना था, मैं वहीं ठहरता था।

मार्कंडेय उस समय जी.एन. झा हॉस्टल में रहते थे। मैं गया उनसे मिलने झा हॉस्टल, उनके कमरे—बल्कि दुष्यन्त से भी मेरी मुलाकात वहीं हुई। बाद में श्रीकृष्णदास उन्हें अपने यहाँ लेते आए क्योंकि वे दोनों जौनपुर के थे, जान-पहचान थी ही तो वे मार्कंडेय से बोले कि अब हॉस्टल में तो रह नहीं सकते, एम.ए. कर चुके हो, रिसर्च करना नहीं है, लिखते-पढ़ते रहते हो तो मार्कंडेय दास बाबू के यहाँ चले आए और इलाहाबाद में जब तक दास बाबू रहे तब तक मेरा स्थायी ठिकाना वहीं रहा। दास बाबू की मृत्यु के बाद सरोज भी दूसरी जगह रहने

चली गई और मार्कंडेय ने भी अपना एक अलग फ्लैट ले लिया। तब भी इलाहाबाद अक्सर जाना होता और शायद ही ऐसी कोई यात्रा रही हो कि मार्कंडेय से बिना मिले मैं चला आऊँ।

आरम्भ में मार्कंडेय बहुत अच्छा लोकगीत गाते थे। अवधी का एक गीत है, 'छापक पेड़ छिहुलिया त पतवन गहबर हो'। बहुत करुण गीत है। मार्कंडेय इस गीत को इतना अच्छा गाते थे और उस गीत की मार्मिकता मार्कंडेय के मुँह से सुनने के बाद मेरे मन में रह गई। मार्कंडेय की जो छवि मेरे मन में बनी, वह ऐसे युवक की थी जो लोकगीत बहुत अच्छा गाता है और जिसका लोकभाषा से लगाव है, गाँव से लगाव है जो इलाहाबाद शहर में रहते हुए भी अपने ग्रामीण संस्कार को भूला नहीं है।

बाद में जब पता लगाया मैंने कि 'चक्रधर' नाम से जो लिखते हैं सज्जन, वह कौन हैं, तब मालूम हुआ कि वे कहानीकारी भी हैं और जब दास बाबू के यहाँ आ गए उनके साथ रहने और मैं वहाँ गया तो अचानक पहली प्रति 'पान-फूल' की जो उनका पहला संग्रह था, मुझे दी। अब भी वह मेरे बनारस वाले घर पर है। वहाँ रहते हुए (2-डी., मिंटो रोड) पहले तो शुरू किया उन्होंने अपनी पुस्तकों को स्वयं छापना, किसी प्रकाशक को उन्होंने नहीं दिया तो लेखक भी बने, प्रकाशक भी बने, कहानी की चर्चा 'कल्पना' में करते थे, तो बड़ा रचनात्मक जीवन था। कभी सोचा ही नहीं मार्कंडेय ने कि वे अध्यापक बनें। नौकरी उन्होंने जिन्दगी भर नहीं की। उनके सारे साथियों ने नौकरी की लेकिन मार्कंडेय ने नौकरी नहीं की।

खास बात जो उन दिनों की थी, प्रगतिशील लेखक संघ की इलाहाबाद में सक्रियता। और जगह वह लगभग ठंडी पड़ गई थी लेकिन वहाँ प्रकाशचन्द्र गुप्त के बाबत वह जिन्दा थी और उनके जो युवा कार्यकर्ता थे, मार्कंडेय और कमलेश्वर सब सक्रिय रहते थे। मैं भी बनारस से जाता था, गोष्ठियों में कहानियाँ पढ़ी जाती थीं, चर्चा होती थी, भैरवप्रसाद गुप्त जी हम लोगों के नेता थे। तो, असल जो सक्रियता आई, वह भैरवप्रसाद गुप्त जी के 'माया' छोड़कर 'कहानी' पत्रिका में आने से। श्रीपत राय जी ने सरस्वती प्रेस से, नये सिरे से 'कहानी' पत्रिका निकालने की बात की और भैरवप्रसाद जी गुप्त से उन्होंने कहा कि आकर 'कहानी' का सम्पादन कीजिए और इस तरह कहानी में नई जान आई जिसमें युवा कहानीकार मार्कंडेय, अमरकान्त, कमलेश्वर, शेखर जोशी थे। तो एक ओर 'प्रलेस' था, दूसरी ओर 'परिमल' और दोनों में वैचारिक मुठभेड़ भी होती थी और सद्भाव भी था जिससे एक साहित्यिक गहमागहमी इलाहाबाद में थी।

भैरव भाई ने 'कहानी' पत्रिका में युवा लेखकों को, और खास करके जो प्रगतिशील विचार वाले हैं, चाहे कहीं भी हों, जगह दी। उसमें राजेन्द्र यादव, मोहन राकेश, मार्कंडेय, कमलेश्वर, अमरकान्त, शेखर जोशी यानी इस पीढ़ी के अधिकांश

कहानीकार जो थे, उनको सबसे पहले भैरवप्रसाद जी ने छापा। इसी बीच यह तय हुआ कि एक बड़ी कॉन्फ्रेंस की जाए, स्थानीय गोष्ठियाँ होती रहती हैं, एक अखिल भारतीय स्तर पर की जाए। यह सम्मेलन 1956-57 के आसपास, इलाहाबाद में बड़े पैमाने पर हुआ जिसमें हजारीप्रसाद द्विवेदी, सुमित्रानन्दन पन्त, महादेवी जी, यशपाल, मोहन राकेश आदि आए थे। सबने आगे बढ़ के हिस्सा लिया। इसी सम्मेलन के आगे-पीछे 'कहानी' पत्रिका का एक विशेषांक निकला। पहली बार इस विशेषांक में मैंने इन लोगों के कारण लिखा। मैं तो कविता पर लिखता था। छायावाद पर मेरी किताब थी और मैं प्राचीन साहित्य का अध्येता था। इसी बीच यह तय हुआ कि इतने युवा कहानीकार हैं, फिर 'नई कविता' चल सकती है, तो 'नई कहानी' क्यों नहीं और 'नई कहानी' आन्दोलन शुरू हुआ और इस तरह प्रगतिशील लेखक संघ के उस सम्मेलन से 'नई कहानी' की नींव पड़ी। उसी समय 'हंस' का अर्द्धवार्षिक अंक निकला था—बालकृष्ण राव और अमृत राय ने पुस्तकाकार रूप में उसे निकाला था। 'हंस' 1952 में बन्द हो गई थी और फिर 1956-57 में अर्द्धवार्षिक अंक निकला लेकिन यह पहला ही रहा, दूसरा नहीं निकला। इसमें एक लेख मैंने और एक मार्कंडेय ने लिखा था।

तो यह रचनात्मकता का नया दौर प्रगतिशील आन्दोलन और विचारधारा को लेकर चला। दूसरी तरफ 'परिमल' सक्रिय था। इन लोगों के पास ज्यादा सुविधाएँ थीं। इलाहाबाद एक बड़ा अड्डा था रचनात्मकता का और गतिविधियों का लेकिन आपस में कोई दुश्मनी नहीं थी बल्कि एक सर्जनात्मक होड़ थी, जीवनदृष्टि अलग थी, राजनीतिक विचार अलग थे। इस होड़ में दुष्यन्त, मार्कंडेय, कमलेश्वर, शेखर जोशी, अमरकान्त—ये स्थानीय और भैरवप्रसाद जी इन लोगों के नेता। मैं तो बनारस से आया-जाया करता था और इस प्रक्रिया में हम लोगों ने यह तय किया कि जैसे 'नई कविता' है उसके वजन पर 'नई कहानी' चलाई जाए और यह इन लोगों ने किया। इसमें एक तो यह था कि कविता वाले जो छिटपुट कहानी लिखते हैं, तो उनकी दिलचस्पी कविता में है, दूसरे प्रेमचन्द की परम्परा कथा-साहित्य की है और इसे आगे बढ़ाया जाए। इसमें महत्त्वपूर्ण भूमिका मार्कंडेय ने अदा की थी। उनका कहानी-संग्रह आ गया था, 'पान-फूल', उसके बाद लगातार उनके संग्रह आते रहे। उनकी कहानियों के चार-पाँच संग्रह उस समय आए थे।

उस समय चलता था कि प्रेमचन्द की परम्परा में शहरी जीवन से ज्यादा ग्रामीण जीवन के बारे में लिखा जाए और मार्कंडेय की ग्रामीण पृष्ठभूमि बहुत ही मजबूत थी। ग्राम-जीवन की कहानियाँ लोकभाषा की छौंक देते हुए लिखनेवाले, एक तो मार्कंडेय थे और अंशतः कमलेश्वर क्योंकि उस समय चला था कि कमलेश्वर कस्बे के लेखक हैं, 'कस्बे के लोग' नाम की कहानी लिखी थी, अमरकान्त भी गाँव से ज्यादा कस्बे के ही आदमी थे, शेखर जोशी पहाड़ी जीवन

के बारे में, 'कोसी का घटवार' नाम की उनकी कहानी छपी थी। तो, एक मुकम्मल शहर और गाँव, दोनों क्षेत्रों में से ग्रामीण जीवन को लेकर, उसको जानना, उन चरित्रों को जानना यह मार्कंडेय का धारणात्मक पक्ष था और अन्त तक वे उन संस्कारों से जुड़े ही रहे और कहानियाँ भी उस पर लिखीं उन्होंने।

इन लोगों का ऋण मेरे ऊपर यह है कि इनके साथ रहने से कहानी पर हम लोग चर्चा करते थे। मैंने 'कहानी' पत्रिका में कहानी पर एक कॉलम शुरू किया। लेख मैं बराबर कहानी पर लिखता रहा। बाद में 'कहानी' पत्रिका राजकमल के पास चली गई। सरस्वती प्रेस से हटकर राजकमल उसे छापने लगा तो उसका नाम हो गया 'नई कहानियाँ'। कुछ दिनों के लिए उसका कार्यालय आ गया था दिल्ली। भैरवप्रसाद जी को दिल्ली बुलाया गया था। एक लिंक हाउस है, तरुणा जी वाला, वहाँ से 'लिंक' निकलता था, 'पैट्रियट' भी वहीं से निकलता था, उसके ऊपर राजकमल का दफ्तर कुछ दिनों के लिए आ गया था और भैरवप्रसाद जी वहाँ बैठते थे। मैं भी दिल्ली आ गया था। बात 1964-65 के आसपास की है, मैंने 'नई कहानियाँ' में कॉलम लिखा, कुछ पुराने लोगों को लेकर भी लिखा और 1965 में वह पुस्तकाकार रूप में आई। 'माया' का एक विशेषांक निकला था। उसका सम्पादन किया था मार्कंडेय ने। मार्कंडेय के कहने पर 'माया' के उस अंक में कहानी पर मैंने आखिरी लेख लिखा। इन सबको लेकर 'कहानी : नई कहानी' पुस्तकाकार छपी। कहानी पर वह मेरी इकलौती किताब है और इसका सारा श्रेय मैं दूँगा प्रेरणा मार्कंडेय की और प्रोत्साहन, प्रकाशन का श्रेय भैरवप्रसाद जी को। एक तरह से जब वे आज नहीं हैं, तो व्यक्तिगत तौर से मेरे ऊपर जो ऋण है, वह मार्कंडेय का है।

ये कुछ यादें हैं और उनके कृतित्व का जहाँ तक मामला है तो कुछ कहानियाँ मेरे पास होतीं तो मैं कुछ कहता क्योंकि कहानी लिखना उन्होंने छोड़ा नहीं। बाद में मुझे याद है, 'वर्तमान साहित्य' का एक महाविशेषांक निकला था। रवीन्द्र कालिया ने उसका सम्पादन किया था। उस महाविशेषांक में कहानी सम्बन्धी चर्चा भी हुई थी और मार्कंडेय की एक कहानी 'हलयोग' छपी थी। वह पहले की कहानियों से अलग कहानी थी।

खास बात यह है कि मार्कंडेय कभी दूसरों पर निर्भर नहीं रहे। एक ठसक, स्वाभिमान था उनमें। अपने दम पर लिखा तो लिखा ही, नौकरी नहीं की और प्रकाशन स्वयं किया उन्होंने। अपने लेखन के बारे में भी किसी पर वे निर्भर नहीं रहे। इस तरह का आत्मविश्वास और स्वाभिमान कम लोगों में पाया जाता है। उनके सारे साथियों ने नौकरी की, कमलेश्वर ने तो कई नौकरियाँ कीं, बड़ी-से-बड़ी और ऊँची जगहों पर भी और पैसे भी बहुत कमाए। मार्कंडेय पैसे के फेर में नहीं पड़े। उनके पास जो साधन थे, उन साधनों का ज्यादा-से-ज्यादा उपयोग किया। विचित्र

संयोग है कि आज कमलेश्वर भी नहीं हैं, दुष्यन्त भी पहले ही चले गए। उस पीढ़ी में सबने अपना-अपना एक स्थान बनाया। देख करके दु:ख होता है कि इलाहाबाद में, उस पूरे दौर के लोगों में अमरकान्त हैं, शेखर जोशी हैं, मार्कंडेय नहीं हैं। लगता है, इलाहाबाद आधा खाली हो गया है मार्कंडेय के जाने से। मैं फिलहाल इन थोड़े से शब्दों के साथ उन्हें, उनकी स्मृति को प्रणाम करता हूँ।

[देवाशीष शर्मा की बातचीत पर आधारित। कथा पत्रिका, मार्च, 2011, स्वर्गीय मार्कंडेय जी पर संस्मरण अंक]

उन्हें चाँद चाहिए

इस लेख को पढ़ने के बाद लेखक ने लेख 'मैं' के अन्त में अपनी लेखनी से फ़ैज़ अहमद फ़ैज़ को एक शेर लिखा है, जो लेख में प्रकाशित नहीं है :

हर्फ़े-हक दिल में खटकता है जो काँटे की तरह
आज इजहार करें और खलिश मिट जाए।

याद कीजिए। आपको भी पहली मुलाकात में लग गया होगा कि निर्मला जी को चाँद चाहिए। 'असम्भव' शब्द उनके भी शब्दकोश में नहीं है। शक हो तो उनके पोते सम्भव से पूछ लीजिए।

ऐसे महत्त्वाकांक्षी व्यक्ति को हर तरह के लांछन के लिए तैयार रहना चाहिए। स्त्री को तो और भी। किसी भी पुरुष का नाम चिपक सकता है! 'यथा स्त्रीणां तथा वाचां साधुत्वे दुर्जनो जन:' की परम्परा पुरानी है। साक्षी भवभूति।

बत्तीस बरस पहले दिल्ली विश्वविद्यालय के हिन्दी मोहल्ले में कुछ ऐसी ही फिजां थी। मॉडल टाउन ऐसे हिन्दीवालों से बजबजा रहा था जिनके लिए निन्दा रस ही रसराज था। वहीं पहली बार सन् 1964 की गर्मियों में मैंने डॉ. निर्मला जैन का नाम सुना था। जाहिर है कि मोहल्ले में उनके चर्चे थे। 'बाहर से तितली, अन्दर से मधुमक्खी' शायद सबसे शिष्ट टिप्पणी थी। इससे पता चल जाता है कि 'गोदान' कोर्स में रहा होगा और मालती का चरित्र-चित्रण याद करना जरूरी होगा। गरज कि निर्मला जी से मिलने के पहले ही मैं उनसे मिल चुका था और तसवीर कुछ ऐसी बनी थी :

एक परिंदा नई उड़ान में था
तीर हर शख्स की कमान में था।

बाद की कहानी सभी जानते हैं। तीर-कमान धरे रह गए। परिंदा अपने अड्डे पर पहुँच गया और अब तो पर समेटकर वहाँ से भी रुखसत लेने की तैयरी में है। निर्मला जी ने जो चाहा—बल्कि जो-जो चाहा, सब मिल गया। जो नहीं मिला, समझ लीजिए, उसे चाहा ही नहीं होगा।

कुल मिलाकर यह एक अच्छी-खासी कामयाबी की दास्तान है। हो सकता है, इसे निर्मला जी कभी खुद ही कलमबन्द करें। पढ़नेवाले शायद पढ़ भी लें। कामयाबियों की कहानियाँ लिखनेवाले और हैं। और भी होंगे। मैं तो उन्हें पढ़ता भी नहीं। सब एक-सी लगती हैं। जाहिर है कि कमी मुझमें है। दोष उन्हें क्यों दूँ?

फिलहाल इतना ही कहना चाहता हूँ कि इस सफलता के पीछे भी एक शख्स है। सफल पुरुष हो तो कहते हैं कि उसकी सफलता के पीछे कोई-न-कोई स्त्री है। लेकिन स्त्री सफल हो तो? किसी पुरुष का नाम आम तौर से नहीं लिया जाता। इस नारीवादी जेहाद के दौर में तो इसे भी पुरुषों का षड्यंत्र कहा जाएगा। पुरुषों को यह सवाल जरूर चटपटा और मसालेदार लगेगा। लेकिन यह सुनकर उनका जायका खराब हो जाएगा कि निर्मला जी की सफलता के पीछे कोई और पुरुष नहीं—सिर्फ उनके पति श्री विद्यासागर जैन थे! वे पर्दे में नहीं रहते थे। हर समय निर्मला जी के साथ ही होते थे। किसी को न दिखें तो अपनी-अपनी नजर। वैसे, ये वही वी.एस. हैं जिन्हें निर्मला जी का डी. लिट्. का शोधग्रन्थ रस-सिद्धान्त और सौन्दर्यशास्त्र समर्पित है। कहना न होगा कि निर्मला जी की महत्त्वाकांक्षाओं को पर लगाने में उनका हाथ भी कम न था! उन्हें पढ़ते-लिखते देखते तो खुश होते थे। लेकिन गोटियाँ बैठाने और जोड़-तोड़ करने में मशगूल होतीं तो जैन साहब के माथे पर बल पड़ जाते। कुछ कहते तो नहीं, लेकिन हद हो जाती तो दबी जबान इस तरह की मीठी चुटकी लेते: तुम्हें तो राजनीति में जाना चाहिए। अब वे इस दुनिया में रहे नहीं, पर आज शिद्दत से याद आ रहे हैं। उनके बिना निर्मला जी की सफलता-कथा अधूरी है। बहुत से राज उस राजदाँ के साथ ही चले गए!

अपनी महत्त्वाकांक्षाओं के लिए निर्मला जी को कीमत भी चुकानी पड़ी है। बड़ी कीमत। बकौल प्रसाद जी, महत्त्वाकांक्षा का मोती निष्ठुरता की सीपी में पलता है। यह और बात है कि वह सीपी एक सागर में पलती है जो तरल होता है। पानी मोती में भी होता है और सागर में भी। फर्क सिर्फ इतना है कि एक सघन और एक तरल! प्रसाद जी यहाँ भी 'एक तत्त्व की ही प्रधानता' कहेंगे, पर कान्ति तो मोती के ही हिस्से है!

निर्मला जी को जवाहरात की लाजवाब परख है। खुद ही बताती हैं कि लाला यानी उनके पिताश्री बहुत अच्छे जौहरी थे। खानदान में कभी जवाहरात का कारोबार भी होता था। मोतियों के लिए उनमें ललक स्वाभाविक ही है। लेकिन इस चकाचौंध में यह एहसास कहीं धुँधला तो नहीं हो गया कि वे अनजाने ही सीपी बनती जा रही हैं!

'चाँद चाहिए' मुहावरा अंग्रेजी का है। अंग्रेजी का ही एक और मुहावरा है : 'स्काइ इज दि लिमिट'। वे इस मुहावरे से भी वाकिफ होंगी। उनकी अंग्रेजी मुझसे अच्छी है। अंग्रेजी से अनुवाद भी काफी किए हैं। उन्हें यह बताने की जरूरत नहीं है कि महत्त्वाकांक्षा की भी एक सीमा होती है।

चदरिया उतारकर धर देने का दिन आने ही वाला है। हम सबकी तरह। निस्सन्देह यह चादर उन्होंने बड़े जतन से ओढ़ी। हम लोगों में बहुतों से ज्यादा। लेकिन उन्हें 'जस की तस' धर देने से सन्तोष नहीं। उन्हें तो अब भी चाँद चाहिए। हम सिर्फ दुआ कर सकते हैं। फिर भी इतना कहे बिना नहीं रहा जाता कि 'सितारों के आगे जहाँ और भी हैं!'

[साभार : राधाकृष्ण प्रकाशन द्वारा प्रकाशित पुस्तक 'संकल्प का सौन्दर्यशास्त्र', 1997]

दुष्यन्त कुमार : रचनावली से झाँकता व्यक्तित्व

नन्दन जी, कमलेश्वर, राजेन्द्र, विजय बहादुर, लक्ष्मीशंकर बाजपेयी, कमलेश्वर के परिवार के सभी सम्माननीय और प्रियजन और मित्रो!

कमलेश्वर ने एक तरह से अध्यक्षीय भाषण दे दिया है और दरअसल 'दुष्यन्त रचनावली' का लोकार्पण भी कमलेश्वर को ही करना चाहिए था। लेकिन निर्वैयक्तिक समारोह हो, इसलिए उन्होंने शायद एक ऐसे आदमी को चुना, जो परिवार और मैत्री, जो मित्रमंडल था, उससे बाहर का आदमी रखा जाए। मेरी दृष्टि में इसलिए मेरे द्वारा लोकार्पण कराने का एकमात्र औचित्य यही मालूम होता है। हक कमलेश्वर का था।

कई रचनावलियाँ प्रकाशित हुई हैं और उनके लोकार्पण भी हुए हैं। और अधिकांश को देखने का भी मौका मिला है। लेकिन आज जो फिजां और वातावरण, जो रंग कहना चाहिए, इस 'दुष्यन्त रचनावली' के अवसर पर मिला, वह पहले मुझे कभी नहीं मिला। इसके प्रकाशक सत्यव्रत जी को बधाई देनी चाहिए। इसका सारा श्रेय उस शख्स को है, उस शख्सियत को है, उस व्यक्तित्व को है, जिसे हम दुष्यन्त के नाम से जानते हैं और आज याद कर रहे हैं।

इतना अच्छा, यानी कुछ दुष्यन्त के व्यक्तित्व में थी कोई बात। यह क्या थी कि वह अपने सर्वोत्तम रूप में आज सही वक्त पर दिखाई पड़ी। नन्दन जी जो इतना अच्छा लिखकर लाए थे, उनके मुख से ऐसा लिखा हुआ गद्य और वक्तव्य मैंने तो पहले कभी नहीं सुना। और लगभग यही स्थिति राजेन्द्र की भी है। इतना अच्छा और खुलकर बोलनेवाले पहले कुछ ओट रखकर बोलते थे। ज्यादा चालाक होने की कोशिश करते थे। आज पारदर्शी रूप में राजेन्द्र जिस तरह से बोले हैं, कमलेश्वर और दूसरे वक्तव्यों में, जो स्वस्थ और अच्छा था तो लतीफों से भी भरा हुआ, तेज-तर्रार, लेकिन नम आँखों और जिस करुणा के साथ और इस अन्तर के दर्द के साथ बोल रहे थे, मैंने कम सुना है कमलेश्वर को इस तरह से बोलते। केवल स्वास्थ्य के कारण नहीं, बल्कि हृदय के जिस कोठे से कमलेश्वर आज बोल रहे थे, वह खास था। आम तौर पर कमलेश्वर के भाषण, अगर सुना होगा आपने तो वह जो बयानबाजी होती है, वह किस तरह की होती है बहसबाजी के साथ! यह असर भी दुष्यन्त पर बोलने का उसके व्यक्तित्व का है।

विजय बहादुर ने भवानी भाई की रचनावली का सम्पादन किया था और वह समारोह भी हुआ था। वह राजेन्द्र भवन में हुआ था। उसमें भी मैं मौजूद था। लेकिन वह और तरह का था, जैसाकि भवानी भाई का व्यक्तित्व था। आज इतनी संक्षिप्त टिप्पणी में सम्पादन की समस्याओं को लेकर उनकी विशेषताओं के साथ उस व्यक्तित्व को जो खोलकर रखा है, यह भी अपने में सर्वोत्तम उपलब्धि थी।

लक्ष्मीशंकर बाजपेयी को संचालन करते हुए आज मैंने पहली बार देखा है। लगता है कि इनको बुक कर लेना चाहिए आगे के संचालनों के लिए। और जो लोग आए, एक-दो को छोड़कर कोई उठकर नहीं गया। इस हॉल को मैंने घंटे-डेढ़ घंटे बाद खाली होते हुए देखा है। इसलिए मैंने कहा कि कुछ ऐसा सारा रचाव हुआ है कि यह आयोजन अनूठा और यादगार हुआ और इसका मतलब है कि इस रचनावली ने लगभग 30 वर्ष बाद दुष्यन्त को आज फिर याद दिलाया है। इतना भुलक्कड़ हो गया है हिन्दी समाज! 'साये में धूप' के कई संस्करण छप चुके हैं। नुक्कड़ नाटक करनेवाले और प्रदर्शन करनेवाले उनकी ग़ज़लों को गाते हुए गुजरे हैं। कई संगठन हैं। ये तमाम चीजें होती हैं, लेकिन क्या हो गया है हमारे हिन्दी समाज को और हिन्दी साहित्य की दुनिया को कि एक लम्बी खामोशी दिखाई पड़ती है। आम तौर पर हम अपने लेखकों को याद तब करते हैं जब जन्मशती मनाई जा रही हो। सौ साल का हो गया हो। एक सौ पच्चीस का हो गया हो, एक सौ पचास का हो गया हो, बीच में एकदम सन्नाटा रहता है। आप कल्पना कीजिए कि अगर यह रचनावली न आई होती तो एक भी लेख कहीं हमें दुष्यन्त के बारे में नहीं दिखाई देता। इतना भुलक्कड़ समाज हो गया है। इसलिए एक और यह भुलक्कड़ी देखिए। लगता है कि उसी खमियाजे को, उसी अपराध को गौर से याद किया गया है। इस रचनावली को सहसा सब लोग ज्यादा मुग्ध होकर देख रहे हैं कि देखें, उस आदमी की रचनावली कैसी है, क्या है ? यह उत्सुकता भी बताती है कि भूल का अहसास या भूल-सुधार ही यह समाज करता है, अगर अवसर मिले तो।

विजय बहादुर और सत्यव्रत जी ने यह अवसर दिया कि अपने ऐसे प्यारे कवि को, प्यारे दुष्यन्त को, हम लोग याद कर रहे हैं। बहुत अच्छी बात मुझे लगी कमलेश्वर की—'प्यारे दुष्यन्त'! यह शब्द केवल दुष्यन्त के साथ लगाया जा सकता है और किसी के साथ नहीं। अच्छा है जो 44 साल की उम्र में हँसता-खेलता चला गया वरना हम लोग 75 पार करके अपना 75वाँ मनाकर ऐसे ज्यादा हिलते-डुलते दिखाई पड़ते हैं। वही जिन्दादिल चेहरा और वही खूबसूरत, बहुत आकर्षक व्यक्तित्व के साथ वह चला गया और इसीलिए किताब पर जो तसवीर चुनी गई है, वही दुष्यन्त है और वही स्थायी है।

कहते हैं, आम तौर से एक दौर था कि प्रतिभाएँ लम्बी उम्र नहीं पाती हैं। सारे रोमांटिक कवि, अगर अंग्रेजी के देखें तो शेली, कीट्स, वायरन जवानी में, 35-40

के होकर मर गए। हिन्दी में अगर यह गौरव प्राप्त हुआ तो एक जयशंकर को। वे भी 40-45 के आसपास थे। बाकी पन्त जी वगैरह ने लम्बी उम्र पाई। और सबसे लम्बी उम्र पाने का अभिशाप पाया प्रतापनारायण मिश्र ने। हाय, बुढ़ापा! तेरे कारण अब तो हम अकुलाए जन। क्या वही मिला प्रतापनारायण को? तब यह अहसास होता है कि जवानी क्या होती है और उस जवानी से क्या साहित्य रचा जाता है? इसकी सभी लोगों ने दाद दी।

यह रचनावली एक बार फिर दुष्यन्त के उस समूचे व्यक्तित्व को समग्रता में व्यक्त करती है। दो चीजें ऐसी हैं जो हिन्दी साहित्य के इतिहास में दुष्यन्त को अमर रखेंगी—'एक कंठ विषपायी' और दूसरी : 'साये में धूप'। हिन्दी साहित्य भुला नहीं सकता है। अपने ढंग की ये दोनों रचनाएँ बेजोड़ हैं। शिव पर 'एक कंठ विषपायी' जैसा दूसरा कुछ नहीं लिखा गया। दुष्यन्त मूलतः कवि थे। एक पूरी-की-पूरी पीढ़ी जब भी और विचित्र बात है कि जैसे हमारे यहाँ त्रियोग मशहूर हैं, हमेशा दुष्यन्त अपने हर उम्र के दौर पर एक तिरंगे की शक्ल में ही रहा है। शुरू-शुरू में जिन दिनों से मैं जानता हूँ, इलाहाबाद के दिनों में—दुष्यन्त-कमलेश्वर-मार्कंडेय। इसके बाद मार्कंडेय जब अलग हुए तो राजेन्द्र जुड़ा। राजेन्द्र-कमलेश्वर-दुष्यन्त। फिर मोहन राकेश-कमलेश्वर-दुष्यन्त। तो बराबर एक त्रिगुटीय त्रिगुट के समान, लेकिन हर इस त्रिगुट में, त्रिकोण में दुष्यन्त केन्द्र में रहा करता था। यह जो नक्शा जीवन का बदलता रहा, यह बताता है और कितनी विचित्र बात है कि मार्कंडेय कहानीकार का कविता से दूर-दूर तक रिश्ता नहीं। कमलेश्वर ने लिखी हैं कभी कविताएँ, मैं नहीं जानता। राजेन्द्र ने एक संग्रह छपवा दिया है लेकिन इनको जानता ही नहीं कोई भी, कहीं भी। दूर-दूर तक नहीं। मोहन राकेश लिखते रहे होंगे। हर आदमी एक जमाने में हुआ करता है। तमाम लोग कथाकार थे या नाटककार थे। गद्य के थे। अकेला इस पूरे दौर में, अपने दौर में वह कवि था। सच्चा कवि जो गीत से ग़ज़ल तक का लम्बा सफर किए हुए था और कवि होते हुए भी सही कह रहे थे नन्दन जी, जितना अच्छा कवियों का गद्य, उतना एकदम गद्य का दुष्यन्त और कण-कण कविता का दुष्यन्त बिलकुल अलग-अलग हैं। एकदम वह कवि का गद्य नहीं है। महादेवी वर्मा की कविताएँ और महादेवी वर्मा का गद्य आपको एक ही तरह का दिखाई पड़ेगा। लेकिन दुष्यन्त के गद्य को देखकर आप कह नहीं सकते हैं कि वह कविताएँ भी लिखता है और उसकी कविताओं को पढ़कर नहीं लगेगा आपको कि वह इतना गद्य भी लिखता है। आज उस पर जो लोग बोले, मेरा खयाल है कि लिखित रूप में जितना अच्छा राजेन्द्र यादव पर, कमलेश्वर पर, मोहन राकेश पर—इन तीनों पर दुष्यन्त ने अच्छा लिखा है। मेरी जानकारी में इन बाकी लोगों ने दुष्यन्त पर उतना अच्छा नहीं लिखा। यह फर्क है। बोले और आज जो बोले हैं, अगर लिख दें तो बहुत अच्छा हो। अभी देर नहीं हुई।

देर आए दुरुस्त आए। चुनौती है कि इन दोनों आदमियों पर जैसा दुष्यन्त ने लिखा है, ये लोग स्वयं दुष्यन्त पर वैसा लिखकर दिखा दें।

और मैं वह दिन देखना चाहता हूँ। कुछ लोगों की चिट्ठियाँ छपी हैं। दुष्यन्त की चिट्ठियाँ इन लोगों के पास जो आई हैं, उनमें से कुछ नमूने उसके लिए गए हैं। जब उन चिट्ठियों को आप देखेंगे तब लगेगा, हिन्दी में बहुत बनावटी ढंग की चिट्ठियाँ लिखी जाती हैं। बड़ी औपचारिक, बेजान-सी चिट्ठियाँ लिखी जाती हैं। जिस दिन यह सारा पत्र-व्यवहार आएगा, तब पता लगेगा हिन्दीवालों को कि उर्दू वाले केवल ग़ालिब के खतूत को याद रखते हैं। दुष्यन्त की वे चिट्ठियाँ झलक देती हैं, बताती हैं कि उन चिट्ठियों में वह चिट्ठी सच्चे अर्थों में दस्तावेज होती है किसी बड़े लेखक की। और बड़े शायर तो कवि हुआ करते हैं। चिट्ठियों का गद्य दुष्यन्त का देखें, जो बेतकल्लुफी है। बातचीत के लिए जिस ग़ालिब के खतूत की तारीफ की जाती है, अकेले वह गद्य बताता है कि दुष्यन्त कितना बड़ा गद्य लेखक था। मैं बहुत कृतज्ञ हूँ कि आज दुष्यन्त की रचनावली के लोकार्पण समारोह में सबके साथ, मित्रों के साथ निमित्त बन सका हूँ।

अब ऐसा कोई अवसर न भी आए तो मैं आराम से मर सकता हूँ कि ऐसे दोस्त को याद कर सका।

(तालियों का स्वर)

['दुष्यन्त रचनावली' के लोकार्पण के समय दिया गया अध्यक्षीय भाषण]

[साभार : समकालीन साहित्य समाचार पत्रिका, नवम्बर, 2005]

कैमरे की आँख से देखता कवि : कुबेरदत्त

कुबेरदत्त अपनी कविताओं के प्रकाशन के बारे में बड़े संकोची और स्वाभिमानी रहे हैं। एक अरसे बाद उनका यह संग्रह 'धरती ने कहा फिर' आया है। यह लगभग 35 वर्षों के लम्बे दौर में लिखी हुई नौ लम्बी कविताओं का संकलन है। इसमें पहली कविता 'अन्धकूप' है और दूसरी 'आमीन'। 'आमीन' का जिक्र मैं खास तौर पर करूँगा। हिन्दी में लम्बी कविताओं के लिए मुक्तिबोध जाने जाते हैं। यह परम्परा उनसे ही तो शुरू नहीं होती, उसके पहले भी लम्बी कविताएँ लिखी गई हैं, जिनमें निराला की 'राम की शक्ति-पूजा', जयशंकर प्रसाद की 'प्रलय की छाया' और पन्त की 'परिवर्तन' विशेष उल्लेखनीय हैं। फिर भी उस समय कविता का स्वरूप दूसरा था। एक तो प्रगीत होते थे; दूसरे, वर्णनात्मक खंडकाव्य या महाकाव्य होते थे, इसी तरह उर्दू में नज़्म होती थी और ग़ज़ल के शेर होते थे।

'आमीन' की शुरुआत में मुक्तिबोध की एक पंक्ति है जो उनके दूसरे कविता संग्रह का नाम भी है : 'भूरी-भूरी खाक धूल'। यह मुक्तिबोध की परम्परा की ही एक राजनीतिक कविता है। इसकी तुलना मुक्तिबोध से नहीं करनी चाहिए। लेकिन कुबेरदत्त मीडियाकर्मी हैं, दूरदर्शन और फिल्म निर्माण से जुड़े रहे हैं, सो उनकी आँख कैमरे की आँख जैसी है, और जब वे यथार्थ का चित्रण करते हैं तो एक अद्‌भुत, 'विजुअल इफेक्ट' पैदा करते हैं। आज के भयानक, खूँखार और बीभत्स यथार्थ को चित्रों में उतार लेने में वे सफल होते हैं। इसलिए उनकी लम्बी कविताओं में चित्रात्मकता खास तौर पर प्रभावित करती है। विशेष रूप से जिन्दगी की जो विरूपताएँ हैं, विरोधाभास हैं—उनका चित्रण। अत्याचार के, प्रताड़ना के, बलात्कार के और बीभत्स दृश्यों के चित्र प्रस्तुत करना, वह भी बिना ठिठके हुए, बहुत कठिन हुआ करता है। परन्तु उनकी अनेक कविताओं में यह चित्रात्मकता दिखाई देती है। इसके पहले के उनके संकलनों—'काल-काल आपात', 'केरल प्रवास'—आदि की छोटी कविताओं में भी चित्रात्मकता है, लेकिन इसमें यह ज्यादा सघन रूप है। कवि ने कैमरे की आँख से अपनी दुनिया, अपने आसपास को देखा है—खास तौर से रात के अँधेरे में। मुक्तिबोध की तो कविता ही है,

'अँधेरे में', तो उस अँधेरे में जो दुनिया दिखाई देती है और जो रोशनी में दिखाई पड़ती है—दोनों में बड़ा फर्क होता है। इस दृष्टि से मेरा ध्यान सबसे ज्यादा आकृष्ट किया 'आमीन' ने।

'आमीन', जिसे हम हिन्दी में 'तथास्तु', 'एवमस्तु' कहते हैं, पूरी कविता में बार-बार भयानक चित्रों के साथ आता है। कविता की शुरुआत होती है : 'भूरी-भूरी खाक धूल में/बीसवीं सदी की क्षयग्रस्त भोजन नलिका को/ढूँढ़ रहा है बलदेव/आमीन।' इसमें एक चरित्र उभरकर आता है—बलदेव और उसके माध्यम से व्यक्त होता है आज का विद्रूप।

कुबेरदत्त की कविताओं का एक दूसरा रूप भी है। इस संकलन की लम्बी कविताओं में दो ऐसी कविताएँ भी हैं जो कोमल भावनाओं की कविताएँ हैं। इन कोमल भावनाओं की अभिव्यक्ति की सबसे अच्छी कविता मुझे लगी : 'रोशनी के शहतीर पर'। उसका एक अंश देखिए :

रोशनी के
शहतीर पर बैठी
क्या तुम
वही हो?
वही
मेरी आँखों के पूर्वदृश्यों की
एक मुकम्मल देह?

या

मेरी कल्पनाओं के
इन्द्रधनुषों को छूकर आई
ओस की वही बूँद
पड़ी तो थी
मेरे-तुम्हारे ऊपर
पहली-पहली बार मिलने के बाद
आखिर कौन हो
रोशनी के शहतीर पर बैठी तुम :
मेरे उत्तरकाल को
पूर्वकाल में समेटती हुई?

कुबेरदत्त ने विषयवस्तु के चयन में भी सजगता बरती है। ध्यान देने की बात है कि कविताएँ तो लम्बी हैं, किन्तु वाक्य उनमें लम्बे नहीं लिखे गए हैं। कई बार वे केवल कुछ शब्दों में अपनी बात कह देते हैं, वाक्य पूरा नहीं करते। जैसेकि एक शॉट लिया और उसको सामने पेश कर दिया। अगर उसके लिए कभी एक शब्द

दिया, तो कभी दो शब्दों में बात कह दी। उनका अवलोकन बहुत सूक्ष्म है और नजर वहाँ भी जाती है, जहाँ आम तौर पर नहीं जाती। जैसे रोशनी को सब देखते हैं, लेकिन उसका एक शहतीर भी होता है या हो सकता है, इसे कवि ही देख सकता है। कुबेर की कविता की एक और विशेषता उसका परिवर्तनधर्मी होना है। प्रेम कविता में दुनिया को बदलने की जद्दोजहद है। 'इतिहास की खाद में बीज बनकर' अंकुरित होने की आकांक्षा है। यह क्रान्तिकारी चेतना ही उन्हें ढेर सारे कवियों से अलग करती है।

[साभार : पत्रिका 'कल के लिए', अंक : अप्रैल, 2015 से मार्च,१ 2016 अंक में प्रकाशित]